近世史研究叢書49

近世在地修験と地域社会

―秋田藩を事例に―

松野聡子 著

岩田書院

目次

第二部　秋田藩領の在地修験寺院と地域社会

序 章　近世修験道史研究の展開と課題

一　東北修験道史の視角

1 近年の東北地方史研究

近年、「東北学」の隆盛により東北地方の歴史的文化的関心が高まっている。「東北」という名称は、近世期まで東日本一帯を指す語として用いられ、現在「東北」とされる地域は、かつて「道の奥」を意味する「みちのく」と呼ばれていた。また「奥羽」とは、律令国家が誕生し、行政区分である五畿七道が整備されたときに、東山道の最北端にあった陸奥国・出羽国を合わせた地域の総称であり、蝦夷と呼ばれる原住民の住む異境の地であった。律令制国家にとって蝦夷は畏怖の対象であったが、それは東北地方の火山噴火と蝦夷が叛乱を起す時期とが重なっていたことが一因にあるとされている。(1) やがて中央集権国家は、蝦夷を、国家に属することを拒絶する「まつろわぬ民」「あらぶる者」として討伐の対象とみなし、差別的・従属的な見方をするようになった。以降、東北地方は後進地域・辺境地域であるという認識が定着化していくことになる。(2)

近代東北史を研究する河西英通は、東北地方の情報について差別的な表現が含まれるようになるのは一八世紀以降であるとしている。(3) このことは近世中期に東北地方を見聞した野田成亮と古川古松軒の著述からも見て取れる。古川古松軒は近世中期の地理学者で、天明八年（一七八八）、幕府巡見使に同行し東北地方を視察した時の様子を「東遊雑記」に記している。古川は「東遊雑記」のなかで、由利郡から雄勝郡西馬音内に至る道中について「この山には、桔梗・荊萱・女郎花数百本咲き乱れ、そのうつくしきこと筆に尽くし難く」と山間部の村落風景を叙情的に記している一方で、領民については「しかれども人足の者ども士に会せることなき所にて礼を知らず、無礼の体、夷狄の風かくやあらんと思われしなり。案内に出ずるものは庄屋名主なるに、この辺よりは無筆の者ありて、郷村の文字も知らず、言語も解し難く、こまりしことままあり[4]」と否定的かつ差別的に著述している。

また文化九年（一八一二）、醍醐寺三宝院の命で各地の末派修験の見聞のため九峰（英彦山・石鎚山・箕面山・金剛山・大峰山・熊野山・富士山・羽黒山・湯殿山）を行脚していた野田成亮（泉光院）も、羽黒山・湯殿山への入峰と鳥海山参詣のため矢島藩領を托鉢して廻った際、出会った二人の在地修験者の様子について「文化十三年七月廿七日　晴天。八島立、辰の刻。元光寺と云ふ修験寺へ行く、至っての田舎也。又小川村と云ふに分峯寺と云ふ修験寺あり行く。世事には賢く法には疎し、直ちに立つ[5]」と「日本九峰修行日記」に記している。

古川が「夷狄の風」と差別的に受けとめた難解な「言語」も、農民からすれば日常的に話している「言語」であるし、野田のいう「世事には賢く法には疎し」という評価も、本山醍醐寺三宝院で修法を学んだ成亮と、日々農民を相手に祈禱行為をしている在地修験とでは立場が異なる。つまり、古川古松軒や野田成亮の指摘は、中央（江戸・京都）と地方で、立場や文化が異なるというだけであって、「東北地方＝後進的」と評する事由にはあたらない[6]。

また秋田藩について言えば、多くの藩士が江戸や京都に遊学しており、近世初期には伊藤仁斎・東涯親子に、中期以降は山本北山や平田篤胤に師事している。とくに平田はのちに、藩校明徳館の教授として同藩に召致され、藩内に国学思想が隆盛している[7]。こうしたことを鑑みても、少なくとも支配層についてみれば、学術的・思想的な部分において、そのほかの地域より秋田藩、ひいては東北地方が著しい後進地域であったとは言えない。しかし、野田成亮や古川古松軒らの偏見的な記述が、その後も続く、東北地方に対する差別観を植え付ける一因となったことは否定できない。

その後、東北地方に対する後進的認識が決定的となるのが戊辰戦争であったとされる[8]。周知の通り、会津藩をはじめとする東北諸藩（秋田藩は除く）は奥州列藩同盟を結び明治政府に抵抗、その後「朝敵」として位置づけられた。当時の東北諸藩の動向について田中秀和は「奥羽は戊辰戦争の時に奥羽列藩同盟を結成して、朝廷に刃向かったという点において、中央政府要人にとって危機感を抱かせ、それゆえ「教化」「皇化」の必要な地域として認識されるに至った[9]」、また「奥羽は「王化」の及ばぬ地域として位置づけられたのであって、明治政府のイデオロギー装置として、遅れた地域として設定されたともいえよう[10]」と述べている。言わば、奥羽列藩同盟がそれまでの東北地方に対する後進的認識に拍車をかけたことになる。明治新政府の、東北地方の領民を「教化すべき存在」とした偏見的な見方、またその後の東北政策に対する不満や劣等感が、東北地方の民衆を自由民権運動へと駆り立てていくことになる。

また近年の「東北学」の隆盛をうけ、これまでの「東北史」についても見直しが進められている。とくに東北史を研究する菊池勇夫は、東北史像の再構成の鍵を握っているのは蝦夷と米であるとし、戦前の東北歴史学の状況から、東北地方の後進性を近世日本に規定させた要因が稲作にあることを指摘している[11]。近世封建制社会において稲作は、幕藩制国家の財政面を左右する重要事項であった。東北地方に稲作が伝わったのは弥生時代である。しかし稲は元来、東南アジア地域を原産とする植物であり、温暖期・寒冷期の差異はあるが、日本における稲作可能地域は北関東地域、福島県付近が北限となる。つまり東北地方は、稲作にとって自然環境的限界地域であるため、当然収穫量も安定的とは言えず、数年に一度は冷夏や気象災害による不作に見舞われ「ケカチ」と呼ばれる大飢饉に陥った。そのため東北地方では長く狩猟・採集を並行する必要があり、その結果、弥生期以降も縄文期さながらの生活様式が残ることになった。特に稲作に向かない山間地は近世期以降も焼畑を中心とした畑作に重点を置かざるを得ず、そうした稲作に依拠しない生活様式も東北地方が後進的地域であると規定される元凶となったと言われる。

加えて戦後の歴史学、とくに村落史研究の主流であった社会経済史についても「米中心史観」を助長する要因となったとされる。実際、東北地方を対象とする地域史研究をみてみると天保・天明の大飢饉における東北諸藩の対応、貧民救済活動に重点が置かれているものも多い。菊池は「誤解してならないのは、いつも東北地方が飢饉で苦しめられていたかのように描き出すのは間違いであって、大量に移出できる余剰米を持ち、米によって潤うこともあり、また忘れられたころに襲ってきた大飢饉であった(12)」とし、稲作をメルクマールとした東北像の描き出し方について否定的な姿勢を示している。こうした「米中心史観」を見直す動きは「東北学」にも影響を与え、赤坂憲雄は稲作中心の民俗・歴史理解からの解放、「米中心史観」に養われた西からのまなざしを廃し、「もうひとつの東北」を描こうとしている(13)。そしてその具体的手法の一つとして、東北地方を一つの括りとして見るのではなく、伝統文化や習俗によって地域的な個性をより詳細に個別的に見るというものがある。例えば、近世東北地方の書籍流通という部分に焦点を当ててみれば、各地域の家の所蔵書籍の分析から、山形県内陸地域は江戸文化の影響を強く受けているのに対し、北前船の寄港地である同県酒田は上方文化による影響が強く反映されている。また宗教的にみれば、早池峰山、出羽三山そして鳥海山といった霊山の麓には古代より山伏が居住し、それぞれ蝦夷文化を遺しながらも仏教文化を取り入れた地域性の強い独自の宗教文化が形成され、東北文化を形成する様々な祭祀や芸能、伝統的習俗として位置づけられている。

今日、東北地方は新たに提唱された「東北学」によって、かつての均質的なイメージを脱却し、各地域の自律的かつ固有的な歴史像の形成がはじまっていると言えるのである。

2 東北地方の宗教的風土と修験道の展開

古来より、日本人は山や巨岩・巨石、滝や泉を神の依代として崇め、人知の及ばない自然の万物に畏敬や畏怖の念を持っていたとされる。また日本には霊魂不滅の思想があり、死後、霊魂は山へのぼり麓に住む子孫を見守ると信じられていた。前述の通り、東北地方は山間部が大半を占め、人々は長きに渡り狩猟・採集といった自然の恩恵に頼る生活を続けてきた。そうした中で特徴的な山岳は他界の地、「霊山」として信仰対象となっていった。

弥生期、稲作が東北地方に浸透すると、山岳は祖霊を祀るという役割に加え、「水分神（田の神）」としての要素を併せ持つようになり、山岳他界の観念はさらに進んだ。

東北地方への仏教伝播の時期については定かではないが、一般的には『日本書紀』の持統天皇三年（六八九）正月三日の「陸奥国優嗜曇郡」（現在の山形県置賜地方）で蝦夷の者が出家したいと申し出たという記事が初見とされ、この時期には律令国家による鎮撫と蝦夷教化の手段であった仏教が、着実に蝦夷の社会に浸透していたことが窺える[14]。また東北地方に最初に仏教寺院が建立されたのは、宝亀一〇年（七七九）、多賀城の設置に伴い北辺の経営と国家の護持を祈禱するために付設された官寺であった。こうしたことから鑑み、七世紀から八世紀頃には、東北地方に仏教が伝播していたことが分かる。

平安期、最澄・空海らによって山岳での籠山修行が提唱されると、多くの修行僧が各地の霊山で籠山修行を行うようになった。東北地方に数多く見られる、円仁や修験道の祖役小角を開山・開祖とする霊山・寺院はこの時期に修行場として成立し、後に整備されたものであると考えられる。そして籠山修行を通じて効験を得、呪術や加持祈禱に秀でた修行者は「山に臥す者」という意から「山伏」と称され、民衆より崇められる存在となった。そして日本固有の原始的な自然崇拝と山中他界観念、そして神道と仏教や道教の影響を受け発展した山岳修行、これらが融合して生み出されたのが修験道であった(補註)。

平安後期になると、末法思想の影響から浄土信仰が広がり、皇族や権門貴族の間で金峰山詣や熊野詣が流行した。特に熊野詣は隆盛し、権門貴族の熊野詣を先達するため山伏が熊野や吉野に集まるようになった。また熊野御師や熊野比丘尼の諸国行脚を通じ熊野信仰は東国にも流布し、有力地方豪族は積極的に熊野堂を勧請した。なお東北地方では当時、円仁や道忠の高弟を通し、津軽山王坊、平泉中尊寺、出羽立石寺、そして奥州松島寺など一大勢力圏が成立しており(15)、こうした天台宗系寺院の中に熊野堂が勧請されていった。それは地方豪族にとって、熊野堂が信仰対象であると同時に、最新の都の文化であり、その動向は都の文化の流入を図りたいという心性の顕れでもあった。

例えば当時、独自の仏教世界を構築していた奥州藤原氏もこの時期、中尊寺の境内に熊野堂を勧請している。なお中尊寺には衆徒と呼ばれる半俗の僧が金鶏山を中心に一山組織を形成したが、ここにも熊野山伏の影響が窺える。中尊寺衆徒は平時には加持祈禱に従事していたが、戦時の際には奥州藤原氏の軍事力として位置づけられた。

また出羽国の地方豪族小野寺氏についても熊野信仰の影響は顕著であった。秋田南部地域を支配していた小野寺氏は、熊野御師米良実報院と結びつきを持ち、大永五年(一五二五)に阿弥陀如来・観音菩薩・薬師如来からなる熊野三山本地仏の懸仏を製作した。また熊野早玉神社の「平家奉加帳」にも小野寺道俊・道成の名があるなど、熊野信仰への帰依が見て取れる。また小野寺氏の支配領域である稲庭には、同地を治めた稲庭氏によって勧進された熊野三山もあり、熊野信仰の浸透が見られる。

その後、在地領主の帰依を背景とし、積極的に広められた熊野信仰は民衆へ伝播した。熊野信仰は地域の鎮守神と習合し、村落には「熊野権現」や「熊野神社」「熊野堂」という形で次々と堂社が建立され、熊野信仰は一般民衆にも確実に定着していった。熊野信仰の伝播・定着化という役割を果たした熊野山伏は、帰依した地方豪族や在地領主の熊野詣の先達を勤めるだけでなく、村落に寺坊を構えて修行や祈禱行為に従事し、次第に在地に定着化していった。なお、これとは別に羽黒山周辺に原住する山伏も、この時期修験集団を形成、出羽三山を信仰的中核とする一山組織を形成していく。

その後、戦国期の山伏は在地領主のもとで加持祈禱と戦時における諜報・軍事機能を担って活躍したが、慶長一八年(一六一三)の修験道法度発令以降、諸国行脚を禁じられ、定住が原則化した。このため、山岳での実践修行を旨としていた修験道は、宗儀の形骸化を余儀なくされた。以後、山伏は「里修験(在地修験)」として祈禱行為に従事する傍ら、近世初期の新田開発における指導者や仏教思想や民衆信仰の教導者としての役割を果たしていく。

東北地方の宗教的環境について長谷川匡俊は「(東北地方は)非浄土系寺院が圧倒的多数を占め、しかも修験道にみられる呪術的・祈禱的な性格が色濃い地域[16]」と定義している。こうした東北地方の宗教的観念を形づくったのは、蝦夷の時代よりの地域性、そして自然崇拝や山岳信仰にもとづく宗教的風土にある。東北地方が有する宗教的風土、そして厳しい自然環境が、当該地域を修験道優勢地域にさせたと言える。

3　秋田藩領の山伏

次に本書の研究対象とする秋田藩領の山伏(在地修験)について、その様相を確認しておく。前項でも述べた通り、平安後期の熊野信仰の隆盛が東北地方まで浸透すると、秋田の在地豪族も次々と熊野山伏の檀那となり彼らを庇護するようになった。そうして移動・定住した熊野山伏には、勧請された熊野堂の別当となって村落で宗教活動に従事する者と、霊山を中心に集団を形成する者とがいた。その特徴的な山伏集団が、男鹿山伏と鳥海山の山伏集団であり、彼らは中世期から近世初頭にかけて独自の宗教的空間を形成した。

男鹿半島は三方を海に囲まれ、本山《ほんざん》・真山《しんざん》という霊山がある。なお「本山」「真山」という名称は、紀伊の熊野本宮と新宮になぞらえたものと言われており、男鹿の山伏集団は熊野山伏がその元となっていると推察される。また男鹿に山伏集団が形成された背景には、霊山以外にも半島の西側が日本海に面し、浄土信仰の思想に適った土地であったこともある。

男鹿の山伏集団は、主に永禅院・光飯寺の二寺院を中心とした集団であった。男鹿山伏は土地柄から山岳だけでなく海路交通にも精通していた。中世期の秋田地域の様子について記された『奥羽永慶軍記』によれば、天正一〇年（一五八二）、庄内武士団が羽黒派山伏とともに秋田城に侵攻してきた際、男鹿山伏は秋田城城主秋田愛季とともにこれを迎え打ち、羽黒若王寺率いる水軍と戦ったことが記されている(17)。近世期に入ると、佐竹氏の支配のもと永禅院と光飯寺は真言宗へと転宗し、山伏集団は解体された。しかし男鹿半島一七村に、それぞれ在地修験寺院が存立し、修験道優勢地域としての様相は、近世を通じて変わることは無かった。

鳥海山は、秋田藩と山形藩の領境に位置する山である。鳥海山は古代より幾度も大噴火を繰り返してきた火山であり、山頂の大物忌神社はそのつど朝廷より高位を与えられている。鳥海山が籠山修行の場となったのは円仁による登拝が始まりとされ、鳥海山山麓にも出羽三山同様多くの山伏が集住した。しかし出羽三山の山伏が羽黒山を中核として一山組織を形成したのに対し、鳥海山の山伏は蕨岡・吹浦（山形側）、小滝・矢島・滝沢（秋田側）の各登拝口に小集団を形成、各集団は鳥海山の山上権を巡り競合関係にあり、一山組織を形成することは無かった。

近世期、鳥海山の各修験集団は、当山派醍醐寺三宝院の支配下に置かれることになったが、競合関係を制し、近世期の鳥海山上権を当山派に認めさせたのは蕨岡《わらびおか》修験であった。蕨岡修験は、領主であった最上氏や酒井氏と積極的に関係を結び勢力を拡大、広範囲に渡る信仰圏を形成したとされる(18)。また当山派内で、鳥海山順峰先達の龍頭寺（蕨岡）と逆峰先達元弘寺（矢島）については、醍醐寺三宝院とは別に、一山の修験に対し官位昇進の補任状を発給することが許されていた(19)。

集団に属せず、在地の熊野堂別当や堂守として領民を相手に宗教活動に従事していた在地修験は、慶長七年（一六〇二）の佐竹氏入部後、その大半が当山派末の修験となり、「修験大頭―頭襟頭―末派修験」という藩主導の修験者組織に組み込まれた。近世期の藩領内在地修験数について正確な数を示したものは無いが、目安として安政四年（一八五七）に行われた調査をみてみると、当時の藩領内の宗教施設一〇七二寺社のうち修験寺院の数は三九一にも上り、この数は他の仏教宗派寺院や神社の数を圧倒的に上回る。ちなみに享保年間に編纂された「六郡郡邑記」によれば、秋田藩の総村数は八〇三村とあり(20)、およそ二村に一軒の割合で修験寺院があるという計算になる。ただし、この調査で把握されたのは除地のある修験寺院のみであり、無掠の修験が別当や堂守を勤めるような小堂や祠は含まれていない。そうした無掠の修験寺院に属する者たちや有力修験寺院の弟子らも合わせると領内の在地修験は相当数であったことが推察される。

当該地における修験道の隆盛が、この土地特有の宗教的風土に起因することは前項より述べている通りだが、そのほかにも秋田藩における在地修験の繁栄の背景には、在地修験が当地で有していた社会的地位も関係していると考えられる。近世秋田の在地修験の様相について、秋田藩士石井忠行が明治七年（一八七四）に記した『伊頭園茶話』には「修験峯入に太刀佩くなどは武士に近ければ、その頃まで二三男の厄介など山伏になりたるは、禅浄土の僧にならんより増なるべし(21)」と記されている。

こうした修験者の「半僧半俗」の風体は、のちに近世的身分制度を侵すものとして、たびたび幕府の追及を受けることになるが、修験道当山派は、修験者が帯びる刀はあくまで悪魔降伏のための法具であり、平生にも帯刀するか否かは修験者自身の随意である、ただし修験道では往古より帯刀しており、帯刀を差し止められては諸国当山派の修験一流の差し障りになるとして修験者の帯刀の正統性を主張し続けた[22]。また有力修験寺院の子弟の中には江戸や京都に遊学し、のちにその知識を地域社会に還元すべく寺子屋や私塾を開いて民衆らの指導にあたる者もいた。当該地において在地修験は、武士身分に近いながらも地域社会における身近な知識層・教導者として、庶民の崇敬を集める存在であったと言える。

近世を通じ、秋田藩の在地修験が構築した社会的地位、また在地修験が携わってきた伝統的習俗は、神仏判然令をして修験道廃止後も変わることは無かった。そのことを示す一文が、英国人旅行家イザベラ・バードの記した『日本奥地紀行』にみられる。明治一一年（一八七八）六月から九月にかけて東京から北海道を旅したバードは、同年七月二一日に仙北郡神宮寺村（現、秋田県大仙市）に滞在したおり、飾り付けた駕籠を担ぐ人々の後に、「僧侶」（priest）の短い行列が通るのを見たと記録している。なお、そのとき「僧侶」は「袖のない真紅の法衣（原文；chasubles）と白い鈴懸袴（原文：cassocks）という出で立ち」で、「人の名前や人々が恐れる餓鬼の名を書いた紙」を入れた「笈（原文；ark）」を背負っており、この行列は「僧侶」が飾り付けた駕籠を川に投げ入れるという祭りだったという[23]。この文章に表れる「僧侶」の出で立ちは修験者の装束を表わしており、また祭事は時期的に施餓鬼の修法を行う行列であると考えられる。なお明治政府が修験道廃止令を発布したのは、バードが秋田を訪れる以前、明治五年のことである。バードの記述は、修験者主導の祭礼が明治以降も日常的な習俗として続けられていたということだけでなく、修験道廃止後も、秋田の人々の修験者に対する崇敬が変わらなかったことを示していると言えるのではないだろうか。

秋田藩の在地修験は修験道廃止後その多くが神職となったが、その地域社会における社会的地位は維持された。また在地修験が担ってきた祭事も、同地の伝統芸能や伝統的習俗として根付き、今日に至っている。秋田の地域像についてより豊かに描き出すには、地域社会の文化や信仰を担った在地修験の存在とその動向に注目することが極めて重要であり、そのことが近世秋田藩史研究また東北修験道史の研究の前進にも繫がると言えるのである。

二　近世修験道史研究の射程

1　戦後近世宗教史研究の流れ

戦後、近世宗教史研究は宗教社会学・歴史学・民俗学の各分野からのアプローチによって進展してきた。まずはそれぞれの分野における近世宗教史の視角と研究の流れについて整理しておく。

⑴宗教社会学からのアプローチ

「宗教と社会」という視角を最初に見出したのは、宗教社会学であり、その起点となったのが、マックス・ウェーバーの『プロテスタンティズムの倫理と資本主義の精神』であった。ウェーバーは同論のなかで、プロテスタント諸集団の世俗的禁欲が、資本主義の発達に対し顕著な役割を果たしたと位置づけた(24)。こうした宗教と近代化、資本主義との関係についての論究は、戦前の政府と国家神道の関係を切り離し、アメリカ流の政教分離を推し進める戦後日本社会に大いに受け入れられ、戦後の人文学・社会学に大きな影響を与えた。日本にウェーバーを紹介した大塚久雄は、「働くことが神への奉仕になる」というプロテスタンティズムにおける「職業」倫理が近代資本主義の精神を生み出したとし、「魔術から解放」され「公平」の精神と合理的な思惟能力をもった勤労民衆に近代人を特徴づける要素をみていた。[25] なお、これは同時に大塚が日本の近代化の上で求める人間像でもあった。[26]

日本で最初にウェーバーの説く宗教と資本主義との関係について、日本宗教史に応用したのは、一九四一年に発表された内藤莞爾の『宗教と経済倫理―浄土真宗と近江商人―』である。内藤は強い「信仰」によって浄土宗から分派・独立した浄土真宗とヨーロッパの宗教改革との類似性や、真宗の「救済(往生)は信仰だけによって得られる」という教義、また呪術・祈禱を禁止している点など[27]にプロテスタンティズムとの近似性を見出し、ウェーバーによる宗教社会学の中心テーマである「経済倫理」について、近世期の近江商人が多く信仰していた浄土真宗との関係に適応させようとした。内藤による日本の近代化と浄土真宗との関連性の検討は、その後の研究蓄積によって現在は消極的な見方をされているが、日本の近代化と宗教の関係という視点を開拓した論考であった。

その後、内藤の研究は森岡清美によって引き継がれた。森岡は近世寺院史料を活用して真宗教団内の本末関係や寺檀関係を分析し、世襲制を採る真宗教団の構造的特質を「家」制度から明らかにした。[28] こうした森岡の「家」を社会の基盤と捉えた「家・同族理論」はその後、歴史学に取り入れられ、森岡の成果は近世宗教史、とくに真宗教団史の先駆的業績として評価されている。

(2)歴史学からのアプローチ

歴史学における近世宗教史研究、とくに仏教史研究は辻善之助が唱えた「仏教堕落」論の克服という課題が起点とされている。「仏教堕落」という考え方は、当時の近世仏教史研究において定説として位置づけられていたが、そもそもこの状況は、武陽隠士の「世事見聞録」[29]の記述からも窺える通り、近世期の段階で既に自明のものであった。[30] しかし辻自身が指摘するように、幕藩権力を背景に堕落状況にあったのはあくまで一部の寺僧であり、教義そのものが堕落していたわけではなかった。以下、近世仏教史研究の推移について、『岩波講座日本歴史』の論文掲載状況から見ていくことにする。

先に述べた通り、戦後の近世仏教史は「仏教堕落」論の克服を中心課題とした。しかし一九六〇年代の近世宗教史学界は儒教・国学・道徳といった思想史学が主流であり、仏教史学に目立った進展は見られなかった。一九六三年に刊行された『岩波講座日本歴史』のシリーズには唯一、藤井学による「江戸幕府の宗教統制」が掲載されているが(31)、その内容は幕府の宗教統制の政治制度史の叙述に終始している。そのため近世仏教の評価については、民衆の側(あるいは民俗学)からの評価を待つとして言及しておらず、仏教堕落論の克服には至っていない。

近世仏教史研究に動きが現れるのは一九七〇年代のことである。一九七五年刊行の『岩波講座日本歴史』に掲載された竹田聴洲の「近世社会と仏教」は、民俗学研究の新たな手法であった個別分析法と、民衆の側に視点を置く地域史的研究の先駆となり、近世仏教史の新たな枠組みを提示したものとして、現在も高く評価されている。しかし竹田の検討が主に畿内とその近国の、惣村的な宮座構造を持つ地域を対象としているため、関東や東北の事例と合致しないという問題点が残された。また竹田は論考の中で「近世仏教が幕藩政治と癒着して、前記のような体質をもったことは紛れもなき客観的事実であるが(32)」と近世仏教の堕落を認める叙述をしており、仏教堕落論を越えることができなかったことが窺える。

また近世仏教史からは少し離れるが、一九七〇年代、学界では日本の近代化と宗教として新宗教を対象とした研究が盛行、こうした研究動向を受けて同シリーズには、宮田登の「農村の復興運動と民衆宗教の展開(33)」が掲載されている。この時期の日本の近代化と宗教との関係についての研究をいくつか挙げてみると、まず村上重良は、明治政府の政教政策を取り上げ、「国家神道」が国民教化、天皇制イデオロギーの定着化の装置として機能していく過程を明らかにし、「日本近代社会の宗教は、国家神道と民衆宗教の対決を軸として展開した(34)」と定義づけた。

一方、安丸良夫や宮田登は、近世後期の世直し的観念や通俗道徳に着目し、農村復興運動(民衆運動)の思想的背景としての民衆宗教のあり方について検討している。安丸は、既成の宗教である仏教も、天理教などの創唱宗教も、幕末期の民衆運動の思想には至らず、民衆運動は非宗教的であったことを挙げ、この要因として、織豊政権や徳川の幕藩体制が、民衆から「宗教王国の観念の伝統」[35]を奪ってしまったためとしている。また宮田は、一八世紀以降の農村荒廃によって農耕を基軸とする「日常性」が崩壊したことが、民衆を大原幽学や二宮尊徳の思想や民衆宗教へと駆り立てたこと、そして「日常性」への回帰意識が強力なエネルギーとなって民衆運動に発展したとしている[36]。

こうした安丸や宮田の論考は、当時歴史学会で議論されていた世直し状況論批判や変革主体論に関連していると考えられるが、もともと新宗教研究がマルクス主義の影響を強く受けて展開していたことから、安丸も宮田も民衆の「創意」と「エネルギー」を高く評価している。しかしそれは、言い換えれば寺檀関係の仏教だけでは民衆の宗教的欲求を満たすことができなくなったという「仏教衰微」状況の強調でもあった。

一九八〇年代、村落史研究において一六世紀の小農経営体の家形成についての議論が行われたが、近世的家成立の視座として近世仏教のあり方を結びつける動きがあった。こうした中で両墓制をめぐる問題や寺檀制度、菩提寺院・祈禱寺院の役割分担(祭道公事)、また宮座や氏神に関する議論など、地域の宗教と社会との関係について論じる地域社会史研究が展開した。今日では村落史における宗教(特に葬送文化について)の関心について、木下光生の「これまでの近世史研究では葬送文化の問題を、小経営体の家の形成・展開を明らかにするための道具・補強材料としてしか位置づけてこなかったともいえる」[37]とする否定的な見方もあるが、少なくとも地域社会を宗教的要素も含めて総合的に論じることを目指す、今日の近世宗教史研究の研究視座を確立する上でこの動きは評価できる。しかしこの時点では、近世仏教史研究でこの議論が活かされることは無かった。

こうしたなか、近世宗教史研究において高埜利彦が新たな潮流を生み出した。高埜が一九八九年に著した『近世日本の国家権力と宗教』は、七〇年代から議論の続く幕藩制国家における天皇の位置づけという課題を引き継ぎ、近世の国家権力を幕藩領主権力にとどめず、天皇・公家・門跡などの朝廷権力を含めてその特質を明らかにした。また、朝廷権力を本所(本山)とする僧侶・神職・修験・陰陽師らを幕藩権力がどのように身分編成したのかという近世宗教者編成の枠組みを示した。高埜の業績は、その後の近世宗教史研究を方向づけるものとなり、二〇〇〇年代以降も議論が続けられている。

一九九〇年代、高埜の研究成果によって近世宗教史研究に新たな視点が提示された時期である一九九三年に刊行された『岩波講座日本通史』では、杣田善雄の「近世の門跡」のように、朝廷権力への関心をうけ、近世門跡を単なる近世仏教教団の権威を象徴する存在というだけでなく、皇統・天皇および東照宮を護持する存在としても捉えるという、門跡を統制論・制度論に組みこむ議論が展開されている。さらにこのシリーズでは、奈倉哲三の「近世人と宗教」のように近世期の庶民の宗教生活について信仰や思想の観点から叙述したものや、福田アジオの「近世の村と民俗」のような、民俗学の成果も積極的に取り入れるような論文も掲載されており、多角的な視点から近世史を捉えようという姿勢が、九〇年代の岩波講座の特徴となっていると言える。

また同時期、近世史学界全体では地域社会論と身分的周縁論の各研究が盛んに行われた。当初、地域社会論は幕藩制国家論研究で不十分であった地域社会の位置づけの解明をめざし、地域社会を「一定の諸条件のもとでかたちづくられた社会的諸関係が機能する場を意味している」[38]と評価した。

また身分的周縁論は、「士農工商」の枠組みには含まれない様々な身分集団を取り上げることで、従来の近世身分社会を構造的に理解し直す契機となった。こうした地域社会論・身分的周縁論の研究成果を受けて近世宗教史研究は地域社会へとその幅を広げ、拡散化が進んでいくことになる。

(3)民俗学からのアプローチ―修験道研究を中心に―

近世期の宗教と社会の関係を明らかにするという課題に対し、諸学に先駆けて民間宗教者を対象としたのが民俗学であった。本項では特に修験道研究の進展を中心に研究の流れを見ていく。

近世期の修験についての最初の叙述は一九一六年、柳田国男の「俗山伏」である。柳田は著書において日本の修験道を「此類低級の行者は戦国以来都鄙に充満して居たので、既に狂言記の何山伏を見ても、彼らが如何に詰らぬ人間であったことを窺ひ知ることができる(39)」と批判的な見解を示している。こうした否定的な修験道理解はその後の民俗学者にも引き継がれた。

一九四三年、和歌森太郎は『修験道史研究』を発表、古代・中世期の修験道史について特に教団形成を整理し通史的に体系化した。この論考は現在も歴史学的な修験道研究の嚆矢として位置づけられている。しかしその一方で、和歌森の説は古代・中世期の山伏こそ真であるという柳田の修験道理解を踏襲しており、近世修験を世俗化した「世間に対してほとんど一祈禱師としての低調な存在意義しか示さなくなった(40)」と結論づけている。

こうした近世修験道への否定的な理解は、その後の修験道研究の進展にも多大な影響を及ぼし、古代・中世期の修験道研究が深化するなか、近世の修験道は等閑視されるという研究状況が生まれることとなった。一九七〇年代に発表された村山修一『山伏の歴史』は、これまでの修験教団形成に偏重してきた修験道研究に修法や文学、芸能など宗教学と民俗学の研究成果を援用させるという新たな手法を開拓した。しかし表現は軟化したものの「中世は、彼等(山伏)の最も華やかな活動時代となったのである(41)」という柳田・和歌森説が踏襲され、検討も古代から戦国期にとどまっている。

こうした修験道研究の状況に新風を吹き込んだのが宮家準である。宮家は『山伏―その行動と組織―』において、これまで主流であった古代・中世期を対象とした修験道研究に対し、民間教団体制が確立し、民衆に広く受け入れられるようになった近世以降の修験道についても取り上げるべきであるとしている。また宮家は、「(集団が巨大化すると)集団が儀礼や教義を維持、継承しさらに布教する組織を必要とするようになる」[42]とし、全国規模での組織化によって巨大化した近世以降の当山派・本山派について取り上げ、大峰山と吉野地域を中心に、修験集団組織の体系化や儀礼・教学について、幕府の宗教統制をふまえ論じている。また神仏分離、修験道廃止から現代に至るまでの修験道教団の動態についても明らかにした。

宮家による新たな修験道研究の形が提示された同時期の一九七〇年代、日本各地で自治体史編纂が盛んとなった。特に一九六〇年代以降の高度経済成長によって地域の習俗や伝統が次々と失われていくなかで、伝統芸能や習俗の調査は、そうした文化喪失への危機感を含むものであった。折しも民俗学界では柳田国男の提唱した「重出立証法」(各地から集積した資料を類型、比較し、その変遷を明らかにする)を見直す動きが現れ、一九七五年、宮田登によって「地域民俗学」が唱えられた[43]。以後この研究手法は民俗学の主流となり、個別地域を対象に調査・分析を行うという研究手法(個別分析法)が一般化したとされる[44]。

自治体史編纂と個別分析法によって民俗学においても地域研究が確立、進展したことで、一九八〇年代には修験道研究においても各地の霊山とその周辺地域を対象とした調査・研究が盛んに行われるようになった。そして各地の在地修験と民衆との関係、民間信仰を担う彼らがどのような活動を行い、地域社会と関わっているのかという点に関心が寄せられるようになった。なかでも在地修験の研究の嚆矢となったのが、一九八四年に宮本袈裟雄が著した『里修験の研究』であった。

宮本は里修験の存在形態、および近世的変質後の修験と地域民衆との関係について明らかにし、世俗化したことで里修験は庶民信仰・民間信仰にとっては無視し得ない存在になったと評価(45)、これまでの世俗化に対する否定的見解に一石を投じた。また宮本は近世の修験を類型化し、本山派・当山派に組織された里修験を、居住する地域や宗教活動によって、農村部に居住する修験(里修験)、都市部に居住する修験(町修験)に分類することで、それぞれの存在形態の違いを明らかにした。

宮家・宮本による検討は、それまで等閑視されてきた近世修験道研究に大きな進展をもたらしたと言える。以後、民俗学分野における近世修験道研究は、従来の民俗学の領域である民間信仰や地域伝承の検証に加え、歴史学や宗教学、そして近年では地理学や考古学の成果もふまえた研究が展開している。

2 近年の近世宗教史研究の動向と課題

近年の近世宗教史研究は、これまでの統制論・制度論から脱却し、近世身分制論・地域社会論という新たな分野へ展開した。また歴史学の枠組みを越え様々な分野の成果も反映しながら多くの研究成果が表れている。

二〇〇〇年代以降、近世宗教史は身分的周縁論を受け大きく進展した。塚田孝は、近世都市社会において「宗教的勧進者」とされた聖や陰陽師などの民間宗教者、被差別民などの諸集団を、身分集団・社会集団として定義づけし、これら身分集団が「複層」して成り立っているのが近世身分社会であるとした(46)。また吉田伸之は、身分的周縁を近世的異端の問題として捉え、「所有」との関係からその異端性を考えるとしている(47)。神職や修験が所有する堂社や霞を彼ら自身の一次的「所有」として捉えるか否かという点については様々議論が分かれるところではあるが(48)、これによって身分的周縁の対象はさらに様々に広がりを見せた。

こうした身分的周縁論研究の進展について横田冬彦も「〈所有（職分）・役・共同組織〉のセットとして〈社会集団〉を捉えることで、さまざまな周縁身分の研究を近世史研究全体の実証水準に一気にひきあげた」[49]と評価している。ただ同時に、村落の中間層や女性など、周縁身分にあたる「「人」への注目に新たな提起があるように思うが、広げられた問題は多く、未だ十分な見通しを得られていないように思われる」[50]とし、近年盛んとなっている個人の「ライフコース」、身分変更や意識に注目する検討に対し課題を提示している。

しかし身分的周縁論の成果によって、統制論が主流であった近世宗教史は新たな段階へと進んだ。それは、一九九〇年代に高埜利彦が行った、近世の宗教集団を幕府の社会構造に入れ込んで論じるという支配層の視点による検討に加え、非支配層である宗教者集団が幕藩権力をどのように意識し組み込まれていったのか、また藩や地域社会の中で自らの集団をどのように位置づけるのかといった、下から上へと主張される身分意識という新たな視角が確立したことである。近年では各地の神職集団を対象に、近世後期に見られる集団化と身分上昇志向に関する検討が盛んに行われるようになっている[51]。

一方、地域史・村落史においては、それまで主流であった社会経済史研究から、文化や信仰を含めた地域社会分析を通じ、より深く地域像を描こうとする動きへと展開していった。また久留島浩による組合村郡中惣代の検討など政治的中間層に注目した研究[52]や、若尾政希による書物と思想形成の関係について取り上げた研究[53]など、上層農をはじめとする中間層の村の枠組みを越えた活動を、文化的側面からみようとする視角も近年拓かれてきている。

こうした身分的周縁論や地域史研究の進展を受け、近世宗教史研究においても従来の宗教者統制論の枠組みを越え、幕藩権威の宗教政策や教団編成を宗教者の側からも検討しようとする研究視角が現れた。また地域史研究の進展によって、かつての竹田聴洲の研究手法を採り入れた、地域社会と宗教との関係を在地宗教者の視点から検討する動きもみられるようになった。こうした研究は宗教社会史研究という近世史の新たな研究分野として学界において認知されてきている。

その後、宗教社会史研究は澤博勝らによって地域の「宗教的社会関係[54]」に着目する研究手法が確立し、地域社会における在地寺社の存立意義や在地宗教者の位置づけを問う研究が数多く蓄積されている。その一方、多くの個別分析を地域性や宗教的特殊性をふまえた上で総合化し、近世史全体の中にどう位置づけるかという課題が近年議論されている。

近世宗教史研究の総合化の必要性についての議論は、真宗教団研究からはじまった。澤博勝は近年の近世宗教史研究の動向について「一九九〇年代以降の研究の隆盛により、（近世宗教史・仏教史は）それまでの個別分野史から全体史に前進できるだけの条件を満たしているはずである[55]」とし、地域寺社の社会的機能の本質を明らかにすること、そして家の経営活動と宗教活動の関係性などを地道に明らかにしていくことが、近世宗教史研究を全体史に位置づけるために不可欠であるとしている。また上野大輔は「宗教と社会との関係を中心的な問題とする視座より、研究を総合的に進展させることが求められる[56]」と提起し、宗教的社会関係をふまえ、宗教社会史研究にとって思想論を組み込むことが研究の総合化を目指す上で必要であると説いている。

両者の提起は真宗教団研究の「真宗特殊論」からの脱却、そして近世宗教史研究の総合化という方向性を示すことを目的としている。しかし澤・上野ともに何をもって「研究の総合化」となすのかという点については言及していない。また元来、近世宗教世界は神仏習合思想が基礎になっている。上野も「近世段階では神仏習合形態をとった神宮寺や、そこに所属して神社祭祀に関与した社僧なども視野に入れる必要がある[57]」と指摘している通り、近世の宗教者・宗教施設は多岐にわたる。近世宗教史を総合化するとなれば、仏教思想だけでなく神道や民衆宗教の思想も含めた検討が必要となる。特に明確な教義を持たない神道や、時々の政治情勢や思想に左右されやすい修験道・陰陽道などの民衆宗教については、教団の組織形態や隆盛地域の地域性、宗教的特殊性という点をどのように捉え、比較するかという点を考慮しなければならないだろう。

そして最近では、朴澤直秀も研究の総合化について言及し、その手法として「地域性・宗派特性の把握のための比較のための道具立てが必要」[58]とし、地域社会と寺院や教団との関係構造の再把握を提示している。朴澤の提示する手法も、研究の総合化の上で有効であると考えるが、六〇年代以降繰り返し論じられてきた従来型の教団統制論との差別化をどのように図るか、その見通しについて明らかにすることが必要となろう。

研究における「総合化」とは、蓄積された事物を俯瞰的に観察し、その中に一定の法則を見出し、対象化することを意味するのではないだろうか。それには、類比対照する事象が必要不可欠であり、そのためにもまずは地域社会における各教派・宗派寺社の実態を正確に把握することが重要となろう。

近世宗教史研究の隆盛に伴い近年研究が著しく進展しているのが、地域史料の検討による民間宗教者の研究である。まず神職については、井上智勝の幕府・本所による神職統制[59]など近世神職組織の検討、また靭矢嘉史による大宮氷川神社神職らによる江戸城年頭御礼をめぐる身分上昇志向（見上り志向）[60]についての検討がある。また陰陽師については林淳[61]や梅田千尋[62]による組織編制についての研究がみられる。そして修験道については菅野洋介[63]が、近世在地社会における本山派在地修験の活動について地域の神社や禅宗寺院との共存・競合の様相について明らかにしている。この他にも民間宗教者と地域社会との関係について論じる論考は数多くあり全てを挙げることは困難である。そこでここでは本書で取り上げる近世修験道研究を中心に、近年の研究動向に見られる課題と本書の検討視角を以下に整理しておく。

第一に近世の民間宗教者のイデオロギーの問題である。前述の通り、民間宗教者の存在形態に着目するという研究視角は民俗学より興ったものであり、歴史学において民間宗教者を積極的に取り上げるようになったのは二〇〇〇年代以降である。そのため、いまだ身分的周縁論を受けた社会集団論による検討や、本所・幕府権力の支配・統制論が主体となっていて、統制の実態や、統制を受ける民間宗教者側のイデオロギーの部分の検討は充分ではない。一八世紀以降、民間宗教者は治安維持の観点から統制が強化された。しかし、こうした統制は民間宗教者の活動の幅を狭めるどころか、むしろ民間宗教者に幕藩体制下でどのような役割を果たすべきなのか、また存在意義をどのように地域社会に訴えるかという、宗教者アイデンティティ確立の契機を与えた。民間宗教者の実態を明らかにするには、宗教者統制の実態も踏まえながら宗教活動とそれを行う理念について検証する必要がある。

第二に研究手法の問題である。近年個別分析が蓄積されている民間宗教者研究であるが、その内容は史料的制約もあって重出立証法的な分析に留まっているか、もしくは対象とする一寺院や宗派、在寺村落が検討の中心となり、対象地域全体の宗教構造を描き出すまでに至らないという状況にある。地域社会全体の宗教構造を明らかにするには、一寺院からの検討だけに留まらず、その他の宗派・宗教施設の動向にも目を配ることが求められる。またその地域社会がどのような宗教的景観を持っているのかを把握するために、民間信仰の様相、民衆の信仰生活という所まで踏み込んで検討しなければならない。

そして第三に、近世宗教史研究における修験道研究の位置づけについてである。数ある民間宗教者研究の中でも、修験道についての歴史学的研究、特に近世修験の存立について扱う研究は、神職や陰陽師などのような活発な議論には至っていない。その理由の一つには、宮家準や宮本袈裟雄の研究成果によって民俗学分野では「修験道研究」が研究分野として確立している一方、近世宗教史研究においては未だ、在地修験をどのように扱うべきなのか、また、縁起や教義書といった宗教系史料から日記や由緒・経営帳簿など内容が多岐に渡る修験道史料をどのように扱うべきなのか、その分析手法が確立していないことにある。

一九八〇年代以降、民俗学も地域史料による実証を取り入れるようになったことで、近年の修験道研究は歴史学・民俗学との協業を図ろうとする動きが見られる。最近では西村敏也が近世武州三峰山の発展過程を明らかにするにあたり、権力・地域社会の問題については歴史学的手法、三峰信仰の問題については民俗学的方法を用いて検討している(64)。現在、歴史学において修験道を取り上げる際には、民俗学における成果や研究手法を参照することが必要となる。しかし元来、過去の資料にもとづき、「時」を座標に事象を把握する歴史学と、現在の事象にもとづき「場」や「人」を座標に、その事象がどのように発生し、構築されてきたのかを検証する民俗学では、根本的な研究姿勢が異なる(65)。それぞれの成果や研究手法を参照しつつも、どのように歴史学的視角を加味して、近世宗教史研究の一分野として修験道研究を位置づけるのか、そこに今後の研究進展の鍵があるのではないだろうか。

3　東北修験道史の現状と本書の研究課題―秋田地方を中心に―

最後に、東北修験道研究の動向と現段階における課題について概観する。

宮家準による熊野・吉野一山組織および本山派・当山派の修験道組織の検討が行われた一九七〇年代以降、民俗学では各地の霊山と宗教的景観について取り上げる研究が盛んに行われた。そうした成果を網羅的に収録したのが一九七五年と一九七七年に名著出版より刊行された『山岳宗教史研究叢書』のシリーズであった。構成は一九七五年版の第一期(全六巻、以降「第一期」)は比叡山・高野山・吉野・熊野・出羽三山に関する論考、一九七七年版の第二期(全一二巻、以降「第二期」)は収録範囲を広げ日本全国の霊山を対象とし、東北霊山、日光山、御嶽山、白山・立山、近畿霊山、大山・石鎚山、英彦山などの地方霊山に関する論考が掲載されている。一連のうち本書では、特に出羽三山および東北霊山に関する論考について紹介する。

第一期第五巻の戸川安章編『出羽三山と東北修験の研究』では、戸川や和歌森太郎を中心に、東北地方おもに出羽三山を中心に当該地域に修験道が浸透していく経緯や山岳信仰について概観している。また巻末には修験道史料と目録を付記している。

第二期第七巻の月光善弘編『東北霊山と修験道』では、下北・津軽、陸前、陸中、羽前、羽後、磐城・会津の修験道と山岳信仰について、羽後は男鹿修験と鳥海山修験の論考が寄せられている。戸川安章による鳥海山修験の論考では、鳥海山修験の教団史や教義・修法について現地調査の成果、および中世期頃より鳥海山を中心に修験集団が形成されていった経緯や近世期の蕨岡修験と矢島修験の争論について社殿の棟札の分析から明らかにしている。また佐藤久治は雄勝・平鹿郡における太平山信仰と修験道との関係について論じた。そして木崎和廣・大槻憲利は男鹿真山・本山の修験について、その成立過程や近世期の動向について検証している。

いずれの論考も東北地方の修験道を扱った初の論考集であり、現在も東北修験研究の重要な成果として評価されている。しかし論考の中には、民俗調査の成果報告に留まり、史料紹介的なものも少なくない。加えて、この時に掲載された論考は、すべて霊山を中心とする一山組織を構築した修験集団について検証したものが中心となっており、地域社会に居住する在地修験については充分な検討が行われなかった。この背景には、在地修験に関する地域史料が残存していないことにある。

本書の検討対象となる秋田藩を事例に挙げれば、藩領内の宗教施設の約四割が在地修験寺院だった。しかし神仏分離によって多くの修験者が神職に復飾する際、修験はいわゆる「廃仏毀釈」への対策として記録類を破棄したと言われている[66]。また在地修験が民衆の信仰を集め、親しまれる存在であった一方、宗教としての修験道は神仏習合を旨とし、呪術的な祈禱行為が宗教活動の中心であること、また明確な教義や経典が無いことなどによって、俗信的・迷信的な宗教として仏教や神道に比べ一段低いものとして位置づけられた。こうした明治期以降に定着した修験道に対する否定的な認識により、旧在地修験は家の歴史を明白にすることを避ける傾向にあったと言われる[67]。こうしたことも修験道史料の散逸を加速させ、現在も続く修験道研究の停滞状況を生み出していると言える。

一九七二年、秋田在住の郷土史家佐藤久治が、秋田県内の在地修験寺院の地域分布についてまとめた『秋田の山伏修験』を刊行した。佐藤は「寺院は僧本位、神社は建物本位の記述をしているから、修験にふれることはなかった[68]」として、秋田地方史における修験道史の欠如を指摘し、在地修験の寺院経営や日々の生活、伝統芸能などを通じた近世修験寺院の実態に迫っている。佐藤が実地調査をした七〇年代は、近世期の痕跡が残る、明治時代の文化や習俗を知る人々が僅かながらも健在な時代であった。そうした意味でも佐藤による(聞き取りを含む)調査は、非常に有意義なものであったと言える。その後、佐藤の実地調査は秋田藩の神社や密教寺院の実態調査にも及び、刊行された書籍は、現在も近世秋田藩の宗教環境の実態を知る上での重要文献として位置づけられている。しかし佐藤も修験道関係史料の残存状況から、廃仏毀釈の影響の大きさを在地修験研究の課題として指摘している。

その後も東北地方の修験道研究は、一山組織を対象に、信仰圏や伝統芸能や習俗についての検証が行われている。岩鼻通明は出羽三山信仰を対象に、宗教的空間を構造的・思想的に読み解く手法として「信仰圏」を提唱し、山岳信仰にも空間構造があることを明らかにしている[69]。神田より子は、近世期東北修験と共に活動していた巫女(神子)について、宗教民俗学の立場から地域社会における巫女の位置づけと、現在も行われている巫女による宗教儀礼について検討している[70]。また鯨井千佐登は東北地方において分化・発展そして消滅したフォークロアを対象とするとし、民間宗教者が執行していた「境界の神」に関する民俗的儀礼（秋田のサイノカミ祭や近世村落における疫神送り、鳥追いなどの習俗）について論述している。[71]

このように東北修験道研究は、民俗学分野において活発な研究活動が展開されてきたが、九〇年代以降の朝廷権力を本所および本山とする近世宗教者統制研究の進展にともない、東北地方の修験道研究にも一山組織に属さず領国地域において地域社会や在地領主に対峙して生きる在地修験者について歴史学的観点からの検証を試みる動きが現れた。なかでも本書の関心に近いものとして藤田定興の検討がある。藤田は福島県会津地域の在地修験について修験道組織や宗教行為についての検討だけでなく、入峰修行の諸経費など寺院経営についても実態的に踏み込んで検討している。[72]なかでも「住居形態が農商家と同様で宗教的景観に乏しい」[73]という在地修験の居宅（修験寺院）については、宗教者としてだけでなく妻帯・嫡子相続を旨とし近世的な「家」としての要素も併せ持つ近世在地修験の特徴を詳細に明らかにした。

また修験道組織や支配統制については、森毅による近世期の奥州南部藩を事例とした、本山派修験（年行事）と羽黒系修験（頭役）による在地修験統制の様子と、両派の争論に関する論考がある。[74]森の検討は、当初競合状態にあった羽黒系修験が、幕府権力を背景とする本山派聖護院門跡によって全国レベルの修験道統制内に取り込まれていく過程で生じた相克と、その後の修験者分布に影響を与えていく様相について論述している。

なお、この領国地域における修験統制の実態については、田中秀和によって引き継がれる。[75]田中は「（森が検討対象とした）本山派とは違った組織形態をもつと考えられる当山派を基調に修験者を編成した藩を取り上げることによって、修験道組織を中心とする藩権力の宗教制度の成立過程を明らかにする」として、当山派が多く存立した弘前藩・秋田藩を事例に、各藩がそれぞれの地域の宗教環境に応じて宗教制度を構築していく過程を検討、藩権力と宗教制度の関係性についての考究を深化させた。特に、秋田藩については、霞と宗教者組織の関係性について、延宝年間にまとめられた「修験禰宜掠帳」をはじめ藩の堂社調帳からの分析を試みている。田中による分析は、それ以前（九〇年代初期）には京や江戸など都市部が主流であった民間宗教者に関する検討について領国地域へとその範囲を広げたこと、また佐藤久治以来検討されてこなかった、秋田藩の在地修験の組織編制や修験者統制について法制史的に迫るものであり、本書との関連上注目すべき成果である。しかし田中の秋田藩に関する論考は、地域社会における宗教的景観の把握を目標としながらも、分析は「領内堂社調」をはじめとする藩政史料が中心であり、支配を受ける側の在地修験については自明的な議論に留まっている。実際、藩の修験統制がどのように機能していたのかを在地修験の側からも検証する必要があり、それには在地修験寺院の所蔵史料の分析が不可欠であると言える。

澤博勝は、戦後、竹田聴洲が提起した日本仏教史研究における方法論に沿った形で「地域に生きた仏教」としての近世仏教社会史研究が発展したことを挙げ「今後は近世寺院が内包したさまざまな機能面はもちろんのこと、その機能を下支えした（公権力、教団、宗教者、宗教施設などと地域の関係を含めた）社会構造分析や、あるいは近世法制度分析なども同時に行う必要があろう[76]」とし、仏教教団と地域社会との宗教的社会関係を通じた社会思想・宗教思想分析の前進を示唆した。既述の通り、秋田藩領は修験道に対する信仰の篤い、言わば「修験道優勢地域」であり、そのことは当該地域における伝統的祭礼や芸能の多くが修験道儀礼を根源としていることからも明らかである。そのため在地修験を検証することは、地域社会史を逆照射的にみることでもある。古代より民衆が修験者に期待を寄せるのは、その時々の厄災（病気・天候不順など）を払うことにある。その時に民衆が様々な信仰対象からどれを取捨選択するのか、それは地域社会が抱える課題に直結する。そうした意味でも、東北修験道史が東北地方史研究に寄与するところは大きく、秋田藩領ひいては東北地方に多く見られる「修験道優勢地域」の宗教景観を総体的に把握するには在地修験寺院の史料分析は必要不可欠である。

そこで本書は、近世秋田藩領の在地修験寺院「上法寺喜楽院」（後述）と「吉祥山両学寺」（後述）の所蔵史料（以降「上法家文書」「栄神社文書」）をもとに、近世秋田藩領における在地修験寺院の寺院経営と、当該地の民間信仰を支えた彼らが地域社会や藩政において果たした役割について論じる。また地域史・藩の宗教政策も視野に入れて、村落の上層農であり知識層でもあった在地修験が、幕末期の世情不安の中で何を思考し、民衆の信仰活動に貢献していたのかについて明らかにしたい。

上法寺喜楽院（現、金峰神社）は、秋田藩領雄勝郡大沢村（現、横手市雄物川町）にあった当山派先達寺院世義寺直末の在地修験寺院である。山号は金峰山、近世初期より院号「喜楽院」を称するようになった。創建は養老年間とあるが、正徳四年（一七一四）に記された由緒には「神託シテ曰ハク、朕ハ是レ紀州熊野之大権現也ト故称シ、山ヲバ金峰ト号ス、寺ヲバ上法ト、寔ニ是人民是景福国家之安全ナリ、神仏同体舎那之道場也」[77]とある。このことから喜楽院は、東北地方に熊野信仰が隆盛した九世紀頃に、熊野山伏によって山が修行場として開かれ、その宿坊として寺が建立されたのが始まりと推察される。

近世期には藩主佐竹氏より崇敬を受け、寛永七年（一六三〇）と寛文二年（一六六二）に藩主佐竹家より家紋付燈籠や大鐘の奉納、そして本社ほか末社三社に佐竹家の家紋の付与御免を得た。寺領は六七石三斗三升を除地としたほかに、大沢村枝郷である上法寺村に八三石の田畑を所有し、祈禱行為と農耕の併業によって寺院経営を展開した。寺格は元禄一五年（一七〇二）に二五代住持喜楽院快栄が修験大頭職を勤めて以降（表1）、代々修験大頭格・独礼格として年頭御礼の際には藩主御目見が許可された。霞（掠）は代々大沢村をはじめとする一二村（雄勝郡大沢村・枝郷上法寺村・坂下村・鳶ヶ沢村、雄勝郡新町村・枝郷高寺村・戸安沢村、平鹿郡二井山村・枝郷水沢村、平鹿郡矢神村・枝郷狼沢村、平鹿郡

表1　上法寺喜楽院住持一覧

世数	住持	坊号	生没年	備考
22	大泉院宥伽	—	享禄3年～寛永3年 （1530）　（1626）	喜楽院中興開基。天正年間、堂社造営（小野寺道栄の棟札有）。
23	大泉院宥光	—	天正11年～明暦4年 （1583）　（1658）	寛永16年、高30石の御判紙拝領。
24	喜楽院快光	—	寛永4年～貞享3年 （1627）　（1686）	寛文2年、藩主より大鐘奉納あり。寛文5年、高50石の御判紙拝領。
25	喜楽院快栄	常楽坊	寛文6年～享保10年 （1666）　（1725）	快光嫡子。元禄15年、修験大頭職就任。
26	喜楽院快養	大仙坊	延宝8年～元文2年 （1680）　（1737）	快光次男、快栄弟。享保8年、高67石3斗3石の御判紙拝領。
27	喜楽院快命	大仙坊	宝永3年～明和2年 （1706）　（1765）	快養嫡男。阿闍梨・大越家の官位取得。
28	大泉院快英	大仙坊	元文2年～文化13年 （1737）　（1816）	快命嫡男。権大僧都・大越家の官位取得。
	大仙坊快全	大仙坊	宝暦4年～享和3年 （1754）　（1803）	明覚寺竜定次男、婿養子。住持継承前に死去。
29	喜楽院快定	常楽坊	天明3年～弘化4年 （1783）　（1847）	快英の孫。権大僧都・大越家の官位取得。
30	喜楽院快需	大泉坊	文化11年～明治16年 （1814）　（1883）	両学寺永鐐三男。明治期は神職に復飾、上法峰季と改名。
31	大泉院快晃	観幸坊	天保9年～大正2年 （1838）　（1913）	両学寺永眉長男。明治期は神職に復飾、上法篤と改名。
32	上法茂雄	—	万延元年～大正15年 （1860）　（1926）	

典拠；「明和三丙戌年世代由緒書」「文久二年世代由緒覚」「明治十八年上法家家系略図」。世数は由緒書に拠る。

八反田村）であり、氏子は四〇〇軒程度あった。氏子の数について、関東地方の在地修験寺院の寺院経営について分析した田中洋平は「祈禱檀家と葬祭檀家の金銭的な負担差を考えれば祈禱寺院が単独で経営を成り立たせるには三〇〇軒〜六〇〇軒は必要」[78]としている。修験道優勢地域であるという土地柄を考慮しても、喜楽院はこの雄勝・平鹿郡で有力な在地修験寺院の一つであったことが推察される。

　吉祥山両学寺（現、総鎮守栄神社）も平鹿郡大屋新町村（現、横手市大屋新町）にあった当山派先達寺院世義寺直末の在地修験寺院であり、山号は吉祥山、寺号は両学寺を称した。創建は永禄三年（一五六〇）、奥州仙台出身の武士酒水右近（三蔵院快永）を開基とする[79]（表2）。

表 2　吉祥山両学寺住持一覧

世数	僧名	院号	生没年	備考
1	三蔵院快永	—	天正18年(1590)11月卒	元は伊達政宗家臣酒水右近とある。
2	両学院永栄	—	元和 9 年(1623) 8 月卒	
3	両学院永易	—	承応元年(1652) 9 月卒	
4	両学院永養	—	貞享元年(1684) 3 月卒	寛文年中、今宮氏より修験・社家支配を命じられる。
5	両学院永勇	—	享保10年(1725) 1 月卒	
6	両学院永山	—	享保17年(1732)11月卒	
7	両学院永順	—	宝暦12年(1762) 4 月卒	
8	両学院永峰	—	寛政 2 年(1790) 9 月卒	
9	両学寺永林	了覚院	享和元年(1801) 2 月卒	両学寺の寺号を許容される。
10	両学寺永鐐	満行院	文政 7 年(1824) 5 月卒	寛政 9 年頭襟頭、文化 8 年修験大頭就任。喜楽院快需の父。
11	両学寺永龍	鐐瑞院	嘉永 4 年(1851)10月卒	天保年間に格院別納格推許。 天保12年頭襟頭、同15年修験大頭就任。
12	両学寺永眉	法性院	文化 5 年(1808) ～元治元年(1864) 9 月卒	坊号厳光坊。文政 8 年より十数年醍醐寺三宝院にて修行。 嘉永 6 年、修験大頭就任。 大泉院快晃の父。
13	両学寺永慶	法性院		明治に神原廣雄と改名。

典拠；「文化十三年世代由緒書上帳」「文政五年世代由緒書上帳」「明治四年世代由緒書」

寺領は除地五〇石余を所持し、寺格は一〇代住持永鐐の代の寛政九年(一七九七)に頭襟頭、文化八年(一八一一)に修験大頭に任じられて以降、修験大頭格、独礼格となった。また一〇代・一一代・一二代と三代に渡り修験大頭職を勤め、幕末期の秋田藩において指導者的な役割を果たした。両学寺も先に挙げた喜楽院同様、藩主崇敬寺院であったが、特に九代藩主佐竹義和の入部の際の「御小休所」に指定され、一〇代義厚が江戸で死去し、その遺骸が秋田藩に戻る際にも両学寺にて小休している(80)。霞は、寺院のある大屋新町村のほかに大屋寺内村、新藤柳田村、婦気大堤村、安田村、外目村、客殿蘇谷地村の七村であり、氏子は二五〇軒程度であったと推察される。

なお両学寺と喜楽院は親類関係にあり、天保一一年(一八四〇)、実子の無かった喜楽院二九代住持快定が、両学寺一〇代住持永鐐の息子

（快需）を養子に迎え、喜楽院三〇代住持とした。また嘉永四年（一八五一）には快需が実家である両学寺より自らの甥（快晃）を婿養子に迎え三一代住持としている。さらにまた両学寺は、近世中期頃より新田開発を通じ寺院経営基盤を確立、急成長を遂げた在地修験寺院であるという点で喜楽院とは異なる特徴を持つ。本書ではこの二寺院の修験寺院史料を基本史料として分析を行う。

近年、東北修験道研究は個人所有の修験道関係史料の調査・分析が少しずつ進展しているものの未だ廃仏毀釈や、その後の修験道に対する宗教的認識の低さなどの影響が少なからず残っており、研究状況はあまり良いとは言えない。また市町村の博物館・資料館や教育委員会による実地調査によって史料群の存在自体は確認されているものの、詳細な史料分析が追い付かず等閑視されている事例もある。そうした在地修験研究の抱える課題を克服するには、まずは地域史料をより多く「発掘」すること、そして修験道史料群の歴史学的分析の方法論を確立する必要がある。本書ではその枠組みの一端を提示することを目標としたい。[81]

三　本書の構成

以上、近世宗教史研究および修験道史研究の現状と課題について述べてきた。上記の課題を念頭に置き本書の構成と視角について以下に提示したい。本書は以下の三部構成にて論じる。各部の構成は以下の通りである。

第一部「秋田藩における在地修験統制」は、藩権力と在地修験者の関係構築について宗教法制度をふまえ検討すべく設定した。具体的には、近世秋田藩の修験道統制について、在地修験の宗教活動範囲である霞の実態と藩主御目見の機会である殿中儀礼から論じる。

まず第一章「霞からみる宗教者統制」では、藩寺社奉行所より発給される「霞状」を通じた霞支配の様相と、近世中後期以降みられる霞の売買譲渡の実態から霞の流動的性格について明らかにする。

第二章「殿中儀礼にみる宗教者統制」では、殿中儀礼、なかでも主従関係の再構築を目的とする年頭御礼での儀礼を通じ、寺社への独礼格付与の実態と藩における各宗派の位置づけに注目、その支配論理を解明していきたい。また真言宗と修験宗を事例に、統制機構の構築期である宝永・正徳期、そして整備期である安永・寛政期の藩政および寺院統制の展開と推移について論じる。

第二部では「秋田藩領の在地修験寺院と地域社会」とし、一八世紀以降強化された宗教者統制に対する民間宗教者の意識と宗教活動理念について検証したい。具体的には、上法家文書・栄神社文書の分析をもとに近世中期以降に見られる雄勝・平鹿・仙北三郡の在地修験による協同的な宗教活動の展開とその背景にある紐帯関係、そして幕末期の民間宗教者（修験・神職）の集団化傾向について検討する。

第一章「近世在地修験の滅罪檀家所持と一派引導」では、本来檀家所持や葬祭執行が認められないとされた在地修験寺院が、滅罪檀家所持を確立する過程と近世中期以降の修験道一派引導の実態について明らかにする。その際に曹洞宗寺院との競合関係や、近世中後期に一派引導の執行を通じ、宗派としてその地位を向上させようと志向していた本山・当山両派と、その志向に呼応するように活動する秋田藩内の在地修験の様相について論じる。

第二章「在地修験寺院と「除病祈禱」」では、近世後期秋田藩における疫病流行の様子から同藩の医療政策と領民の疫病観について明らかにする。また文久二年（一八六二）の麻疹流行を事例に、当時の領民の疫病観と上法寺喜楽院で執行された除病祈禱祭について分析し、霞や近隣地域民の喜楽院に対する信仰の様相と在地修験の動向について検討する。

第三章「幕末期の在地宗教者の活動と集団化」では、幕末期の秋田藩の在地宗教者（修験・神職）の動向について、集団化の経緯および在地宗教者が藩や地域社会に対し果たそうとしていた役割について、集団の指導者的存在となった有力在地宗教者の行動や思考などから検討する。

第三部では「秋田藩における在地修験の寺院経営」と題し、主に上法家文書の事例から秋田藩領在地修験の寺院経営についてみていく。なお検討に際しては、これまで重出立証法的な分析に留まっている修験寺院の寺院経営史について、喜楽院あるいは大沢村といった枠組みを越え、雄勝・平鹿郡地域の宗教環境・社会経済状況も踏まえて検討する。

第一章「在地修験の堂社経営」では、堂社建立や修復を通じ、氏子の信仰実態や在地修験が展開する様々な宗教活動に、霞内氏子がどのように関わったのかについて明らかにする。

第二章「上法寺喜楽院の「両徳講」をめぐって」では、喜楽院が文久三年から明治初年に行った無尽講「両徳講」について取り上げ、講の仕法から講の運営実態と当該期の喜楽院の寺院経営について明らかにする。また両徳講の講員についても分析し、喜楽院への信仰という点でどのような地域的差異があったのか、またその背景にあると考えられる当時の地域社会や経済状況について検討する。

第三章「在地修験の大峰入峰における手続きと諸儀礼」では、近世中期以降広がった入峰怠慢傾向のなかで、代々の喜楽院住持が入峰修行前後に藩や本山に対し行った様々な手続きから、在地修験と地域社会との関係、地域社会が在地修験の大峰入峰をどのように認識していたのかについて検討する。

第四章「近世修験の寺跡相続儀礼」では、寺跡相続と継目御礼を取り上げ、修験寺院が寺跡相続によって再生産されていく過程と、儀礼を通じて藩が寺院の永続性を承認することで藩秩序の中に組み込んでいく様相を明らかにする。

以上の検討から、これまで蓄積された民俗調査の実績なども踏まえつつ、藩政史料と在地史料を分析し総体的に検討することを目標とする。そして上記の検討を通じ、地域社会における在地修験の存在意義とその実像について総体的・重層的に示し、近世宗教史研究、とくに東北修験道史研究における停滞的状況や課題の克服を目指したいと考えている。

註

(1) 戸川安章「鳥海山と修験道」(月光善弘編『東北霊山と修験道』山岳宗教史研究叢書　第七巻、名著出版、一九七七年、三三四～三六二頁)。

(2) なお古代・中世期の出羽における宗教状況については、佐々木馨「出羽国の宗教世界」(伊藤清郎・誉田慶信『中世出羽の宗教と民衆』高志書院、二〇〇二年、二五～六七頁)を参照のこと。

(3) 河西英通『東北─つくられた異境』(中公新書、二〇〇一年、四頁)。

(4) 大藤時彦編『古川古松軒「東遊雑記」』(平凡社東洋文庫二七、一九六四年、七八～七九頁)。

(5) 野田泉光院「日本九峰修行日記」(『日本庶民生活史料集成』第二巻、三一書房、一九六九年、一六六頁)。

(6) 中村安宏「北方各藩における儒学の展開」(浪川健治・佐々木馨編『北方社会史の視座　第二巻』清文堂出版、二〇〇八年)。

(7) 金森正也『藩政改革と地域社会─秋田藩の「寛政」と「天保」─』(清文堂出版、二〇一一年、二六八頁)。

(8) 河西英通『東北─つくられた異境』(中公新書、二〇〇一年、一〇頁)、田中秀和『幕末維新期における宗教と地域社会』(清文堂出版、一九九七年、三二九頁)ほか。

(9) 田中秀和『幕末維新期における宗教と地域社会』(清文堂出版、一九九七年、三二九頁)。

(10) 田中秀和『幕末維新期における宗教と地域社会』（清文堂出版、一九九七年、三二九頁）。
(11) 菊池勇夫『東北から考える近世史』（清文堂出版、二〇一二年、三四〇頁）。
(12) 菊池勇夫『東北から考える近世史』（清文堂出版、二〇一二年、三四四～三四五頁）。
(13) 赤坂憲雄『東北学／忘れられた東北』（講談社学術文庫、二〇〇九年）ほか。
(14) 『日本書紀』持統天皇三年正月丙辰（三日）の条に「丙辰、務大肆陸奥国優嗜曇郡城養蝦夷脂利古男、麻呂與鐵、折請剔鬚髪為沙門、詔曰、麻呂等少而閑雅寡欲、遂至於此、蔬食持戒、可随所請、出家修道」とある（坂本太郎・家永三郎ほか校注『日本古典文学大系68日本書紀（下）』岩波書店、一九六五年、四九五頁）。
(15) 伊藤清郎・誉田慶信『中世出羽の宗教と民衆』（高志書院、二〇〇二年）。なお、この背景として初代から七代までの歴代天台座主の出身地が東国出身者又はその関係者であった事、そして出羽国という地域性を考慮するならば、東北地方に既に存在した男鹿三山・鳥海山・保呂羽山・出羽三山などに対する山岳への信仰と山岳修行を提唱する天台宗が教導的にも近かったという点がある。
(16) 長谷川匡俊『近世の地方寺院と庶民信仰』（岩田書院、二〇〇七年、二九九頁）。
(17) 戸部一閑斎正直著、今村義孝校註『奥羽永慶軍記』（無明舎出版、二〇〇五年、一五一～一五三頁）。
(18) 姉崎岩蔵『鳥海山史』（国書刊行会、一九八三年、五二頁）。
(19) 「当山派修験宗装束之次第」に「同派之内、真言修験両宗兼学出羽国鳥海山順峰先達龍頭寺幷同山逆峰先達矢嶋元弘寺同国金峰山此両山之修験ハ大峰入仕候もの有之候得共昇進之証ハ、往古従　三宝院御門主永免許を以両山共に一山ニ而昇進仕候」とある（『古事類苑　宗教二』吉川弘文館、一九二七年、一〇七六頁）。
(20) 岡見知愛「六郡郡邑記」（今村義孝監修『新秋田叢書　第四巻』歴史図書社、一九七一年、一五七頁）。

(21) 石井忠行「伊頭園茶話」(今村義孝監修『新秋田叢書　第七巻』歴史図書社、一九七一年、六二～六三頁)。
(22) 埼玉県立文書館蔵「会田文書」史料番号一一九五「文化十二乙亥年三月修験帯刀之事」ほか。
(23) 金坂清則『完訳日本奥地紀行2　新潟―山形―秋田―青森』(平凡社、二〇一二年、一三三頁)。
(24) マックス・ウェーバー著、大塚久雄訳『プロテスタンティズムの倫理と資本主義の精神』(岩波文庫、一九八九年、一二九頁)ほか。
(25) 大塚久雄『宗教改革と近代社会』(みすず書房、一九九三年、八八～九〇頁)。
(26) 斎藤英里「社会科学における人間像の形成―大塚久雄の場合―」(『武蔵野大学政治経済研究所年報』三号、二〇一一年)。
(27) 内藤莞爾『日本の宗教と社会』(御茶の水書房、一九七八年、三三頁)。
(28) 森岡清美『真宗教団と「家」制度』(創文社、一九六二年)ほか。
(29) 『世事見聞録』の「寺社人の事」の冒頭に「当時の僧侶は御代の結構なる故に、さらに困窮を知らずして衣食住を極め、安楽に身を過ごすこと無類なり。殊に世に養われ人の陰にて立ちゆく身の程を忘れ、ことごとく高慢に構へたるものなり」とある(武陽隠士著、本庄栄治郎校訂・奈良本辰也補訂『世事見聞録』岩波文庫、一九九四年、一三七頁)。
(30) 澤博勝『近世の宗教組織と地域社会』(吉川弘文館、一九九九年)、オリオン・クラタウ『近代日本思想としての仏教史学』(法蔵館、二〇一二年、二二〇～二四一頁)。
(31) 藤井学「江戸幕府の宗教統制」(『岩波講座日本歴史　近世三』岩波書店、一九六三年)。
(32) 竹田聴洲「近世社会と仏教」(『岩波講座日本歴史九(近世一)』岩波書店、一九七五年)。
(33) 宮田登「農村の復興運動と民衆宗教の展開」(『岩波講座日本歴史一三(近世五)』岩波書店、一九七七年)。

(34) 村上重良『国家神道と民衆宗教』(歴史文化セレクション、吉川弘文館、二〇〇六年、三頁。初版一九八二年)。
(35) 安丸良夫『日本の近代化と民衆思想』(平凡社ライブラリー、一九九九年、二三一頁)。
(36) 宮田登「農村の復興運動と民衆宗教の展開」(『岩波講座日本歴史一三(近世五)』岩波書店、一九七七年)。
(37) 木下光生「葬送文化と家―畿内近国民衆を事例に―」(藪田貫・奥村弘編『近世地域史フォーラム2　地域史の視点』吉川弘文館、二〇〇六年、一五九頁)。
(38) 「大会テーマの設定にあたって」(『歴史評論』五七五号、一九九八年、一頁)。
(39) 柳田国男「俗山伏」(『定本柳田國男全集』第九巻、筑摩書房、一九六二年、四四三頁)。
(40) 和歌森太郎「修験道史研究」(『和歌森太郎著作集　第2巻』弘文堂、一九八〇年、二三〇頁)。
(41) 村山修一『山伏の歴史』(塙書房、一九七〇年、一八頁)。
(42) 宮家準『山伏―その行動と組織―』(評論社、一九七三年、二五頁)。
(43) 宮田登「地域民俗学への道」(和歌森太郎編『日本文化史学への道』弘文堂、一九七五年、二三九～三四〇頁)。
(44) 福田アジオ『歴史と日本民俗―課題と方法―』(吉川弘文館、二〇一六年、二七～二八頁)。
(45) 宮本袈裟雄『里修験の研究』(岩田書院、二〇一〇年、四一頁。初版一九八四年)。
(46) 塚田孝『身分論から歴史学を考える』(校倉書房、二〇〇〇年)ほか。
(47) 吉田伸之「所有と身分的周縁」(『シリーズ近世の身分的周縁六　身分を問い直す』吉川弘文館、二〇〇〇年)。
(48) 吉田伸之「所有と身分的周縁」より。高木昭作は「御師の檀那場、修験の霞、うたの職場、非人の勧進場、職人の得意先」をそれぞれの「所有」として捉えているが、吉田は職人の所有の核は用具にあり「得意先」は所有を実現するための一条件にすぎないとしている(『シリーズ近世の身分的周縁六　身分を問い直す』吉川弘文館、二〇〇〇年、一〇二頁）。
（49）横田冬彦「近世の身分制」（『岩波講座日本歴史　第一〇巻』二〇一四年、二七九頁）。
（50）横田冬彦「近世の身分制」（『岩波講座日本歴史　第一〇巻』二〇一四年、二七九頁）。
（51）小野将「幕末期の在地神職集団と『草莽隊』運動」（久留島浩他編『近世の社会集団』山川出版社、一九九五年）、靭矢嘉史「神職の集団化と幕府支配―武蔵国独礼神主層を事例に―」（高埜利彦・井上智勝編『近世と宗教2　国家権力と宗教』吉川弘文館、二〇〇八年）など。
（52）久留島浩『近世幕領の行政と組合村』（東京大学出版会、二〇〇二年）ほか。
（53）若尾政希『「太平記読み」の時代―近世政治思想史の構想―』（平凡社選書、一九九六年）ほか。
（54）澤博勝『近世宗教社会論』（吉川弘文館、二〇〇八年、八～一〇頁）。
（55）澤博勝『近世宗教社会論』（吉川弘文館、二〇〇八年、二頁）。
（56）上野大輔「日本近世仏教論の諸課題―宗教社会史の視座より―」（『新しい歴史学のために』二七三号、二〇〇九年、一頁）。
（57）上野大輔「日本近世仏教論の諸課題―宗教社会史の視座より―」（『新しい歴史学のために』二七三号、二〇〇九年、九頁）。
（58）朴澤直秀「近世の仏教」（『岩波講座日本歴史　第一一巻』二〇一四年、二五一頁）。
（59）井上智勝『近世の神社と朝廷権威』（吉川弘文館、二〇〇七年）、同「近世の神職組織―触頭を擁する組織を対象に―」（『国立歴史民俗博物館研究報告』一四八号、二〇〇八年）など。
（60）靭矢嘉史「近世神主と幕府権威―寺社奉行所席次向上活動を例に―」（『歴史学研究』八〇三号、二〇〇五年）、同

「神職の集団化と幕府支配」（高埜利彦・井上智勝編『近世の宗教と社会2』吉川弘文館、二〇〇八年）など。
(61) 林淳『近世陰陽道の研究』（吉川弘文館、二〇〇五年）。
(62) 梅田千尋『近世陰陽道組織の研究』（吉川弘文館、二〇〇九年）。
(63) 菅野洋介『日本近世の宗教と社会』（思文閣出版、二〇一一年）。
(64) 西村敏也『武州三峰山の歴史民俗学的研究』（岩田書院、二〇〇九年）。
(65) 和歌森太郎「歴史と民俗学」（『和歌森太郎著作集　第一〇巻』弘文堂、一九八一年、四六頁）、および福田アジオ『歴史と日本民族―課題と方法―』（吉川弘文館、二〇一六年、四一頁）。ここで福田は「…民俗学と歴史学は歴史的世界を認識し組み立てるという共通性を持つ。（中略）しかし、両者が統一されて一つの歴史を組み立てると安易に考えることはできない」とし、歴史学と民俗学の共同、協業による歴史像の構築は容易ではないという見解を述べている。
(66) 戸川安章編『出羽三山と東北修験の研究』（山岳宗教史研究叢書五、名著出版、一九七五年、一九頁）。なおこの傾向は神宮寺を持つ神社史料にも見られる。井原今朝男は「…個別神社史料群は、明治の廃仏毀釈によって仏事関係史料群が流出し、史料群の構成は大改編を受けている。（中略）こうした神社史料から神宮寺など仏事関係史料が流失してしまったことは全国の神社に共通することである。いいかえれば、近代における廃仏毀釈の過程で、前近代の神社史料群は大きな構造変化を遂げたのであり、現存する神社史料群をその全体像とみてはならないことが分かる」と指摘している（井原今朝男「神社史料の諸問題」『国立歴史民俗博物館研究報告』一四八号、二〇〇八年）。
(67) 戸川安章編『出羽三山と東北修験の研究』（山岳宗教史研究叢書五、名著出版、一九七五年、一八頁）。
(68) 佐藤久治『秋田の山伏修験』（秋田真宗研究会、一九七三年、三六七頁）。
(69) 岩鼻通明『出羽三山信仰の圏構造』（岩田書院、二〇〇三年ほか）。

(70) 神田より子『神子と修験の宗教民俗学的研究』(岩田書院、二〇〇一年)。
(71) 鯨井千佐登『境界の現場―フォークロアの歴史学―』(勁草書房、二〇〇六年)。
(72) 藤田定興『近世修験道の地域的展開』(日本宗教民俗学叢書三、岩田書院、一九九六年)。
(73) 藤田定興『近世修験道の地域的展開』(日本宗教民俗学叢書三、岩田書院、一九九六年、四五七頁)。
(74) 森毅『修験道霞職の史的研究』(名著出版、一九八九年、一〇一~二九七頁)。
(75) 田中秀和『幕末期初期における宗教と地域社会』(清文堂出版、一九九七年、五頁)。
(76) 澤博勝『近世宗教社会論』(吉川弘文館、二〇〇八年、九頁)。
(77) 上法家文書「仙北郡大沢村之上法寺」より「縁起写」抜粋。
(78) 田中洋平「近世北関東農村における祈禱寺院経営」(『日本歴史』六八六号、二〇〇五年、五五頁)。
(79) 栄神社文書「世代由緒書」ほか。
(80) 栄神社文書「口上」。
(81) 最近では、関口健による葉山修験に関する論考(同「葉山修験再考―近世期に展開したる大円院末派について―」『米沢史学』二九号、二〇一三年)や、長谷部八朗・佐藤俊晃による秋田郡北比内綴子(北秋田市)の修験寺院神宮寺(現、綴子神社)で内館塾を開いた修験般若院 英泉の思想と行動に関する同神社の所蔵史料(内館文庫)の分析がみられる(同『般若院英泉の思想と行動―秋田「内館文庫」資料にみる近世修験の世界―』岩田書院、二〇一四年)。
(補註) なお本書では、諸国を行脚し自由に籠山修行を行った中世期の修験者を「山伏」、幕府によって諸国行脚を制限され、地域に定住した近世の修験を「修験」または「在地修験」として表記する。

第一部　秋田藩における在地修験統制

第一章　霞からみる宗教者統制

はじめに

「霞（掠または仮住とも）」は、修験道を信仰し、修験者を支える「檀那（旦那）」と呼ばれる人々の住む地域を指す。霞場あるいは檀那場（旦那場）ともいわれる。霞の語源は諸説あり、古来より死者の住む異界として畏怖されてきた、山岳で修行する修験者を「霞を喰って生きている」という仙人になぞらえたことから称するようになったという説、または、修験が治病祈禱をはじめとする呪術的宗教活動に従事することで生活の糧を得ていたことから、「糧を掠め取る」というのが語源となったという説がある。(1)

霞という呼称は、主に当山派（本山は醍醐寺三宝院）と本山派（本山は聖護院）で用いられた。なお近世初期には、羽黒修験でも「霞」の呼称が用いられていたが、貞享元年（一六八四）の幕府裁許により羽黒修験は本山派の霞下に入り、「旦那場」と呼称することが命じられたことから、羽黒修験内では霞と旦那場が同じ意味合いで用いられるようになった。(2)

また霞には二つの意味合いがあるとされる。一つは本寺の支配領域、もう一つは修験者個人の宗教活動範囲である。まずは、修験宗派の本山である聖護院と醍醐寺三宝院の支配領域を意味する霞について見ていく。霞の成立について、森毅は、中世期の聖護院と一円支配許可を意味する「年行事職」の検討を通じ、霞という呼称は年行事職が置かれた後、すなわち具体的な一円支配が成立したと見なされる場に用いられるとしている(3)。そのため霞は、本山や先達が末派修験および檀那を地域的に統括する権能をさすとされている。

近世に入ると、霞はより具体的に規定がなされ、本山派・当山派それぞれの霞の支配体制が確立していく。本山派の霞支配は、中世以来の惣村制にもとづき、国・郡・村それぞれに「院家―先達―年行事」を配して末派修験を支配する「一円支配」を展開した(4)。一方、当山派の霞支配は、「正大先達」と呼ばれる入峰修行の際に先達を勤める指導者的立場の修験と、各国の末派修験との結びつきにもとづき支配する「袈裟筋目支配」が採られた(5)。その後、修験の支配体制は当山派の筋目支配が主流となり、本山と末派修験の関係は官位補任や寺格維持を通じたものにとどまり、霞や寺領の安堵は在地領主に委ねられた。

それは秋田藩の事例からも見受けられ、醍醐寺三宝院が各末派修験の寺領や霞を保障するという様子は見られない。本山が官職・位階を付与するために発給する官位補任状は、本山にとっては修験者個人について袈裟筋を明示し、修験としての身分を保障するものに過ぎなかった。そのため永続的な寺領や霞の安堵は、藩寺社奉行所より発給される霞状によって保障されるものであった(「霞状」についての詳細は後述)。

次に宗教活動範囲としての霞について見ていく。先に述べた通り、霞には修験や御師が護符の配布や、春秋の祈禱などの宗教行為を行うことのできる範囲、縄張り地域という意味を有する。そのため霞の有無は、在地修験の経済状況を左右した。霞は在地修験にとって収入源そのものであると同時に所有財産でもあった。中世期より霞は熊野御師の間で法的な権利(＝株)として売買の対象となっていた(6)。高埜利彦(7)によれば、近世初期、各地の霊山を拠点に活動していた修験(山伏)の巡歴は熊野御師と結びついており、配札と先達に財源の途を見出していたとされる。

なお、中世期の霞は、祈禱札の配札と寺社参詣の先達を勤める（師檀関係）権利である「檀那職」のみであった。しかし近世以降、修験の「近世的変質」に伴い、霞の性質も変化、従来の檀那職に加え、霞内の堂社の管理や春秋祈禱を行う「別当職」も含まれるようになった。近世の在地修験寺院は血脈による相続を基本とした。そのため霞（別当職・檀那職）も寺領や什物と共に代々の家産として継承される一方、私産として地域の在地修験の間で質入や売買が行われた。

これまで霞は、本山の支配領域としての「霞」に視点が置かれ、中世以来の自律的集団が、近世以降、朝廷権威を背景とする本山・本所として支配機構を確立させていく上での関連事項として議論されてきた(8)。修験道集団についても、森毅が中世以来、羽黒派修験が拠点としてきた盛岡藩領に聖護院が「年行事職」を配置することで、公儀を背景とした新たな支配機構が構築されていく過程と、それに反発する羽黒派修験集団の動揺について取り上げている(9)。しかしこれらの検討は、支配組織の構築過程に重点を置くあまり、在地宗教者に関する検討、特に彼らが管理する宗教施設や寺領、宗教活動範囲としての霞に関する事例検証が充分になされていない。それは神職や修験者の支配機構が、仏教教団の本末支配のような、宗教施設をも網羅するものでなかったためである。

そうしたなかで田中秀和は、秋田藩の在地宗教施設「在村小社」に注目し、藩による霞掌握に至るまでの法整備や藩権力主導によって行われた神職組織と修験道組織の様相について明らかにしている(10)。しかし田中の検討も、藩の霞支配や宗教制度に重点が置かれ、制度の運用実態や宗教施設の事例検証は行われなかった。そこで本章では、秋田藩の修験道統制の構築過程を明らかにするとともに、同藩の修験寺院史料から藩の霞支配の実態について事例をもとに検証していく。

一　秋田藩における霞（掠）と修験統制

1 秋田藩の修験道統制

秋田藩による霞支配の実態について検討する前に、まずは同藩の在地修験統制の様相について概観しておく。
慶長七年（一六〇二）、佐竹義宣は常陸国から出羽国へと転封になった。転封の理由については、その二年前の関ケ原の戦いの折、義宣が豊臣家に対する恩義や石田三成との関係などから、東軍・西軍いずれにつくか態度を明確にしなかったため、または上杉景勝と交わされた密約が幕府に露見したためなど諸説あるが、詳細は定かではない。そしてその転封に際し、佐竹氏に随行し角館に居を構えたのが今宮氏であった。今宮氏は佐竹氏の庶流家であり、常陸時代の佐竹氏の居城常陸太田城の東、今宮館を守護する武将であった。また今宮氏は武将であると同時に「今宮常蓮院」と名乗る修験者でもあった。

〔史料1〕(11)

一去年、凉松院閑居之御暇申上候時、①御領内修験、禰宜仕置之事申上候通、常陸ニ而ハ本は佐竹主計先祖仕置被致候を被召上、私先祖永義ニ知行同事ニ被下置、役銀申付処勤仕、依之修験・禰宜之事ハ諸作法式成敗、或越山致候事迄も御公儀江窺申事も無御座申付候、②於御当国ニも常陸之例を以仕置万事申付候、併何ソ指置候義、又成敗抔致候事ハ、如此申存上候為御知仕候

一常陸ニ而ハ、本山聖護院門跡方ニ而大峯ニ長床と申を、此方ニ而仕配致、毎年代官を為登申様、其上代替ニ一度ハ入峰致、是ハ峰中山伏修行不存候而ハ仕置不罷成儀ニ御座候間、右之通ニ御座候、③御国替以後、御当国乍罷在

も関東之仕配致様御約束申処ニ、其後聖護院門跡御違変之事御座候故、天英院様御立腹ニ而聖護院殿江義絶申様ニと被仰付、夫より当山三宝院門跡方へ客人分ニ而入峰致候事

史料は延宝三年（一六七五）六月、今宮義教（摂津守）が藩の推し進める寺社奉行主導の在地宗教者支配に対し述べた口上書である。秋田藩において寺社奉行による領内寺院支配が開始されたのは寛文一一年（一六七一）であった。しかしこれまで修験・禰宜（神職）支配を家職としてきた今宮義賢（涼松院）と嫡子義教はこれに反発、寺社奉行支配は当初、藩主家の菩提寺である天徳寺をはじめとする仏教寺院に限定された。

そもそも今宮氏が修験および禰宜の支配・統制を行うようになったのは一六世紀初頭、もともと佐竹主計なる人物が行っていた宗教者支配（役銀徴収や領内修験・神職の支配）を当主（佐竹義篤か）が召し上げ、今宮永義に任せたことに端を発する（傍線部①）。史料によると、常陸時代の今宮氏は本山派（聖護院門跡）に属し、毎年代官を大峰入峰させていたほか、今宮氏も代替わりの際には大峰入峰を行っていた。佐竹氏の転封当初、聖護院門跡は、転封以後も今宮氏による関東地域の修験・神職支配の継続を約定していた。しかしその後、聖護院門跡はその約定を破棄し、今宮氏は常陸国先達職を解かれてしまった。こうした聖護院門跡の一方的なやり方に天英院（初代藩主佐竹義宣）は立腹、今宮氏に聖護院門跡との義絶を命じ、今宮氏は当山派醍醐寺三宝院門跡の客人分になった（傍線部③）。のちに秋田藩の在地修験の大半が当山派の袈裟筋となったのは、この今宮氏の行動に拠る所が大きい。

以降、今宮氏は「常陸之例」をもって秋田藩領の修験・神職統制を行った。実際、今宮氏がどのような支配を行ったのか、口上書の続きから見てみる。

〔史料2〕[12]

一古より修験之上ニ掠と申事御座候、是ニ付関東より之例ニ而、御当国ニ而も修験禰宜神主掠と申候而、在々処々

ニ旦那持申候者共ニ、手前より其筋へハ札守配不申作法ニ御座候事
一天英院様より、御国中諸勧進御法度ニ被　仰付候間、修験禰宜勧進むさと仕間敷由申付候、併何そ由緒御座候勧進ハ、手前方へ披露仕様ニと申付指置申候、様子ニより其品吟味致候而判紙を出し、勧進為致申候、依之熊野山別当、富士山別当、近年江戸鈴ノ森八幡別当抔も手前より判形出し、御領内勧進仕候、其外他国者ニハ勧進為致不申、弥七変生ハ停止申事ニ御座候、右之段御国其処々之袈裟頭ニ申付指置申候間、少之義ハ其処之袈裟頭承、手前方へ不及申ニ吟味致候而相斗意申様ニ、若何そ替子細も御座候へハ、手前方へ披露申事ニ御座候、其上此方ニ而吟味致申付候事

一条目で今宮氏は霞について説明しており、当国においても関東にならい修験・禰宜・神主の宗教活動範囲を「掠」と言うこと、今宮氏が各霞の「旦那」筋に配札はしない作法になっているとしている。また二条目では、佐竹義宣より領内に神仏を勧進する際には必ず披露させ、修験・禰宜、また他国の者が勝手に勧進を行わないよう勧進の統制を命じられたと述べている。またその際に藩領内の各所に袈裟頭を配置し、袈裟頭にも吟味に当たらせたとしており、今宮氏が主導して領内の在地修験や禰宜を包括した、新たな組織を構築したと主張している。

その後、寛文一二年(一六七二)、二代藩主義隆の死去に伴い、義処が三代藩主に就任した。義処はこの後、藩士の「座格」の明確化や久保田城内への「会所」設立など、藩主主導による初期藩政改革に着手していく(13)。先に挙げた口上書は、藩政改革の気運の中で、義賢の隠居を契機に修験・神職統制の見直しを企図する動きがあることを察知した今宮義教が、同家による修験・神職統制の由緒と正統性を家老に訴えたものであった。

この今宮義教よりの口上書に対し、家老梅津半右衛門は以下のような返答を行っている。

〔史料3〕(14)

一委細御口上書之通、佐兵衛殿（多賀谷隆家）・宇右衛門殿（渋江隆光）へ具ニ御相談申候

一去年、凉松院閑居御訴訟之節、修験・禰宜仕置之義、御自分先祖永義江被仰付候品々、去年御申も慥ニ覚申候、①向後迚も跡々御仕置之通可被　仰付候

一天英院様より御国中諸勧進御法度ニ被　仰付候間、修験禰宜むさと勧進致間敷由被仰付、因之御自分より判紙を御出し、諸勧進致候由、一円拙者共ハ不存候、②御代替ニも候間、ヶ様之義ハ前廉此方へも被仰聞可被為置物をと存候、又在々ニ袈裟頭有之候而、其者共調候由被仰越候、尤人を御撰ニ而被為仰付義ニ可有之候得共、③事多候而多欲之者抔在之、不吟味候へハ　屋形様御為ニも不宜候間、能々御自分ニ而御聞済被仰付可然候、彼在々之袈裟頭、聞済次第袈裟抔剥取ニ而ハ、不穿鑿之義も可在之存候、責而御当領之者ハ不苦候、他国之者理不尽成義申付候而者、御自分之御為不罷成候

一古ハ山方民部壱人寺社奉行ニ而御扶持寺社計之仕配候処、鑑照院様御代梅津五郎右衛門寺社奉行被　仰付候而、④民部両人ニ而御分国中寺社之御仕置可申付旨被仰渡候上ハ、諸事御自分よりも五郎右衛門、民部御相談可被成候、聖護院殿三宝院殿ニも江戸寺社奉行之仕配御背候儀不罷成事ニ候、古とハ時代替候間、万事御自分御一人ニ而被仰付候儀如何と存候、追山等ニ被仰付者も五郎右衛門民部へ為御知、拙者共処へも可被仰聞候、就中成敗等被成候者在之は急度為御知可被成候、修験禰宜御仕置之義ハ如先例可被仰付候、寺社奉行衆へハ諸事不被御心置御相談肝要ニ候（後略）

返答の三条目、まず領内への神仏勧進の支配・統制を今宮氏が担うということについては、初代藩主義宣が同家に命じたという経緯から言及することは無かったが、今は藩主も代替りしており、こうしたことは家老にも相談すべきことであるとしている（傍線部②）。また今宮氏が配置した袈裟頭についても、「多欲」の者が多いことを指摘、袈裟

頭の人選は今宮氏本人がよく吟味すべきであるとしている（傍線部③）。そして四条目では、聖護院や醍醐寺三宝院の状況を引き合いに出しつつ、鑑照院（二代藩主義隆）の代に梅津五郎右衛門と山方民部を寺社奉行に任じ領内寺社の仕置を行わせており、今宮氏も万事一人で決めず両名に相談するようにとしている（傍線部④）。

　このように返答は、今宮氏による修験・禰宜統制の問題点や、寺社奉行支配を受けないことに対する意見が主な内容となっている。しかしこの時点で梅津半右衛門らは、直ちに今宮氏の修験・神職支配職を解こうとはしていない。そのことは一条目において今後も修験・神職支配の継続を約定していることからも明らかである（傍線部①）。また、袈裟頭の人選について記された箇所の文章表現、寺社奉行の支配下に入ることを強制せず、寺社奉行に「相談」して支配を行うよう求めていることからも、今宮氏への一定の配慮が見受けられる。

　今宮氏と秋田藩との対立が顕在化した五年後の延宝八年（一六八〇）、秋田藩は今宮義教に対し、配下である摂津守組下を佐竹北家の配下とすること、そして義教本人は角館から久保田へ移住することを命じた。この藩命を今宮義教と摂津守組下は拒み、訴訟を起した。翌天和元年（一六八一）七月、今宮義教は触頭職を解かれ、嫡子牛之助と共に大舘に幽閉された。同年八月、秋田藩は三宝院門跡と本所吉田家に使いを出し、今宮氏の処分を報告した。

〔史料4〕(15)

　一筆致啓上候、今宮摂津守不届有之、去月十日、領内大舘に罷有候家来佐竹石見に預之、押込差置候、就夫修験之儀、寺社奉行小野崎大蔵、大越甚右衛門、梅津藤太三人之者共申付候、向後、何か御用之儀候はゝ、右之者共方え可被仰下候、仍て初て以使者申上候、験迄白銀弐百両、箱肴一種致進献候、此等之趣宜預御披露候、委細申含口上候、恐惶謹言

　　八月十日　　　　　　　　　　　佐竹右京大夫

平井兵部卿御房

史料は、醍醐寺三宝院に宛てて出された口上書である。藩は三宝院と本所吉田家に、以後修験と神職の支配は寺社奉行小野崎大蔵・大越甚右衛門・梅津藤太の三人が行うこと、そして三宝院には白銀一〇〇枚と肴、本所吉田家には太刀一腰と御馬代として金一〇両をそれぞれ進上している。なぜこの時期に藩が今宮氏を触頭職から排除しようとしたのか、明確な理由は不明である。しかし、幕藩体制が確立して七〇年余、幕政は個人の能力や将軍・藩主との関係性にもとづく参与というあり方から、職にもとづく参与というあり方へと変化していた(16)。今宮氏のような、藩主家との関係性にもとづき「家職」を維持するあり方も、藩政には適さぬものになってきていたと言える。

今宮氏失脚ののち、領内の修験寺院・神社はすべて寺社奉行所の支配を受けることとなった。神職と修験は支配体制を区切り、社家大頭・修験大頭をそれぞれ頂点とする組織を構築した。

修験の支配組織は、「修験大頭―頭襟頭―在地修験」というピラミッド型の組織構造であった。修験大頭は、藩庁のある久保田に居し、新たにそれまで今宮氏が行っていた当山派からの諸法令の下知や、領内の在地修験が大峰山へ入峰修行する際に三宝院や正大先達に出す紹介状の作成、役銭・冥加銭の徴収などの職務にあたった。また元禄期以降は、寺社奉行直支配、そして独礼格にも任じられるようになり、寺跡相続や年頭御礼には藩主御目見を許された(17)。

頭襟頭は、今宮氏が配置した袈裟頭を基礎とし、藩領を地域ごとに一四に区分し、各区画に一名ずつ配置した。

頭襟頭の役務については不明な点も多々あるが、毎年三月八日に行われる祖師講では、登城し、修験大頭とともに藩主の武運長久、藩主家の家門繁栄のための祈禱を行った。また地域の在地修験寺院の寺跡相続の際の手続きや、修験大頭と在地修験との上申下達を担ったと考えられる。なお、修験大頭は頭襟頭の中より選出され、二年から三年の交代が原則であった(18)。こうした頭襟頭と修験大頭のような職格に推挙される条件について明確な規定は見られないが、だいたい、寺領五〇石以上の有力修験寺院であり、なおかつ藩主の崇敬寺院や祈禱所であるといった藩主家との関係を由緒にもつ修験寺院で構成されている。また頭襟頭・修験大頭を経験すると、それらは寺格として世襲される傾向にあった。

このほか、元禄・宝永期にかけ秋田藩は、佐竹氏転封以前よりの由緒のある一二寺社に対し、「十二社」とよばれる寺格を付与した。以降、藩の修験・神職組織は図1のように、社家組織と修験組織、そして別格寺社の三組織で構成されていくことになる。

2　藩宗教者統制と霞

次に秋田藩の宗教者統制について、霞の観点から検証してみる。ここで使用する史料は、秋田県立博物館所蔵の守屋家文書「仙北修験禰宜掠帳」である。守屋家は、保呂羽山波宇志別神社[19]の別当職を勤めた家であり、代々領内の神社神主を支配・統率する社家大頭を勤めていた。前述の通り、近世初期の秋田藩は、今宮氏が神職と修験を一括に統制していた。「仙北修験禰宜掠帳」は、今宮氏による支配が行われていた延宝五年(一六七七)の作成のため、修験寺院の霞と、神社の宗教活動及び宗教活動範囲を示す「託宣」が併記されている。その後この帳簿は、外表紙を付けて装丁し直されている。おそらく寺社奉行支配となり、修験の支配組織と切り離された後も、社家大頭として秋田藩領内の神職・修験の霞を把握するために同家に保管されたのであろう。

まずは守屋家・大友家の記述を例に、掠帳の書式について確認しておく。

〔史料5〕[20]

保呂羽山別当

八沢木之内

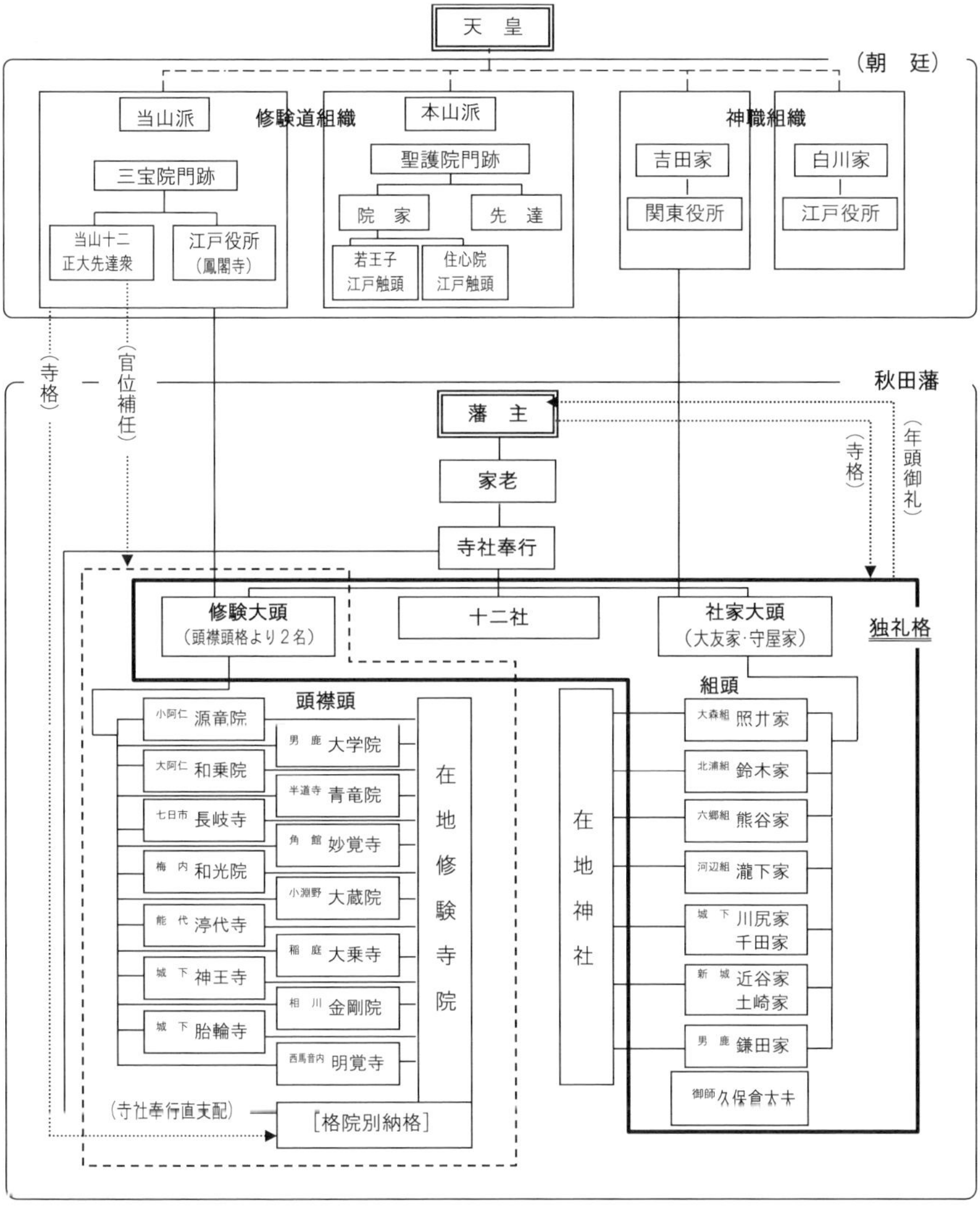

図１　元禄・宝永期以降の秋田藩の修験・神職組織図

一　木之根坂村　　上下託宣共ニ　　志摩守
同　　瀧沢つかす沢共ニ
一　中房村　　右同断　　同　人
一　蛭川村　　右同断　　同　人
一　猿田村　　右同断　　同　人
右四ヶ村　高五百石程
家数七拾五間（ママ）
銀七匁五分　上下たくせん共に
保呂羽山別当
一　八沢木村　　上下託宣共ニ　　丹後守
一　下上溝村　　同断　　同　人
一　袴形村　　右同断
ほろハ別当　　丹後守
一　坂井田村杉田開入テ未　　同断　　同　人
一　外小友村　　同断　　同　人
右五ヶ村　家数三百八拾間（ママ）　内四拾七間（ママ）他宗
同三百四拾間（ママ）
銀三拾四匁　　上下託宣共ニ

（付箋）「〆三百拾三匁弐分五厘　跡より御免」

まず掠帳に記されるのは、①村単位で区切られた掠領域、②その掠を所有する（＝霞職を持つ）修験もしくは神職名、③霞村落の村数と掠高、檀家数、④修験大頭と寺社奉行所に上納される上下掠に付された上納銀の銀額である。ここでいえば、木之根坂村・中房村・蛭田村・猿田村の四ヶ村が保呂羽山別当大友家（志摩守）の宗教活動領域であり、八沢木村・下上溝村・袴形村・坂井田村・外小友村の五ヶ村が守屋家（丹後守）の領域であることを意味する。そして③について見れば、大友家の所持する四ヶ村分の活動領域の石高が五〇〇石、檀家数は七五軒であり、四ヶ村の村民すべてが大友家の旦那であるということが分かる。一方、守屋家については五ヶ村の総軒数が三八〇軒あり、その内の四七軒は他宗（修験宗・神道以外の宗派）の旦那のため、守屋家の旦那は三四〇軒程度である。そして④の藩への上納銀額は、上下託宣分として、大友家が銀七匁五分、守屋家が銀三拾四匁と記されている。

前述の通り、当該期の支配体制から、掠帳では修験と禰宜が併記されているが、掠についてはそれぞれ修験の霞は「掠」、禰宜・社人は「託宣」という名称で区別されている。しかし、この区別も実態的には非常に曖昧なものであった。

〔史料6〕(21)

仙北郡白岩村前郷村　総鎮守　稲荷宮・天満宮両社神主　太田相模頭

（下花園村ほか一七ヶ村　中略）

右十八ヶ村先年致祈禱[　　]所、令中絶、元文年中村々手形[　　]候、本書を以寛政八年中願申出、御吟味之上託宣掠令免許候条、如先例掠職可相務もの也

慶応元丑年五月　　小貫宇右衛門　印

疋田久太夫　　印

この史料は仙北郡白岩村（現、秋田県仙北市）の神職太田氏の霞状である。これを見ていくと、宗教活動を行う資格として「託宣掠」という表現が使用されている。つまり、名称としては修験と神職の宗教活動および宗教活動範囲を区別しているものの、実態的にはいずれも祈禱宗教者の宗教活動範囲であり、また掠と宗教活動はセットとして捉えられていた。これは、修験と神職の宗教活動に共通点が多かったことに要因がある。

加えて秋田藩では、禰宜・社人よりも在地修験の数の方が圧倒的に多かった。そのため、多くの神社で修験者が神社祭祀（主に春秋祈禱）を担うことになり、両者の職務区分はますます曖昧なものとなった。曖昧な職務区分は、崇敬者を取り合う「掠争い」を引き起こす。そこで修験大頭と社家大頭は、それぞれ「掠職」と呼ばれる職務区分を寺社奉行所に提示したのである。

〔史料7〕(22)

修験上下掠職帰依勤方

修験上掠職

一、秋春祈禱守札鎮守幣帛　堂社別当棟札

一、遷宮　祝詞　門注連　郷中火防札　庚申供養

一、地祭　火伏　諸祓

右之通勤来リ候

修験下掠職

一、春祈禱秋旧月祓　湯立神楽　遷宮神楽　祝詞神楽

一、注連脱神楽　田地祭礼神楽虫祭神楽　舞獅打囃
一、番楽　病人湯立　後生神楽
　右之通勤来候
　　帰依勤方
一、日待　月待　星待　病人枕加持　其外諸祈禱帰依之勤方数多御座候、以上
　　元文三年七月七日
大乗院
和乗院

史料は、元文三年(一七三八)に修験大頭大乗院・和乗院が寺社奉行所に提出した掠職の条目である。条目は、これまで曖昧であった「上掠」「下掠」という掠職に、新たに「帰依勤方」を加え、領内修験が行う各宗教活動が、これら掠職のどの項目に該当するのかを明確化したというところに特徴がある。それぞれの掠職について詳しくみていくと、まず「上掠」では、「秋春祈禱守札幣帛」や「堂社別当棟札」などの所持堂社に関するもの、また「郷中火防札」の配布や「庚申供養」といった、村落全体を対象とした共同祈禱に関して規定されている。次に「下掠」では、「春祈禱秋旧月祓」「湯立神楽」「遷宮神楽」「祝詞神楽」のほか、「舞獅打囃」「番楽」「病人湯立」「後生神楽」といった神道儀礼が規定された。そして「帰依勤方」では、「日待　月待　星待」や「病人枕加持」といった、修験が施す基本的な個人祈禱が規定されている。

無論、掠職の明確化の目的は、在地修験と禰宜・社人間の掠争いの勃発を防ぐことにあった。しかしこの条目は、神職との争いだけでなく、在地修験同士の争いをも抑止する効果を持っていた。秋田藩領は、男鹿三山や鳥海山、そして近隣には出羽三山と、いくつもの霊山が存在し、まさに「非浄土系寺院が圧倒的多数を占め、しかも山岳修験や

修験道にみられる呪術的・祈禱的な性格が色濃い地域[23]」であった。また修験道優勢の風土から、地域によっては「一村一修験寺院」といわれるほど、修験寺院の乱立状態があった。無論、これら修験寺院は、前出の修験大頭や頭襟頭に選ばれるような有力修験寺院から、「帰依勤方」のような掠職しか所持していない零細経営の修験寺院まであった。そうした様々な経営状況の在地修験が共存共栄する上でも、霞の重複地域における上下掠の設定は効果的であったと言えよう。

二　在地修験寺院と霞の実態

次に、藩による支配のもとで在地修験がどのように霞を管理・運営していたのかについて、上法寺喜楽院の事例から見ていくことにする。

上法寺喜楽院は、前述の通り雄勝郡大沢村（現、横手市雄物川町）にあった在地修験寺院である。近世期の寺領は除地六七石三斗三升、そのほかに田畑として八三石を所持し、元禄期には修験大頭も勤めた。また地域社会においても、産土神「阿良波々岐《あらはばき》権現」を祀り、大沢村の氏神社として村民からの崇敬を集めた。

まずは喜楽院の霞の変遷から検討していく。上法家文書における霞の売買・入質に関する史料の初見は、慶安四年（一六五一）である。

〔史料8〕[24]

一米納三斗入弐拾弐俵銀本壱敷、午極月中、根本岡之丞殿御口入ニて借用申候、此代三仟堂家屋敷、田畠、山、かす（み脱か）候ハ宇津野・坂ノ下・野々宿・とやす沢・高寺・杉ノ下・新町・八たん無残に永代に相渡申所実正也、但田畠ハ御帳面次第、右之内九俵分田うり申候、代同三俵ハ畠沢小兵衛へ御渡可給候、残り拾俵慥ニ請取申候、右之趣一村之者共ニ請合申候間、少も子細有間敷候、為後日一筆如斯ニ候、以上

慶安四年卯ノ二月廿六日

渡主　福　正　院(印)
肝煎　忠　　助(印)
　　　正　　助[印]
　　　式　　部(印)
　　　民　　部(印)

上法寺喜楽院江
参る

これによると、福正院は喜楽院から米三斗入、二二俵を借用する代わりに、堂・家屋・田畑・山等を渡すとある。そして、万が一、借用米が返済できない場合は、福正院が所持する大沢村「三仟堂」にある田畑と屋敷、そして霞である宇津野・坂ノ下・野々宿、そして戸安沢・高寺・杉ノ下・新町・八反田を残らず喜楽院に売り渡すとしている。また同日に交わされた別史料には「右之趣、当村肝煎、おとな敷者共、談合申候間」(25)とあり、肝煎や長百姓の了承の下でこの売買が成立していることが窺える。

上法家文書の検地帳の名請を確認してみると、福正院は喜楽院と同様、大沢村に田畑や屋敷を所持していた在地修験であったようである。しかし、慶安四年以降、福正院の名が上法家文書および肝煎佐藤長太郎家文書に表れることは無く、状の包紙にも「慶安四年卯二月廿六日、宇津野山御嶽堂家屋田畠山林永代ニ福正院より引受有之候」とある。そして先に挙げた「仙北修験禰宜掠帳」にもその名は確認できないことから、福正院は結局借用米を返済できず、廃

寺になったと推察されるのである。

その後、新たに修験道組織が構築され、領内在地修験が所持する霞の把握が行われる。

〔史料9〕[26]

大沢之内　上掠

一上法寺村　下掠西の丶覚正院　上法寺喜楽院

　託宣右同段

　上掠

一大沢村　下掠西野々覚正院　上法寺喜楽院

　託宣ハ右同段

一新山《（二井山）》村　同段　同人

一屋神《（矢神）》村　同断　同人

一高寺村　同断　同人

右五ケ村　高千三百石程

　家数百間《（ママ）》

銀五匁　上掠喜楽院

同三匁　下掠西の丶覚正院

同二匁　託宣右同段

史料は「仙北修験禰宜掠帳」より、上法寺喜楽院の部分を抜粋したものである。これによると、延宝五年（一六七七）当時の喜楽院の霞は、喜楽院の在寺村落である大沢村と、その枝郷である上法寺村、そして近隣村落である二井山村・矢神村・高寺村となっている。また「下掠」及び「託宣」については、西野村覚正院が所持しているとある。五ヶ村合わせた高は一三〇〇石ほど、檀那数は一〇〇軒あり、上納銀は喜楽院が五匁、覚正院が「下掠」「託宣」合わせて五匁となっている。

表1　正徳年間の喜楽院の所持堂社と霞

所在地	堂社	面積	別当(堂守)
喜楽院境内	上法寺権現堂	3間4面	喜楽院
	熊野権現堂	1間4面	喜楽院
	地蔵堂	5尺4面	喜楽院
	弥勒堂	2間4面	喜楽院
	大黒堂	2間4面	喜楽院
	不動堂	1間4面	喜楽院
	白山堂	3尺4面	喜楽院
	天神堂	5尺4面	喜楽院
	蔵王堂	1間4面	喜楽院
大沢村	十一面観音堂	2間4面	喜楽院
	御嶽蔵王堂	4尺4面	喜楽院
	山神堂	1間4面	喜楽院(長左衛門)
	大日堂	3尺4面	喜楽院(五兵衛)
	山神堂	1間4面	喜楽院(善之丞)
	熊野堂	2尺4面	喜楽院(九右衛門)
	両頭権現堂	(破損)	喜楽院(半兵衛)
	若宮八幡堂	2尺4面	喜楽院(久五郎)
	牛頭天王堂	1間4面	喜楽院(久五郎)
	山神堂	(破損)	喜楽院(理左衛門)
	伊勢堂	3尺4面	喜楽院(長重郎)
新山村	伊勢堂	8尺1丈	喜楽院
	十一面観音堂	3間4面	喜楽院
	日宮堂	9尺4面	慈眼院
	薬師堂	2間4面	慈眼院
矢神村	正八幡堂	2間4面	喜楽院(九蔵)
	薬師堂	2間4面	喜楽院(与治兵衛)
	勢至堂	7尺4面	蔵光院
狼沢村	観音堂	1間4面	喜楽院(小左衛門)
	稲荷堂	4尺5尺	喜楽院(喜左衛門)

典拠；「正徳元卯年社地御改メ帳」

次に表1は、正徳元年（一七一一）の「正徳元卯年社地御改メ帳」を表化したものである。前述の通り、近世期の霞は別当職と檀那職との組み合わせで構成されていた。つまり、地域堂社の別当職を見れば、その堂社がどの修験寺院の霞であるかが分かるということになる。

これをふまえて表1を見ていくと、喜楽院境内そして大沢村の堂社については全て喜楽院が別当職を所持している。しかし、二井山村の日宮堂と薬師堂、そして矢神村の勢至堂については、それぞれ二井山村慈眼院と沼館村蔵光院が別当職を勤めている。二井山村慈眼院は、湯殿行人派の行人頭を勤める八橋山不動院の配下の修験寺院であった(27)。その後、慈眼院は寺跡を継ぐ者が無く、寺守が寺領の管理をしていたようであり、安政五年（一八五八）、二井山村の肝煎より、寺守が死去した場合の葬儀執行について喜楽院と遣り取りをしている文書が残されている(28)。また沼館村蔵光院は、中世期には秋田藩「十二社」の一つである杉宮吉祥院の末寺であり、近世期には真言宗仁和寺の孫末寺になったとされる(29)。蔵光院は真言宗寺院であるが、喜楽院の属する当山派も真言宗系であることから、別当職を引き受けたと推察される。

なお参考までに、文化一二年（一八一五）に秋田藩士淀川盛品が記した「秋田風土記」を見てみると、二井山村の日宮堂と薬師堂、そして十一面観音堂の三社の別当職に喜楽院の名は無く、同村の修験として同村応厳院の名が記されている(30)。この応厳院については、「秋田風土記」の記述以外、その存在を確認することができないことから、いわゆる「一代修験」である可能性が高い。正徳元年の社地改めから文化一二年までの間に、二井山村分の霞がどのように変遷したのかは定かではないが、いずれにしろ、霞を所持する在地修験が次々と代わっていることは確かである。

そして時代はさらに下り、今度は天保一〇年（一八三九）に寺社奉行所より出された「霞状」から、喜楽院の霞について見ていく。

〔史料10(31)〕

大沢村喜楽院

一大沢村　一坂下村　一飛（鳶）ヶ沢村　一上法寺村　一高寺村　一八反田村　一新町村　一戸安沢村　一新山村
一水沢村　一矢神村　一狼沢村

右拾二ヶ村代々上下掠ニ持来候条、如先例掠職可相勤もの也

天保十年亥三月

小貫佐渡（印）

松野茂右衛門（印）

表2　喜楽院の霞変遷

郡	村	字	掠	慶安4（1651）	延宝5（1677）	正徳元（1711）	文化12（1815）	天保10（1839）	慶応元（1865）
雄勝郡	大沢村		上	○	○	○	○	○	○
			下		×	○	○	○	○
		坂下村	上	○	○	○	○	○	○
			下		×	○	○	○	○
		鳶ヶ沢村	上	○	×	○	○	○	○
			下		×	○	○	○	○
		上法寺村	上	○	○	○	○	○	○
			下		×	○	○	○	○
	新町村		上	○	×		×	○	○
			下		×		×	○	○
		高寺村	上	○	○			○	○
			下		×			○	○
		戸安沢村	上	○	×			○	○
			下		×			○	○
		八反田村	上	○	×			○	○
			下		×			○	○
平鹿郡	二井山村		上	○	○	×	×	○	○
			下		×	×	×	○	○
		水沢村	上		×	×	×	○	○
			下		×	×	×	○	○
	矢神村		上		○	○	○	○	○
			下		×	○	○	○	○
		狼沢村	上		×	○	○	○	○
			下		×	○	○	○	○

典拠；守屋家文書「仙北修験禰宜掠帳」、上法家文書「正徳元卯年社地御改メ帳」、淀川盛品『秋田風土記』。なお、空白の時期は霞の所有者が不明。

「霞状」とは、一定の地域に区切り檀那に祈禱や配札をするといった修験の宗教活動範囲を認めた文書である。霞状は、霞の安堵と宗教者の身分を保障するものとして近世中期より作成されたとされている。なお上法家文書における霞状は、先に挙げた天保一〇年のものと慶応元年（一八六五）のものの計二点が確認できる。

延宝五年の「仙北修験禰宜掠帳」に記された喜楽院の霞と比較してみると、当時の喜楽院の霞は、寺院のある雄勝郡大沢村と、その枝郷である上法寺村、平鹿郡二井山村と矢神村、高寺村の、計五ヶ村となっている（表2）。その後、平鹿郡二井山村は正徳年間と文化年間には別の在地修験寺院の霞になっているが、天保一〇年の霞状では、雄勝郡大沢村（上法寺村）・新町村（高寺村・戸安沢村・

八反田村）、平鹿郡二井山村（水沢村）・矢神村（狼沢村）が霞になっている。以上のことから、大沢村と矢神村は、延宝年間より喜楽院の霞として固定化されていると言える。

また掠職の観点からみると、延宝五年には、下掠を西野村覚正院が勤めていたが、天保期には喜楽院が上下掠とも勤めるという形に変化している。なお、西野村覚正院についても、二井山村応厳院同様、「正徳元年社地御改帳」(32)や、「秋田風土記」(33)、そして菅江真澄の「雪の出羽路」(34)にも、その寺院名は確認できなかった。このことから、「仙北修験禰宜掠帳」が作成されて僅か三〇年の間に、覚正院は喜楽院に下掠職を売り、修験寺院そのものが廃寺となってしまった可能性が高いと考えられる。

さて、一時的に霞を他寺院に売渡するといった動きはあったものの、慶安年間に得た霞を含め、代々維持し続けてきた喜楽院だったが、明治四年（一八七一）、同院は霞のうち、高寺村・八反田村・新町村・戸阿沢村の四ヶ村の上下掠を山内平太なる人物へ「譲渡」している。

〔史料11〕(35)

雄勝郡高寺村・八反田村・新町村・戸阿沢村、右四ヶ村此度上下霞共山内平太江譲渡致度段、依頼聞届、追而御書替可被相渡候

（辛未ヵ）
庚未正月

この書付は、慶応年間に発給された霞状のなかに、折り込まれる形で保存されていた。この書付が記された明治四年は、修験道廃止令が発布される前年であり、在地修験寺院にとっては、寺院を神社に造り替え、自身も神職に復飾するか、あるいは廃寺し帰農するかの瀬戸際、まさに変革の過渡期であった。

明治四年に喜楽院が霞を「譲渡」した山内平太は、大沢村の南、高寺新町村の在地修験寺院である七高山重行院の

住持である。上法家文書[36]によれば、重行院は喜楽院の別家として「当県雄勝郡高寺新町村重行院改神主、山内平太安部永岩」の名が記されている。この重行院も喜楽院と同様に除地を所有していたが、寺領高は三石と決して多くはなかったようである。いかなる経緯で喜楽院が重行院に霞を売渡したのかは不明であるが、明治五年（一八七二）二月に記された「羽後町雄勝郡高寺新町村・高尾田村・堀内村・払体村神社明細帳[37]」には、高寺新町村の戸安社・熊野社・山沢社が、山内平太の摂勤社として書き出されている。

以上、喜楽院の事例から霞の流動的様相についてみてきた。中近世、そして明治初年まで、霞は一つの私産として位置づけられ、在地修験同士で入質・売買が行われていたことが分かる。また藩による「上下掠職」の設定は、霞の範囲を宗教活動内容に応じて重複させることを可能にし、在地修験同士の霞争いを防ぐのに有効であった。しかし「上下掠」の明確化は、地域によっては僅かな霞を分け合うことを意味し、寺院経営が安定するというわけではない。零細経営の在地修験にとって、霞の入質・売買が寺院経営を継続するか否かの最終手段であることに変わりは無く、規模の小さい霞であればあるほどその流動性は高まることになるのである。

おわりに

本章では霞の実態について、秋田藩の事例をもとに検討した。具体的には、同藩の宗教者統制の変遷と霞支配の実態、そして在地修験の霞の入質・売買の様相について事例を挙げて見てきた。本章の結論は以下の通りである。

まず霞には、本寺（聖護院・醍醐寺三宝院）の支配領域を指す場合と、在地修験が祈禱や護符の配札を行う宗教活動範囲、そしてそれを受容する檀那（旦那）や氏子の住む地域という場合があった。近世期の在地修験の所有する霞は

「檀那権」と「別当権」で構成され、私産として入質や売買の対象となった。

また本寺と在地修験との関係について見ていくと、近世期、本山は諸国触頭を通じて末派修験を支配する組織を構築した。在地修験は、祈禱や配札などの宗教活動を行うためには本山が発給する補任状を必要とした。ただし仏教宗派の本末制と異なり、修験道と神道の支配組織は、宗教者個人のみを支配対象とし、所有する霞や寺社領についてはその範疇では無かった。本所や本山が発給する許状や補任状は、あくまで身分を保障するものであり、霞は在地領主によって保障、統治された。

次に秋田藩を事例に、藩領国における在地修験と霞支配の実態について検証した。近世初期の秋田藩では、藩主佐竹氏の庶流今宮氏によって修験・神職が一括統治された。延宝期の今宮氏失脚後、寺社奉行支配が徹底され、修験道と神職の支配組織は分離された。しかし、修験が領内の鎮守社で春秋祈禱を担っていた経緯から、神職と修験の宗教活動が重なるようになり、両者の職務や掠（活動範囲）の区分が曖昧で、たびたび在地神職と在地修験の間で掠争いが起こった。そこで元文三年（一七三八）、修験大頭と社家大頭は、それぞれ互いの宗派の職務区分を明確に規定する条目を作成した。ただし、この上下の掠職の規定は修験・神職間の掠争いを抑止するだけでなく、修験寺院が乱立する地域においては、上掠と下掠を区分するという方法で霞の地域の重複を可能にした。「上下掠職」の規定は、在地修験同士が共存を図る上で一定度有効な策であったと言える。しかし、在地修験にとって霞は私産であり、零細経営の修験にとって霞の入質・売買は、寺院経営を維持するための方策でもあった。

そうした霞の持つ流動性について、上法寺喜楽院の霞を事例に検証した。喜楽院は、寺院のある大沢村のほか、近隣の新町村・二井山村・矢神村を霞とした。霞状およびその他の文献から、喜楽院の霞の変遷について見ていくと、二井山村・矢神村の一部が一時的に他寺院の霞となっていた。特に二井山村については、西野村覚正院、新町村慈眼院、二井山村応厳院、そして上法寺喜楽院と、確認できるだけで四回も在地修験が入れ替わっている。なお喜楽院以外の在地修験寺院は、霞の売買後、存在自体が確認できなくなっている場合もあり、零細経営あるいは一代修験であると推察される。こうした霞の流動の背景には「上下掠職」の制度が関係している。霞の重複化とは、地域によっては僅かな霞を宗教活動の種類に応じて分け合うことを意味する。そのため、規模の小さい霞の場合は、売買や入質によって流動する可能性が高く、結果、二井山村の事例のように幾度も霞の所有者が替わるという事態が起きるのである。

ただし忘れてはならないのは、霞が在地修験とその地域に住む人々との繋がりによって成立している関係であるということである。そのため、霞を売買・入質する際、在地修験はたとえ自身の私産であっても、檀那連中の了解を得る必要があった。そのことは、慶安四年(一六五一)、福正院の霞の永代売渡状に肝煎や長百姓らが連名していること、また彼らの了承の下で売買されていることを示す一文があることからも明らかである。売買の際、在地修験は霞の氏子や檀那らと相談し、できるだけ近隣でなおかつ霞内の事情を良く見知っているような修験者を譲渡相手に選ぶことで、彼らを納得させていたのではないだろうか。

秋田藩領において霞は、幕藩領主が保障、規定するものであった。しかしその規定は、藩領民の修験道に対する信仰と、在地修験に対する信頼があるからこそ受け入れられていたとも言える。在地修験の霞は、宗教活動領域でありかつ私産でもあるが、同時に在地修験と地域社会との「繋がり」の証とも言えるのではないだろうか。

註

(1)　宮家準編『修験道辞典』(東京堂出版、一九八六年、五七頁)。

（2）森毅『修験道霞職の史的研究』（名著出版、一九八九年、一六七頁）。
（3）森毅『修験道霞職の史的研究』（名著出版、一九八九年、一一七頁）。
（4）宮家準『修験道組織の研究』（春秋社、一九九九年、五五四～五五九頁、および五九〇頁）。
（5）鈴木昭英『修験道教団の形成と展開』（法蔵館、二〇〇三年、九九頁）。
（6）宮家準編『修験道辞典』（東京堂出版、一九八六年、三三五頁）。
（7）高埜利彦『近世日本の国家権力と宗教』（東京大学出版会、一九八九年、一〇四頁）。
（8）陰陽師の組織編制については、林淳『近世陰陽道の研究』（吉川弘文館、二〇〇五年）および、梅田千尋『近世陰陽道組織の研究』（吉川弘文館、二〇〇九年）などがある。また神職組織に関しては、井上智勝『近世の神社と朝廷権威』（吉川弘文館、二〇〇七年）、同「近世の神職組織―触頭を擁する組織を対象に―」（『国立歴史民俗博物館研究報告』一四八号、二〇〇八年）などがある。
（9）森毅『修験道霞職の史的研究』（名著出版、一九八九年、一〇一～二九七頁）。
（10）田中秀和『幕末維新期における宗教と地域社会』（清文堂出版、一九九七年、二五～七一頁）。
（11）秋田県教育委員会『国典類抄』第一四巻前編嘉部五四（秋田県立図書館、一九八三年、八五六頁）。「今宮摂津守より之口上書」。
（12）秋田県教育委員会『国典類抄』第一四巻前編嘉部五四（秋田県立図書館、一九八三年、八五六頁）。「今宮摂津守より之口上書」。
（13）高橋雄七「秋田藩三代佐竹義處と柳沢吉保―四代義格の襲封をめぐって―」（秋田県文化財保護協会『出羽路』一五四号、二〇一四年）。

(14)秋田県教育委員会『国典類抄』第一四巻前編嘉部五四（秋田県立図書館、一九八三年、八五六頁）。
(15)「羽陰史略　巻之三」（今村義孝監修『新秋田叢書　第一巻』歴史図書社、一九七一年、一五八頁）。
(16)三宅正浩「江戸幕府の政治構造」（『岩波講座日本歴史　第一一巻（近世二）』岩波書店、二〇一四年）。
(17)橋本宗彦編纂・井上隆明校注『秋田沿革史大成　下巻』（加賀谷書店、一九七三年、八〇五頁）。
(18)近世中後期以降になるとこの原則は崩れ、大屋新町村両学寺のように同じ修験寺院が長年に渡り任にあたるという例もあった。
(19)波宇志別神社は「十二社」および「出羽国式内九社」の中に含まれる由緒を持つ神社であり、中世保呂羽山信仰は後の秋田藩の神社統制にも少なからず影響を与えているとして、秋田県立博物館を中心に調査・研究が進められている。
(20)秋田県立公文書館蔵「守屋家文書」文書番号三五七―五〇〇二「仙北修験禰宜掠帳」。
(21)佐藤久治『秋田の社家と神子』（秋田真宗研究会、一九七九年、一四八～一四九頁）。
(22)橋本宗彦編『秋田沿革史大成　下巻』（加賀谷書店、一九七三年、八〇三頁）。
(23)長谷川匡俊『近世の地方寺院と庶民信仰』（岩田書院、二〇〇七年、二九九頁）。
(24)上法家文書「覚」。なお『雄物川町郷土史資料』第四集（雄物川町文化財委員会、一九六七年、四九頁）史料番号一七七に同史料掲載あり。
(25)『雄物川町郷土史資料』第四集（雄物川町文化財委員会、一九六七年、一三頁）史料番号七。
(26)秋田県立公文書館蔵「守屋家文書」文書番号三五七―五〇〇二「仙北修験禰宜掠帳」。
(27)佐藤久治『秋田の密教寺院』（秋田真宗研究会、一九七六年、三〇〇頁）。
(28)『雄物川町郷土史資料』第四集（雄物川町文化財委員会、一九六七年、六三頁）史料番号二六五「乍恐書附を以奉願上

候御事」に「当村慈眼院事、宥干《（ママ）》寺守死去致候節は、上法寺様より願申上候間、郷判拝領仕、葬式致候所相違無御座候」とある。

(29) 佐藤久治『秋田の密教寺院』（秋田真宗研究会、一九七六年、三〇一頁）。

(30) 淀川盛品「秋田風土記」（井上隆明編『新秋田叢書　第一五巻』歴史図書社、一九七二年、三一一頁）。

(31) 上法家文書「霞職之事」。

(32) 上法家文書。

(33) 淀川盛品「秋田風土記」（井上隆明編『新秋田叢書　第一五巻』歴史図書社、一九七二年、二九七頁）。

(34) 菅江真澄「雪之出羽路」（『秋田叢書　第六巻』秋田叢書刊行会、一九三〇年、四六三～四六四頁）平鹿郡西野村の項。

(35) 上法家文書。

(36) 上法家文書「戸籍御調書上帳控」。

(37) 上法家文書。

第二章　殿中儀礼にみる宗教者統制

はじめに

近世期、殿中儀礼は将軍を頂点とした武家社会において、主従関係を確認・再構築するための重要な場であった。幕藩体制下において武家は、石高や官位・官途といった身分階層、将軍家との親疎にもとづき序列化された。またそれは格式、身分的特権と認識された。なおこうした身分的序列は宗教者にも適応され、寺格・社格や創建由緒などにもとづいて構築された序列によって、非武士層である僧侶や神職・修験も幕藩体制に組み込まれた。

殿中儀礼の場において、寺社も武家も由緒や格式が重視されることは同様であるが、武家の格式と寺社の格式では性質が異なる。周知の通り、近世宗教統制の根幹はキリシタン禁制と民衆教化にある。特に寺檀関係を通じて幕藩権力の一翼を担うことになる寺院をどのように支配・統制するか、それは幕府や藩にとって重要な問題であった。なかでも領国地域においてその傾向は顕著であり、いかに宗教勢力を支配するか、各宗派組織をどのように扱うかという部分で、各藩独自の支配論理が存在する(1)。そしてそれは、由緒や朱印高(黒印高)だけではない、宗教統制の整備過程で形成される新たな序列が形成される。近世の寺社は、触頭制度や本末制度など、漸次形成される序列によって多元的な上下関係にあった。

寺院の殿中儀礼や継目に際しての諸儀礼(入院・廻礼)や過程についての検討は、西沢淳男[2]や小島信泰[3]による研究があるが、日常的な殿中儀礼を取り上げた検討は少ない。そうしたなかで、「蝦夷地三か寺」の寺格と諸儀礼(継目・年頭御礼など)について言及した高嶋弘志の論考は、寺社格や殿中儀礼の実情把握と、三ヶ寺が格式を特権として意識し、幕府や松前藩に対し様々な要求を行っていく過程が丹念に描かれている[4]。しかし論点となる「蝦夷三か寺」が例外的な事例であるため、他宗派寺院も含めた宗教統制における三か寺の位置づけが特殊であることは否めない。

また寺社の格式と身分秩序については靭矢嘉史の論考がある[5]。靭矢は、独礼神主の視点から彼らが独礼格という待遇を特権として自覚し、幕府に対し権威を求めた「身上がり」を志向する様相を論じている。靭矢の検討は神職を事例としたものであるが、「蝦夷三か寺」の住持も、事例に挙げられた神職も、幕府より付与された独礼格を身分的特権と認識し、年頭御礼の礼席という形で表現し、他の僧侶・神職に対して優位性を示したいという志向は同様であった。殿中儀礼は、領主の崇敬や宗教者個人(あるいは宗派)の位置づけが表現される場でもあったと言える。

このように宗教者の殿中儀礼は、本末関係や宗教者組織などあらゆる序列が混然となっているが、一方でこれらを丁寧に選別、抽出することによって、藩の宗教統制を概観する有効な視角となり得るとも言える。そこで本章では、近世秋田藩の殿中儀礼、特に年頭御礼の儀礼を通じ、まず藩権力の側から、独礼格付与の実態と各宗派の位置づけについて明らかにし、その支配論理を解明していきたい。また、同藩で特に勢力を持っていた真言宗と修験宗を事例に、統制機構の構築期である宝永・正徳期、整備期である安永・寛政期、以上二期の藩政における寺院統制の展開と推移について検討していく。

一　秋田藩の殿中儀礼

1　宗教者の殿中儀礼

領主への拝謁行為（藩主御目見）は、武家社会において主従関係を確認する重要な機会であり、その空間は、身分や格式に応じ、場所や室内での位置などが細かく定められていた。こうした身分や格式に応じた定式は武家社会だけでなく、諸宗派寺院や在地宗教者にも適応され、彼らは儀礼を通じて藩政に組み込まれていたと言える。

秋田藩における御目見は、毎月一日・一五日・二八日に行われる月次御目見と、年頭御礼や節句といった歳時儀礼、藩主が参勤交代のため国入りした際の「入国御悦」（七月〜八月）、そして家督相続などがあった。なお武家とは異なり、近世の在地宗教者は、藩主やその一族のために祈禱することが寺社領安堵の条件であった。そのため三月八日に修験大頭が主催する祖師講や、七月一〇日に藩主菩提寺天徳寺が中心となって執行される施餓鬼、一二月の疏（蔬）之銘[6]といった祈禱儀礼も、藩主拝謁

表1　節季御目見の宗派別期日と拝謁場所

日程	拝謁名目	拝謁宗派	拝謁場所
1月7日	年頭御礼	真言宗・修験宗	真言宗寺院…金御書院 修験寺院…御座之間
1月15日	年頭御礼	天台宗・神道・（御師）	天台宗…金御書院 神　道…御座之間
1月16日	年頭御礼	曹洞宗・臨済宗・時宗・浄土真宗・日蓮宗	金御書院
3月8日	祖師講	修験宗	御座之間、御法度書之間
7月14•15日	施餓鬼祈禱	曹洞宗	金御書院、御広間
7月～8月	御帰国歓迎	全宗派	仏教寺院…金御書院 神官•修験…御座之間
12月27日	疏之銘規式	曹洞宗	御広間

典拠；「御亀鑑（秋府）」

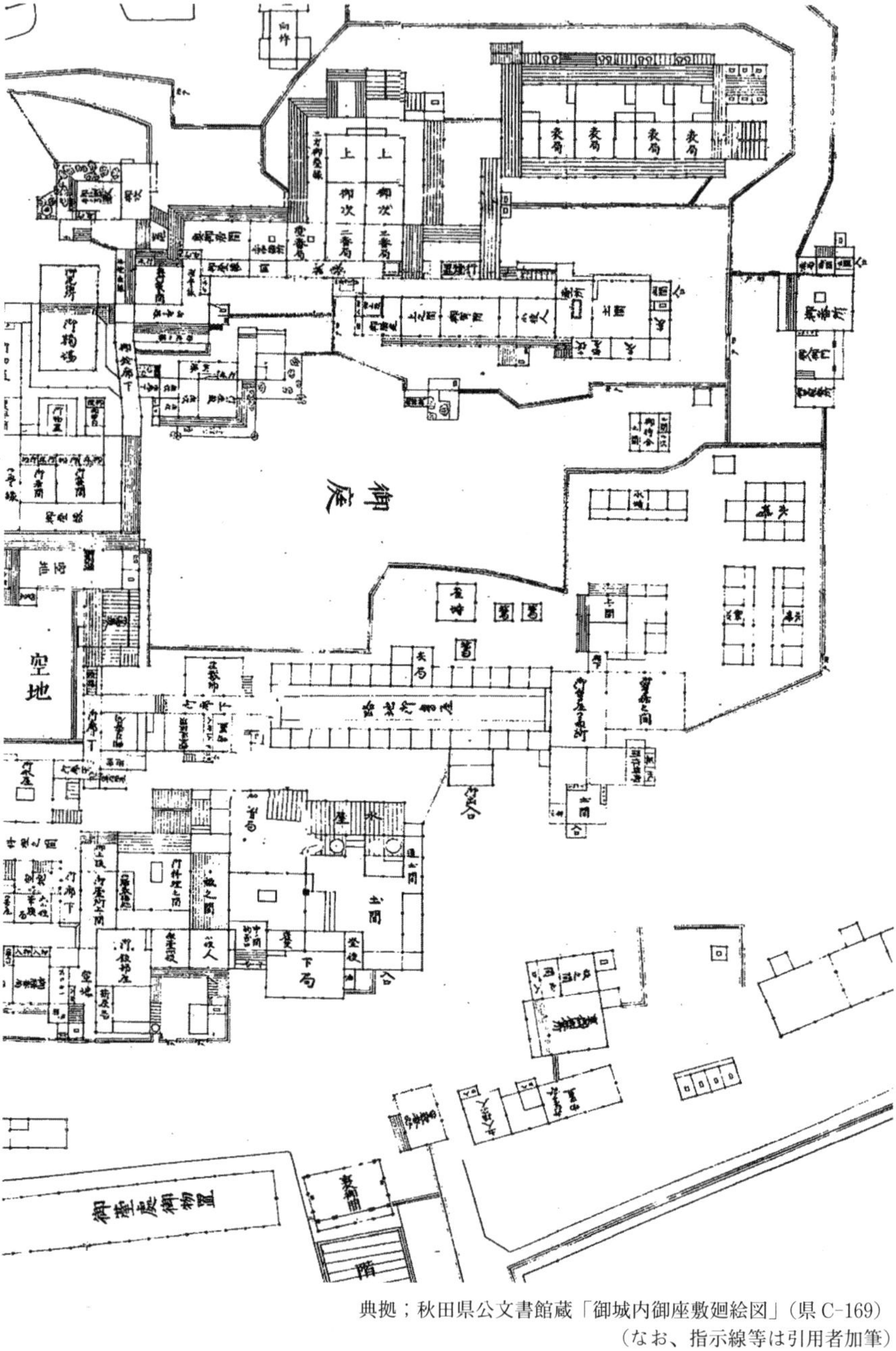

典拠；秋田県公文書館蔵「御城内御座敷廻絵図」(県 C-169)
(なお、指示線等は引用者加筆)

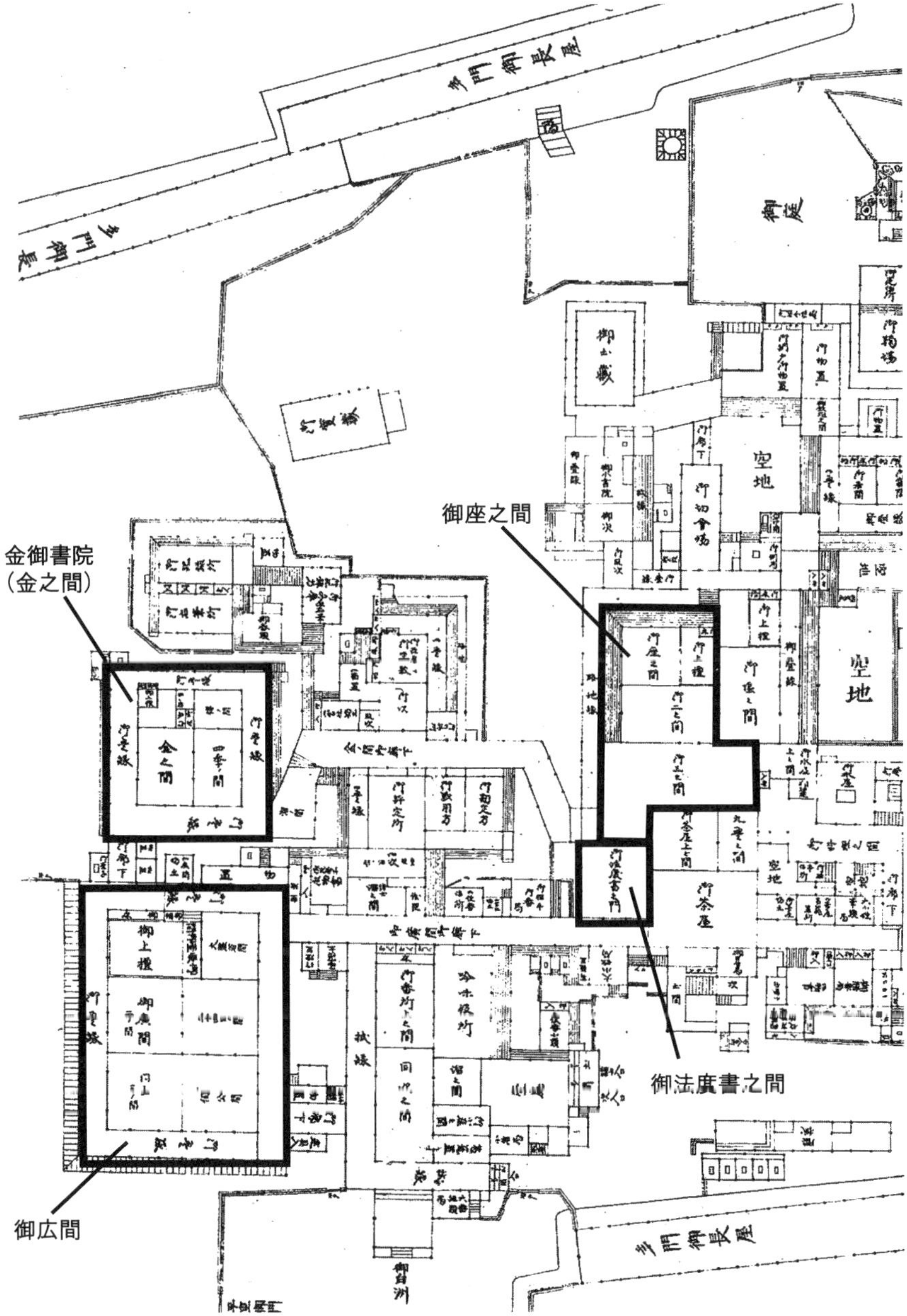

図１　久保田城内における藩主御目見の空間

の機会として含まれている。こうした久保田城内での儀礼に際し、藩主への拝謁が許可される寺社格を「独礼」といった。ただし寺社の独礼は武家の格式とは異なり、言葉通りの独礼ができるのは、原則として継目御礼（入院御礼）の時のみで、通常は集団惣礼の形式をとっていた。

表1は、領内の宗教者が参加する歳時儀礼と拝謁場所について示したものである。こうした様々な歳事儀礼のなかでも、正月一日から約半月かけて行われる年頭御礼は、寺社と藩主との主従関係を確認・再構築する機会であると同時に、藩権威を示す上でも重要な儀礼であった。宗教者の年頭御礼は正月七日から一五日にかけて行われたが、諸宗派寺院および神職が一斉に登城し藩主に拝謁するため各宗派が混同しないよう、拝謁場所や日程が決められていた。

まず正月七日は真言宗寺院と修験寺院の年頭御礼が行われた。拝謁場所は真言宗寺院が金御書院、修験寺院が御座之間であった。正月一五日は天台宗寺院と神職の年頭御礼が行われた。なおこの日は隔年で熊野御師久保倉太夫も同席した。拝謁場所は天台宗寺院が金御書院、神官・御師が御座之間となっている。正月一六日は曹洞宗・臨済宗・時宗・浄土真宗・日蓮宗寺院の年頭御礼が金御書院で行われた（図1）。

次に各部屋の広さについて「御城内御座敷廻絵図」(7)と「佐竹城内年中行事座配絵図」(8)とを照らし合わせていくと、まず金御書院は城の西南にあり、御上段（八畳）・欅之間（八畳）・金之間（二四畳）・四季之間（一六畳）の四室と周囲を畳縁が囲む形で構成される。金御書院は、諸宗派寺院の年頭御礼や一〇月の玄緒など歳時儀礼において使用されることが多い(9)。

御座之間は城の中央部に位置し、御上段（一二畳）・御座之間（一八畳）・御二之間（三六畳）・御三之間（六二畳）の四室から構成された。この部屋は月次御目見や藩士の家督相続御礼、城下町の町医・庄屋の年頭御礼など、日々の様々な行事で最も使用された部屋である。なお祖師講で使用される御法度書之間は御座之間と続き部屋になっており、広さは約三〇畳である。「祖師講」とは神変大菩薩（役小角の諡）を祀る祈禱儀礼で、修験大頭と頭襟頭による祈禱が行われ「神変大菩薩」と書かれた守札を献上した。「御亀鑑（秋府）」によると、この際、頭襟頭は独礼格を有していないため、御三之間と御法度書之間との間に屏風を置き、屏風越しに藩主に拝謁したとある[10]（図2）。

御広間は城の西に位置し、御上段（二四畳）・御広間二之間（三二畳）・御広間三之間（三二畳）・伺公間（三二畳）・二十四日之間（三二畳）・大般若之間（二四畳）の計六室と畳縁からなり、城内で最も面積の広い部屋である。この部屋は正月二日の御謡初や御盃礼のほか、七月の施餓鬼供養にも使用された。施餓鬼供養では諸宗派寺院や社家が御広間三之間に一同に会し、藩主一族の祖先祭祀が行われた[11]。

2　独礼格寺院の特徴と秋田藩宗教政策

次に殿中儀礼を許可される「独礼」の寺格についてみていく。表2は秋田藩領の総寺院数における独礼格寺院の割合を示したものである[12]。「御亀鑑（秋府）」をみてみると、寛政二年（一七九〇）から文化一二年（一八一五）における各宗派の独礼格数は、六〇前後が定式となっていたようである。詳細に見ていくと天台宗や時宗については領内にある全寺院の

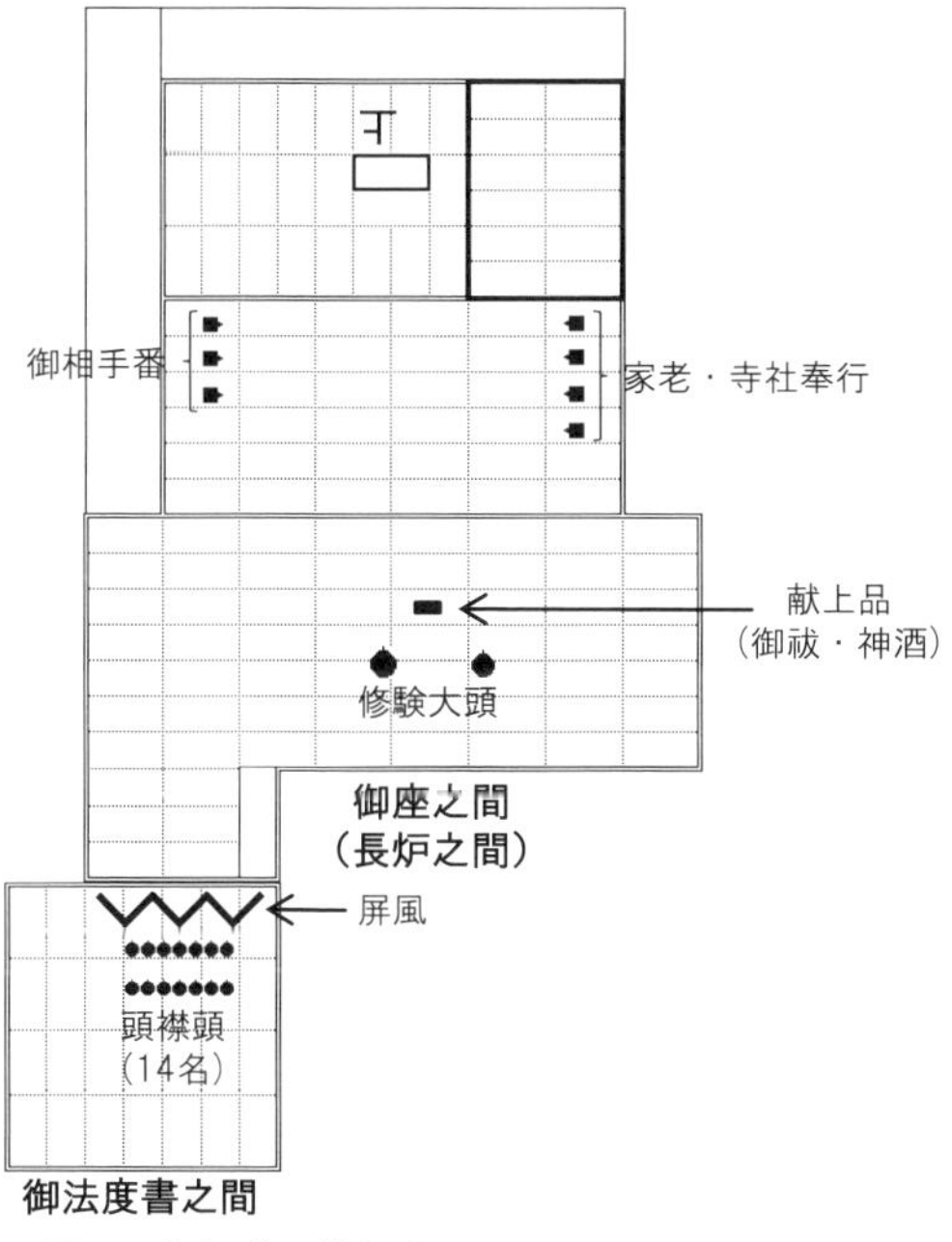

図2　祖師講の儀礼空間

（「御亀鑑（秋府）」寛政4年3月8日、文化5年3月8日の記述をもとに作成）

表２　宗派別寺社数および独礼格数

	真言	天台	曹洞	一向	日蓮	浄土	時宗	社家	修験	計
総寺院数	126	5	251	101	19	43	3	133	391	1072
独礼格数	18	5	9	5	2	3	2	9	8	61

典拠；寺院総数は「安政四年領内神社寺院修験等調」、独礼格数は「御亀鑑（秋府）」を参照。

住持が登城・藩主御目見を受けている。一方、曹洞宗や社家の御目見人数は寺社数の割合からみるとかなり低い。曹洞宗は同宗派全体の約四％、神職が全体の約六％、秋田藩領内で最も寺院数の多い修験宗に至っては約二％程度しかいない。宗派によっては独礼格という寺社格が非常に特権的なものであったことが、この数字から窺い知ることができる。

幕府法における年頭御礼の定は、慶安五年（一六五二）に出された「寺社之輩参来之定」[13]がある。これによると、年頭御礼のために参府できる寺社は、寺社領二〇石以上所持していることが条件になっている。また寺社領が二〇石以下であっても、「由緒有之」の寺社の場合は寺奉行の指図に従うとなっている。ここでいう「由緒」とは、将軍家との関係であり、その親疎が儀礼規式に反映される。幕府法の場合、寺社の御目見の条件は寺社領高と由緒にあるようだが、秋田藩における寺社の御目見の条件、すなわち独礼格の付与がどのような基準で行われていたのかについては、具体的な基準を示す史料は管見の限り無い。ただし独礼格を有する寺社を見ていくと、いくつかの共通点を確認することはできる。

表3は、天明八年（一七八八）に作成された「秋田公惣御家中分限帳」より、宗派が明確な寺社の部分を抽出し表にしたものである。

これをみていくと、この分限帳に記載されている七九寺社のうち、独礼格を有している寺社は実に五〇寺社にのぼる。数から考慮して、分限帳に記載されている寺社がすべてを網羅しているとは言えないが、独礼格の基準として、藩より除地や扶持の付与を受けていることが条件であったことが分かる。ただし幕府法のような寺社領高による制限は見受けられない。では実際にどのような寺院が独礼格を得ているのか、表3を参照しつつ、その条件について各宗派を事例に挙げて見ていくことにする。

⑴真言宗

先の年頭御礼にもあるように、真言宗寺院の独礼格は宝鏡院・一乗院とその塔頭寺院で構成されている。宝鏡院と一乗院は中世期、佐竹氏が常陸にある時に開基となった寺院で、佐竹氏の秋田転封にともない城下久保田に移転、藩主家の祈禱所となった。両寺院は一〇〇石以上の除地を所持し、藩領内に多くの末寺・信者を抱え、藩主の庇護のもと隆盛した。佐藤久治によれば、佐竹氏は親族に当山派修験今宮氏[14]がいるように、常陸時代より修験や密教に対する崇敬が篤く、祈禱寺院としてこれら寺院に深く帰依した。このことは独礼格数にも表れており、同宗派より一二寺院が独礼格を付与されている。しかし、こうした常陸より移転した真言宗寺院への帰依が、秋田在来の真言宗寺院の衰退を招いたと佐藤久治は指摘している[15]。

これは修験宗についても同様のことが言える。秋田は古来より多くの霊山があり、その山々は修験者の修行場であった。中世期には、男鹿や鳥海山には修験者集団があり、それぞれ一山組織を形成していた。しかし、近世初期の今宮氏による修験者統制により組織は解体され、藩領の在地修験は大半が当山派に属するようになった。真言宗寺院の統制には、藩主佐竹氏の意向が強く反映されていることが窺える。

⑵天台宗

古代の出羽地域は、天台宗の一大勢力圏であった。秋田藩領にも円仁や安慧を開基とする寺院が数多く存立する。しかし中世期、鎌倉幕府内において禅宗が重んじられるようになると、天台宗寺院は曹洞宗や浄土真宗へと転宗していったとされる[16]。そのため天台宗の独礼格は、すべて近世期以降建立された寺院である。

宗派	寺名	寺社領（石高）	蔵出米（石高）	扶持	独礼	備　考
社家	三浦対馬守	11.665			○	金沢八幡社、幕府巡見使の巡見所。
社家	鈴木越前守	5			○	大沢旭岳社。
社家	鈴木易守	0.223				今泉白山社。
社家	熊谷越前守	0.073			○	小杉山観音社。
社家	斎藤土佐守		5			神宮寺八幡社。
社家	高瀬正太夫		5			八幡村八幡社。
社家	鎌田薩摩守		1.5			船越天王社。
社家	近谷豊後守			4	○	八幡稲荷両社人。
社家	千田主税亮			2	○	大八幡社人。
社家	浅野数馬			2		蛭児広田両社人。
社家	（巫女　霞）	6				八幡巫女。
曹洞宗	天徳寺	300.4			○	佐竹氏菩提寺。
曹洞宗	?信院	200			○	常陸より移建。
曹洞宗	天寧寺	100			○	芦名氏菩提寺。
曹洞宗	鱗勝院	56.055			○	佐竹義重開創。
曹洞宗	最禅寺	30			○	嘉慶元年(1387)、源翁心昭を開基とする。
曹洞宗	正伝寺	30				両学寺内の鎮守太子堂の本尊は元々この寺にあった。
曹洞宗	永源院		80		○	天徳寺脇寺。
曹洞宗	泉勝院		3		○	
曹洞宗	天徳寺閑居			20	○	
曹洞宗	道心			3		天徳寺別当。帰命寺境内。
曹洞宗	長養寺	0.85				強首不動社別当。
浄土宗	誓願寺	45.19			○	久保田寺町。
浄土宗	善長寺	20				
時宗	竜泉寺	50			○	久保田寺町。
時宗	聲躰寺	30			○	久保田寺町。
日蓮宗	連住寺	50			○	初代藩主佐竹義宣の病を治した功徳により拝領。
日蓮宗	正稚寺	30.5				
日蓮宗	久城寺	50			○	久保田寺町。
一向宗	西善寺	20			○	久保田寺町。土崎より移建。
一向宗	浄願寺	20			○	久保田寺町。明応8年松前、その後土崎に再営。
一向宗	願行寺	10				久保田寺町。
一向宗	本誓寺	15			○	久保田寺町。
一向宗	光専寺	10				
一向宗	西勝寺	3.457			○	
一向宗	光徳寺	20			○	小野寺氏から田畑、山林を寄進されている。
一向宗	願勝寺	20				

典拠；上法家文書「天明八年戊申十月改　秋田公惣御家中分限帳」

表3　秋田藩主要寺社石高一覧

宗派	寺名	寺社領（石高）	蔵出米（石高）	扶持	独礼	備　考
真言宗	一乗院	270			○	開基常陸佐竹17代義舜。慶長19年久保田開山。
真言宗	宝鏡院	200			○	開基常陸佐竹14代義人。慶長11年入院。
真言宗	正洞院	200			○	常陸より移建。
真言宗	東清寺	100			○	常陸より移建。
真言宗	喜蔵院	100			○	佐竹入部後建立。
真言宗	金乗院	50			○	稲荷社別当。
真言宗	遍照寺	30			○	宝鏡院末寺。常陸より移建。
真言宗	松門院	25	5		○	宝鏡院末寺。
真言宗	本覚寺	10				
真言宗	安楽院		15		○	
真言宗	威徳院		8		○	宝鏡院末寺。
真言宗	常賢院		8		○	宝鏡院末寺。
真言宗	梅真院		8		○	宝鏡院末寺。
真言宗	東門院	60				古四王神社別当。
真言宗	金剛院	10.435				北浦院内（千手）観音社。
真言宗	高善寺	8.387				嶺吉川高寺社別当。
真言宗	薬王寺		3.5			山王社別当。
修験宗	清光院	30			○	佐竹入部後建立。
修験宗	両学寺	10			○	
修験宗	長命寺	15				
修験宗	能代寺	10				「のうだいじ」。
修験宗	西福寺	50				
修験宗	不動院			5	○	行人支配（羽黒山伏）。
修験宗	泉蔵院			5	○	行人支配（羽黒山伏）。
修験宗	永禅院	179.797			○	
修験宗	喜楽院	67.303			○	
修験宗	吉祥院	50			○	
修験宗	光飯寺	90			○	
修験宗	正覚院	4.77				貝沢八幡社別当。
修験宗	常楽院	4.77				男鹿妙見社。
修験宗	千手院	3.801				猿田鉢位山神社別当。
修験宗	蓮性院	2.573				寺中堀内若宮八幡社別当。
修験宗	市明院	0.498				下仙道八幡社別当。のちに千手院に改称。
修験宗	三明坊	0.04				小杉山愛宕社。
修験宗	延命寺		3.6			角館愛宕社別当。のちに吉祥院に改称。
天台宗	寿量院	200	30	5	○	寛延3年（1750）造営。
天台宗	性全坊	20			○	寿量院塔頭。
社家	守屋飛騨	150	60	5	○	保呂羽山神社。
社家	大友相模	115	60	5	○	保呂羽山神社。御嶽山高岳山両社領分。
社家	土橋大隅守	40			○	八橋山王社。
社家	熊谷周防	30			○	六郷熊野社。
社家	二方兵庫	20				六郷諏訪社。

領内の天台宗寺院は、天明年間の段階で寿量院と性全坊が確認される。なお「御亀鑑（秋府）」によれば、勝音院および寿量院の塔頭（唯常院・金性院・法善院・境智院）も独礼格寺院として確認できる。勝音院については由緒等が残っておらず詳細は不明だが、寿量院については寛延三年（一七五〇）に創立された寛永寺系の寺院であることが確認されている。

近世期、各藩は幕府権威への忠誠を示すため、将軍家を祀る御霊屋として東照宮を建立し、その祭祀を行った[17]。それまで秋田藩では、菩提寺院である天徳寺に将軍御霊屋を建立し、法要の度に寛永寺塔頭の元光院より僧侶数一〇名を招いていた。しかし江戸より僧侶を招くのに多大な費用がかかること、またもともと天徳寺が曹洞宗寺院であることから、天台宗寺院に移築することが計画された。そうしたなか、享保年間に幕府は東照宮所在調査を実施した。秋田藩ではこの調査をきっかけに東照宮を再勧進し、久保田城下の八橋に寿量院を建立、初代住職として元光院の弟子南光坊を迎えた。つまり寿量院は、幕府権威を背景とした寺院であったため独礼格を得たと言える。なお寿量院は、幕府権威が失われるに従いその勢力を失い、慶応年間に廃寺となっている[18]。

(3) 曹洞宗

曹洞宗寺院は、藩内において修験宗に次いで寺院数が多かった。藩領における曹洞宗の二大勢力は、天徳寺の一派と補陀寺の一派であったとされる[19]。なかでも天徳寺は、常陸時代より佐竹氏一門の菩提寺であり、佐竹氏転封時の慶長七年（一六〇二）に常陸から移転した[20]。同じく曹洞宗の闐信寺・正洞院・鱗勝院・白馬寺はいずれも天徳寺系の寺院で、のちに藩主一族の菩提所として建立された。これらの寺院は、いわば佐竹氏の権威を背景に力を持った寺院であるといえる。またこの他にも、家臣の菩提寺として建てられた天寧寺（芦名氏菩提寺）など、秋田藩は藩主や藩士など曹洞宗寺院を菩提寺とする者が多かった。天徳寺は、藩主の葬送や法要、施餓鬼や疏銘儀礼などの仏教行事において中心的な役割を果たした。また諸宗寺院の住持任免権を寺社奉行が掌握していたなかで、曹洞宗寺院だけは天徳寺が任免権を有するなど、特権も認められていた。

天徳寺と同様独礼格であった補陀寺は、総持寺の直末寺院であった。補陀寺は正平四年（一三四九）開基の由緒を持つ中世以来の古刹で、三代藩主義処より寺領二〇石の寄進を受け、独礼格を付与されたとある。また最禅寺は、嘉慶元年（一三八七）開基の古刹で、八代藩主義敦より寺領三〇石を寄進され、独礼格に取り立てられた。いずれも佐竹氏転封以前より同地に存立する寺院であるが、天徳寺をはじめとする曹洞宗寺院の寺領との差は大きい。また天徳寺系寺院が久保田城の城下ないし城下の郊外にあり、藩主家一門の菩提寺になっている一方、補陀寺系の寺院は、在村にあって領民の菩提寺となっていた。

真言宗寺院と異なり、中世以来の寺院にも寺格を認めているものの、寺領高など経済的な面で宗派内には序列が存在した。そういった意味では曹洞宗寺院も、常陸時代からの佐竹氏との関係が寺院統制に反映されていると言える。

⑷一向宗

奥羽地方における浄土真宗の展開は、文明三年（一四七一）に蓮如が越前吉崎に坊舎を建立したことがはじまりとされる。真宗はこの坊舎から日本海沿岸を中心に北上していった。なかでも蓮如の弟子弘賢が土崎に創建した浄願寺は、奥羽真宗史において真宗教線の嚆矢として位置づけられている。浄願寺はその後、慶長九年に久保田城下の寺町に移転され、寺領二〇石を与えられている。このほか寺町には西善寺や願行寺・西勝寺など浄土真宗の寺院が多く、寺領と独礼格を与えられている。

近世期の真宗教団の伸張状況について論じた森章司によれば、当該期に浄土真宗で寺領を有しているのは、本山を含めて全国で六一ヶ寺に過ぎず、浄土真宗が幕府や藩から庇護を受けることは稀であったとしている[21]。特に一向宗門徒の勢力が強かった加賀藩では、真宗寺院・庵に対し、諸役免除などの特権を与えるなど懐柔政策をとった。これは、門徒の門主に対する絶対的信心と勤勉性を領民の教化に利用しようと企図したためとされている。秋田藩も奥羽の浄土真宗寺院の中核となる寺院に寺格と寺領を与えて庇護することで、領内の真宗門徒の支配を円滑に行おうとしたと考えられる。

以上、独礼格寺院と各宗派の状況について概観した。検討から、秋田藩における独礼格の寺格付与の条件は、藩より寺領や扶持を寄進されていること、久保田城城下(寺町)に寺院があること、そして縁起・由緒に幕藩権力との繋がりがあること、の三点であったと考えられる。なかでも、藩主家の祈禱と祖先祭祀を担った真言宗と曹洞宗の派内組織は、常陸時代より佐竹氏との繋がりが深い宝鏡院・一乗院、そして天徳寺が中心となり組織が構築されていた。秋田藩の寺院組織は、領主権力によって新たに構築されたものであったことが、独礼格寺院の構成から見てとれる。こうした領主権力が組織の頂点を保障する宗教統制の場合、頂点がその「後ろ盾」を失った時、組織が成り立たなくなってしまうという危険を孕んでいた。先に挙げた、天台宗寺院の組織の場合も、幕府権威の衰退に伴い、領内の中核寺院であった寿量院が廃寺に追い込まれ、塔頭寺院も失われてしまった。

これに関して、神職組織の事例であるが、井上智勝の検討[22]によれば、越後高田藩では、寛永元年(一六二四)に入部した松平氏が当該地域の神職統制の経験の無い神職(花前氏)を頸城・魚沼・苅羽三郡の触頭にあたる「社務」職に承認したところ、頸城郡の有力神職らが抵抗、結局、魚沼・苅羽二郡と頸城郡の一部を配下とするに留まった。ところが越後騒動によって松平氏が改易になると魚沼・苅羽二郡の神職も花前氏の配下より離脱、松平氏が構築した神職組織は瓦解してしまったという[23]。

元来、秋田には修験の修行場となる霊山があり、近世以前より数多くの修験者が存在した。また彼らは有力修験のもとで、独自に組織を形成していた。地元の信仰生活に根差した既存の宗教集団をいかに支配するか、それは新たな領主として入部した佐竹氏にとっても重要課題であったと言えるだろう。秋田藩も入部後、今宮氏（のち藩寺社奉行）主導のもと触頭（修験大頭）を頂点とする修験道組織を新たに創出した。その一方で、中世期以来の由緒を持つ寺社を「別格」として権威づけし、優遇するという政策もとっている。次節では佐竹氏以前の領主の庇護を受けてきた寺院の多い在地修験寺院を事例に、年頭御礼の様子と秋田藩寺院統制の実態について見ていく。

二　寺院統制の展開―宝永・正徳期―

秋田藩の修験寺院統制は、近世初期に今宮常蓮院による支配を通じ、その原型が確立した。その後、天和元年（一六八一）の今宮氏失脚を契機に、秋田藩の宗教者統制は藩寺社奉行による一元支配へと推移する。宝永から正徳期になると、秋田藩政は経済上の問題は抱えつつも、転封直後の混乱期を過ぎ安定期に入る。そして常陸佐竹氏時代よりの修史編纂をはじめとする文化事業を展開、宗教統制にもこの影響が表れていくことになる。

1　年頭御礼の儀礼手順

まずは在地修験寺院の年頭御礼について概観する。先にも述べたが、在地修験の年頭御礼は正月七日に御座之間で行われる。なお独礼格寺院には前年の一二月に御目見に出府するよう町送が出され、該当者は寺社奉行所の差紙を持参の上、登城する決まりとなっていた(24)。

〔史料1〕(25)

（前略）右畢而

一御座之間上段　御着座　御熨斗目御半袴

但御熨斗目被為召、御録は金御書院より直々御着座ニ付而也

御家老

右弍め敷居之内、御小姓詰処前へ列居

一御守巻数牛王　男鹿本山別当　永禅院

扇子箱

一御守札　杉宮別当　吉祥院

扇子箱

一扇子箱　刈和野　清光院

一御守　男鹿真山別当　光飯寺

扇子箱

右献上物壱通づつ御客口より大小姓上下持出居の席へ置之、時ニ壱ヶ寺づつ二め御敷居の外上より五畳め壱通り

出席独礼、寺社奉行披露之、畢而献上物大小姓引之、御土器別台召出ニ被下之、此十方二ツめ御敷居之内、下の壱畳めへ出席、頂戴後退去

右畢而

一扇子箱　二め御敷居之外上より横畳四畳めへ置之　行人支配　不動院

一扇子箱　同断　同　宗蔵院

一扇子箱　同断　長生院

一扇子箱　同断　修験大頭　和教院

一巻数　同断　上法寺　喜楽院

扇子箱

右献上物壱通宛御客口より大小姓上下持出、右之席へ置之、右壱人ツヽ、御客口より大小姓詰処へ出席御礼披露、寺社奉行畢而、献上物大小姓引之

但行人支配頭、修験大頭、喜楽院共御土器不被下之

右寺院幷行人支配頭、修験大頭、喜楽院於御座之間年始之御礼也
但御座之間席付は横畳也、御奏者、寺社奉行置之
一吉祥院、永禅院、光飯寺、喜楽院、不罷登候とも、御守等ハ御座之間へ出、寺社奉行披露之

史料は、上法家文書に残されている正月七日修験寺院の年頭御礼次第である。長生院(長雄院)と和教院が修験大頭を務めている時期であることから、正徳五年(一七一五)前後の儀礼次第であり、当時の住持喜楽院快養が、後代のために記しておいたものを代々書き写してきたものと推察される。(26) ここから、まずは修験寺院の年頭御礼の儀礼構成についてみていく。

図3は正徳年間の年頭御礼の様子を図にしたものである。修験寺院の年頭御礼は寺院御礼(真言宗寺院の年頭御礼)の後に御座之間で行われ、藩主は熨斗目に半袴の服装であることが記されている。御目見する修験者の服装について記載は無いが、幕府法に準じているとすれば直垂白袴の力者装束あるいは山伏装束であったと考えられる。(27)

修験寺院の年頭御礼は出席披露・御礼・献上物進呈・下賜行為で構成されている。まず男鹿永禅院・同光飯寺・杉宮吉祥院・刈和野清光院の四ヶ寺の御目見が行われる。そして寺社奉行による披露のもと、敷居の五畳目で独礼と献上品が披露される。この時の献上品は牛頭天王の守札と巻数、扇子箱となっている。その後、進呈した献上品を大小姓が引き上げ、藩主より酒の下賜行為がある。この時、用いられる酒器は土器で別台と呼ばれる台に載せ饗され、その後退室となる。次に行人支配および修験大頭の年頭御礼が行われる。この時列席したのは不動院・宗蔵院・長生院・和教院・喜楽院の五ヶ寺である。基本的な儀礼は先の四ヶ寺と変わらないが、出席披露の位置が大小姓詰処前であること、御礼は独礼ではなく惣礼であること、そして藩主より酒の下賜が行われていないことが分かる。先の四ヶ寺と、修験大頭、行人支配との儀礼の規式には、明らかに差が付けられている。

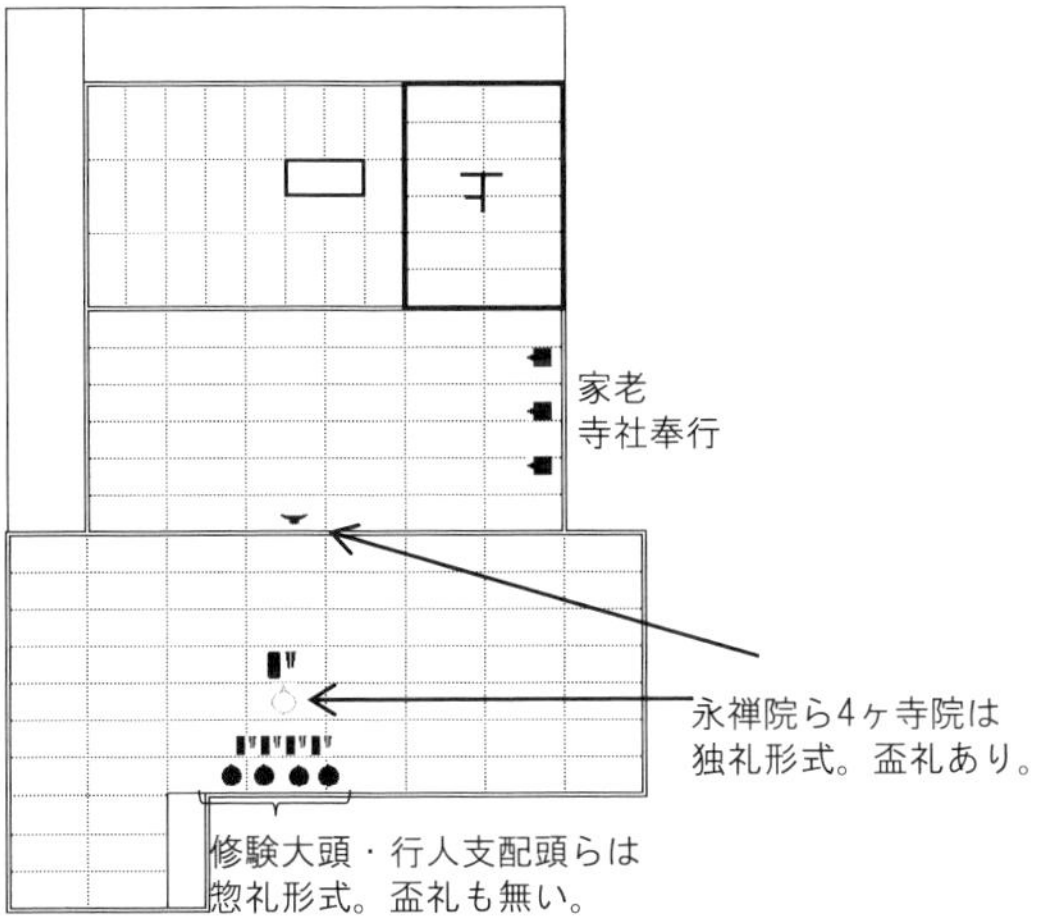
家老
寺社奉行
永禅院ら4ヶ寺院は
独礼形式。盃礼あり。
修験大頭・行人支配頭らは
惣礼形式。盃礼も無い。

図3　正徳年間の年頭御礼
（上法家文書「秋田藩年中行事抜記」をもとに作成）

次にこの儀礼の列席者ついて詳細にみていく。史料にあるように年頭御礼の出席者、すなわち独礼格は男鹿本山永禅院・杉宮吉祥院・刈和野清光院・男鹿真山光飯寺の四ヶ寺と、湯殿山行人派の行人頭である不動院と宗蔵院、修験大頭の和教院と喜楽院となっている。まず湯殿山行人派は羽黒山伏の一派で、佐藤久治の調査によれば領内に四二ヶ寺ほどあったとされる(28)。行人頭を勤めていた不動院は久保田城下に寺院があり、代々住持がこれを勤めている。

修験大頭は領内の当山派修験の頂点に位置し、藩や醍醐寺三宝院、江戸触頭鳳閣寺の上申下達や修験寺院の継目相続の手続き、入峰修行のため在地修験が上京する際には、三宝院や正大先達寺院宛に添状を書くといった役目を果たした。修験大頭は領内一四区画の頭を勤める頭襟頭より二名ずつ選定され、二、三年で交代する仕組みになっていた。言い換えれば修験宗の独礼格は固定ではなく、職格に応じて付与されていたことになる。なお修験大頭が年頭御礼を許可されるようになったのは元禄一四年（一七〇一）、小野村覚厳院が閑居の際に御目見を願い出、藩が覚厳院の長年の功績を認めて御目見が許可されたことが始まりであり(29)、以降、原則として修験大頭の期間のみ御目見が許可されるようになった。先に挙げた史料が記された当時は、修験大頭が御目見を許可されるようになって間もない時期であると考えられる。

では男鹿本山永禅院・杉宮吉祥院・刈和野清光院・男鹿真山光飯寺は、如何なる経緯で独礼格を付与されたのだろうか。次項ではこの四ヶ寺の事例から、秋田藩による在地修験統制の構造について検証してみる。

2 秋田藩「十二社」にみる寺院統制

図3にもあるように、永禅院・吉祥院・清光院・光飯寺の四ヶ寺は、儀礼空間において修験大頭や行人頭より上席に位置し、また酒の下賜も受けている。こうした明確な区別にはどのような意味があるのか、四ヶ寺の由緒から検証してみる。

永禅院・光飯寺は、いずれも男鹿半島の真言宗寺院である。記録によれば日積寺永禅院・遍照院光飯寺は、明徳年間に天台宗から真言宗に転宗、男鹿修験の中核寺院として当時の在地領主安東氏の祈願所として寺領を寄進されていたという。また「奥羽永慶軍記」には、天正一〇年（一五八二）、羽黒修験と庄内武士団の連合軍が秋田城に侵攻してきた際、男鹿修験は城主秋田愛季に協力し、羽黒若王寺の船軍と戦ったという記述がある。(30) 当時の男鹿修験の状況について木崎和廣は、「男鹿修験が秋田安東氏と呼応した海軍力をもって海陸往還の交通にも影響をもった集団だった」(31)と述べている。佐竹氏入部後、今宮氏によって修験大頭を頂点とする領内修験の一元支配が行われるようになると、永禅院・光飯寺は真言宗寺院の一つとして位置づけられ、その他の男鹿地域の修験寺院との関係も断たれることとなった。その後、寛永一〇年（一六三三）に藩主佐竹義格によって永禅院に社殿が建立され、また光飯寺も佐竹氏の祈願所となっている。

吉祥院は、雄勝郡杉宮村にある三輪神社の別当寺院であり、養老年間、行基を開基としている。由緒によれば、吉祥院も男鹿の二ヶ寺と同様、創建当時は天台宗であったが、室町期に真言宗に転宗、御室仁和寺の末寺となっている。一方で、宝永七年（一七一〇）の堂社書上(32)をみると、本尊は「三輪山蔵王権現」となっており、修験道との関係性もみられる。中世期、吉祥院は仙北三郡の法談所として近隣の真言宗寺院の中核となり、また在地領主小野寺氏の崇敬寺院としてその庇護を受けた。佐竹氏入部後の寛永九年、二代藩主佐竹義隆の病気平癒祈禱において効験を示したとして神馬の寄進を受け、以後佐竹氏の祈願所となった。

清光院は、仙北郡刈和野村にある真言宗寺院である。しかし近世期を通じ醍醐寺三宝院の末寺となっており、修験道と未分であったことが推察される。なお、この寺院の開基は秋田藩初代藩主佐竹義宣の父義重で、元和年中に創建されていることから由緒自体は古くはない。しかし佐竹氏との所縁が深いことが理由となり、独礼の寺格が付与されたと考えられる。

このように清光院を除く三ヶ寺は、いずれも佐竹氏入部以前より秋田にあった真言宗寺院であり、かつては安東氏・小野寺氏による庇護の下、独自の修験組織を形成していた寺院であった。元禄九年（一六九六）から宝永六年にかけて、秋田藩では常陸時代も含めた修史の編纂事業が行われ、以後継続されていくのだが、この修史事業と同時期に藩は佐竹氏転封以前よりの由緒のある寺社、または佐竹宗家と繋がりの強い一二社を選定、職格とは異なる特権を与え、これら寺院を庇護する政策を取っている。いわゆる「十二社」の設定である。

〔史料2〕(33)

覚

男鹿新山　本山　舟越天王　北野天神　古四王　藤倉観音　広面若宮八幡　杉之宮　六郷熊野　金沢八幡　院内愛宕　保呂羽山

右拾二社大破候ニ付、為建立之宝鏡院より御領内勧進之願被申立候、右之拾二社ハ、公儀よりも御助成可被成社共ニ在之故、願之通御領内江被仰渡候、人別ニ一ヶ年五銭宛、六ヶ年当年より年々奉加致候様被仰付候間、諸士

は家中男女ニ申渡取集、壱町限霜月中中村三右衛門・能登屋喜右衛門江可相渡候

右之趣、一町幷支配在之方ハ其方江も可被申渡候、以上

十月九日

御会所

史料は宝永年間、会所より出された「十二社」の堂社再建のために出された勧進願を了承した書付である。「十二社」とは、社家大頭守屋氏・大友氏が神職を勤める式内社保呂羽山波宇志別神社・横手御嶽山（塩湯彦神社）・高岳山（副川神社）、社家組頭が神職を勤める仙北郡金沢中野村の八幡神社（三浦氏）、仙北郡六郷村の熊野神社（熊谷氏）、秋田郡天王村の牛頭天王社、船越天王（後「東湖八坂神社」）（鎌田氏）、ほか秋田郡寺内村の古四王神社、雄勝郡上院内村の愛宕神社、秋田郡藤倉村の修験寺院長命寺（藤倉権現）、そして先に挙げた杉宮吉祥院、男鹿真山・本山である。

なお「十二社」の選定は宝永期頃より始まり、正徳年間にほぼ選定が終了したとされる。「十二社」に選定された寺社は、堂社造営や修復時に資金面での助成を受ける代わりに、年頭御礼や藩主の帰国御悦の御目見のため登城すること、そして領国の安寧と藩主の武運長久の祈禱を行うことが期待された。なおこの寺格は永続的な特権であったが、一方で（社家を除き）触頭や組頭といった職格を付与されない、中本寺になれない（＝末寺を持つことができない）といった制約があったようである。

以上のように、宝永・正徳期に秋田藩の在地修験はそれまでの修験統制機構に加え、由緒・縁起に基づき、職格寺院と別格寺院という格式でさらに区分けが行われた。職格寺院は、領内修験の統制機構に組み込まれ、佐竹氏の権威にもとづき修験大頭・頭襟頭といった寺格を与えられた寺院である。特に修験大頭は二年から三年の交代制であり、社家大頭を大友・守屋の二家が代々家職とすることを許可されていた神職組織とは異なる体制であった。修験寺院の独礼格は、職格に付随するものであったと考えられる。ただし職を離れた後も喜楽院のように御目見が許可される場

合もあった。
〔史料3〕(34)
(前略)且　御在江之節ハ、御吉凶ニ付、御老中迄飛脚を以書翰指上候、其度毎御返書所持罷在候、依而代々年始御目見、継目出仕　御目見献上等被仰付候

史料は上法家文書の「世代由緒書」の抜粋である。これによると喜楽院では、藩主が江戸在府の時は藩主の吉凶を占い、その結果を藩の家老に宛て送っていたとある。そしてその貢献により喜楽院は、年頭御礼や継目御礼が許可されるようになったとある。なお、元禄一七年以降、喜楽院は修験大頭職には就いていない。しかし、先に挙げた正徳年間の殿中儀礼の規式内には「一吉祥院、永禅院、光飯寺、喜楽院、不罷登候とも、御守等ハ御座之間へ出、寺社奉行披露之」(35)という一文があり、喜楽院が「十二社」の別格寺院と同等の扱いを受けていたことが分かる(ただし席次はあくまで修験大頭格であった)。このことから「修験大頭格」は永続的な特権であり、そのため離職後も藩主家の崇敬する寺院であれば御目見が許可されていたと考えられる。

一方、「十二社」に選定された別格寺院は、佐竹氏入部以前よりの由緒を持つ有力真言宗寺院であった。寺院はいずれも在地領主だけでなく、領民からの崇敬も篤く、また在地修験を束ねる中心的存在であったという経歴がある。そのため宝鏡院をはじめとする真言宗派の年頭御礼には列席せず、佐竹氏入部以前より関係性の深い修験宗の年頭御礼に列席したと考えられる。こうした経緯から、職格寺院と別格寺院には礼席において明確な差が付けられ、末寺所持の禁止など様々な制約がありつつも寺社経営の面で別格寺院は藩より優遇策がとられた。

一般的に、支配層が政治的意図を持って伝統を創出する場合、支配層・非支配層の総意が無ければ成立・浸透しないとされる。(36)他領より入部した佐竹氏がこうした宗教統制を展開できた背景には、社家大頭となった守屋・大友両氏

の存在が大きい。守屋家文書の分析から秋田藩の社家組織について検討している塩谷順耳によれば、藩が「十二社」を選定する段階で両氏はすでに社家大頭を勤めており、彼らがこれに参画して一定度の役割を果たしたことは間違いないとしている。(37)すなわち、両氏が加わったことで、領内の在地修験や神職の合意を得られるような実態に則した選定ができたと推察される。秋田藩の修験統制は、一見すると真言宗や曹洞宗と同様に、領主権力が主導的に組織を構築したように見受けられる。しかし、特定の寺院が有力化することを防ぐ意図は感じられるものの、基本的には在来の宗教集団や信仰圏に配慮しながら組織が編成されたことが窺える。

秋田藩がこのような統制を漸次的に行った理由は、佐竹氏が近世以降入部した領主で、領国民からの反発を避けたいという思惑があったことは勿論のことだが、それ以外にも理由がある。一七世紀末から一八世紀初頭にかけて、徳川綱吉政権下の幕府では文治政策のもと、儀礼が秩序維持機能として重視されるようになった。同時期藩主を勤めていた三代佐竹義処は元禄一四年、久保田城内に「会所」を設立、これまで家老宅で行われていた政務を会所で行うという藩主主導による藩政執行体制の改革を行った。(38)また同時期、家老岡本元朝のもと藩士の「座格」の調査、順列の明確化が進められ、元禄一五年正月より、新たな座格に基づいた年頭御礼が行われた。(39)先に述べた修験大頭に独礼格が認められたのもこの時期に重なり、殿中儀礼の整備と独礼格の付与は、三代藩主佐竹義処の藩政改革の一環であったと言える。また正徳元年(一七一一)に行われた寺社地改も、「十二社」の選定を意図したものであったと考えられる。一般的に堂社改めと堂社書上帳の作成は、藩による経済的な面からの寺社の把握と言われている。(40)堂社改めによって領内寺社領の把握が進み、永続的助成を行う寺社が選定されることによって領内寺社の序列が明確化するというだけでなく、領主支配構造に宗教組織を組み込むことが可能になる。

「十二社」の選定が一段落した正徳五年、四代佐竹義格が二二歳の若さで亡くなった。義格には嫡子が無く、分家である壱岐守家（のちの岩崎藩）より義峰が末期養子という形で五代藩主に就任する。これまで秋田藩の藩主は二代藩主佐竹義隆の血統を宗家とし、四代義格まで続いてきた。三代藩主義処の弟の家系とはいえ、義峰は初の大名分家出身の藩主となった。一連の文化事業は、奇しくも新藩主佐竹義峰の正統性と、藩主権威の再構築の機会にもなったと言えるのである。

三　修験統制の転換期―安永・寛政期―

寛政年間、秋田藩では九代藩主佐竹義和のもと藩政改革が行われた。その一環として行われたのが学館制度の創設をはじめとする文教政策である。その政策は藩校明徳館の設立、改革派官僚の育成と彼らの積極的な登用であった。また「国典類抄」や「御亀鑑」などの藩政記録の収集・編纂も行われた。なかでも「義和公譜」の引証本として作成されたとされる「御亀鑑」は、佐竹義和政権期の安永四年（一七七五）から文化一二年（一八一五）までの藩政記録・年中行事が、江府編・秋府編に分けて記されており、その総数は一一五冊にのぼる。また秋府編は、天明五年（一七八五）からの秋田在府中の藩主動静や年中行事、御目見の次第が記されている。本項は、「御亀鑑」に記された修験宗年頭御礼の様子をもとに、寛政期における統制の実態について見ていくことにする。

1　年頭御礼の儀礼手順

まずは前節同様、在地修験寺院の年頭御礼から、この時期の修験統制について検証してみる。

〔史料4〕(41)

（前略）

一右畢而相済候段寺社奉行右同人二目御敷居之内江出席申上之、直々上段御着座

　御守札
一牛王　二目御敷居之内下より三畳目江置之　男鹿本山　病気　永禅院
　巻数

　御守札
一牛王　二目御敷居之外上より三畳目江置之　杉之宮　病気　吉祥院
　巻数
　扇子一箱

　御守札
一巻数　右同段　刈和野　無住　清光院
　扇子一箱

　御守札
一牛王
　巻数　右同段　男鹿真山　院代　光飯寺

扇子一箱

右献上物御客口より大小姓上下一通充持出之右之席江置之、于時病気ニ付以使僧献上仕候段、寺社奉行披露之

一扇子一箱　二日御敷居之外上より四畳目江置之　行人支配　入院御礼　不動院

一同断　同断　修験大頭　法輪院

一同断　同断　修験大頭　喜見院

御守札

一牛王　同断　上法寺　喜楽院

巻数

扇子一箱

右献上物右之席江置之、御客口より大小姓上下持出之、于時一人充大小姓詰所下より三畳目江出席御礼披露

史料は、寛政四年(一七九二)正月七日の修験宗の年頭御礼の様子である。なおこの年の年頭御礼では、別格寺院が病気等を理由に登城していない。しかし吉祥院・永禅院・光飯寺・喜楽院が欠席の場合でも、寺社奉行は献上品披露を行うという慣例のもと、儀礼は通常通り行われている。

規式を詳細にみていくと、寛政期の修験宗の年頭御礼は、正徳期の年頭御礼とは異なり、職格寺院・別格寺院ともに出席披露・献上物披露のみとなっているのが分かる。図4は各寺院の着座位置を図にしたものである。まず藩主と寺社奉行が御座之間に入室し、独礼格寺院のうち「別格寺院」が一ヶ寺院ずつ、寺社奉行の出席披露を受ける。この

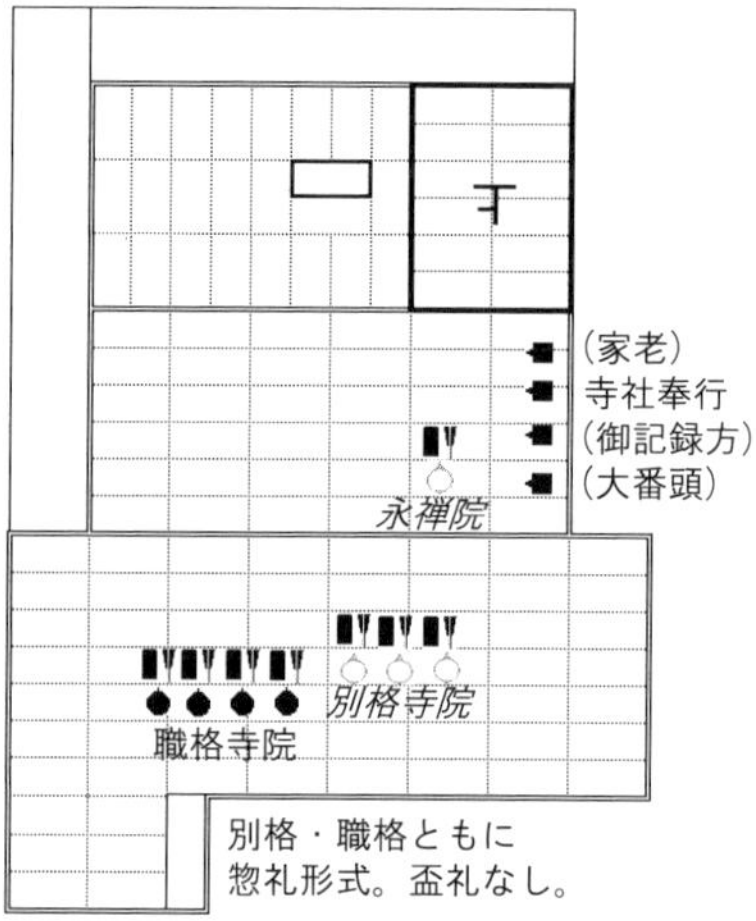

図4　寛政年間の年頭御礼

「御亀鑑(秋府)」寛政4年1月7日の記述をもとに作成。なお藩役人の席次は寛政2年の記述を参考とした。

時、大小姓によって永禅院の献上品は二目敷居の内三畳目、その他の三ヶ寺院は二目敷居の外より三畳目に置かれ、一名ずつ献上品披露が行われる。なお永禅院の献上品の位置について、他の年も確認してみたところ、その時々で同位になる場合もあるが[42]、寛政期には三ヶ寺院より上位というのが定位置のようである。なお献上品は、四ヶ寺が同様に牛王(熊野牛王札)・守札(祈禱札)・巻数・扇子などである。

次に、「職格寺院」の四ヶ寺の出席披露が行われ、湯殿山行人派の行人頭である不動院、修験大頭の法輪院・喜見院、そして上法寺喜楽院の四人が着座、二目敷居の外四畳目に献上品が置かれる。その後、下より三畳目の位置にて、一人ずつ出席御礼が行われる。なお行人頭と修験大頭の献上品は扇子箱、喜楽院は先の「別格寺院」と同じものを献上している。

以上、寛政期の年頭御礼の様子についてみてきた。独礼格寺院の数に大きな変化は無い。しかし藩主よりの酒の下賜行為が省略されていること、そして永禅院をはじめとする別格寺院の独礼が廃されていることから、正徳期の年頭御礼より儀礼が簡素化していることが分かる。これは享保七年(一七二二)、幕府が儀礼における礼物・献上品の縮小を指示したことによるものと考えられ、幕府・藩ともに儀礼は簡素化傾向にあった。しかしただ単純に簡素・縮小化したわけではないことが儀礼に表れている。

次第を見てみると、宝永・正徳期における別格寺院の着座位置(独礼位置)が「二め御敷居の外上より五畳目」であるのに対し、寛政期の儀礼では、永禅院の位置が「二目御敷居之内」と、一部ではあるが敷居の内に入ることが許されている。これは下賜行為を簡略化したことによる序列の乱れを回避するために取られた措置であると推察される。

2　真言宗別格寺院の動揺

次に真言宗の別格寺院の状況から、寺院統制の実態についてみていくことにする。宝永期から正徳期にかけて、中世期以前の秋田領の修験集団の中心にあった真言宗四ヶ寺は「十二社」として優遇されたが、それは様々な制約を伴うものであった。この別格寺院に対する制約がこの時期強化され、寺院の継目に藩が介入する事態が起きる。その一例が杉宮吉祥院の事例である。

安永三年(一七七四)、秋田藩は杉宮吉祥院に対し、これまでの各寺院の直弟子を後住とする形から、寺社奉行が選定・任命する形へと変更する旨を通知した。通常仏教寺院の後継者は、檀林や法談所などの各宗派の僧侶養成機関内、あるいは衆徒、末寺寺院の住持から選定された。そのため住持の選定は、当住や檀家の意向が優先された。吉祥院についても由緒書を見ていくと、代々住持は吉祥院が中心となっている法談所内、あるいは他国の仁和寺直末寺院の徒弟が選定され、代々法脈に基づいた住持選定が行われていた。藩が住持選定から任免までを行うという措置は、寺院側から見れば大きな改変であり、一方的かつ強権的と言わざるを得ない。

この藩命に抵抗したのが当時の吉祥院住持であった快英である。快英(晩妙和尚とも)は、もともと中世期より吉祥院の末寺、近世後は「別家」(43)となっていた平鹿郡越前村(現、横手市十文字町)の真言宗寺院大日院の住持を勤めて、後に吉祥院の六四世住持となった人物である。快英は、藩による住持任免が法流の断絶に繋がると危惧したのだろう(44)、法流書を携え京都に赴き、直本寺である御室仁和寺へこの一件を直訴した。しかし帰国後、藩は快英を「関所破り」

の罪で磔刑に処し、継目に関して一切の詮議を行わなかったとされる(45)。吉祥院の住持は、その後、藩寺社奉行が任命した広林坊快元が六四世住持に任じられ、快英は吉祥院住持であった事実そのものが由緒や諸記録から抹消されている。新たに住持となった広林坊快元は、本荘藩領にある真言宗寺院亀井山八幡寺住職宥元の弟子とされる(46)。佐藤久治によれば、八幡寺は修験寺院としての要素が強く、当該寺院が真言宗であることを示すのは、快元が吉祥院の後住に選ばれたことくらいであるとしている。また、藩がなぜ他藩の真言宗僧侶を吉祥院住持に任命したのかも詳細は不明である。

一方、こうした秋田藩の強硬政策に対し、本寺である御室仁和寺は全く介入していない。むしろ藩が選定したこの住持を認め、慣習通りに継目伝法を行っている(47)。また快英より預かった法流書も快元に返却されている。これ以降、吉祥院の住持は代々宝鏡院・一乗院を頂点とする檀林より選定され、継目御礼の際には両檀林に対しても廻礼と扇子の献上が慣習となった(48)。

なお藩主導による住持任免は、吉祥院以外の別格寺院である永禅院・光飯寺・清光院にも出されたと考えられる。佐藤久治の調査によれば、文化三年(一八〇六)以降の永禅院の住持は皆、のちに宝鏡院や一乗院・東門院の住持になっている(49)。また光飯寺についても、天保元年(一八三〇)に入寺した住持は梅真院・偏照院を経て光飯寺の住持となり、その後、東清寺・一乗院へと移ったとある(50)。

吉祥院の一件以降、真言宗の別格寺院の住持は松門院・梅真院・東清寺・遍照院といった宝鏡院の末寺の住持を経た者が就任し、その後、宝鏡院や一乗院の住持になるというルートが確立された。このことは、秋田在来の真言宗別格寺院が常陸系真言宗の檀林内に組み込まれたことを意味する。ただし修験大頭をはじめとする当山派修験については、これまで通り血脈相承が認められており、嫡子による寺院相続が許可されている(51)。

なぜこの時期に藩が別格寺院の住持任免権を掌握、一元化するに至ったのか詳細は定かではない。近世初期、秋田藩の宗教統制は佐竹氏以前よりの真言宗寺院を別格化し、序列を明確化するという優遇策を取った。近世中期以降も建前上はこの優遇策がとられていたが、実態は寺院の継目を通じ、別格寺院を佐竹氏と関係の深い常陸系真言宗寺院組織の組下に組み込んだ。これにより別格となっていた永禅院や吉祥院を中心とした中世以来の真言宗組織は、在地修験との繋がりが断ち切られることとなった。先に挙げた年頭御礼における下賜行為の省略も、単なる儀礼の簡略化というだけでなく、別格真言宗寺院の位置づけの低下が顕在化したものと捉えることは可能であろう。

おわりに

本章では秋田藩殿中儀礼、特に宗教者の年頭御礼儀礼から藩の寺院統制の展開と推移について見てきた。内容は以下の通りである。

まず秋田藩における独礼格の寺格付与の条件は、藩より寺領や扶持を寄進されていること、秋田城下(寺町)に寺院があること、そして縁起・由緒に幕藩権力との繋がりがあることの三点であったと考えられる。特に真言宗や曹洞宗は常陸時代より佐竹氏との縁の深い寺院が独礼格を付与され、これら寺院が中心となって宗派組織が形成されていた。秋田藩の寺院統制は、領主権力が各宗派組織と触頭の地位を保障することで成立、維持されていた。

次に秋田藩の寺社統制について、時期ごとに区分して検証した。まず宝永~正徳期は、寺社統制の再整備期であったと言える。それは、宝永期よりの修史編纂をはじめとする文化事業の展開と、正徳元年(一七一一)の寺社地改を通じ領内堂社の把握が図られたことに起因する。ここで秋田藩は「十二社」を設定、佐竹宗家との繋がりだけでなく、佐竹氏入部以前の寺社も別格化することで藩の支配機構に組み込んだ。なお「十二社」の設定に際しては、在地の宗教集団や信仰圏など地域の宗教状況を考慮していた。

しかし安永・寛政期になると寺社統制は転換期に入る。享保期より幕府や藩で行われる諸儀礼は簡略化傾向にあり、秋田藩でも年頭御礼で行われてきた下賜行為が簡素化された。こうした簡素化に対し藩では、席次を調整することで序列の乱れを回避しようとした。また同時に、これまで別格化されてきた寺院について、継目に介入するという方法で藩権力にもとづく寺院組織内に組み込み、領内宗教組織を再構築した。このことにより、中世以来秋田領内にあった宗教勢力は、藩が構築した宗教組織内に包摂され、領主権力主導の寺院組織が完成された。年頭御礼は、その時々の藩の宗教政策を如実に反映していたと言える。

一八世紀以降、民衆の宗教的欲求は高まり、もはや寺檀関係のみの仏教では満たされなくなっていく。領主権力が寺院組織の存立の基盤となっている場合、領主権力が弱まると組織も瓦解する傾向にある。秋田藩でも、幕末から明治という幕藩権力が弱体化していくなかで多くの常陸系寺院が失われた。本章で取り上げた真言宗と修験宗についていえば、大半の在地修験寺院が神社に転向して継続していく中で、明治・大正期以降も継続した真言宗寺院は三三ヶ寺、安政年間の一二六ヶ寺の三割弱まで減少した。

しかしそうした中でも、男鹿本山永禅院は赤神神社に、男鹿真山光飯寺は真山神社となり、在地修験も神職に復飾してその寺跡を守った。また杉宮吉祥院も、三輪神社の神職として生き残った。明治八年(一八七五)、吉祥院住持卓裕[52]は秋田県令石田英吉に宛て、廃寺跡の扱いと神職への復飾について嘆願書を提出した。嘆願書によると、明治三年の吉祥院廃寺より卓裕は、寺跡と家屋を村より借用しているという扱いになっている。卓裕は藩鎮守八幡神社の別当であった一乗院も寺領を八幡神社に引き上げ継続しているので、自分が「三輪尊常」と改名し三輪神社の神職に復飾すれば、別当寺院である吉祥院の寺領も廃寺跡とはならないはずであると述べている(53)。卓裕も述べているが、神仏判然令後に在地修験が神職に復飾した事例は数多くあるが、真言宗の僧侶が神職に復飾した事例は多くない。

また内容もさることながら、注目すべきはこの嘆願書の写しが、かつて修験大頭格であった喜楽院に保管されていることである。さらに上法家文書を紐解いていくと、文久二年（一八六二）の喜楽院麻疹徐病祈禱祭のおり、吉祥院が柴燈大護摩修行と奉面修法祈願のため喜楽院を参詣していることが確認できる。このことは、藩に住持任免権を掌握され、中世以来の信仰圏にもとづく繋がりが絶たれて以降も、別格真言宗寺院と近隣在地修験は、地縁的な繋がりとして代々関係が維持されたことを意味する。それは領民にとっても同様であった。秋田藩の宗教政策は新領主佐竹氏による民衆教化策の一環でもあったが、領民にとっての信仰対象は、あくまで中世以来代々日常的な信仰生活を担ってきた在地の宗教者・宗教施設であった。こうした明治期以降の真言宗寺院と在地修験寺院の盛衰は、常陸系寺院が領民の信仰生活という点において完全には定着しなかったということを示していると言えるだろう。

註

（1）たとえば薩摩藩の場合はキリスト教とともに一向宗が禁制の対象であった（中村明蔵「薩摩藩の教育・宗教政策についての一考察」『季刊社会学部論集』一七巻二号、鹿児島国際大学、一九九八年）。また岡山藩の場合、同地が日蓮宗不受不施派の拠点であったことにより、藩主池田光政の側近であった熊沢蕃山の影響から排仏的思想にもとづく寺院整理（神社請）が行われている（圭室文雄『葬式と檀家』吉川弘文館、一九九九年、一〇〇頁）。

（2）西沢淳男「寺社の将軍代替御礼と殿中儀礼―高尾山薬王院を事例として―」（『日本歴史』五八八号、一九九七年）。

（3）小島信泰『近世浅草寺の寺法と構造』（創文社、二〇〇八年、一八六～二九〇頁）。

（4）高嶋弘志「近世蝦夷地の仏教と寺院―有珠善光寺の住職交代について―」（『地域と経済』二号、札幌大学経済学部附属地域経済研究所、二〇〇五年）。
（5）靱矢嘉史「近世神主と幕府権威―寺社奉行所席次向上活動を例に―」（『歴史学研究』八〇三号、二〇〇五年）、同「神職の集団化と幕府支配―武蔵国独礼神主層を事例に―」（井上智勝・高埜利彦編『近世の宗教と社会2　国家権力と宗教』吉川弘文館、二〇〇八年）。
（6）「毎年十二月二十七日晩、御座之間にて蔬之銘御祓あり。天徳寺の脇永源院罷出、寺社奉行御右筆も詰る。燭香煙等を台机に置、大小姓・御小姓これを出す。鶴の嘴を置いて、仏像の画幅をそれに懸、永源院は御右筆と呼出し（呼び捨てなり）、御名乗を認めさせ台机に置て勤行す。年中召上りの菜物毒抜の御祈禱なりとぞ」とある（今村義孝監修『新秋田叢書　第一一巻』歴史図書社、一九七二年、三九五頁）。
（7）「御城内御座敷廻絵図」秋田県立公文書館蔵（県C―一六九）。
（8）「佐竹城内年中行事座配絵図」秋田県立公文書館蔵（混架五二〇―三）。
（9）「佐竹城内年中行事座配絵図」秋田県立公文書館蔵（混架五二〇―三）および「御座之間・御広間・金之間御絵図」（混架二五―六二）。
（10）『御亀鑑　第六巻　秋府九』（秋田県、一九九四年、三四一頁）。「（頭襟頭）右面々御法度書之間列居前江御屏風立」とある。
（11）「佐竹城内年中行事座配絵図」秋田県立公文書館蔵（混架五二〇―三）。
（12）総寺社数は、「領内神社寺院修験等調」（橋本宗彦編『秋田沿革史大成　下巻』加賀谷書店、一九七三年、八〇九～八三七頁）を参照のこと。

(13)「寺社之輩参来之定」(『徳川禁令考　第五帙』司法省、一八九四年、一四五頁)。
(14) なお、今宮氏と藩主佐竹氏との関係については第一部第一章を参照のこと。
(15) 佐藤久治『秋田の密教寺院』(秋田真宗研究会、一九七六年、一七七頁)。
(16) 佐々木馨「出羽国の宗教世界―古代～中世前期を中心に―」(伊藤清郎・誉田慶信『中世出羽の宗教と民衆』高志書院、二〇〇二年)。
(17) 中野光浩「諸国東照宮の勧進と造営の政治史―長州藩と秋田藩を事例に―」(山本信吉『社寺造営の政治史』思文閣出版、二〇〇〇年)。
(18) 寿量院の建物はその後、神職守屋氏と配下社家一四〇人が銃術稽古の場所として利用したいとして藩に使用許可を求めている(秋田県立博物館蔵　守屋家文書「口上」文書番号三五七―三五五八)。
(19) 笹尾哲雄『秋田県における曹洞宗史の研究』(普門山大悲禅寺、一九七八年)。
(20) 大坂高昭『秋田県曹洞宗寺伝大要』(無明舎出版、一九九六年、二三頁)。
(21) 森章司「近世における真宗教団―異安心と妙好人―」(大倉精神文化研究所編『近世の精神生活』続群書類従完成会、一九九六年)。
(22) 井上智勝「近世の神職組織」(『国立歴史民俗博物館研究報告』一四八集、二〇〇八年)。
(23) 井上智勝「近世の神職組織」(『国立歴史民俗博物館研究報告』一四八集、二〇〇八年、三七〇～三七二頁)。
(24) 上法家文書。
以町送一筆申達候、然者来正月七日御目見被仰付候間、同四日限出府可有之候、右可申達、八郎殿御判紙差添遣候間、出府之節持参返上可有之候、以上

十二月　寺社奉行所

雄勝郡大沢村修験　喜楽院

尚々病気等ニ候ハヽ来月三日迄可申出候也

(25) 上法家文書「秋田藩年中行事抜記」。なおこの表題は後年になって史料に付けられた表紙による。
(26) 佐藤久治『秋田の山伏修験』(秋田真宗研究会、一九七三年、八頁)、「秋田領修験宗大頭勤役伝」(常覚院文書)の写書による。
(27) 小野清・高柳金芳校註『史料徳川幕府の制度』(新人物往来社、一九七六年、二七九頁)第16図「武家礼服図」。
(28) 佐藤久治『秋田の山伏修験』(秋田真宗研究会、一九七三年、二七頁)。
(29) 橋本宗彦編纂・井上隆明校註『秋田沿革史大成　下巻』(加賀谷書店、一九七三年、八〇五頁)。
(30) 今村義孝校註『復刻　奥羽永慶軍記』(無明舎出版、二〇〇五年、一五二〜一五三頁)。
(31) 木崎和廣「男鹿半島の近世在地修験について」(月光善弘編『東北霊山と修験道』名著出版、一九七七年)。
(32) 「宝永七庚寅歳五月晦日、御順検ェ指上候目録次第」(『羽後町郷土史　資料第二集』羽後町郷土史調査研究会、一九五二年、一七頁)。
(33) 「秋田被仰渡」二六「覚」(今村義孝監修『新秋田叢書　第一二巻』歴史図書社、一九七二年、一九八頁)。
(34) 上法家文書「明和三年　世代由緒覚」。
(35) 上法家文書「秋田藩年中行事抜記」。
(36) エリック・ボムズボーム、テレンス・レンジャー編(前川啓治・梶原景昭訳)『創られた伝統』(紀伊國屋書店、一九九二年、四〇八頁)ほか。

(37) 塩谷順耳「守屋家文書について」(『秋田県立博物館研究報告』一号、一九七六年、七七〜七八頁)。

(38) 高橋雄七「秋田藩三代佐竹義處と柳沢吉保―四代義格の襲封をめぐって―」(秋田県文化財保護協会『出羽路』一五四号、二〇一四年)。

(39) 伊藤成孝「岡本元朝と家譜編纂事業」(『秋田県公文書館研究紀要』一三号、二〇〇七年)。なお秋田藩の座格確立過程については幸野義夫「秋田藩における座格と政争」(『秋田地方史の展開』みしま書房、一九九一年)を参照のこと。

(40) 田中秀和『幕末維新期における宗教と地域社会』(清文堂出版、一九九七年、五一頁)。

(41) 『御亀鑑　第六巻　秋府九』(秋田県、一九九四年、三一九頁)。

(42) 『御亀鑑　第六巻　秋府九』(秋田県、一九九四年、四五五頁)。寛政六年正月七日の年頭御礼では吉祥院以下が同席となっている。

(43) 上法家文書「廃寺ト改名ト差段御伺」。明治三年に当時の住持三輪高常より秋田県令石田英吉に宛てて出された神職への復飾と改名に関する伺書の写し。本文内に「殊ニハ先住後住之間ハ親子ト心得養老年中ヨリ明治年間ニ至リ千百余年之連綿当村又他村ニモ別家数十軒有之候」とされている。

(44) 元和元年「真言宗諸法度」に「もし法流絶えざるの儀あらば、他流を求めず、自門の濫觴を糺すべし」とある(梅田義彦『日本宗教制度史　第三集　近世編』東宣出版、一九七二年、七五頁)。

(45) 『羽後町郷土史　資料第二集』(羽後町郷土史調査研究会、一九五二年、三三頁)、および佐々木義一郎『三輪神社と吉祥院』(三輪神社重要文化財保存会、一九五六年、二五頁)。なお二冊は構成・内容ともに同じものであるが、『羽後町郷土史　資料第二集』では六三世住持快暁(快英の先代)が晩妙和尚であるかのような表記になっている。おそらくこれは誤植であり、のちに再編された『三輪神社と吉祥院』にある「六四世快英＝晩妙和尚」という説が正しいものと考えられる。

(46) 佐藤久治『秋田の密教寺院』(秋田真宗研究会、一九七六年、三六五頁)。

(47) 『羽後町郷土史　資料第二集』(羽後町郷土史調査研究会、一九五二年、三四頁)「就住職継目奉願言上条々」。

一御直末新義真言宗出羽国杉宮村杉林寺吉祥院へ拙僧快元住持之儀依国命出願仕候、集会等之寺院其外於何方も故障之儀曽て無之御座候、則国元役人鈴木与左衛門添書奉法捧候

一御法制幷国制急度相守、御法度之宗門厳重ニ吟味可仕候、将又吉祥院在来之山林田畑出也諸具ニ至ルマデ全散失不仕、興隆筋常々出精仕万端御礼筋随而⌈　⌋候事、前条々之趣相違無御座候間、吉祥院住職之事御許容、継目御礼被為仰付被下候様伏而奉願候

右以宜御沙汰奉願候、仍言上如件

安永三年午七月廿二日　　羽州本荘八幡寺宥元弟子

広林坊快元

御室御所

出生御奉行御中

右宜補出羽国雄勝郡杉宮村吉祥院住職之旨被仰下処仍如件

安永三年七月二十五日　　相模守　奉書判

(48) 『羽後町郷土史　資料第二集』(羽後町郷土史調査研究会、一九五二年、四〇頁)。

一文政八年七月二十五日正明七ツ時より支度、明半時以前安楽院相詰、其節祝儀同院へ持参候事、四ツ時頃御案内あり登城、如旧例無滞御礼相済、直に廻勤御礼

一献上　杉原一束・末広一本　大白台ニ而
　但御守札之儀者御指図あり延引に成る、正月斗り献上之事ニ相成候
一桐扇子三本入　家老寺社両奉行衆
一二分位　何品にても寺社方取次役七人
一扇子三本入　但代納包ニ而も両担（ママ）林所役元品々二百穴

(49) 佐藤久治『秋田の密教寺院』（秋田真宗研究会、一九七六年、一四五頁）。
(50) 佐藤久治『秋田の密教寺院』（秋田真宗研究会、一九七六年、一五五頁）。
(51) 修験寺院の継目については本書第三部第四章を参照のこと。
(52) 佐藤久治『秋田の密教寺院』（秋田真宗研究会、一九七六年、三三四頁）。卓裕は慶応二年、湯沢の真言宗寺院広大寺より入院、住持となったとある。
(53) 上法家文書「廃寺ト改名ト差段御伺」。嘆願書には、「依テ一乗院儀ハ大八幡社内引取之上押々嘆願、寺跡被立下候事ニ御座候、然ルニ吉祥院改名シテ三輪尊常ト名乗上ハ何程勘考仕候テモ廃寺跡ト心得不申候、当県ニハ復飾之修験山伏ハ数百之人名、其中真言復飾之人名ハ十三未満之事候ヘハ、私等事ハ修験山伏多分之中ニ御摂仕之事ト奉存候、依テ御布達面ニハ真言復飾之事見エ不申、是多分ニ約スル準拠ニモ可有之ト奉存候」とある。

第二部　秋田藩領の在地修験寺院と地域社会

第一章　近世在地修験の滅罪檀家所持と一派引導

はじめに

近年、寺院と地域社会との関係や庶民信仰を背景に展開される宗教組織（講など）についての研究が盛んとなっている。なかでも澤博勝は、「近年の研究（地域論・地域史研究）成果は、論者おのおの視点から近世各時期の地域像を豊かに描いてきた。しかしこれらの研究史は文化や宗教といった要素を幾分軽視しすぎてきたように思う。結果、「人の見えない地域像」となり、地域を構成した人々の主体形成といった問題が未検討のまま取り残されてしまった」[1]と述べ、地域民衆と宗教との関わりを検討することが、地域社会を把握する上で重要な意義をもつことを指摘している。

こうした動きは民俗学の分野にも見られ、乾賢太郎も「地域住民としての役割を果たしながら、どのように活動の範囲を広げてきたのかということも考慮に入れていかなければ、宗教者の実像は描き出せないと考えている。すなわち宗教者が地域社会の中で築いた人々との日常的な交流や付き合いについても検討していく必要があるだろう[2]」とし、宗教者の実像を描き出すことと地域社会構造が密接に関わり合うことを指摘している。

こうした宗教者と地域住民との関係が最も色濃く表れるのが、在地修験寺院の場合は、祈禱檀家の村民を相手とした春秋祈禱や現世利益に基づく祈禱行為であり、菩提寺院であれば檀家との関係を軸とした、葬式や法要などの仏事であると言える。

ところで祈禱檀家、菩提檀家という考え方は本来、江戸幕府における宗教政策を背景として展開されてきたものであり、このなかで在地修験はこれまで葬祭に関与することはできず、また檀家を抱えることもできないとされてきた（後述）。しかし平鹿郡大屋新町村の在地修験両学寺には、菩提檀家を所持しようとする動きがあったことを示す史料が残されている。また雄勝郡大沢村の上法寺喜楽院にも、近世後期には積極的に修験宗に依る葬祭（一派引導）を行っていたことを示す史料がみられる。

そこで本章では、本来、檀家所持や葬祭執行が認められないとされてきた在地修験寺院が、如何に菩提檀家を所持すべく行動したのか、またその過程において生じた問題について、秋田藩における修験道の教派的位置付けも踏まえつつ検討してみたい。加えて、当該期に実際に執行された修験道一派引導を事例に、在地修験の一派引導執行の意義について検討するとともに、近隣在地修験寺院と周辺村落民がいかにこの葬祭に関わったのかについて明らかにしたい。

一　近世宗教史上における修験道一派引導

具体的な検討に入る前に、まずは幕府の宗教政策の中で修験が一派引導を志向、執行していく過程について概観しておく。

幕府初期の宗教政策において重視されたのは、キリシタンの排除と不受不施派の禁圧を目的とした寺請檀家制度（以後、寺檀制度）の確立と運用である。寺檀制度は明暦年間に成立、キリシタンや日蓮宗不受不施派の信徒でないことを菩提寺院に保証させるというものであった。寛文一一年（一六七一）には全国の村々で宗門人別帳が作成され、檀那寺と檀家の関係を固定、原則として寺替・宗旨替は認めないこととした。この宗門人別帳の存在について藤井学は、「庶民の信仰調査だけでなく、民衆の戸籍原簿となり、彼らの転住・逃散を防止するに役立ち、またときにはその租税負担能力を把握するための租税台帳の役割をも果たしたのである」[3]としている。また寺請檀家制度の成立によって、仏教寺院は檀家を所持し葬式や年忌法要の執行を重要な役目の一つとするようになった。

檀家を抱えた仏教寺院は、個人を人別・掌握する義務を負う見返りとして檀家役（上納金）を受け取る権利を有することで幕府権力の一端を担う存在となった一方、修験や聖をはじめとする祈禱系宗教者は葬儀の執行や檀家の所持を認められず、社会的役割を失うことになった[4]。こうした仏教寺院を利用した政策により、近世仏教は「公権力の一端を担っていることを根拠とした傲慢[5]」な存在として、戦後の近世宗教史学における「仏教堕落」論に繫がっていったと言われている。

既述の通り、近世の修験は葬儀の執行や檀家の所持を禁じられていたが、それは修験自身についても対象であり、地域の菩提寺院の檀那となり、他宗派の引導を受けなければならなかった[6]。しかしこうした修験の動向について宮本袈裟雄は、「近世の初頭に修験の宗教活動領域が祈禱中心のものに規制され、以後の江戸幕府の宗教政策も葬祭・祈禱分離で貫かれたために、後になって改めて葬祭に関する事柄が修験自身の主要な課題となった[7]」としており、修験が宗教者としての社会的地位を確立する上で葬儀は必要不可欠なものであると捉え、一派引導（＝自葬）を志向していたことを指摘している。なおこのことは、菅野洋介も武州秩父郡の事例から、葬祭を指標としない、地域社会における僧侶と修験の位置づけについて再検討の必要性を指摘している[8]。

さて、修験による一派引導の実態は、享保七年（一七二二）九月に当山派醍醐寺三宝院より出された「当山方修験御条目」にも見ることができる。

〔史料1〕(9)

一修験一派ニ而滅罪取納候所、法事等有之候節ハ斎非時一汁三菜禁酒たるへし、且又一派引導幷宗旨請合証文等差出来候所も有之、又ハ他宗之引導請之宗門請合他寺江相願候所も有之由相聞、何れ之所共難計候、一派引導幷宗旨請合差出来候所ハ、格別他宗引導幷宗旨請合之儀不都合候間、速ニ其所之御支配方江も申達、他宗江不入組様為尤事

この申達は、近世中期に顕著となった入峰修行の怠慢、施物の量、袈裟や法衣、寺院相続、そして一派引導についてなど、日々の宗教活動から寺院運営まで詳細に戒告する内容となっている。そもそも一派引導とは、修験が修験宗の法式に則った葬祭を執行(被執行)する「自身引導」と、修験の妻子の葬祭を執行する妻子引導との二つに依っている。ここでは修験者が他宗派寺院と檀縁を結び、他宗派の法式による引導を受けざるを得ない状況は「不都合」であるとして、速やかに各地域の寺社奉行所など「御支配方」に掛け合うようにと申達している。

こうした当山派における宗派確立の意識は、寛政二年(一七九〇)、幕府による寺社調査を契機に「修験道」から「修験宗」へと改称を目指したことからも窺える。これによれば、以前から当山派は各藩に改称を申し入れていたようであり、これを受けて姫路藩藩主酒井雅楽頭忠以が問合せを行い、寺社奉行牧野備前守忠精がこれに答えている。

〔史料2〕(10)

書面御領内罷在候修験共、是迄宗門之節被差出候証文修験道と認来候処、此度本山三宝院御門跡修験宗と改様為致候段被申入候旨、都而宗号等称改候儀ハ不容易儀ニ候得共、当山派之儀者往古より修験宗とも修験道とも唱来候儀ニ而、新規之事ニは無之候間、於御領内差支も無之候ハヽ、何れも御領主之存念次第と存候

牧野備前守の回答は、「修験宗」という名称も往古より言われていることもあり、「御領主之存念次第」で改称することは構わないというものであった。この姫路藩における事例と醍醐寺三宝院による各藩への申し入れは、明らかに一宗派として宗門人別帳を編成することを見据えてのものであり、それは同時に、在地修験者に一派引導の執行を促すことが目的であったと言える。またこうした一派引導の執行に対する動きは当山派のみならず本山派にも存在した。本山派も寛保四年(一七四四)に八条からなる修験道掟書を発し、修験自らの葬式を他宗派の僧侶が行うことを禁止している(11)。一派引導の執行を志向する当山・本山両派の動向は、ともに修験道を一宗派として確立させ、宗教的独自性を明確にしたいという共通の意思によるものであったと言ってよい。

ついでに、妻子引導における問題点について触れておく。

〔史料3〕(12)

修験自身葬祭家内迄相済候例之事

上州利根郡下津村本山修験三宝院儀、前々より其身幷弟子ハ手前致滅罪、妻子ハ私領同郡月夜野村真言宗寿命院引導受来候所、川越ニ而差支有之候間、以来家内不残手前滅罪いたし、宗門人別帳を除、寿明院印形を除、一判を以差出度旨、寿明院加印之願書差出候間、奉行所江伺候所、左之通御下知

信濃印

書面、三宝院家内滅罪幷宗門帳自分印形之儀、双方得心之上、連印を以願之通可被申付候、尤寺社奉行中江掛合之上、申達候以上

寅四月

史料は修験の家内葬祭に関するものである。これによると、上州利根郡下津村(現、群馬県利根郡みなかみ町)に居住

する本山派修験三宝院は、以前より自身と弟子については一派引導を行っていたが、妻子については同利根郡月夜野村真言宗寿命院の菩提檀家として引導を依頼していたとある。しかし利根川を越えて寿命院まで赴くことに支障があるため、妻子を寿命院の宗門人別帳から除き、修験宗の宗門人別帳に加え、葬儀も修験宗一派引導にて執行することについて修験三宝院と真言宗寿命院が加印した願書を差し出したので、寺社奉行へ掛け合いの上許可したとある。史料中にある「川越ニ而差支有之候」は建前上の理由であろうと思われるが、この事例から、檀那寺が承認すれば修験の妻子も離檀および修験道一派引導が認められていたことが分かる。

その一方で、文政一〇年(一八二七)に武州入間郡大塚村(現、埼玉県坂戸市)の本山派修験寺院明学院が知行所に宛てた願書には、守子を勤める妻をこのまま他宗門の檀那としておくことは「宗門混雑ニ相成」るため、早く妻を離檀させ一院一宗にしたいが、何度も掛け合っても取り合ってもらえず、知行所から公儀へ取り成して欲しいとある[13]。当該地の離檀をめぐる状況について菅野洋介は、一八世紀中頃より秩父郡を含めた三郡において修験寺院と菩提寺院との間では、人別管理を巡る論争が展開されていたこと、そしてその問題の機軸が妻子引導にあったことを指摘している[14]。

またこうした当該期の寺檀関係について朴澤直秀は、「婚入家族が実家の寺檀関係を維持する形態は、地域的慣行や檀那寺の意向などに影響される場合が多く[15]」とし、その家の当主とその妻が違う檀那寺と檀縁を結んでいるという「半檀家」形態も、近世的「家」と相容れない慣行ではないと指摘している。しかし全てでは無いにしても大多数の農村において「小農の維持・固定化政策の一環として寺檀制度の統一による「家」の確立」という考え方から、「一家一寺制」観念が存在したことはやはり否定できず、婿や嫁はその家の宗門人別帳に入る傾向にあると言える。そうした中で修験寺院は、他宗寺院に菩提を依頼している状況を解消し「一院一宗」にするためにも、自身、妻子ともに葬儀を一派引導で執り行うことを志向した。そしてその過程において必要であったのが、「修験宗」として独立した宗門人別帳を作成することであったと言える。

二　吉祥山両学寺と滅罪檀家

本節では、平鹿郡大屋新町村（現、横手市大屋新町）の在地修験寺院両学寺（現、総鎮守栄神社）が所蔵する文書「栄神社文書」のうち、寛政一一年（一七九九）に記された「滅罪檀那記録」をもとに、両学寺を始めとする在地修験寺院と秋田藩との関係、および曹洞宗と在地修験それぞれの檀家に対する認識の違い、滅罪檀家所持を巡る確執について見ていく。

1　吉祥山両学寺概要

吉祥山両学寺は、平鹿郡大屋新町村にあった修験寺院である。当初は院号「両覚院」を称したが、寛政期に寺号を許容され、以後「両学寺」と称するようになった。

境内には聖徳太子堂・馬頭観音堂・稲荷大明神社・山王権現社・薬師如来堂といった堂社が存立し、両学寺が各堂社の別当を勤めた。また近世後期には代々の住持が修験大頭職に任じられ、寺領五〇石以上を所持する有力寺院でもあった(16)。

なお、本節で取り上げる寛政一〇年（一七九八）から一一年当時の両学寺住持は一〇代満行院永鐐である。永鐐は両学寺で初めて頭襟頭、修験大頭職に任じられた修験であり、当該時期は雄勝・平鹿地域の頭襟頭を勤めていた。

2 両学寺の滅罪檀家─寛政一〇年（一七九八）の一件─

前述の通り一派引導の執行は、近世中期頃より本山派・当山派を問わず志向していたものの、武州秩父郡の事例では文政一〇年（一八二七）の時点で自身引導・妻子引導共に執行が困難であった。とくに妻子引導については、長年帰依してきた他宗派寺院からの離檀が問題となり、寺院内で「一院二宗」という状況が生じていた。一方、秋田藩においては、過去帳などから近世中後期には自身引導・妻子引導が藩より公認され、恒常的に行われていたことが推察される。そもそも「引導」とは「死人を葬る前に僧が棺の前で迷わず悟りが開けるように経文や法語を唱える事」という意味である。そして修験道による一派引導はあくまで修験宗一派によって行われる葬祭であり、同宗派寺院の住持やその家族を対象としたものであった。

また本節で扱う「滅罪檀那記録」は、表題にも記されている通り、滅罪檀家の所持に関する史料である。これは本来なら村落の菩提寺院が担うべき葬儀や法要を、在地修験寺院である両学寺が行うべく秋田藩に働きかけを行った記録という点で特徴的な史料であると言えよう。

なおこの一件については、菅江真澄「雪の出羽路」の両学寺の項に、「当代（両学寺永鐐）寛政年中新田高五十石拝領御朱印頂戴、当寺先年苑斎執行せし寺ながら中古中絶せし処、寛政年間願上さふらふ処、古来のごとく仰せわたされし也」と記されている。(17) 菅江真澄が両学寺周辺を訪れたのは文化一一年（一八一四）のことであり、この「寛政年間願上さふらふ処」は、菅江真澄が永鐐自身から聞いた内容であると考えられる。神原永鐐は菅江真澄に、滅罪檀家の「苑斎執行」を回復することに成功したこと語り、菅江真澄がこれを記録したと考えられる。

まずは争論の発端と経緯について見ていく。

〔史料4〕(18)

去ル巳之閏七月中より相川村福寿院跡役、於寺社奉行所ニ被仰付、同月廿五日御請申上、兼而配下無拠相勤罷有候、然処去ル巳之秋中より横手町高橋善右衛門与申、其頃六郡一統郡代被立置候、平鹿郡奉行今泉三右衛門殿江同人荒所村々開発注進申上度段願上候処、腕越村、馬鞍村、三本柳村、深間内村、三原村、進藤柳田村、右六ヶ村御受仕候内、腕越村莫大之廃田畑故不及自分、拙寺門前家内五郎兵衛、同村為取立引越し、専出精仕候所江、従上、諸寺院社人門前家内又ハ院内社内分ニ而他ニ離居候者有無早々可申上候、尤人体相応之者ニ候ハヽ、其村郷人可被仰付、不宜人物候ハヽ、其寺社江可返付旨被仰渡候、仍而当三月四日出府仕候、十二日迄頭襟頭諸御用相
済候

事の発端は寛政九年、横手町の郡代高橋善右衛門が郡奉行今泉三右衛門に荒地の開発を申し出、郡方の主導のもと平鹿郡腕越村・馬鞍村・三本柳村・深間内村・三原村・新(進)藤柳田村の計六ヶ村の荒地高の回復がはかられたことによる。当時、秋田藩領、特に雄勝・平鹿両郡では、度重なる凶作や飢饉により領民が減少、田畑を耕作すべき名請人が不在であることを意味する「無符人地」の増加が藩財政を揺るがす大問題として浮上してきていた。これについて金森正也は、増加する無符人高に歯止めをかけるべく、郡方主導による近領からの農民移住が行われたと指摘している(19)。両学寺門前に居住していた五郎兵衛が腕越村へ移住したのも、郡方が進める政策の一環であったと言えよう。

さて史料によると、五郎兵衛が腕越村に移住したのち、藩より寺院や神社の門前家内や社内に居住する者のなかで、他所などに離居している者がいるか否かを報告するよう達しがあったとされている。そこで両学寺は、五郎兵衛のことについて口上書を作成、当時の修験大頭法輪寺と喜見院に提出している。口上書は以下の通りである。

〔史料5(20)〕

口上

拙寺門前家内ニ先年より五郎兵衛申者有之、去々秋中より平鹿郡腕越村無府人高為取立之、右村江引越罷有候ニ付、右村御田地守護為致申度奉存候、然者同人義、先年より拙寺門前家内ニ而、滅罪等於拙寺是迄執行罷有申候所、此節他旦家等ニ致候而者、拙寺相立不申候間、何分当人義拙寺檀家ニ仕度奉願候、尤於村方ニも差障り無之段申聞ニ御座候、且　御領内同門ニ者、是迄寺内僧俗之外、滅罪檀家相見得不申候へ共、他所ニ者多分有之、拙寺法類本庄領瀧沢村龍頭寺《(滝洞寺カ)》ニ而も滅罪檀家七拾軒余も有之、其外御他領ニ者所々右之通本山表も相済罷有候所、於拙寺右旦家難相済事ニ罷成候而者、一宗之瑕瑾ニも相抱《(ママ)》り、尚御他領之同門江相聞得候而も気之毒千萬ニ奉存候、何分宜様ニ御沙汰ヲ以右五郎兵衛儀、拙寺旦家仕候儀御聞届被成下度奉願候、右之趣何分宜様被仰上被下度奉存候、以上

「寛政十一未年」《(貼紙)》

三月十八日　　両学寺判

御録所

史料によれば、腕越村に移住した五郎兵衛はもともと両学寺の門前家内にあり、「滅罪」は両学寺が執行していたこと、五郎兵衛が離檀してしまうと両学寺の寺院経営が成り立たなくなってしまう旨が記されている。なお、ここで言う「滅罪」とは、本来の意味とは異なり、修験道一派引導を指していると思われる。また両学寺は、隣領である本荘藩の事例を基に、秋田藩領にはまだ滅罪檀家を持つ在地修験寺院は前例がないが、本荘藩滝沢村（現、由利本荘市前郷）の滝洞寺は滅罪檀家を七〇軒以上抱えていること、このほか他領には滅罪檀家を所持している在地修験が存在することを述べている。そしてその上で、修験寺院が滅罪檀家を所持することは本山醍醐寺三宝院も了承しており、滅罪檀家の所持が認められない場合、修験宗としての名折れになるだけでなく、他領の同宗に対しても示しがつかない

ので、五郎兵衛だけでも両学寺の滅罪檀家として継続させて欲しいと訴えている。

この五郎兵衛がどのような人物であるか、詳細は不明であるが、同史料には両学寺の「門前頭」とあること、当時藩内で滅罪檀家所持が認められていない中で、五郎兵衛の離檀は寺院経営に関わることであると両学寺に言わせているることを考慮しても、五郎兵衛が単なる門前百姓ではなく、両学寺の寺院経営において一定度の影響力を持つ人物であったことは確かであろう。

近世村落における寺檀関係について、福田アジオは、地域や宗派の分布具合によって寺檀関係は多様な様相を呈しており、一村一町のなかに、近隣の諸宗派寺院の檀家が存在するという寺檀関係の錯綜状態が見られる地域が多かったとしている[21]。このことを鑑みれば、腕越村に移住して以降も、五郎兵衛が両学寺の滅罪檀家であり続けることは何ら問題が無い。また折しも享保期から寛政期は、当山派・本山派ともに修験道を「修験宗」という一宗教派として確立させようという気運が高まった時期でもある。両学寺より口上書を受け取った修験大頭法輪寺と喜見院は、これに添書をして寺社奉行所へ提出した。

〔史料6〕[22]

口上

此度平鹿郡大谷村両学寺より申出候者、門前ニ五郎兵衛儀腕越村廃田為取立之、右村江引越シ候ニ付、古来より門前檀家ニ而、滅罪等於同寺是迄執行連綿相続仕候間、是迄之通檀家ニ仕、村並之調等指加置申度段、委曲書載ヲ以申出候、然者拙寺共一宗規則之義ハ全ク祈檀一ト通ニ者無御座候、滅罪旦家相願候義、宗門有内他所御近国ニ者惣方例も有之、御当領之義者、古来執行候古風も相見得へ共中絶致、乍去此度申出候五郎兵衛儀、両学寺門前檀家ニ而代々相続仕、同寺より切支丹調等差出罷有申候、尤当人義、宗門為帰依之　本山へも罷登り血脈相続

も相済、全ク信心仕罷有候得者、新規之檀縁与申事ニも無御座候、仍而是迄之連綿ヲ以両学寺旦家ニ仕、右村住居為致申度段、先頃より同寺願上候所御障有之、願書両度被返付、其段申渡候所恐懼仕、御時節柄又々願筋等申上候義思慮不少、外之義ニも御座候得者、押而願不申上候へ共、滅罪之義ハ全体落命難斗候事故、不得止願申上候、将亦去ル寅年中　本山よりも宗意等之義被仰入、猶遠境之事故、御領内一流諸般御願被成置候通ニ御座候、乍恐　御先代、御代々様御葬式等之節も諸宗一統諷経納経仕罷有申候、其節従　上御布施等被下置難有拝領被仰付候、然者他ニ相替儀無御座候、仍之此度申出候両学寺願之通御聞届被成下候ハヽ、一統難有仕合ニ奉存候、以上

（貼紙）「寛政十一未年」
四月七日
法輪寺印判
喜見院印判

添状によれば、古来は秋田藩領でも在地修験が滅罪檀家を持っていたこと、五郎兵衛は代々両学寺の檀家であり、両学寺と共に醍醐寺三宝院に上り「血脉相続」も済ませ、新規に檀縁を結ぶわけではない旨が述べられている。また修験も代々藩主の葬祭には一宗派として参列していることを例にあげ、修験宗は一宗門として滅罪檀家を持つことも認められるべきであると主張している。

なおこの件は、藩内において修験が滅罪檀家を所持したという前例が無く、離檀が両学寺の経営に影響を及ぼすとは考えられないとして一度は受理されなかったが、大頭二寺院と腕越村が両学寺の願書に添状したことにより、秋田藩は五郎兵衛が両学寺の「血脉」、すなわち修験宗であると認め、五郎兵衛の葬儀は修験道一派引導で執り行うこと、また五郎兵衛が両学寺の滅罪檀家であっても、腕越村には支障は無いことを認め、特例として五郎兵衛の離檀を見送

り、両学寺の滅罪檀家所持を許可する旨の裁許が下された。
しかし一件は、これで終わらなかった。その後、腕越村の起し返しと、五郎兵衛一人では耕作が行き届かないという理由から、五郎兵衛の分家をはじめ五郎兵衛に所縁のある者達が次々と腕越村に移住した。表1は寛政一一年から文化二年までの六年間に腕越村に移住し、五郎兵衛とともに両学寺の檀家となることを望んだ人々を示したものである。彼らの出自を見ると、大屋新町村や大屋寺内村・新藤柳田村など両学寺の霞の村の者や横手町の者もいる。むろん彼らには家族がいる者もおり、両学寺は彼らを五郎兵衛の縁者として滅罪檀家にしようとした。しかしこの両学寺の行動に対し、腕越村村民の菩提寺である増田村の満福寺や、同じく起返開のために他村よりの入植者を受け入れていた馬鞍村の黄龍寺をはじめ、近隣の曹洞宗寺院が藩に抗議する事態となった。

〔史料7〕(23)

演説覚

於御手元、去ル未年より修験宗を宗旨と被相立、滅罪檀家被取立候ニ付、切支丹御調、印形、拙寺共同例ニ指出罷有候、然ハ修験宗を宗旨と申者於御当領古例覚無之、宗派之事故拙寺共難心得事ニ存候間、依之此度
公録江右御伺申上候故、左様ニ御承知可成候、已上

文化二年丑八月十一日　増田　満福寺
樋口　善福寺
横手　正平寺
明沢　香最寺

表1　寛政11年～文化2年の両学寺滅罪檀家希望者

村落	名
腕越村	五郎兵衛
	藤之助
	七左衛門
大屋新町村	五郎右衛門
大屋寺内村	喜太郎
上樋口村	重右衛門
下樋口村	重兵衛
新藤柳田村	専治
大沢村	久兵衛
横手町長屋借	久吉
	喜太郎

典拠；「滅罪檀那記録」

馬鞍　黄龍寺
当所　正伝寺
浅舞　龍泉寺
鍋倉　永蔵寺
岩井川　龍泉寺

これによれば、寛政年間よりたびたび修験宗と称して滅罪檀家の所持を願い出ていることに対し、曹洞宗寺院は「修験宗を宗旨と申者於御当領古例覚無之」として、一宗派でもない在地修験寺院が滅罪檀家を持つなど前例が無いとしている。

この曹洞宗寺院よりの抗議を受け、両学寺は藩寺社奉行直々の詮議を受けることとなった。まず寺社奉行より問われたのは、五郎兵衛のみを滅罪檀家とするだけでなく、五郎兵衛の分家や別家の者など表1に挙げた人々全てを滅罪檀家とした理由についてであった。これについて両学寺は、五郎兵衛の努力により腕越村の起返し開きは随分と進み、もはや五郎兵衛一人では起し返した田地全てを手入れするのは困難となり、相応の人物(＝分家や別家)ならば五郎兵衛と共に両学寺の檀家となって田地の守護に励んでくれるだろうという五郎兵衛と両学寺の思いから、五郎兵衛の分家や別家を腕越村に移住させたと説明している。(24) なお移住した者のうち、重右衛門はかつて上樋口村の農民であったが、安永年間の凶作によって家が潰れ亡所となっている。重右衛門はもともと横手の臨済宗寺院光明寺の檀家であったが、郡奉行の達しによって腕越村に入植することが決まった際、両学寺の檀家にすることにしたと答えている。(25) また、新たに腕越村に入植した人々の件について郡方へ知らせなかったのは何故かについて寺社奉行に問われた際には、両学寺は、五郎兵衛の引移および滅罪の件については、郡方奉行よりの申し含めもあったことから滅罪檀家の継続についても郡奉行に報告をしたが、他の一〇人については同じ一族のことであり、他宗派でも檀家の増減を逐一奉行所に報告する必要は無いと認識していたため、特に報告はしなかったと答えている。

結局両学寺は、五郎兵衛の分家や別家が入植したことを知っていながら報告を怠ったということを理由に、文化二年閏八月、一一軒の新規滅罪檀家のうち、「血脈」である五郎兵衛を除き、それ以外の一〇軒について檀家から「召放」、また住持永鐐についても蟄居という沙汰が下された。[26] この秋田藩の裁許について、各村の菩提寺である曹洞宗寺院の抗議が大きく影響していることは言うまでも無い。またこの裁許による余波は腕越村にもおよび、村は五郎兵衛の別家である藤之助や七左衛門が突然増田村満福寺の宗門人別帳に入ることになったため、また切支丹御調をやり直さなければならず迷惑であると郡奉行に訴えている。

両学寺が郡奉行の尋に答えた通り、腕越村としては「寺檀関係錯綜状態」であったとしても何ら問題にはしていなかったことが見て取れる。しかし秋田藩としては、地域内の混乱を避けるためにも、宗判を通じて領民統治の一端を担う曹洞宗寺院の意向を汲む形で決着を付けざるを得なかったと言えるのではないだろうか。

3　両学寺の滅罪檀家―文化八年(一八一一)の一件―

五郎兵衛の分家・別家の滅罪檀家入りによって永鐐が「蟄居」を命じられた六年後、両学寺は再び滅罪檀那所持と「苑斎執行」のため口上書を認める。少し長いが以下に挙げる。

〔史料8〕[27]

口上

拙寺滅罪檀家腕越村五郎兵衛以後取立候別家檀家、去ル丑年拾軒被召放、有来之寺院江寺檀取組候様被仰渡候故、無拠他寺江取組罷有申候、然者五郎兵衛儀ハ、本山血脈も頂戴為罷有候、拙寺滅罪檀家御任被下置、難有仕合奉存候、其以後願申上度儀も御座候得共、是迄思慮（カ）仕罷有申候、然者此度五郎兵衛方より拙寺江申出候者、同村江引越被仰付候節者、当高弐拾石余引受、引移申候所、其後段々休高者休明ニ被仰付、廃田開発高ハ、去ル酉年御吟味御竿入置候、其後段々買求候御高共ニ当高五拾石斗ニ罷成、手賦りも行届兼、猶手入致候場所も御座候得共、菟角人不足之村居ニ御座候得者、行届兼申候、依之御百姓取立、下人等為引廻、相成丈ヶ出精仕度段申出候、猶先年申上候通、郡方より被仰含候儀者、腕越村廃田之義、御目通り場所故恐入奉存候間、五郎兵衛江も拙寺江と其節被仰聞も有之候者、相応之人物ニ候ハゞ、御百姓ニ取立出精可有之候、廃田取立之儀者、御本志之趣達ニ被仰含有之、出精仕罷在申候、然者此度五郎兵衛申入候者、実子之内辰之助・勇助弐人、別家仕度奉存候段申出候得者、拙寺も難捨置、思慮（カ）千万ニ奉存候得共奉願上候、辰之助等ハ先年五郎兵衛へ御免被下置候居、屋敷之内相分、別家仕度奉存候、然ハ他より潰家跡等之異論有之間敷奉存候、且拙寺於手元も壱万苅余御田地耕作罷在候得者、此節下人高直ニ而致方無之、先ニ被相働候人抔も無御座候得者、不手入ニも罷成、作付も次第ニ減少ニも相見得申候間、前條申上候通り、五郎兵衛実子勇助与申者、大屋新町村太子宮社守、屋敷壱枚有之候間、右地形へ引越し別家仕、御田地指賦り為致申度奉願上候、猶当村ニも出精之場所も相見得候間、相成丈出精可仕奉存候故、右二人共ニ直々拙寺檀家被仰付被下置候ハゞ、何卒永々相続致候様ニ偏ニ奉願上候、御憐愍を以願之通被仰付被下置候ハゞ、難有仕合奉存候、右之趣何方宜様ニ被仰上被下度奉存候、以上

文化八年未九月

両学寺

御録所

史料は文化八年九月、両学寺より修験御役所に出された願書である。ここには、五郎兵衛が再度両学寺に願い出たことについて記されている。

五郎兵衛によれば腕越村に引っ越した際には当高二〇石余りを引き受けたが、その後廃田を開発し、去る享和元年（一八〇一）には検地を行い、買い求めた分を含めて当高五〇石まで回復させることができた、しかし一人では手入れが行き届かない状況にあるという。特に腕越村は街道沿いにあって「御目通り場所」となっており、相応の人物を取り立てる必要があるとしている。以上の状況は、前回の寛政一〇年（一七九八）から文化一一年の事例と全く同じである。前述の通り、前回は五郎兵衛の分家や別家を腕越村に入植させ、五郎兵衛の一族であるという理由から一〇軒を新たに両学寺の滅罪檀家としたことを咎められ、永銕は蟄居の処分を受けたのである。そこで今回は五郎兵衛の実子である辰之助と勇助を別家とするということにしている。

史料によれば、五郎兵衛の実子辰之助は既に腕越村に住まい、五郎兵衛家の別家扱いとなっており、またもう一人の実子勇助は、両学寺の本堂である太子堂にて社守をする傍ら両学寺所持の田地を耕作しているとしている。二人は五郎兵衛の実子であることから同宗門であると認められ、別家となって後も滅罪檀家として拘え続けることは何ら問題ない筈であると両学寺は願い出たのである。この両学寺よりの願い出について、藩は以下のような対応を取る。

〔史料9〕(28)

同月十五日、御奉行和田掃部様より被仰出候者、天徳寺より付立而参人ハ致方無之候故、天徳寺か又ハ御老中疋田斎様指出、御沙汰ニ預り候而ハ、是以致方無之候故と申事故、天徳寺ニ者外ニ手寄も無之、疋田様江大善院斎様御次男様へ能々御願上被下所、寺社方幷郡方障り無之候上ハ、上迄障り無之候、国の益ニ相成候儀取押而可置訳無之候間、早々可指置候旨被仰付候故、願書認直加筆申受指上候覚両学寺の一件は寺社奉行和田掃部助(為詳)より上申され、藩主家菩提寺として藩内の曹洞宗寺院を束ねる天徳寺か、家老疋田斎定綱に沙汰を頼むほかないということになった。結局、藩は、別家となるのはもともと滅罪檀家であった五郎兵衛の実子であること、寺社方や郡方に支障が無い以上、争論を長引かせても藩益にならないので早々に決着をつけるべく判断を下したのである。これにより両学寺は、五郎兵衛一家および別家となった辰之助・勇助を滅罪檀家として抱えることを藩によって認められた。

第2項の冒頭で挙げた「雪の出羽路」の一文は、文化一一年に両学寺を訪れた菅江真澄に永鐐本人が、滅罪檀家の所持と「苑斎執行」が回復に至るまでの苦労を語ったことを受けて記されたと思われる。実はこの口上書の数ヶ月前、両学寺永鋑は修験大頭に任じられている(29)。永鋑が寺社奉行に滅罪檀家所持を再度願い出たのは、秋田藩領内で一定の地位を確立したことを受けてのことであったと推察される。

その後、永鋑は修験大頭就任を契機に修験宗の宗派確立を念頭に置いた宗教活動を展開していく。次節ではその一環の宗教活動の事例として、上法寺喜楽院の一派引導祭祀についてみていくことにする。

三　上法寺喜楽院の一派引導

1　秋田藩領における在地修験寺院の教派的位置付け

本項では秋田藩領における在地修験の一派引導、特に自身引導の事例について、上法家文書「当寺廿九世快定法印本葬役付帳」を中心にみていきたい。まず秋田における修験道一派引導の動きについて考察してみたいと思う。

秋田藩領内の寺檀制度の状況について半田和彦(30)は、貞享年間の時点で修験と社家の宗門人別帳が単独帳簿形式であったと指摘している。しかし同時に、この史料だけでは修験が寺檀制度の枠内、すなわち修験が檀那となる仏教寺院に属していたのか否かが判然としないと述べている。また半田は、秋田における寺檀制度を通し「藩政期祭事の際にも社家より上席につくことが許されるなど権力より優遇され大いに利用されたが、宗教的独自性という点からみれば小滝修験を除き弱体であった」と述べ、修験の宗教としての地位が確立していなかったことを指摘している。

半田の指摘する「修験の優位性」についてはさらなる検討を要する点ではあるが、秋田藩領はもともと神職より在地修験者の数が多く、在地修験者が在村小社の神事を司るという場合が多かった。そのため神道と修験との宗教的職分的境界の曖昧さは否定できず、そういった面においても修験道の宗教的独自性は脆弱であったと言わざるを得ない。

それは元文三年（一七三八）に修験大頭大乗院と和乗院、社家大頭の大友治部少輔と守屋宮内少輔が、それぞれ寺社奉行に差し出した「修験上下掠職帰依勤方」(31)「神職修験勤方箇条」(32)にも顕れている。この条目は、それぞれが霞で行うべき宗教活動について詳細に分類したものであるが、これはそれまで境界が曖昧であった修験と神職との宗教活動の区分を明確化することにより、互いの宗教的独自性をも明らかにしようとする動きに他ならない。こうした宗派としての地位確立を志向する動きの背景には、前述した享保七年（一七二二）の「当山方修験御条目」などに見られる、当山派の志向を反映していると言えるのではないだろうか。

2　上法寺喜楽院における一派引導

本項では、上法寺喜楽院の自身引導の事例に、在地修験寺院の一派引導の様相について具体的に検討していく。

まずは上法寺喜楽院の概要について簡単に触れておく。喜楽院は、雄勝郡大沢村（現、横手市雄物川町）にあった在地修験寺院である。寺領は除地として当高六七石三斗三升、また寺院持高として八三石を所持していた。また喜楽院も先に挙げた両学寺と同様に独礼格を有し、寺跡相続や年頭御礼、また藩主入国の際の藩主御目見を許可されていた。

　喜楽院による一派引導の事例をみる前に、まずその前提として同寺院の宗門人別帳を確認しておく。上法家文書において宗門人別帳が見られるのは三〇代住持喜楽院快需の代である。表2は天保一五年（一八四四）の「修験宗寺内切支丹御調帳」を表にしたものである。宗門人別帳には、院主である喜楽院快需とその妻、前代当主である喜楽院快定とその妻、修験僧と見られる鏡全坊と順教坊そしてその妻、数名の俗男・俗女、総人数一七人が記載されており、表紙にも「修験宗」と明記されている。

表2　天保15年当時の喜楽院寺内構成員

宗門人別帳記載者			備考
家族（弟子含）	住持	大泉坊	のちの喜楽院快需。両学寺永鋑三男。
		妻	深井村喜宝院快貞娘。
	閑居	快定	喜楽院快定。
		妻	
	修験	順教坊	喜楽院に居住する修験の弟子。
		妻	
	修験	鏡全坊	喜楽院に居住する修験の弟子。
	俗男	伝八	快需・ツル夫婦の長男。
奉公人	俗男	角了　三之助　久治　伝四郎	
	俗女	後家　おもん　女房　女房　おとめ	

典拠；「修験宗寺内切支丹御調帳」

　前項で取り上げた関東の事例においては、妻子が他宗寺院の檀家となっていることから離檀できず、修験寺院内で「一院二宗」の状況が問題となっていた。しかし、上法家文書の宗門人別帳では、天保年間の時点ですでに妻子の名が記載されている。加えて妻子だけでなく喜楽院内に居住する俗男・俗女に至るまで宗門人別帳に含まれていることを考慮すると、秋田藩領においては修験家族やその家の奉公人に至るまで一家全員の一派引導が藩より認められていたことが窺える。この背景には、佐竹氏が藩政を行うにあたり、在地修験が持つ近隣村落民に対する影響力を無視することができなかったということが理由として考えられるが、もう一つには同藩における在地修験寺院同士の関係性にあると言える。

一般的に寺替や離檀を行う契機は、嫁ぎ先や婿養子先が他宗派の寺院である場合であり、「家」の存続を鑑みれば、特別の理由が無い限り、嫁や聟が実家の菩提寺院を檀那寺とし続けることは難しい。一方、喜楽院のある雄勝郡、また両学寺のある平鹿郡、そして仙北郡の在地修験寺院は、仏教宗派寺院で言うところの「法類」にも類似したような、寺院経営上における協力体制にあった。この協力体制は主に婚姻や養子縁組などを通じて構築されることにより、より強固なものとなっていた。表2にもあるように、上法寺喜楽院においても、当該期の住持大泉坊（後の喜楽院快需）は前節で取上げた両学寺永鋑の三男であり、その妻ツルも平鹿郡深川村の在地修験寺院喜宝院快貞の娘である。「法類」同士ならば、離檀の際にも同宗派寺院から同宗派寺院に寺替をするだけで済み、他宗派寺院からの離檀でみられるような葛藤も回避できる。そういう点でも「法類」同士の婚姻や養子縁組は有益であったと言えよう。

実際に喜楽院の自身引導の様相について、弘化四年（一八四七）「当寺廿九世快定法印本葬役付帳」から見ていく。なお二九代住持喜楽院快定は、表2で「閑居」となっていた人物である。

〔史料10〕[33]

大沢村上法寺閑居快英儀者、明和二酉年より今年迄五拾二ヶ年僧職仕、例年正月元日より三日迄御武運長久、御国家安全之御祈禱無怠転御祈仕、年々正月七日御守札献上之節、弐拾八ヶ度直登仕　御在国ニ者御目見被仰附申候、然者数十年来首尾能僧職仕、此度願上閑居御暇被仰附候事御座候得者、右之儀被思旨、御賞被成下度奉願候、

已上

史料は文化一二年（一八一五）、二九代快定の寺跡相続にあたり快英が藩に提出した暇乞いの願書である。快定の先代住持である喜楽院快英は頭襟頭職を勤めていた。なお本来、頭襟頭は藩主御目見を許可されないのだが、喜楽院は特例として修験大頭と共に藩主御目見を許されていた。このことは「御亀鑑（秋府）」の記述からも明らかであり、少

なくとも寛政一二年（一八〇〇）から文化一一年まで喜楽院は、藩主在国の年には必ず登城し、藩主御目見を果たしている。

喜楽院を継いだ際、快定はまだ入峰修行前であった。寺跡相続より約一〇年後の文政七年（一八二四）五月七日、快定は大峰入峰を果たし、錦地、阿闍梨の官位を取得、また喜楽院では初めて「黒衣直綴」の着用を許可されている。この「黒衣直綴」について「当山派修験宗門座階級装束之次第」[34]で確認すると、「右修験装束之外ニ御座候得共、（中略）但衣格式従御門主御許容無之候ハヽ、着用難成有之候」とあり、門主よりの許可がなければ着用を許されない衣である事が分かる。喜楽院快定も同年五月二二日には醍醐寺三宝院にも参殿しており、従来の寺格に従い門主への謁見が行われたものと思われる。喜楽院快定が頭襟頭職を勤めていたかは史料等が残っておらず定かではないが、官位取得状況を鑑みても寺格は維持されていたと考えられる。

なお由緒書を見ていくと、快定には実子が無く[35]、天保一一年（一八四〇）に、両学寺永錂の三男快需を養子に迎えている。快需との養子縁組は明らかに寺院経営を優先してのものであり、修験大頭両学寺より養子を迎え縁戚関係となることで、寺院経営の安定を図ろうとしたと考えられる（詳細は第三部第四章を参照）。

さて、先ほどの宗門人別帳が作成された三年後の弘化四年、隠居の身であった喜楽院快定が死去した。そこで喜楽院では、喜楽院快需が中心となって修験一派引導による葬祭を執行した。その際に記された覚帳が「当寺廿九世快定法印本葬役付帳」「当寺廿九世快定法印香典請帳」「諸事附込帳」の三冊である。なお、同家の香典帳で最も古い年代のものは、天明四年（一七八四）、喜楽院快英の母の葬儀記録「義山妙薫信女香典帳」である。香典帳には、主に通夜から葬儀に至るまでに授受した香典（金銭・進物）について、その額と量、その送り主が記録されている。

こうした葬祭・法要といった香典帳の検討について増田昭子は、帳面に記載される人々を付き合いの親疎や贈答品の質によって分類し、近世期の家と諸集団との関係について分析している[36]。増田によれば、こうした「野菜帳」と呼ばれる帳簿は、近世中後期より主に商家や豪農、上層農の家で作成され、不祝儀の進物に関する記録（香典帳）の方が、祝儀のそれよりも早い時期に書き残されるようになったとされる。祝儀・不祝儀に関わらず、家で執り行われる年中儀礼に関わる帳簿類を分析することは、その「家」と同業、そして地域社会との関係について明らかにする上で有効と言えよう。

これをふまえ、二九代住持喜楽院快定の一派引導を事例に、葬儀の様相と地域社会と喜楽院との関係性について検討する。そもそも喜楽院で最初に一派引導が執行されたと考えられるのは文化一三年（一八一六）、二八代住持快英の葬儀であった。同家に残る快英の一派引導に関する記録は、香典帳にあたる「権大僧都阿闍梨大越家法印快英諸方志請覚帳」と「役付帳」の二冊があり、快英の葬儀の段階で一派引導に際しての具体的な「流れ」が構築されていたことが窺える。しかし快英の一派引導の様相ついて「役付帳」を確認してみると、親類関係にある西馬音内村明覚寺や深井村喜宝院が「御供」として参列していることは確認できるが[37]、死者に引導を渡す導師役が決められていない。このことから快英の一派引導は、修験宗の定めた正式な引導ではなかったと推察される。

まずは「当寺廿九世快定法印本葬役付帳」から、快定の葬送行列に参加した人々について見ていく。この史料の冒頭には「頭巾衆明覚寺始、親類衆一円不少故、役附此度添」とあり、快定の葬祭における役割分担や葬祭執行者の名が詳細に記されている。以下、詳しく内容をみていく。表3は同史料を表で示したものである。この史料は、葬列において在地修験や村落民が何を担当するかについて役付けしたものであると考えられる。

葬列自体は一般的な葬祭とあまり変わりは無いようだが、弓・長刀・長柄・金剛杖・小木・小打木、そして法螺貝など、修験の峰入道具や法具が含まれていることが特徴的である。これら持ち物から鑑みるに、快定の葬祭は、修験

役目	担当者	
	修験寺院	村民
洒水	喜宝院法印	(裃)矢神村　佐木円兵衛、供；(大小)矢神村　佐左衛門、(草履)矢神村　勘五郎
日天		(袴)矢神村　勘十郎
月天		(袴)狼沢村　喜助→大沢村　五兵衛
四龍		(袴)上法寺村　宇之助・惣左衛門・松之助・彦吉
貢物		(裃)二井山村　助右衛門、狼沢村　喜助
線香		(裃)沼館　孫兵衛
御花		(袴)道地村　忠蔵
斧		(袴)深井村　太郎助
法螺貝	和教院法印→自教院法印	
敬固		(大小)惣吉、粂郎
留守居		大沢村　吉右衛門・左右衛門
葬式余役		奉行　大沢村　平野三之助
紙細工人		大沢村　佐藤定吉・小沢八郎兵衛・平野三之助・佐野久吉
大工		棟梁　　大沢村　安蔵、手付五人

典拠；「当寺廿九世快定法印本葬役付帳」

葬祭の引導書「修験一派引導作法[38]」および、延享二年(一七四五)に上野和田山の修験鑁清によって構成された「修験道無常用集[39]」をもとに構成したものであったことは確実である。「修験道無常用集」は上下二巻によって構成され、上巻には葬送に必要な道具から葬送の進め方、埋葬に至るまで解説されており、刊本として当山派・本山派を問わず修験者に広く用いられたとされている。

次に表4から葬祭における人足について見ていく。表に記載されている村民を見ていくと、喜楽院の霞である大沢村・矢神村・二井山村の村民が儀礼道具の担当として葬列の構成員として参列しているのが分かる。こうした金銭や進物のほかに、労力を提供する人々のことについて増田昭子は、「テツダイ[40]」と規定している。また喜楽院の霞ではないが、快需の妻の出身寺院である喜宝院の霞村である深井村からも手伝が参加しているのが見て取れ、役付として確認できるだけでも六〇人程度の村民が葬祭の手伝

表 3　快定一派引導時の会葬分担

役目	担当者	
	修験寺院	村民
押		(大小)大沢村　五右衛門
穀米		大沢村　吉之丞
天蓋		上法寺村　留松
棺		矢神村　清九郎・金左衛門・文五郎・市左衛門・十兵衛・庄右衛門・清吉・仁左衛門
位牌	喜楽院	(大小)大沢村　新之丞、(立傘)二井山村　清兵衛、(草履)二井山村　金十郎
霊膳		(裃)林市五郎・吉兵衛
四花		深井村　与吉・与市・鶴松・与七
香煙		大沢村　阿部伝治・石川新兵衛・佐藤長太郎
天台		記載なし
抜飯		(袴)上法寺村　三之助
灯明		(袴)大沢村 市右衛門・庄之助、二井山村　新吉・彦左衛門、深井村　清兵衛
弓		(袴)大沢村　嘉右衛門
長刀		(袴)大沢村　三之丞
長柄		(袴)大沢村　平三郎
授筒		(袴)大沢村　三太郎
檀子		(裃)大沢村　伝十郎、上溝村　林兵衛
法衣		(裃)大沢村　吉郎兵衛
仏経		(裃)大沢村　吉三郎
僧録		(裃)大沢村　林八
大導師	大頭 両学寺法印	(大小)二井山村　六右衛門、(立傘)二井山村　久作、(草履)二井山村　佐一郎
大衆		記載なし
鉢	和寿院法印 光正院	供；二井山村　和兵衛
太鼓	日光院法印	供；記載なし
金剛杖		(裃)矢神村　長兵衛
点茶	三光院法印	(裃)七右衛門　供；(大小)多衛門、(草履)矢神村　善吉
点湯	大森寺法印	(裃)古左衛門　(大小)左太郎内　二治、(草履)矢神村　文六
小木	清光院法印	(裃)矢神村　和兵衛、供；佐左衛門→安左衛門
小打木	忠応院法印	(裃)矢神村　善左衛門、供；二井山村　久吉
灯籠		(袴)大沢村　喜兵衛・五郎左衛門
元火		(裃)大沢村　市之丞
水瓶		(裃)二井山村　畠山市左衛門

表４　快定一派引導時の手伝人足

(a)大沢村の人足

日付	名	人数
10月17日	五郎右衛門、松兵衛、喜兵衛	3
10月14日	清吉、粂之助、庄之助、甚左衛門	4
10月18日	伝十郎、七郎兵衛、惣左衛門、安左衛門、仁吉、三之丞、吉左衛門、政吉、小左衛門、亀之助、五兵衛、八郎兵衛、七兵衛、丑松、新助、藤吉、佐助、安助、亀松、宇之助、伝四郎、吉左衛門、七左衛門、林八、吉郎兵衛、長太郎、彦左衛門、市之丞、十兵衛、松助、徳太郎	31
10月19日	和兵衛、七之助、吉四郎、与左衛門、左平、喜左衛門、彦助、八蔵、亀十郎、伝左衛門、嘉右衛門、平吉、三左衛門、作左衛門、吉郎兵衛、吉之丞、栄助、喜兵衛	18
10月20日	伊左衛門、新三郎、金右衛門、利左衛門、留助、易蔵、吉四郎、新之丞、金蔵、左太郎	10
	合計	66

(b)大沢村以外からの人足

出身村	名	名
二井山村	久作、和左衛門、長市郎、金十郎、清兵衛、喜代松、利兵衛、萬助、太郎兵衛、仁四郎、六左衛門	11
矢神村	慶六、善吉、佐左衛門、嘉五郎、安左衛門	5
	合計	17

典拠；「当寺廿九世快定法印香典請帳」

として会葬している。これら手伝の人々について、葬送の日を追ってまとめたのが表４の(a)と(b)である。

これは「当寺廿九世快定法印香典請帳」の後半に記されている「人足覚」をもとに示したものである。快定が亡くなったと思われる一〇月一二日以降、まずは喜楽院の分家の住む上法寺村や大沢村の人々が喜楽院に集まっている。このことから、一四日から一七日に葬送の日取りや儀礼道具の準備、そして誰に通知するかといった細かい打ち合わせが行われた。そして一八日、手伝の人数が最も多い三一人の日が本葬であったと推察される。最終的に葬送以降も雄勝・平鹿・仙北各郡の村々から訪れる弔問客や事後処理などを行ったと思われるが、大沢村・二井山村・矢神村といった喜楽院の霞内村落からおよそ八〇人が手伝人足として会葬していたと考えられる。

次に、手伝以外の葬祭の参列者はどのような人達が訪れているのだろうか。表5は「当寺廿八世快定法印香典請帳」の香典授受分について示したものである。なお表では、進物の送り主について、①霞、②親類・縁戚、③法類、④その他に分類してある。

①の「霞」は、大沢村・二井山村・狼沢村・矢神村の村民がこれにあたる。香典は一〇〇文から二〇〇文が相場となっている。また進物は、黒豆・寒天といった長期保存の可能な食物や、豆腐類・牛蒡・大根・人参など精進料理の材料となる野菜や食物が納められている。このことから、大沢村周辺では葬儀・法要の際の物品として主に食品が用いられ、大根や牛蒡などの根菜類のほか、寒天や豆腐類が主流であったことが窺える。

同様に、地縁による関係が見られるのが④の「その他」である。④からの香典は、銭五〇文から一〇〇文が相場で、霞と比べ若干額は少なく、茶・豆腐・牛蒡・大根・人参などの進物が大半を占める。④は、「家」である喜楽院が代々維持してきた地縁関係が主だが、なかには快定自身の個人的交流による者も含まれると推察される。

②の「親類・縁戚」については、主に婚姻や分家・別家によって構築された関係である。香典も銭一〇〇文から二〇〇文が相場となっており、進物も①の霞と比べて殆ど差は見られない。なお②は農家だけでなく、③の法類を兼ねる場合もある。例えば西馬音内明覚寺は快定の父の実家であり、両学寺は養子快需の実家である。またなかでも、もともと喜楽院の弟子が独立して住持となった喜宝院は数回に渡り香典を進呈しており、銭一貫二〇〇文のほか、たまり醬油や人参の進物が確認できる。

次に③の「法類」は、近隣の在地修験寺院である。香典は縁戚を除き一〇〇文が相場のようである。そして注目すべきは、城下町久保田の胎輪寺より「上香一袋」が進呈されているという点である。前述の通り、先代喜楽院快英は

送り主		香典		分類
		銭	品物	
大沢村	藤吉	100		①
東里村	忠応院	100		③
今宿村	小西庄蔵		新酒２升、素麺３羽	②
浅舞村	清光院	100		③
大沢村	市之丞		いものこ、牛蒡１羽	①
上法寺	富松	100	とふ麩１揚	②
(大沢村)	政吉	50		①
(矢神村)	松四郎		大根10本	①
	太右衛門		大根10本、縄	—
(大沢村)	彦左衛門	100		①
深井村	喜宝院		たまり１升	②③
	儀右衛門	50		—
(造山村)	日光院	100		③
(大沢村)	吉三郎	100		①
(大沢村)	庄之助	100		①
(大沢村)	喜兵衛	100		①
(大沢村)	嘉右衛門		かき50	①
矢神村	佐左衛門		にちん１連	①
(大沢村)	吉右衛門	100		①
	倉吉	100		—
矢神村	円兵衛		札２貫文	①
矢神村	長兵衛	50		①
矢神村	正右衛門		大根３本	①
今宿村	和寿院	100		③
二井山村	市左衛門	50		①
二井山村	勘右衛門	100		①
(大沢村)	吉三郎	100		①
(大沢村)	久五郎	50		①
矢神村	利兵衛	50		①
狼沢村	喜助	100		①
二井山村	利吉		油揚５丁	①
大沢村	林八	100		①
狼沢村	清吉	100		①
矢神村	善左衛門	50		①
大沢村	長右衛門	100		①
浅舞村	孫兵衛	100	寒天５本	④
(大沢村)坂下	藤兵衛	50		①
(大沢村)坂下	吉太郎	20		①
(大沢村)坂下	利右衛門	20		①

送り主		香典		分類
		銭	品物	
(大沢村)坂下	七右衛門	20		①
道地村	兵助	50		④
深井村	才吉	50		④
道地村	忠蔵	100		④
上法寺	惣左衛門	100		①
深井村	太郎助		線香３羽	④
(大沢村)坂下	助左衛門	20		①
深井村	三之助	100		④
深井村	太郎助	50		④
深井村	与市	100		④
浅舞村	三光院	100		③
(久保田)	胎輪寺		上香１袋	③
深井村	清兵衛		茶１袋	④
今宿村	庄蔵		わた３羽、菓子１袋	②
大沢村	松雲寺代	200		④
深井村	喜宝院	200		②③
深井村	石川新蔵	100		④
大沢村	吉郎兵衛	100		④
大沢村	佐藤長太郎	100		①
(大沢村)	新吉	400		①
	新五郎		素麺５羽	—
大沢村	佐助		いものこ	①
今宿村	小西庄蔵		素麺、酒２升	②
	彦左衛門		豆腐３丁	—
(大沢村)	嘉右衛門内		あふらけ、いものこ	①
大沢村	市之丞		豆腐２丁、牛蒡	①
	佐兵衛内		豆腐３丁	—
	伊右衛門		豆腐３丁	—
今宿村	惣七		小豆１升、牛蒡１束	④
(大沢村)	吉右衛門母		あふらけ	①
大沢村	喜兵衛		素麺１包	①
蛭野村	長左衛門	200		④
沼館村	平左衛門		茶１斤	④

銭の単位は「文」。
(村名)は他帳簿を参照。
典拠；「当寺廿九世快定法印香典請帳」

表５　快定葬儀の香典一覧　　分類…①霞、②親類縁戚、③法類、④その他

送り主		香典		分類
		銭	品物	
大沢村	藤吉	100		①
大沢村	三之丞	100		①
大沢村	吉之丞	100		①
(大沢村)鳶沢	権右衛門	100		①
(大沢村)下ノ	三之助	300		①
深井村	石川	100	御茶１袋	④
大沢村	五郎右衛門	100		①
大沢村	市之丞	100		①
大沢村	嘉右衛門	100		①
大沢村	新助		豆腐５丁	①
上法寺	藤助	100		②
上法寺	松之助	200		②
大沢村	作左衛門	50		①
深井村	清兵衛	100		④
上法寺	富松	100		②
大沢村	林八	100		①
大沢村	佐藤長太郎	200		①
深井村	与市	100		④
柏木村	光正院	50		③
上法寺	清左衛門	100	蝋燭３丁	②
上法寺	卯之助	100		②
狼沢村	儀助	50		①
狼沢村	清吉	50		①
狼沢村	市兵衛	50		①
狼沢村	喜助	50		①
狼沢村	(喜助内)永治	50		①
大沢村	いせ松	100		①
二井山村	新吉	200		①
(大沢村)坂下	平三郎	100		①
西馬音内村	岩五郎	100		④
西馬音内村	真応院	100		③
西馬音内村	四郎左衛門		茶１斤	④
西馬音内村	明学寺	200	ざらめ	②③
大沢村	古郎兵衛	100		①
矢神村	和兵衛	50	牛蒡	①
大谷新町村	両学寺	500	御菓子	②③
大沢村	吉右衛門	200		①
矢神村	佐左衛門	50		①
矢神村	長兵衛	50	牛蒡	①
矢神村	金左衛門	50		①
矢神村	円兵衛		札２貫文 納豆	①

送り主		香典		分類
		銭	品物	
今宿村	小西庄蔵		酒２升、 寒天10本	②
矢神村	重兵衛	50	大根、牛蒡	①
矢神村	善左衛門	50		①
矢神村	文五郎	50	いものこ１升	①
深井村	喜宝院	1000	人参	②③
大沢村	彦左衛門	100		①
阿気村	新五郎		酒２升	④
大沢村	庄之助	100		①
矢神村	善治		いものこ	①
矢神村	市左衛門	50		①
大沢村	七右衛門	100		①
今宿村	三蔵		豆腐３丁	①
深井村	松四郎	100		②
矢神村	安左衛門	50		①
矢神村	七右衛門	50		①
矢神村	庄右衛門	50		①
矢神村	清九郎	50	黒豆１升	①②
矢神村	仁左衛門	50		①
矢神村	勘十郎	50		①
大沢村	伝十郎	200		①
柏木村	久左衛門	50		④
浅舞村	佐藤金右衛門		茶１斤、 蝋燭２丁	④
大沢村	喜左衛門		ざくろ５丁	①
大沢村	吉郎兵衛	50		①
深井村	清左衛門		豆腐３丁	④
深井村	自教院		蝋燭15丁	③
深井村	喜左衛門	50	大根、牛蒡	④
深井村	清左衛門		人参	④
(大沢村)坂下	市左衛門	100	ゆり	①
深井村	喜右衛門	50	大根	④
大沢村	与七		なわ竹	①
大沢村	新助		ゆり１つ	①
(大沢村)	伝十郎		とふ麸１揚	①
(矢神村)	左太郎	50	焼麸１袋	①
(大沢村)鳶沢	庄左衛門	25		①
大森村	大森寺	100		③
大屋新町村	両学寺		人参、みづ、 芋	②③
大沢村	三之丞		焼ふう	①
大沢村	利左衛門	50		①

表6　喜楽院より布施が渡された寺院

布施	村名	寺院名
100文	今宿村	和寿院
100文	浅舞村	三光院
100文	浅舞村	清光院
200文	大沢村	松雲寺
100文	柏木村	光正院
100文	深井村	自教院
100文	高寺	重行院
100文	東里村	忠応院
100文	造山村	日光院
1貫文	大屋新町村	両学寺
700文	深井村	喜宝院
200文	大森村	大森寺

典拠；「諸事附込帳」

長きにわたり頭襟頭職にあり、また独礼格として藩主御目見のため久保田に赴く機会が多かった。久保田の修験寺院との関わりは、独礼格という寺格を背景に構築された関係であったと言える。先でも触れた通り、快定自身が歳時御目見を行っていたかは不明だが、胎輪寺との関係は維持されていたことが分かる。また大頭両学寺を大導師とした修験宗一派引導ということから近隣の在地修験が多く参列している。参列した在地修験の構成は快英の葬祭時と同様であるが、快定の葬儀では表3にあるように葬祭執行者としても参加している。

参列した在地修験寺院について具体的に見ていくと、「諸事附込帳」に記載されている各寺院への布施に、一一の在地修験寺院と大沢村にある曹洞宗寺院松雲寺の名が見られる(表6)。その多くが引導執行者として会葬しているが、高寺村重行院、造山村日光院なども役付帳には記載されていないが引導執行者として葬祭に会葬したと考えられる。なお松雲寺は曹洞宗寺院であるため役付帳に記載は無く、一派引導に引導者として参加したとは考え難い。ただ表5にあるように、松雲寺(代理)からは二〇〇文の香典が届いており、御布施はその返礼である可能性が高い。

また改めて表3の役付から近隣の在地修験寺院がどのような活動をしていたのかについて詳しく見ていくと、葬祭を執行する大導師は養子快需の実父であり、修験大頭でもある両学寺永錢である。また「酒水」を担当している喜宝院は、喜楽院快需の妻ツルの実家である。その他にも役には付されていないが、頭襟頭明覚寺も葬祭に関わっており、秋田藩領の修験大頭・頭襟頭と藩領在地修験の力の入れようを窺い知ることができる。

最後にこの葬祭時における準備状況について見ておく。表7は、葬祭時の金銭出納の一覧である。ここには主に快定の葬祭にあたり、準備段階から儀礼に至るまでの金銭出納や物品の借用などが混在して記載されている。帳簿は快定が亡くなったと思われる一〇月一二日に始まり、蝋燭や縄の他に沼館村から何か借り受けている様子が窺える。また次の日には茶碗や炭・藁など、葬式時に参列者に振舞う精進料理を作るための準備ではないかと思われる記述が並ぶ。そして特徴的なのが一〇月一三日から一四日にかけて手に入れた大量の「土俵」である。これらの土俵を如何に使用するのかは不明であるが、おそらく埋葬時に使用するためではないかと考えられる。また同日には布団なども用意しており、期間中、数人が喜楽院に寝泊まりをして葬祭の手伝いをしていたと考えられる。一〇月一五日以降は、豆腐や油揚・酒・昆布・長芋・蒟蒻・人参など振舞料理の材料と思われる品々を次々と用意しているのが見られる。なお、記載は一〇月二三日まで続き、二二日には両学寺から藩庁久保田に登るために備えていた金子を借用したことが記されている。

以上、秋田藩領の在地修験寺院による一宗派確立の動きと、それを意図した修験宗一派引導の執行について、弘化四年に行われた喜楽院快定の一派引導を事例に見てきた。そもそも喜楽院の自身引導は、香典帳および役付帳から快定の先代である喜楽院快英からであった。しかし帳簿の記載から、喜楽院で正式な修験宗一派引導が行われたのは快定が最初であり、以降、葬祭儀礼が定式化していったと考えられる。修験大頭両学寺が大導師を勤め、葬送においても、山伏装束を身につけた在地修験寺院が行列をなした。快定の一派引導は当山派修験宗という一宗派の存在を地域社会に示す一大行事となったのではなかろうか。

日付	購入品		支払	相手	吏人
	銭(文)	物品			
10月17日	100	小羽3羽	代払(冬)		
	300			喜兵衛	市
	140	古酒1升	代払		
10月18日		酒5升	借用	彦左衛門	運助
	500	砂糖2斤	代払		
	86	こんぶ			
	38	くるみ2升			
	75	小栗1升			
	5	とうしん			
	30	根花			
	290	ふすま			
	90	こんにゃく			
	75	［　　］3つ			
10月19日	900		相渡	下野　三之助	
	500		相渡	下野　惣左衛門	
	210		借用	大沢　藤吉	
		炭10俵	借用	大沢　喜兵衛	
		豆腐五揚	借用	大沢　伝十郎	
	120	長芋	代払		
	100	こんにゃく	代払		
	25	人参	代払		
	40	線香2羽	代払		
	38	小丈	代払		
	65	酢代	代払		
		豆腐14丁	借用	喜兵衛	
10月20日		中切莨2斤	借用	喜兵衛	
		松指1連	借用	喜兵衛	
	200	炭1俵	借用	喜兵衛	
	80	諸品調代	代払		
		半紙2丈	借用	七右衛門	
		とふ婦5丁	借用	喜兵衛	
	50	光ふか		三之丞	
		半紙3丈		七郎兵衛	
	200			喜兵衛	
10月22日	245	いものこ代	相渡	藤吉	
	210	大谷より久府備分	相渡	倉松	
10月23日	510	梅島襟引上			
	115	酒1升買入	買入		

典拠；「諸事附込帳」

表7　快定葬祭時における物品および金銭の出納一覧

日付	購入品		支払	相手	吏人
	銭(文)	物品			
10月12日	500	針ろふそく、豆腐	借用	喜兵衛	松之助
	120	萛1羽	借用	伝十郎	
	55	縄		伝右衛門	
	500	(沼館質方向)	相渡		
10月13日		板十間			
	400	(品々町立)			
	85	茶碗・かめ			
	65	松やに、白木綿四尋		吉兵衛	丑松
		炭1表		喜左衛門	丑松
		藁30束		七右衛門	
		藁20束		庄之助	
	100	にた		宇之助	
	15	菓代			
10月14日	500	針代		喜兵衛	与七
		藁20束		甚左衛門	
		藁10束		作左衛門	
		藁15束		佐藤氏	
		藁20束		市之丞	
		藁15束		吉左衛門	
		土俵20俵		吉左衛門	
		土俵5俵		吉三郎	
		土俵3俵		市之丞	
		土俵2俵		彦左衛門	
		土俵3俵		松兵衛	
		土俵2俵		佐太郎	
		土俵3俵		喜兵衛	
		土俵2俵		林八	
		土俵3俵		作左衛門	
		土俵13俵		佐藤氏	
		夜具、蒲団2人前		吉左衛門	
		夜具、蒲団4人前		七右衛門	
10月15日		豆腐素あげ		喜兵衛	留
		豆腐		伝十郎	与七
	7680	沼館払			
	60	縄買入			
10月16日	200	八又		喜兵衛	三之助
		三歩板2間(栃の木)		政衛門	惣左衛門
		豆腐1桶		伝十郎	忠左衛門

おわりに

本章は、一宗派「修験宗」として宗教的独自性を見出そうとする本山の志向を受けた在地修験の動向の事例として、秋田藩在地修験の滅罪檀家所持と修験宗一派引導について検討した。

まず検討の前提として、関東の在地修験寺院の事例から修験の一派引導志向について概観した。近世中期頃より修験道界では、当山派・本山派共に一宗教宗派としての宗教的独自性の確立を目指していた。そして、それは特に引導という形で顕著となった。一派引導には、修験宗の法式に則った葬祭を執行(被執行)する「自身引導」と、修験者の妻子の葬祭を執行する妻子引導との二つが存在した。修験道界では「修験道無常用集」など修験宗独自の引導作法書を作成し、各地域の在地修験寺院に対しても自身引導を積極的に行うよう申し達し、また他宗の菩提寺院の属し他宗の法式によって引導されてきた修験者に対し、菩提寺院からの離檀を促した。こうした修験道界の動きは、「修験宗」という一宗派として宗門人別帳の編成を志向する動きへと繋がっていった。

また幕府も、こうした修験者の離檀について、菩提寺院と修験寺院双方が互いに心得ていれば構わないという姿勢を示しており、近世初期に定められた宗教政策に捉われず、各地域の状況に合わせ臨機応変に対応するという姿勢に変化している。しかし実態的には、修験者本人は離檀ができたとしても、その妻子については他宗派の菩提寺院からの離檀は難しく、地域によっては修験宗として「一院一宗」を貫徹できないという状況が存在していた。

次に平鹿郡大屋新町村両学寺の事例をもとに、在地修験の滅罪檀家所持志向について検討した。近世初期、祈禱系である修験寺院は檀家を所持することができなかった。しかし両学寺は滅罪檀家の所持を志向し、寛政一〇年(一七九八）、そして文化八年（一八一一）の二度にわたり藩に願い出た。これは、対象となった腕越村五郎兵衛がもともと当山派の修験で、醍醐寺三宝院に参殿している「血脈」であることを受けてのことであった。また後に滅罪檀家として抱えた一〇軒についても、五郎兵衛の「別家」であることから同宗門と見なし、彼らの葬祭執行は一派引導にあたると解釈していたと考えられる。この両学寺の願い出に対しては修験大頭の喜見院・法輪寺も賛同しており、彼らも代々藩主の葬祭に参加しているという事を理由に一宗派として認められるべきであるという持論を展開した。

しかし当時、秋田藩領では滅罪檀家を持つ修験寺院は存在せず、また急激な滅罪檀家数の増加に危機感を持った曹洞宗寺院の圧力により、五郎兵衛以外の新たに抱えた滅罪檀家一〇軒については召放の上、両学寺の当主神原永鋑は蟄居という沙汰が下された。しかしその後、文化八年になって五郎兵衛の実子二人を分家扱いとし、この二軒を滅罪檀家として所持したいという願い出を行ったところ、他領では既に滅罪檀家を持つ修験寺院が存在していることと、「国益」を考慮したこととの結果、藩は分家二軒を両学寺の滅罪檀家として認めている。これは従来の「葬祭の場から修験寺院は排除される傾向にあった」とする説とは異なる展開を見せており、修験寺院も檀家を所持し葬祭を執行していた可能性を明らかとした。

次に雄勝郡大沢村上法寺喜楽院の事例から、在地修験寺院の一派引導志向について検討した。二九代喜楽院快定の一派引導が行われた弘化年間は、修験道界が一宗派としての宗教的独自性を確立させたいという意図が大きく働いた時期であった。快定の一派引導では当時修験大頭職にあった両学寺が大導師をつとめたほか、近隣の在地修験寺院も執行者として会葬していた。また役付の様子から、彼らの行った一派引導は、修験宗が定めた引導法式に基づいて行われたことが見て取れた。

加えて快定の葬祭には多くの近隣村落民が参列していた。特に喜楽院の霞である大沢村や矢神村、二井山村は葬列における役付者として会葬していた。彼らは、葬祭の準備からその後の弔問の対応や事後処理を含め様々な場面で手伝として参加し、最終的には総勢八〇人もの村民が快定の葬祭執行に関わっていかことが明らかとなった。ただし、こうした手伝人足は霞の村落民に限られていたことは注目すべき点であろう。また喜楽院内においても、葬祭執行日の一〇月一二日から二、三日間、手伝の村民や弔問に訪れた人々に精進料理や酒等を振舞っていた様子が窺える。喜楽院快定の引導は、修験大頭両学寺の主導のもと、近隣の在地修験寺院と共に、修験宗の定める法式で行った正規の修験宗一派引導であった。

最後に、以上の検討を通して在地修験寺院が一派引導を執行する意義について若干ではあるが検討しておきたい。中世期以来、村落民の求めに応じ春秋祈禱から滅罪・引導まで行ってきた在地修験にとって、寺檀制度による菩提寺院の引導執行の独占や、諸国廻国の禁止という幕府の宗教政策は、宗教者としてのアイデンティティーを奪われることに等しいものであった。そうした中で、近世中後期に起こった一連の宗派確立志向(呼称の改称、宗門人別帳の作成)は、修験が再び宗教者としてのアイデンティティーを意識するきっかけとなったと言える。また在地修験者にとって一派引導の執行は、宗教的独自性の弱い修験道が、宗教としての独自性の確立と、他の宗教・宗派とならび得る宗派であるということを世間に知らしめる意図があった。また在地修験個人としても、宗教者としてのアイデンティティーを意識すると共に、法類同士の連帯を確認し合う行事となっていたと言える。

なお本章では、主に秋田藩領における在地修験寺院の一派引導を中心に検討してきた。今回は内容の関係上、在地修験寺院に限定した事例展開と検討になったが、こうした一派引導志向に通じるものとして、やはり近世中後期に行われるようになる神道による葬祭「神葬祭」があるのではないだろうかと考えている。修験道における一派引導志向と神道における神葬祭志向にいかなる共通点があるのかなど、今後の検討課題を提示しつつ、本章のまとめとしたい。

註

（1）澤博勝『近世宗教社会論』（吉川弘文館、二〇〇八年、一一七頁）。
（2）乾賢太郎「高尾山先達の活動に関する一考察」（『武蔵大学人文学部雑誌』四一巻二号、二〇一〇年）。
（3）藤井学「江戸幕府の宗教統制」（『岩波講座日本歴史一一　近世三』岩波書店、一九六三年、一五一頁）。
（4）高埜利彦『近世日本の国家権力と宗教』（東京大学出版会、一九八九年、八五頁）。
（5）澤博勝『近世の宗教組織と地域社会』（吉川弘文館、一九九九年、五頁）。
（6）高埜利彦『近世日本の国家権力と宗教』（東京大学出版会、一九八九年、八五頁）。
（7）宮本袈裟雄『里修験の研究』（岩田書院、二〇一〇年、二六頁。初版一九八四年）。
（8）菅野洋介『日本近世の宗教と社会』（思文閣出版、二〇一一年、二三四頁）ほか。
（9）「当山方修験御条目」（『日本宗教制度史史料　第三巻　近世編』日本図書センター、二〇〇九年、三九七頁）。
（10）「修験共宗門改之節修験道と認候処修験宗と認直し度趣」（『徳川禁令考　第五帙』司法省、一八九四年、一二〇頁）。
（11）菅野洋介「役行者の顕彰と本山派修験―十八世紀における武州山間地域を中心として―」（『埼玉地方史』五二号、二〇〇四年）。
（12）「修験自身葬祭家内迄相済候例之事」（『徳川禁令考　第五帙』司法省、一八九四年、一二八頁）。
（13）「御触流御法度向御用留帳」（埼玉県立文書館蔵「土屋家（旧土蔵坊）」史料番号四五七）抜粋。
（14）菅野洋介『日本近世の宗教と社会』（思文閣出版、二〇一一年、二〇四～二三八頁）。
（15）朴澤直秀「加賀藩の改宗・寺替法令をめぐって」（井上智勝・高埜利彦編『近世の宗教と社会②　国家権力と宗教』

吉川弘文館、二〇〇八年、三二頁）。

(16) 栄神社文書「世代由緒纏」。

(17) 「修験両学寺来由」（『秋田叢書　第七巻』秋田叢書刊行会、一九三二年、二七二頁）。

(18) 栄神社文書「滅罪檀那記録」。

(19) 金森正也『藩政改革と地域社会—秋田藩の「寛政」と「天保」—』（清文堂出版、二〇一一年、三七七頁）。

(20) 栄神社文書「滅罪檀那記録」。

(21) 福田アジオ「近世寺檀制度と複檀家」（戸川安章編『仏教民俗学大系7　寺と地域社会』名著出版、一九九二年）。

(22) 栄神社文書「滅罪檀那記録」。

(23) 栄神社文書「滅罪檀那記録」。

(24) 栄神社文書「滅罪檀那記録」。

(25) 栄神社文書「滅罪檀那記録」。

右之内上樋口村重右衛門義、安永年間凶作以来無残潰欠落仕亡所ニ相及候ニ付、右跡取立御田地守格《ママ》可仕様無之ニ付、郡奉行義御吟味後別而達之之御頼故、至而物入増ニも相成候得共、無拠重右衛門取立亡所出精為致候、於当人義者根元横手輪在宗光明寺檀家ニ御座候共、御寺暇、郷《カ》書共ニ持参致者ニ而、差障り無之段之申聞ニ御座候（後略）

(26) 栄神社文書「滅罪檀那記録」。

御領主寺社奉行御裁断御書付左之通

其方義、去ル未年門前五郎兵衛与申者新田開発出精腕越村江引越候砌、毎度本山血脈も頂戴罷有候事故、直々滅罪檀家罷成度其寺幷大頭よりも再三願申上候付、格別御吟味之次第被為在、同人限被免致候処、其後願等も不申上自已之斗迄を以数両之滅罪檀家取立て候段、不調法之至候、依之当寺可被仰付候得共、五郎兵衛以後取組候檀家無残被召放、頗御宥恕之御沙汰を以蟄居被仰付者也

(27) 栄神社文書「滅罪檀那記録」。
(28) 栄神社文書「滅罪檀那記録」。
(29) 栄神社文書「世代由緒纏」。文化八年二月に修験大頭に任じられている。
(30) 半田和彦「秋田の檀家制度―特に修験・社家の場合を中心に―」(『秋大史学』三三号、一九八七年)。
(31) 橋本宗彦編『秋田沿革史大成　下巻』(加賀屋書店、一九七三年、八〇三～八〇四頁)。
(32) 橋本宗彦編『秋田沿革史大成　下巻』(加賀屋書店、一九七三年、八〇三頁)。
(33) 上法家文書「継目願書覚」。
(34) 「当山派修験宗門座階級装束之次第」(『古事類苑　宗教一(宗教部一五)』吉川弘文館、一九二八年、一〇七六頁)。
(35) 上法家文書「家口書上帳」。実子は無かったが甥(実弟の息子)がいた。詳細は第三部第四章を参照のこと。
(36) 増田昭子「南会津における祝儀・不祝儀の「野菜帳」」(立教大学史学会『史苑』六二巻一号、二〇〇一年)。
(37) 上法家文書「文化十三年　役附帳」。
(38) 『日本大蔵経　第三七巻(宗典部　修験道章疏二)』(日本大蔵経編纂会、一九一九年、三六一～三六四頁)。
(39) 『日本大蔵経　第三七巻(宗典部　修験道章疏二)』(日本大蔵経編纂会、一九一九年、三三八～三六〇頁)。
(40) 増田昭子「南会津における祝儀・不祝儀の「野菜帳」」(立教大学史学会『史苑』六二巻一号、二〇〇一年)。

第二章　在地修験寺院と「除病祈禱」

はじめに

近世後期の民衆は、異国の脅威や飢饉、疫病の発生など陰鬱とした世情による不安から、宗教的救済を強め、その一端は「ええじゃないか」のような乱舞・狂踊に代表される、集団行動という形で現出した(1)。この時に発生した民衆信仰は、修験や陰陽師をはじめとする様々な民間宗教者によって展開され、こうした中から独自の宗教イデオロギーを持つ、近代の創唱宗教（天理教・黒住教・金光教など）が成立していく(2)。特に疫病流行という事象は、爆発的な信仰を生み出すエネルギーを孕んでいた。そのことは先にあげた創唱宗教が伸張した要因の一つが、「病気直し」であったことからも窺える(3)。そのため祈りによって病が快癒したといった偶発的事象があった場合、その神仏は治病に効験があるとして祀られ、その効験が得られなくなれば棄てられる「祀り棄て」の現象がたびたび見られた(4)。

農村において祭礼は、本来、産土神に対する信仰を背景に継続されてきたものであり、農耕社会にとって重要な儀礼であった。祭礼はその地域の伝統として、集団や村落共同体を維持する装置であると同時に、「ハレの日」として位置づけられ、特別な料理や酒、催される歌舞音曲などは、農民の抑圧された感情を発散させた。

ところで祭礼には祝祭だけでなく、厄災を払うことを目的とした呪術儀礼的祭礼もあった。本章で取り上げる除病祈禱はこれにあたる。農村社会において天候不順や疫病は、生命の危機に直結する問題である。農民らはこうした災禍を村から取り除くため、一致団結して祭礼を執行した。こうした祭礼は、村落社会の状況を反映するものであり、これを分析することで、村落民の宗教的欲求や心性を明らかにすることができる。

近年、幕藩領主による医療政策や在村医療に関する検討に加え、[5] 疫病流行時における地域社会の動向や民衆心性に関する研究が活発になされている。[6] 疫病を民衆知との関連で検討したものに加藤光男の分析がある。加藤は、文久二年(一八六二)の「麻疹絵」に記された情報と、当時出版されていた「麻疹養生伝」の内容とを精査し、それらが当時の医学書に基づいた情報であったことを指摘した。[7] また村落社会の状況については、正士梓が、「村方における疱瘡の様子などの研究は民間信仰などに留まる場合が多」[8] いと、村方での疱瘡や治病儀礼の情報の享受と近隣地域への展開状況について検討している。

次に疫病と民衆心性に注目したものとして高橋敏・筑後則の検討がある。高橋は、安政五年(一八五八)のコレラ騒動を通じ、疫病の恐怖にあらゆる除災儀礼で対応する民衆の宗教行為について検討している。[9] また筑後は、民衆が疫病の根源を「疫病神」にあると認識していた当時の疫病観について、これを単に後進的と解釈するのではなく、当時の社会を規定していたパラダイムに基づいて評価すべきとし、呪術や習俗に関する検討の重要性を指摘している。[10]

民俗学の分野では宮本袈裟雄が、数ある修験道儀礼の中でも、治病儀礼が修験にとって最も重要であったことを指摘し、「符呪集」に収められている呪符のうち、治癒儀礼に関するものをとりあげ、症状ごとの呪符と修法について丹念に検討している。[11] また宮本は治癒儀礼と民間医療との関係についてもとりあげ、医師による治療が思わしくなかった場合、民衆は民間宗教者(修験・巫女など)が施す治癒儀礼や治病行為に依存していたこと、特に修験が民間医療において重要な位置を占めていたことを指摘した。

修験にとって治病儀礼は「対庶民の宗教活動」として、重要な収入源であったというだけではない。村の在地修験の大半は、宗教活動のみでは生活を維持できず農耕にも従事していた。このことは宗教者としての存在性の希薄化という状況を生み出した。[12]治病儀礼は在地修験にとって宗教者としての存在意義を再確認する機会でもあったのである。

ほかに、「民俗学的手法」を用い、疫病と民衆心性について年中行事の分析から検討しているものに鯨井千佐登の論考がある。鯨井は、東北地域の民俗行事・儀礼とその担い手について検討し、とくに「疫病神送り」や「鳥追い」の習俗について、当初は純粋に村落から災厄を追い出し、村内の社会規範を回復・再生させることが目的であったのが、次第に「悪代官を疫病神に模す」といった社会的制裁機能へと変容していくことを指摘し、その行為に民衆の不安と願望が凝縮されていたと結論づけている。[13]

このように疫病と地域社会、民衆心性について取り上げた検討は各分野で研究蓄積が見られる。しかし互いの研究成果が結びついているとは言い難い。こうした研究状況について高橋敏は、「仏教史、民間信仰史、民衆思想史等、縦割りの専門分野の研究の深化はあっても、これを総合化し、分析することがなかった」[14]とし、各分野で蓄積された検討が統合されていないことを指摘している。

近世期、民衆にとって呪術的治療は医療行為の一環であった。つまり近世後期の疫病流行と地域社会について把握しようとするならば、幕藩権力の医療政策の分析に加え、当該地域の疫病除けに関する呪術や習俗について、また呪術的治癒儀礼を担う在地修験の動向や地域民との関係など、総合的に分析する必要がある。そこで本章では、まず近世後期、秋田藩の医療政策と領民の疫病観について明らかにする。そして文久二年当時の領民の疫病観をふまえ、上法寺喜楽院の除病祈禱祭について分析し、霞や近隣地域民の喜楽院に対する信仰の様相と在地修験の動向について検討する。

なお、幕末維新期から明治初年における秋田藩の宗教政策と神仏分離、在地修験・神職の動向については田中秀和による研究がある(15)。田中は、これまで等閑視されていた幕末期秋田藩の在地修験や神職が自己意識を変質させていく過程について、寺院統制の視点から検討し、その成果は高く評価されている。しかしそれは藩政側からの史料に限定されており、抽象的なレベルでの議論に留まっている。そこで本章では、田中の検討も踏まえつつ、幕末維新期に執行された麻疹除病祈禱祭という具体事例を検討することで、当該期、秋田藩の在地修験と地域社会の動向についてより実態的に明らかにすることを目標とする。

検討対象となる上法寺喜楽院は、雄勝郡大沢村（現、秋田県横手市雄物川町）の在地修験寺院であり、修験道廃止後は金峰神社と改称した。近世期の寺領は除地六七石余で、大沢村をはじめとする一二ヶ村（枝郷を含む）を霞とし、氏子は四〇〇軒程度あった。喜楽院は当山派正大先達世義寺の直末寺で、同家には代々住持の阿闍梨・大越家などの補任状が多数残されている。また藩内では元禄年間に修験大頭を勤めて以降、代々修験大頭の格を有した。秋田藩の修験統制は「修験大頭―頭襟頭―末派修験」というヒエラルキー型の構造になっており、喜楽院は領内の有力修験寺院の一つであった。近世後期、雄勝郡・平鹿郡の在地修験は、修験大頭職にあった両学寺を中心に一切経堂や長日護摩堂の建立を計画し勧進活動を展開したほか、「逆賊除伏之祈禱」を共同で行うなど集団化する傾向にあった。喜楽院と両学寺は親戚関係にあり、両寺院の結びつきは特に強固だった。喜楽院の除病祈禱も、こうした幕末期の在地修験の動向のなかで執行されたものであったといえる。

一　秋田藩領の流行病と民衆の疫病観

まず、近世後期の秋田藩領における疫病の発生状況と藩内の医療体制について確認しておく。表1は、秋田藩領における災害や飢饉、流行病の発生時期について、秋田藩領全域と雄勝・平鹿・仙北三郡とに分けて、年表形式で示したものである。

『秋田藩町触集』[16]において流行病に関する記述が見られるのは一八世紀後半以降であり、天保期以降には傷寒（腸チフス）、麻疹、暴瀉病（コレラ）などがたびたび流行している。また本章で取り上げる雄勝・平鹿地域について見ていくと、寛政二年（一七九〇）には赤痢、文政二年（一八一九）には疱瘡、文政五年には傷寒が流行している。なかでも特に頻繁に病が流行しているのが藩直営鉱山である院内銀山である。

三好貴子によれば、院内銀山における疱瘡の大流行時期は天保九年（一八三八）、弘化元年（一八四四）、嘉永三年（一八五〇）、安政元年（一八五四）、そして今回取り扱う文久年間、特に文久元年（一八六一）であるとしている。また疱瘡の流行について三好は、「（院内銀山は）人口の密集地帯であり衛生状態もさほど良くないので被害は凄まじかったようだ」と指摘しており、一度疫病が発生すると爆発的に蔓延してしまう状況が窺える[17]。幕府や藩による疫病対策は、救恤と治療法の情報収集や提供にあり、秋田藩における近世後期の町触には、飢饉と疫病に関する記述がたびたび見られる。

秋田藩の医療政策史上特徴的なものとして挙げられるのが「売薬統制」である。天明六年（一七八六）、秋田藩は領内における売薬行為を、城下の高堂・銭屋・滝口の三店のみに限定した[18]。また寛政九年（一七九七）閏七月には、他領

表１　秋田藩領内 災害・悪病流行年表

年　代	秋田藩領	雄勝・平鹿・仙北地域
天明６年	領内の売薬を滝口・銭屋・高堂の３店に制限。	
寛政２年	領内に疱瘡流行につき、代天宣化丸の薬法を仰渡す。	６月、赤痢流行(堀廻村では403人罹病、60人死亡)。
寛政３年		夏、西馬音内川畔で「ケダニ」が発生、13人が死亡。洪水。
寛政９年	領内における富山の売薬等禁止。久保田町大火。	
享和３年	領内疱瘡流行につき下々の者へ施薬仰渡す。	
文化元年	象潟大地震、潟変じて陸地となり由利郡の被害甚大。	
文化３年	江戸３屋敷類焼 ６郡百姓に高100石につき銀200目宛臨時賦課。	
文化10年		凶作。
文化13年	領内疱瘡流行につき下々の者へ施薬仰渡す。	
文政２年		疱瘡が流行し西馬音内番所が田代から堀廻に移動。
文政５年	久保田町大火。	傷寒流行、死者多数。
文政９年	領内疱瘡流行につき下々の者へ施薬仰渡す。	
文政10年	凶作。領内疱瘡流行につき下々の者へ施薬仰渡す。	凶作(雨天・虫害)。
天保４年	凶作につき御救小屋設置。 城下４ヶ所、一郡２ヶ所、飢民に１日１人１合５勺支給。	大凶作。飢饉、餓死者多数。
天保５年		仙北郡各地で騒動。４月より疫病流行し、52464人死亡する。
天保６年		凶作(冷害・早霜雪)。
天保７年	凶作対策として五升米備の制を実施。 凶作の連続により脇町での小売米売買を認める。	凶作(鼠大発生)。
天保８年		
天保９年		院内銀山で疱瘡流行。
天保10年		凶作(虫害)。
弘化元年		院内銀山で疱瘡流行。
嘉永２年	久保田町大火。	
嘉永３年		院内銀山で疱瘡流行。
嘉永４年	領内疱瘡流行につき下々の者へ施薬仰渡す。	
嘉永５年	領内疱瘡流行につき下々の者へ施薬仰渡す。	
安政元年		院内銀山で疱瘡流行。
安政５年	久保田町大火。暴瀉病(コレラ)の流行。	
安政６年	領内暴瀉病流行につき、施薬仰渡す。	
万延元年	領内疱瘡流行につき下々の者へ施薬仰渡す。	
文久元年		院内銀山で疱瘡流行。
文久２年	領内麻疹流行につき下々の者へ施薬仰渡す。	麻疹流行、死者約1000人。 暴瀉病流行。
	領内暴瀉病流行につき下々の者へ施薬仰渡す。	
元治２年	３月、領内疱瘡流行につき下々の者へ施薬仰渡す。	
慶応２年	藩領内、大風の被害甚大。 財政難につき、小役銀今年に限り６匁５分増を命じる。	凶作(寅年のケカツ)。冷害甚だしく餓死者多数。
明治２年		秋田藩領、霜雨低温のため不作。

典拠；『秋田県史』『雄物川郷土史』『羽後町郷土史』

よりの薬売りによる売薬行為を禁止し、医学館で調合した薬を、郡役人を通じて肝煎・長百姓に渡すという配薬体制を整えた。[19]こうした売薬への規制は、「施薬は利潤のみを考えてなされるべきではない」という九代藩主佐竹義和による「仁政」の一環として行われたとされる。[20]以後、秋田藩では年二回の配薬に加え、疫病流行時も配薬を指示し、藩医に対し「付屋敷借・屋敷守、外町長屋・借屋之者等」といった困窮者への治療を指示している。

〔史料1〕[21]

麻疹流行に付御施薬被成下候儀、被仰渡候事

覚

此度麻疹流行之処、近頃者多分難症之趣相聞候、然者諸色高直に付而者屋鋪借・屋敷守、外町長屋・借家之者に至迄、兼而困窮に而薬用致度者茂可有之に付、右療治係中山専庵・門脇竹山・佐藤栄順・向井省軒・三浦元立被仰付、御施薬被成下候間、願之者有之候はゝ門脇元琳・斎藤元益江願可申立候、左候はゝ吟味之上合鑑被渡置候間、差図次第右合鑑受取、係之医師江相越、合鑑引合可得療治候

但、申立方、内町者壱町役前廉取調名前相認、外町者於町奉行所取調、医学《ママ》江可差出候

右之趣定式

七月

〔史料2〕[22]

暴瀉病流行に付御施薬被下候儀、被仰渡候事

覚

此度暴瀉病流行之所、近頃者多分難症之趣相聞候、然者諸色高直に付屋敷借・屋敷守、外町長屋・借屋之者等に

至迄、兼而困窮に而薬用行届兼候者茂可有之に付、右療治係吾妻道順・岩屋省達・木田杏友・近江周達・高須松寿被仰付、御施薬被成下候間、願之者は門脇元琳・斎藤元益江願申立、差図之合鑑申請、係之医師江相越得療治候

但、申立方内町者壱町役前廉取調名前相認、外町は於町奉行所取調、医学館江被指出候、尚急卒之病症故、差懸候節得療治候上に而合鑑申受、係之医師江差出候て茂不苦候

右之趣定式

九月

史料1は文久二年七月の麻疹流行時、史料2は同年九月の暴瀉病流行時に出された町触について『秋田藩町触集』より抜粋したものである。史料1も史料2も、屋敷借・屋敷守、外町長屋・借屋など「困窮に而薬用行届兼候者」は、合鑑を申請した上で、医学館の係の医師に合鑑を渡し施薬を願い出るようにという内容である。ただし史料2については、暴瀉病が「尚急卒之病症」であることを考慮し、治療後に合鑑を申請しても構わないとしている。しかし医学館の医師の治療が受けられるのは、城下久保田とその近隣村落だけである。通常、藩領村落で流行病が発生した場合には、村役人層や知識層が医学館から配られる薬を病人に与え、また民間療法的な治療にあたった。

〔史料3〕(23)

昔より麻疹流行は軽き巡りもあり、又重き事もありしと聞及べり、然るに文久戌年の麻疹は、上方は何月頃より流行始りけん、爰等邊は六月始めより流行して八九月迄の間なり、在方町方ともに難症多し、我等今六十九歳になり、慥か享和三年夏の頃九歳にて麻疹疾みしと覚えたり、夫より今年まで両三度も流行あれども、今年流行の如く難義なるとは思はざりしなり、（後略）

史料3は菅原源八が記した「羽後民情録」(24)の一説である。菅原源八は、秋田郡大久保村の肝煎を勤めるかたわら村落医療にも携わった人物である。史料によれば麻疹は六月ころから秋田郡内で流行りはじめ、八月頃には藩領全域に広がったとある。源八はこの状況について、享和三年(一八〇三)よりこれまで二、三度麻疹が流行したことがあったが、今年の流行ほど麻疹が難儀な病と思ったことは無いと評しており、重篤患者が多かったことを指摘している。源八は医師として新関村の人々の麻疹治療にあたった。史料には領民の疫病観に対する源八の複雑な心境が記されている。

〔史料4〕(25)

且つ事の本の弁ひなき人々は、麻疹疱瘡は神が廻りて病するなれば、死る寿命は医者も典薬も及ばざるなり、医者よく薬餌もよくて死せざれば、上々様方の死ぬといふ事あるべからずと、一徹一片の評判、予も医の間似するものなり、一応余義なき事と心中思ふなり、(中略)然ども医薬いたさずして非命の死に至る者も多かるべし、此度の麻疹は日□□国中とも昔より重き巡りにて、広太に怪我ありしとの沙汰いたしける、病人の医薬せざるは怪我の基ひとなるべし、病気は祈禱も御夢想も巫女もよけれども、病は医薬にあらざれば生命なりがたし、痘疹にかぎらず諸病皆以てしかあるべし、(後略)

源八は「麻疹疱瘡は神が廻りて病する」という人々の疫病観について、「事の本の弁ひなき」とする一方で「余義なき事」という複雑な心中を吐露している。それは、源八が治療にあたった者の中にも死亡する者がいたためであり、疫病に対する医薬治療の限界を感じていたためと考えられる。源八は「病気は祈禱も御夢想も巫女もよけれども」と、祈禱による治療に一定の理解を示しているが、村落医療に携わる者の信念として施薬を受けずに死に至る者が多いことを挙げ、「病は医薬にあらざれば生命なりがたし」と医薬治療の有効性を主張している。しかし当時源八のような疫病観を持っていたのは藩の重役や一部の知識層に限られており(26)、疫病を「神の付て廻るもの」と認識していた人々にとって、呪術的治療は医術と並ぶ治療法の一つであった。

近世期の諺に「疱瘡は器量定め、麻疹は命定め」[27]というのがある。当時、麻疹は罹患すれば命に関わる恐ろしい病であった。民衆は疫病の恐怖や不安から逃れるため、村を挙げて「疫病神送り」などの祭礼を行い、また万が一罹患してしまった場合には、有効的治療として病気平癒祈禱・除病除災祈禱を重視した。こうした呪術を用いた治癒儀礼において能力を発揮したのが、修験をはじめとする在地宗教者である。次節ではその実例として、旧秋田藩在地修験の上法寺喜楽院で行われた麻疹除病除災祈禱祭、および文久三年の「痘疹守護之面」の開帳と獅子舞番楽について見ていく。

二　文久二年の除病祈禱祭

本節では文久二年（一八六二）の麻疹除病祈禱について見ていく。

当時、喜楽院は三〇代住持喜楽院快需と娘聟の大泉院快晁が寺院経営にあたっていた。両名は法類である両学寺より迎えられた養子であり、当時秋田藩の修験大頭を勤めていた両学寺神原永眉と共に、一派引導や護摩修行など様々な祈禱祭をともに執行していた。また喜楽院は治病除病に効験のある寺院として近隣村落などから認識されていた。それを示すのが以下の史料である。

〔史料5〕[28]

萩津喜兵衛

年九　　息女

大森五郎左衛門
　年十三　息女
大森七弥
　年六歳
菊地七之助
　年二歳
菊地五郎
　年八歳
疱瘡軽ク相済候て当年中ニ上法寺参詣可仕候、以上

史料には年月日等の記載は無い。しかし記載されている「萩津喜兵衛」と「大森五郎左衛門」の名が、安永から文政年間に記された「横手御城御本丸大番帳」[29]にあることから、近世中後期であることが分かる。当時、喜楽院近辺では疱瘡がたびたび流行していた。この地域では、疫病が流行した際には親類縁者が寺院に参籠し、「悪疫退散」を祈願し、霊験により所願成就した折には、「願いはたし」の参詣をする風習があった。史料には疱瘡の治病を祈願した者に対し、疱瘡が軽症で済んだので当年中に喜楽院に参詣するようにとあることから、「願いはたし」の参詣を促す書状であると考えられる。祈願者が横手給人、または横手周辺の者達であることから、近世中期頃より喜楽院で治病祈禱が行われ、効験が知られていたことが窺える。またこの他にも寺院には、寺社奉行よりの藩主治病の祈禱依頼状や疱瘡の治病祈禱を依頼する書簡が残されている。

近世村落での疱瘡流行について検討している正土梓は、「病に霊験の高い地域レベルの場所の情報が流布し、病の

流行時にはそこへ訪れることが日常にあったことも窺える[30]」とし、医療の発達していなかった時代、病気平癒の効験のある寺院に関する情報は、比較的広範囲に流布することを指摘している。院内銀山の様子について書かれた「門屋養安日記」の記述によると、麻疹は七月には雄勝郡一帯に達していたと考えられる[31]。治病除病の効験のある喜楽院に人々が参集したことは想像に難くない。

具体的な分析に入る前に、除病祈禱祭の概要について簡単に触れて置く。祈禱祭は文久二年七月二〇日から二三日までの三日間、喜楽院で行われた。祭では「疹軽安衆」の柴燈護摩修行と同院所蔵の老翁面を用いた「奉面修法」が行われた。関係史料には「疹安全大護摩修行之砌、三日之内五万人余之参詣、参初斗正銭弐百〆文余、白米五俵位有之也[32]」と、三日間の祭礼期間中に五万人余りが参詣し、祈禱の初穂は銭二〇〇貫文余、寄進された白米は五俵ほどあったという。なお「奉面修法」の具体的な儀礼内容については史料が残っておらず不明であるが、同家では現在も老翁面を願主の頭や体に押し当て祭文を唱える儀式が伝わっており[33]、奉面修法もこれに類した儀礼であったとみられる。

また祈禱祭開催の周知については、近隣の在地修験を通じて開催を通知するほかに、木札による通知も方法の一つとして考えられる。参考までに、明治期に湯沢警察署に出された「臨時祭典ニ付木札掲揚願[34]」によれば、祭典の開催に際し喜楽院は、大沢村渡場・新鵜巣渡場・大沢村の三ヶ所に日程を通知した木札を掲示したとある。同願には金峰神社（近世期は喜楽院）では、古来より麻疹が流行した際には臨時の祭礼を行っていたという由緒と、今回も「古来ノ如ク」臨時祭典を行いたい旨が記されている。修験道廃止後のため、許可を求める先は変更されているが、周辺地域への通知方法としては、文久の除病祈禱祭でも同様の方法が取られたと推察される。

喜楽院のある大沢村には秋田藩領境の御番所があり、また羽州街道の脇街道で、秋田・本荘・矢島の各藩領をつなぐ本荘街道沿いにある宿場町、そして雄物川舟運の中継地でもあった。本荘街道は支城町である横手と在郷商人が多く住む西馬音内とを結んでおり、大沢村の宿場には本荘商人や、夏には鳥海山や出羽三山に向かう修行者も訪れたという(35)。

　では、帳簿類を元に除病祈禱祭について見ていく。まずはどのような人々が参詣し、喜楽院に祈禱を依頼したのかについてみていく。表2は「御札料神納覚帳」を表にしたものである。史料によれば祭礼期間中の神納料は銭二一〇貫六〇一文、金五両三朱、そのほか白米や白糯米・神酒が奉納された。祭礼そのものは一七日から二三日の一週間だったようで、そのうち神納料が集中しているのは修法が執行された二〇日から二三日である。なお神納料の大半は「疹

表2　祈禱祭における神納料

	銭(貫)	金(両)	穀物
17日〜19日	11.247	0.01	白糯米3斗 御神酒1升
20日	57.2	0.31	—
21日	55.8	1.1	白米1俵2斗1合
22日	33.504	1.01	—
23日	50.127	—	—
外	2.687	2.3	—
惣〆	210.601	5.03	

典拠；「御札料神納覚帳」

軽安衆」の御札料と賽銭箱を意味すると考えられる「御寺銭箱」であり、祈禱依頼だけでなく参拝者も数多くいたことが窺える。特に前述の通り、この時期の大沢村の宿場には商人だけでなく鳥海山や出羽三山に赴く行者らも逗留しており、こうした人々も参拝者の内に含まれていると考えられる。

　さらに祈願者(願主)に注目して除病祈禱祭の実態を見ていく。表3は「大護摩執行辟文控帳」から願主と祈願の内容について一覧にしたものである。これを見ていくと、願主の出自村落は喜楽院の霞である大沢村・上法寺村・矢神村・二井山村を中心に、東里村・深井村・今宿村といった雄物川対岸の村々、下吉田村や横手町などの横手周辺地域、雄物川下流域の杉宮村などとなっている。さらに願主には「由利郡矢島寺田村(36)　治左衛門」や「矢島玉米之内舘前　小松儀兵衛」などの名前もあり、喜楽院の効験が藩領を越えて知られていたことが分かる。

表３　祈禱祭における願主と祭文

願　主	祭文の内容
大沢村肝煎 佐藤長太郎	家門繁昌、疹軽安衆幷悉除諸願満足
大沢村長百姓 佐野吉左衛門	
大沢村長百姓 中村吉三郎	
大沢村長百姓 佐々木佐太郎	
大沢村長百姓 畠山市之丞	
大沢村長百姓 鈴木林八	
大沢村佐々木作左衛門	
岩崎村渡部嘉太郎	
矢神村肝煎佐々木円兵衛	
二井山村　畠山市左衛門	
大沢村肝煎および長百姓６名	惣郷中銘々村中家内安全
矢神村肝煎および長百姓４名	
新町村 肝煎・長百姓	
砂子田村 原順恭	家内安全、疹軽安衆
道地村郷中	火災悉除、疹軽安衆
横手町 渡部八左衛門内	当四十二歳当年平愈
由利郡矢島寺田村 治左衛門	
柏木村郷中	火難消除、疹軽安衆
沼館村 塩田国平	
下吉田村 西田和兵衛	
東里村 佐藤金左衛門	
当所惣若者	
今宿村 小西庄蔵	
深井村 利兵衛	
矢島玉米之内舘前 小松儀兵衛	
大沢坂下村 平三郎	
杉宮村 大野五郎右衛門ほか１名	
下上法寺村 長九郎ほか３名	当年平愈、息災健寿多

典拠；「大護摩執行辟文控帳」

　また祈禱依頼は個人祈禱と共同祈禱とがあり、個人祈禱では肝煎や長百姓などの村役人層や豪農らが占めている。一方、共同祈禱では大沢村・矢神村・新町村・道地村・柏木村・下上法寺村が郷中で祈禱を依頼している。農村において雨乞いや日乞い、虫除など、農耕活動に関する祈禱は、村落の共同祈願が基本であり(37)、それらは村落民らの共同性を確認し合う意味も含まれていた。共同社会を脅かす天候不順や厄災を追い払い日常を取り戻す祈禱依頼をした村々も、そうした思いから喜楽院の効験に縋ったのだろう。祈願内容を詳しく見ていくと、共同祈禱の場合は「惣郷中銘々村中家内安全」と村内の家内安全を祈願するものとなっている。

　しかし個人祈禱の祈願内容をみていくと、祈禱祭の第一義である「疹軽安衆幷悉除」や「疹軽安衆」だけでなく、「家門繁昌」や「火難消除」「当四十二歳当年平愈」までである。個人祈禱の場合には、願主の要望に応じた祈禱を行っていたことが分かる。いずれにしろ、帳簿の末尾に三日間の祭礼で参詣者が五万人あったとあること[38]、賽銭や初穂がかなりの量になっていたことなど、喜楽院の効験への期待の高さを示していると言える。

つづいて寺院経営の観点から除病祈禱を見ていく。表4は「大護摩御初尾・下り御祝儀・御盃礼受納〆高帳」より、祭礼期間中の祈禱依頼件数と初穂料について修法別にしたものである。帳簿には祈禱依頼者名と納められた初穂が記されている。期間中の祈禱による初穂は金四両三分、銭一八貫一〇〇文となっている。

修法別にみていくと、大護摩修行は、表3の依頼者にもあったように、村の共同祈禱や村役人層の個人祈禱などで依頼数は二六件、初穂は金四両一分と銭六〇〇文であった。次に「下り祝儀」と「御盃礼」は霞の村の小前層を中心に、依頼数は合わせて四〇件、銭は四貫余りである。これは修法から日常的な形式の祈禱と考えられる。また「大護摩御面代」は奉面修法のことであり、依頼件数は一一九件、初穂料も金一分と銭一三貫二〇〇文と最も多い。奉面修法の依頼者には大護摩修行を受けた者も数名混在しているが、村役人層から小百姓層まで階層の別なくこの祈禱を受けている。なお祈願者には、両学寺後住の法性院[39]や杉宮村の吉祥院、柏木村の光性院といった近隣の在地修験も含まれており、同業者からも効験が認められていたことが窺える。

次に祈禱祭における支出を見てみる。表5は「大護摩執行諸払覚帳」をまとめたものである。この帳簿は祭礼における諸経費の覚帳である。これによると諸品代が八七貫五三二文、「矢神」「佐七」「親父」へ各三二貫文、「今宿」へ一九貫文、総支出は二〇一貫五三二文とある。

表4　修法別の祈禱依頼件数と初穂料

修法	依頼数	金銭
大護摩修行	26	金4両1分
		銭600文
下り祝儀	22	金1分
		銭3貫400文
御盃礼	18	銭900文
大護摩御面代	119	金1分
		銭13貫200文
合計		金4両3分
		銭18貫100文

典拠；「大護摩御初尾・下り御祝儀・御盃礼受納〆高帳」

表5　祈禱祭における諸経費

費目	銭（貫）	備考
諸品代	87.532	
矢神へ	32	
佐七へ	32	金5両の代として
親父へ	32	金5両の代として
今宿へ	19	諸品代として
合計	202.532	

典拠；「大護摩執行諸払覚帳」

なお「矢神」とは喜楽院の霞である矢神村の肝煎佐々木円兵衛を、「親父」は両学寺永眉を、「今宿」は今宿村小西家を指すと考えられる。今宿村小西家は同村の肝煎家で、宝暦四年（一七五四）の銀札仕法では札元の一人に任命されたほどの豪農である。当時、小西家には快需の娘が嫁いでおり、喜楽院とは婚姻関係にあった。

さて表2でみる通り祈禱祭における神納料は二一〇貫六〇一文であるから、帳簿上ではこの祈禱祭による金銭的利益は無かったと言える。それどころか祈禱祭終了後、「矢神」や「親父」「今宿」に金銭を返済していることから、喜楽院は祈禱祭の執行にあたり、霞だけでなく親類縁者からも金銭的援助を受けていたことが推察される。

また「諸品代」の具体的品目については割愛するが、この時に購入された品々は野菜や魚、味噌や醤油といった食品関係が多くを占め、期間中には七兵衛という人物に「料利両手間代」を支払っていることから、祈願者に食事を接待したこと、上法寺村[40]の者が祈禱祭を補佐していたことが窺える。また諸経費の中には「喜宝院へ馬沓代」として一〇〇文、「三光院へ謝礼」として一貫二〇〇文を計上している。ここに出てくる喜宝院は、寛文年間に喜楽院の内弟子であった三学院龍清が喜楽院より独立して創建された修験寺院で、喜楽院はこの寺院のことを「分家（あるいは別家）」として扱っている。三光院も同じく修験寺院である。帳簿の記載から喜宝院と三光院も祈禱祭にたずさわった可能性がある。

三　文久三年の除病祈禱祭

喜楽院の祈禱祭は文久三年（一八六三）にも行われた。しかし文久二年の除病祈禱とはやや事情が異なっている。

〔史料6〕(41)

覚

雄勝郡
大沢村
上法寺喜楽院

右者守護社金峰山開扉、当廿三日より同廿五日まで免許

文久三年亥六月日　　寺社奉行所

右願之通被仰付候、以上

合　印

史料は「御用日記」の抜粋である。史料には寺社奉行所の合印があり、文久三年六月二三日から二五日までの三日間、金峰山蔵王権現の開扉が寺社奉行所より許可されたことが分かる。なお開扉中には大護摩祈禱も行われたようで、「大護摩執行辟文控帳」にその時の祭文が残されている（表6）。これによると祈願内容は「郷中安全」が主で、前年の除病祈禱祭の主たる祈願内容である「麻軽安衆」は見られない。また祈願依頼者の出自村落も、霞である大沢村・矢神村・新町村・二井山村のほか、大沢村長百姓佐野吉左衛門、喜楽院の縁戚である今宿村小西庄蔵、東里村塩田忠

表6　文久3年6月23日～25日の祈禱祭文

願　主	祭文内容
大沢村	郷中安全
矢神村	郷中安全
二井山村	郷中安全
(小檀那)梅津小太郎殿	記載なし
今宿村 小西庄蔵、菊治	記載なし
大沢村 佐野吉左衛門、吉太郎	記載なし
新町村	郷中安全
三ヶ村肝煎幷長百姓	郷中安全
東里村 塩田忠兵衛	記載なし

典拠；「大護摩執行辟文控帳」

兵衛などであり、範囲は限定的であることが分かる。

由緒類を見ると喜楽院の村祭は毎年五月下旬から六月上旬にかけて行われており[42]、村祭とは異なる性格の祭であることが窺えるが、詳細は不明である。ただし喜楽院では同年一一月より「御本社再建」のためとして「両徳講」と称する無尽講を結んでおり、開扉も本社再建事業の一環であることが推測される(詳細は第三部第二章を参照)。しかし前年の除病祈禱のような「熱狂」や広範囲に渡る祈禱依頼者の分布は見られない。つまり表6にあらわれる村々がいわゆる喜楽院の日常の「信仰圏[43]」であることが分かる。

さて、開扉と同時期、喜楽院はもう一つ祭礼執行を寺社奉行所に願い出ている。

〔史料7[44]〕

口上

愚院守護社金峰山蔵王権現宝物之内、老翁面壱面有之、此面之儀者前年弁慶東国下り之節彫刻仕、奥州従衣川舘奉納ニ罷成、于今当山ニ所持仕候、然者元和年中、右面を老翁舞ニ相用ひ、氏子之もの共愚院於先祖、表六番裏六番合十弐番獅子舞番楽相教ひ、于今相続罷在候、然所右面を疱瘡守護之面と相称し、疱瘡前ニ立願仕候もの数多有之、疱瘡平癒相済候節者立願果として、他村迄も被相招番楽興行仕候間、御障も無御座候ハヽ、何卒御免許被仰付、御印証頂戴仕度奉願候、右願之通被仰付被下置候ハヽ、愚院始氏子幷立願之もの共一流難有仕合奉存候、

右之趣宜様被仰上被下度奉存候、已上

文久三年亥六月　　　　　　　　上法寺喜楽院

寺社奉行処

史料は文久三年六月に出されたもので、金峰山蔵王権現宝物の一つである老翁面の由緒と、喜楽院に代々伝わる獅子舞番楽について書かれている。ここでは老翁面を「痘疹守護之面」と称し、麻疹や疱瘡などの疫病が流行する前に祈禱して欲しいという立願が多いと述べている。そして疫病平癒が叶った際には、立願成就として他村も招いて獅子舞番楽を執行したいので永免許を得たいとする。ここでいう老翁面とは、おそらく先の除病祈禱祭の際に奉面修法に用いられた面のことであろう。

史料によると、喜楽院には元和年中より老翁面を用いた獅子舞番楽が伝わっており、先祖が氏子に教え、彼らによって継承されていることが記されている。ただし上法家文書の中で、獅子舞番楽についての記述が見られるのはこの口上のみであり、由緒書などに番楽の存在を示す記述は無い。また現在の金峰神社（喜楽院）にも番楽は伝わっていない。

そこで喜楽院快需・大泉院快晃の実家である両学寺をみてみると、興味深い史料が残されていた。

〔史料8〕(45)

覚

拙寺別当社聖徳太子獅子舞番楽之儀、往昔推古天王三年之頃、右太子諸国巡行之砌、御休息被遊候処ニ而誓ひも有之、太子の日、我御影末世ニ垂、有縁之者救給ふとの御遺言も御座候故、御影所と申罷在候所、大同年中、田村将軍下向之砌、右社江被致御祈誓、諸願満足仕候ニ付三間四面之御堂再建仕、音楽伝授為致、久々之内連綿神事法楽仕候所、正嘉年中、大和国法隆寺ニ有之候調子丸念持仏、如意輪観音因告ニ、現真法師下向仕右観音尊像幷宝物開帳仕候、其節行基開作還城楽之面壱ツ当社江奉納罷在候、右品ハ悪病退散疱瘡安全之面ニ御座候、右面ニ元附、天正年中迄ハ神事之節ハ御供修行仕候事聞伝も有之候、然処其末拙寺先祖二代目両学寺永栄法印、大谷村之者江指南仕、楽着幷供道具相用、古風相学ヒ、獅子舞番楽表六番裏六番十弐番ニ相定修行仕候、従夫流布仕、右面を根本ニ用ひ申候、然者右面江悪病退散疱瘡安全之立願仕候者数多有之、殊ニ立願果として他村へ被招候事抔有之、是迄ハ夫々ニいたし罷在候得共、見物之者も有之候間、別紙書裁之通御免許被仰付被成下度奉願候、右之趣宜様被仰上被下度奉存候、以上

嘉永五年子二月　　両学寺

史料は、嘉永五年(一八五二)に両学寺永眉によって記された覚書である。これは寺社奉行所に対し、獅子舞番楽の由緒と番楽開催の永免許を願い出たものである。なお同内容の史料は安政年間にも記されており、そちらは一切経建立志願のための番楽として三年間の永免許を得ている。(46)史料によると番楽に用いられる面は、行基が彫った「還城楽面」という面であり、この面が悪病退散・疱瘡安全の効験があるとされている。また天正年間には両学寺が霞村である大屋新町村の者らにこの面を用いた番楽を指南し、以後連綿と伝わっているとある。

「悪病退散疱瘡安全」の面の存在、そして獅子舞番楽を執行したことなど、内容に多少の差異はあるものの、喜楽院の獅子舞番楽の事例と酷似している。このことから喜楽院の文久三年の「疱瘡守護之面」の開帳と獅子舞番楽の興行計画は、両学寺のそれになぞらえたものであると考えられる。更に言えばもともと喜楽院に獅子舞番楽は無かったが、永免許を受けるために番楽の由緒を創作した可能性があるということである。

この喜楽院の動向は、言うまでもなく前年の祈禱祭に人々が参集した様子を受けてのものであろう。疫病や飢饉など自然災害による社会不安は、人々を信仰へと向かいやすくする。除病祈禱祭を、人々の参集が期待できる獅子舞番

楽という形で伝統化させたいという、喜楽院の寺院経営的志向が窺える。しかし喜楽院の願書には、寺社奉行所からの合印は無く、獅子舞番楽の永免許は下りなかったとみられる。

近世期、寺社が開帳や番楽を実施するには寺社奉行の許可を得なければならない。しかし永免許を得ればその手続きの必要が無くなるだけでなく、藩権威によってその祭礼の正当性が保障されることになる。喜楽院に永免許が下りなかった理由については、まず職格の違いが考えられる。番楽の永免許を得た両学寺は修験大頭職にあった。一方、喜楽院は元禄年間に修験大頭職を勤めて以降、寺格はあったが長くその職には就いていなかった。無論、領内の治安悪化を憂慮する藩政的な事情もある。

当該期、幕藩権力は村同士の結合や集団化に伴う治安悪化を憂慮していたと言われている。[47] 実際、秋田藩でも文久三年七月、盆中に男女が大勢で盆踊りを催し、遠方からも人々が参集していること、外町を真似て三味線を用いるなど風俗が乱れている[48]として盆踊りに対する規制を強化している。ここでの規制対象は盆踊りだが、獅子舞番楽の興行となれば、鉦や太鼓などの鳴物を用いるし、近隣から村人が参集することは明らかである。

また前節でも述べた通り、秋田藩では藩の役人だけでなく、村落医療に従事した菅原源八のような村の知識層や上層農も、疫病に関する正確な知識を持っていた。こうした脱呪術化した疫病観が領内の村落まで広がりつつある中で、祈禱による除病・治病を謳う祭礼の創出は、藩には俗信的なものとして映ったのかもしれない。とはいっても、藩も在村知識人も医療で解決できない以上、疫病流行に際して民衆が除病祈禱に期待を掛けることを止めることはできなかった。こうした状況のなかで修験は、幕末維新期を通じて自らのアイデンティティをかけた模索を続けていたのであり、喜楽院の行動もその一つだったのである。

おわりに

以上、近世後期秋田藩領の疫病発生状況と疫病発生時における藩の医療対策、そして領民の疫病観について検討した。また文久二年(一八六二)、三年の上法寺喜楽院の除病祈禱祭の分析を通じ、地域民衆の喜楽院に対する信仰の様相と在地修験の動向について論じた。

近世後期、秋田藩では麻疹・傷寒・暴瀉病などの疫病がたびたび発生した。藩では「仁政」として売薬統制や医学館を中心とした医療体制を整備し、施薬や治療にあたった。一方、村落では上層農らがその知識をもって医薬治療にあたった。こうした医療に携わる上層農や知識層には、疫病について当時の医学書などに基づく正確な情報を得ている者もいたが、領民の大半は、疫病は「神の付て廻るもの」という疫病観を持っており、修験や陰陽師の行う呪術的祈禱も治療手段の一つと捉えていた。

文久二年、秋田藩領は前半に麻疹、後半に暴瀉病が流行し、多くの領民が罹患、死亡した。そうしたなか喜楽院は柴燈大護摩修行・奉面修法からなる除病祈禱祭を実施した。祭礼期間中は、近隣の在地修験が手伝いとして参加しており、一寺院で実施する祈禱としては規模の大きい祭礼となった。

祈願者は、喜楽院の霞や近隣村落を中心に生駒領や本荘藩領の者もいた。霞や近隣村落は村単位で「疹軽安衆」を共同祈願する一方、上層農らは個人祈願も依頼していた。なおその際の祈願内容は「疹軽安衆」だけでなく「家内安全」や「火災消除」など多岐に渡り、喜楽院が除病だけでなく各個人の生活に根差した宗教的希求にも丁寧に応えていた様子が窺える。ただしこの信仰的動向は、麻疹流行という非日常的な事態から生じたことであったようで、翌文久三年の除病祈禱（大護摩修行）における祈願者は、霞と近隣村落に留まっている。疫病という非日常的な事態、死の恐怖が、喜楽院の効験と除病祈禱祭の情報を広範囲に拡散させたと言える。

近世後期は、民衆の現世利益的欲求に応え民間宗教者が活発に活動した時期でもある。本章では、喜楽院が文久三年に永免許の取得を企図した獅子舞番楽についても取り上げた。史料には獅子舞番楽が代々氏子によって伝承されていることが記されていたが、同家に伝わる獅子舞番楽に関する記述はこれのみであった。このことから本章では、喜楽院が実家両学寺に倣い、新たに獅子舞番楽の伝統を創り出そうとしていたと結論づけた。結局、永免許の取得は喜楽院の職格が理由となってできなかったとみられるが、この一件は、地域社会における救済機能としての役割を果たすことで、民間宗教者としての存在意義を示そうとする志向と、新たな由緒を創出して除病祈禱祭によって集まった民衆からの信仰を維持し、霞の範囲を越えた宗教活動を展開しようとした喜楽院の宗教的意図という両面が見られる事例である。

最後にその後の秋田藩の在地修験について補足しておく。本章の「はじめに」でも述べた通り、近世後期、雄勝・平鹿郡地域の在地修験は両学寺を中心に共同で、藩の安泰と藩主家の武運長久・子孫繁栄を祈願する祈禱祭や勧進活動を計画、執行している。こうした在地宗教者の集団化は在地修験以外にも見られ、特に神職は文化八年（一八一一）、社家大頭大友直枝[49]が藩校和学方に対し、「神職の教育機関の充実化」を上申した。また天保一三年（一八四二）に秋田に帰藩した平田篤胤が設立した国学塾「気吹舎」[50]によって藩領内で平田国学が隆盛し、神職は国学イデオロギーを基礎として集団化した。こうした在地宗教者の集団化の傾向に対し、藩は在地宗教者を有事の際における軍事力の一端として徴用することを目論み、領内宗教者調や霞状の交付など在地宗教者の組織統制を行った。神職は藩の政策に協力姿勢を示し、戊辰戦争時には旧社家大頭守屋家を中心に「承神隊」[51]を結成、参戦している。

こうした幕末維新期の危機のなかで、両学寺を中心とする雄勝・平鹿・仙北郡の在地修験は、藩の宗教者統制の枠組みを越えて集団化し、協同で祈禱を行うことで民間宗教者としての役割を果たそうとした。そうした視点から、除病祈禱祭や開扉、獅子舞番楽における由緒創出を捉えると、これらの行事も喜楽院一寺院だけのことではなく、当該地域の在地修験のアイデンティティの再確認という流れの沿線上にあると位置づけられるのではないだろうか。

註

(1) 大橋幸泰『近世潜伏宗教論─キリシタンと隠し念仏』(歴史科学叢書、校倉書房、二〇一七年)、伊藤忠士『「ええじゃないか」と近世社会』(校倉書房、一九九五年)など。
(2) 村上重良『国家神道と民衆宗教』(吉川弘文館、二〇〇六年)ほか。
(3) 桂島宣弘『幕末民衆思想の研究』(文理閣、二〇〇五年)。
(4) 宮田登『はやり神と民衆宗教』(吉川弘文館、二〇〇六年)。
(5) 海原亮『近世医療の社会史─知識・技術・情報─』(吉川弘文館、二〇〇七年)ほか。本章で取り上げる秋田藩領の医療政策に関しては、菊地保男「幕末から明治十年代にかけての秋田のコレラ対策」(『秋田県立公文書館研究紀要』一四号、二〇〇八年)、藤本大士「近世後期の秋田藩による医療政策の展開」(『日本歯科医史学会誌』三〇巻二号、二〇一三年)などがある。
(6) 細野健太郎「一八世紀における村社会と医療」、長田直子「江戸近郊農村における医療─一八世紀多摩地域の医療を中心として─」(いずれも『関東近世史研究』六二号、二〇〇七年)など。
(7) 加藤光男「文久二(一八六二)年の麻疹流行に伴う麻疹絵の出版とその位置づけ」(『埼玉県立文書館紀要』一五号、二〇〇二年)。
(8) 正士梓「近世村落における疱瘡と人々」(『駒澤大学大学院史学論集』三七号、二〇〇七年)。
(9) 高橋敏「幕末民衆の恐怖と妄想―駿河国大宮町のコレラ騒動―」(『国立歴史民俗博物館研究報告』一〇八号、二〇〇三年)。
(10) 筑後則「幕末期における疫病観と民衆―安政五年コロリ流行を中心に―」(『法政史論』二三号、一九九五年)。
(11) 宮本袈裟雄『里修験の研究』(岩田書院、二〇一〇年、一八三頁。初版一九八四年)。
(12) 宮本袈裟雄『里修験の研究』(岩田書院、二〇一〇年、四三頁。初版一九八四年)。
(13) 鯨井千佐登『境界の現場―フォークロアの歴史学』(辺境社、二〇〇六年)。
(14) 高橋敏「幕末民衆の恐怖と妄想―駿河国大宮町のコレラ騒動―」(『国立歴史民俗博物館研究報告』一〇八号、二〇〇三年)。
(15) 田中秀和『幕末維新期における宗教と地域社会』(清文堂出版、一九九七年)。
(16) 今村義孝・高橋秀夫編『秋田藩町触集』全三冊(未来社、一九七一年~七三年)。
(17) 三好貴子「地方への牛痘法伝播の一事例―秋田院内銀山における医師門屋養安の場合―」(『橘史学』二三号、二〇〇九年)。
(18) 今村義孝・高橋秀夫編『秋田藩町触集　上』(未来社、一九七一年、三三四頁)。
(19) 金森正也『藩政改革と地域社会―秋田藩の「寛政」と「天保」』(清文堂出版、二〇一一年)、および半田和彦「秋田藩、富山売薬を排除」(『秋大史学』五二号、二〇〇六年)ほか。半田氏によれば、秋田藩における売薬統制の当初の目的は、薬取扱商人を限定し運上金を徴集すること、御国産薬草栽培を明徳館経営の財政基盤とすることであったという。しかし医学館薬草園の利益はあくまで官に帰するものであって民衆に格別の利をもたらすものではなく、また秋田藩領内における在村医療が飛躍的に発展したといった影響を及ぼすこともなかったと指摘している。

(20) 金森正也『藩政改革と地域社会―秋田藩の「寛政」と「天保」』(清文堂出版、二〇一一年、一〇二頁)ほか。

(21) 今村義孝編『秋田藩町触集　下』(未来社、一九七二年、四四一頁)。

(22) 今村義孝編『秋田藩町触集　下』(未来社、一九七二年、四四二頁)。

(23) 小野武夫編『日本農民史料聚粋　第八巻上』(酒井書店、一九七〇年、一一七頁。初版一九四三年)。

(24) 「菅原源八随筆集」の一つ。安政三年(一八五六)に大久保村の肝煎を退いて後、明治一一年まで数々の随筆を執筆した。随筆には近世後期から明治初期にかけての南秋田郡農村の情勢や風俗などが記されている。『日本農民史料聚粋』第八巻上下に所収。

(25) 小野武夫編『日本農民史料聚粋　第八巻上』(酒井書店、一九七〇年、一一〇頁。初版一九四三年)。

(26) 澤登寛聡は、一七世紀から一八世紀は呪術と医療が綯い交ぜとなった呪医の段階から医療が次第に脱呪していく過渡期社会であったと指摘している(シンポジウムコメント「細野健太郎・長田直子両氏の報告に寄せて」『関東近世史研究』六二号、二〇〇七年)。また筑後則は、安政年間のコロリ流行に関する検討において、一九世紀中頃であっても流行病についての正しい知識を持っていた人々は、幕府・諸藩の医官・蘭方医など極めて少数の人々に限られていたと指摘している(筑後則「幕末における疫病観と民衆―安政五年コロリ流行を中心に―」『法政史論』二三号、一九九五年)。

(27) 『故事・俗信ことわざ大辞典』(小学館、二〇一二年、一二三八頁)。

(28) 上法家文書。なおこの史料は文化年間に家老を勤めていた梅津与左衛門よりの書簡類とともに束ねられていた。このことから史料は近世中後期であると推定される。

(29)『横手市史　史料編　近世2』(横手市、二〇〇九年、四一〜七五頁)。
(30)正士梓「近世村落における疱瘡と人々」(『駒澤大学大学院史学論集』三七号、二〇〇七年)。
(31)『近世庶民生活史料　未刊日記集成　第二巻　門屋養安日記　下』(三一書房、一九九七年、二四六頁)。七月一三日の記事に「一、兵太も麻疹の下地ニて、寝たり起たり」、また七月一九日の記事に「一、寅吉女房葬式、重品々遣、濁り三升、麻疹病ニて誰も不参」とある。
(32)上法家文書「大護摩執行辟文控帳」。
(33)現当主上法快晴氏よりの聞き取り調査による。
(34)上法家文書「神官教導布告達願伺届纏」。
(35)『大沢郷土史　資料第一輯』(雄物川町大沢地区公民館、一九六二年)。
(36)生駒領の由利郡寺田村を指すか。
(37)宮田登『はやり神と民衆宗教』(吉川弘文館、二〇〇六年)、鯨井千佐登『境界の現場―フォークロアの歴史学―』(辺境社、二〇〇六年)ほか。
(38)上法家文書「大護摩執行辟文控帳」。
(39)上法家文書「御用日記」に記されている、両学寺が当山派役人甲村阿波守に宛てた書状写しの中に「後住法性院幷ニ三男実性院御厚情之御取扱…」という一文がある。文久二年当時、神原永眉の長男「法性院」は両学寺の後住、次男快晁が喜楽院後住、そして三男は「実性院」として他家に養子に入っている。
(40)上法寺村の人々は喜楽院での祭事や日々の農作業などにおいて喜楽院を補佐しており、明治期以降は上法家の「別家」として安部姓を名乗っている。

(41) 上法家文書「御用日記」。
(42) 上法家文書「明治十二年日記要集録」。
(43) 一般的に「信仰圏」の指標は、御師や修験らが護摩札を配札する檀家の分布や、参詣講の講員分布、勧請された寺社やその記念の石碑の分布状況などによって把握される。喜楽院では文久三年から明治二年にかけて「両徳講」と呼ばれる寺社講を組んでおり、表6に挙げられている村々が講員となっている。このことからこの村々は「喜楽院の信仰圏である」と定義できると考える。なお「信仰圏」の定義については、岩鼻通明『出羽三山信仰の圏構造』(岩田書院、二〇〇三年)および、松井圭介『日本の宗教空間』(古今書院、二〇〇三年)などを参照のこと。
(44) 上法家文書「御用日記」。
(45) 栄神社文書「上」。旧在地修験寺院両学寺が明治初年の神仏判然令後、総鎮守栄神社と改称。
(46) 『横手市史　史料編　近世2』(横手市、二〇一〇年、四一九頁)。
(47) 安丸良夫『近代天皇像の形成』(岩波書店、一九九二年、七四～八七頁)、宮田登「民間信仰と政治的規制」(『日本宗教史論集　下巻』吉川弘文館、一九七六年)ほか。
(48) 今村義孝・高橋秀雄編『秋田藩町触集　下』(未来社、一九七二年、四四七頁)。
(49) 天明五年生まれ。文化年間に松坂に遊学し本居宣長の没後門人となる。文化八年(一八一一)に社家大頭に就任、翌年には平田篤胤の門人となった。藩校明徳館和学取立係の傍ら家塾を開き国学を指導した。なお詳細は佐藤久治『秋田の社家と神子』(秋田真宗研究会、一九七九年)を参照のこと。
(50) 天野真志「幕末平田国学と秋田藩—文久期における平田延太郎(延胤)の活動を中心に—」(『東北大学大学院文化研究科東北文化研究室紀要』五〇集、二〇〇八年)、同「王政復古前後における秋田藩と気吹舎—慶応四年の「内勅」をめぐる政治背景―」（平川新編『江戸時代の政治と地域社会』第一巻、清文堂出版、二〇一五年）。

（51）秋田県立博物館蔵「守屋家資料」に「承神隊」に関する史料があり、部隊編成に伴い砲撃訓練を行った記録などがある。

第三章　幕末期の在地宗教者の活動と集団化

はじめに

本章は、近世中後期から幕末維新期にかけてみられる在地宗教者の集団化の経緯と、集団の指導者的存在となる有力在地宗教者の活動について見ていく。

宗教社会学の分野において宗教集団論には、これまでに数多くの研究成果が存在する。[1] しかしこれら検討の大半が、ウェーバーの時代より提唱されているチャーチ(Church)・セクト(Sect)という二元的な捉え方を踏襲したものであった。これは欧米の宗教社会学者が、キリスト教社会を検討の基軸として考察してきたためであり、これをそのまま日本の多様な宗教社会に当て嵌めることは不可能である。[2]

また近年、社会学においても構造論的アプローチから、前近代社会から近代社会へと移行する中で、社会集団がいかに変質していくのかを捉えるという研究が行われているが、[3] こちらも日本の近代化の過程と照らし合わせることは難しい。それは日本では欧米社会のように、身分社会や共同体といった「前近代的中間集団」から解放された個人が、新たな「近代的中間集団」(組織・組合)を形成するという動きが活発でなかったためである。近世日本は身分と地域社会が一体であり、身分制が解体しても、地域社会が機能している以上、「個人」という考え方の素地は充分にできなかった。しかし社会学で言うところの「近代的中間集団」の萌芽と位置付けられる動きが全く無かったわけではない。

塚田孝は、一八世紀後半から一九世紀の大坂の被差別民の事例から、担ってきた職を通じて自身の身分的位置付けを脱しようとする動きがあると評価している[4]。また奥村弘も「行政」的職能の拡大を受けて、職能集団が身分的特権の強化と新たな身分の創設を構想するという事態は、被差別民だけでなく当該期の身分的中間層にも生じるとし、近世後期に見られる「地域リーダー」の出現を「新たな身分」の形成という視点からも捉えられると指摘している[5]。

なお、近世中後期から幕末維新期に見られる在地宗教者の集団化も、こうした職能集団による「身分的特権の強化」という観点から捉えることができる。靭矢嘉史は、近世後期に武蔵国の独礼神主層が、幕府支配体系下での待遇を背景に集団化し、幕府に権威を求めた身上がり志向を見せることを明らかにした[6]。また小野将は、当時神職の間で隆盛した国学に焦点を当て、イデオロギー面から在地神職の集団化を検討している。小野は、遠江地域の在地神職が編成した「草莽隊」について取り上げ、国学的思想が集団化の基礎となっているとしつつも、動員を掛けるにあたり作用したのは神職集団内のヘゲモニーの力量や、指導者による「神職相続」論理を掲げての恫喝的宣伝であったとしている[7]。

このように神職集団の形成過程には、由緒や幕府権威との親疎を背景に、同業者や他の宗教集団との間に身分的な差別化を図りたいと志向する場合、あるいは幕末維新期という流動的時代の中で、家産・家職の存続のために協同するといった経緯があることが明らかになっている。しかし在地神職以外の在地宗教者の場合はどうであったのか、また集団化した宗教者がどのような活動を展開していたのかといった具体的な検証は充分ではない。

そこで本章は、近世後期の秋田藩を事例に、在地修験・神職の各集団が形成されていく過程と、具体的にどのような宗教活動を展開したのかについて明らかにしていく。また集団形成の過程で指導者的存在となる有力在地宗教者の活動や思考についてもあわせて検証していく。

一　在地修験の集団化

明治維新期の在地修験の動向について柄澤行雄は、社会の流動性が著しい時期において一山を纏め上げる政治的リーダーの持つ役割の重要性は無視できないとし[8]、指導者となる有力在地宗教者の存在を評価している。そこでまずは対象となる平鹿・雄勝地域において、その役割を果たした在地修験の両学寺を例に、指導者的立場を確立していく過程と、在地修験集団の具体的な活動についてみていくことにする。

1　大屋新町村両学寺と修験集団の形成

両学寺（現、総鎮守栄神社）、は、平鹿郡大屋新町村（現、横手市）の修験寺院である。山号は吉祥山、当初は院号両学院を称し、寛政期以降、両学寺と称するようになった。由緒書をみると当該寺院の創建は永禄年間とあり、近隣の修験寺院の中では比較的新しい寺院である。また当寺より初めて修験大頭が輩出されたのも文化八年（一八一一）であり、両学寺は近世期に急成長を遂げた修験寺院であったと言える。そうした中でも、特に両学寺の活動が活発になるのが修験大頭となった一〇代住持永鐐から、その孫の一二代住持永眉の時代である（序章表2を参照）。まずは両学寺が雄勝・平鹿の在地修験の中から、指導者的存在へと成長していく過程について見ていく。

一〇代永鐐・一一代永龍が住持を勤めていた享和期から弘化期は、秋田藩九代藩主義和の藩政改革によって藩主主導の政治体制が再構築されたものの、一〇代藩主義厚の時代に入り、天保飢饉による農村荒廃、飯米不足に、藩は効果的な打開策を打ち出すことができず、領主支配は危機的状況に陥っていった時期である。こうした時期にあって両学寺は、「貧院救助」として藩に献金を行い、その賞として藩より修験大頭格・寺社奉行直支配の寺格を、また醍醐寺三宝院より格院別納格を得た。(9)

また同時期の天保一一年（一八四〇）、両学寺は雄勝郡の修験寺院喜楽院と縁戚関係と結んでいる。当時、喜楽院は修験大頭や頭襟頭といった役職には就いていなかったが、由緒・寺格ともに両学寺より上格にあった。これ以降、両学寺は喜楽院を通じ、雄勝・平鹿一帯の在地修験寺院と関係を持つようになり、次第に両学寺を中心とする修験集団が形成されていった。その第一歩となったのが弘化四年（一八四七）、喜楽院快需の養父喜楽院快定の一派引導であった。葬儀では、大導師両学寺永龍のもと、雄勝郡の在地修験が協同で一派引導を執行している。(10)このことから、一一代永龍の時点で両学寺は、雄勝・平鹿の修験集団において指導者的地位を確立していることが分かる。

この時期の両学寺は、当該期の当山・本山両派が志向した「修験宗」の確立を体現するようなものであったが、(11)活動にあたり両学寺が心掛けていたと思われるのが、修験道に関する訴訟や幕府の裁許などの情報を収集・把握するということであった。(13)両学寺では役職に就く以前から、文化一〇年の修験帯刀一件(12)や文政一二年（一八二九）に武州で起きた神職と修験の出入とそれに対する幕府の裁許など、訴訟の経緯や幕府と本山との遣り取り、顚末に関する記録の筆写を取り寄せ、それらを保管している。こうした地道な情報収集活動も、両学寺を指導者的立場へと推し上げる成因の一つであったと言えるだろう。

2　両学寺永眉の寺院経営と宗教活動

次に永眉の寺院経営と、同人が在地修験集団の指導者的存在として活動していく様相について見ていく。当該地域で在地修験集団が最も活発に活動したのは、一二代永眉の時代であった。由緒書によれば、永眉の生年は文化五年（一八〇八）、一七歳の時から十数年、醍醐寺三宝院で修行し、秋田に帰国したのは天保期頃と推察される。

永眉が帰国した当時の両学寺は、天保一五年（一八四四）に父永龍が修験大頭に就任、修験道一派引導を通じ、雄勝・平鹿の在地修験の中で指導者的立場を確立していた。その後、嘉永四年（一八五一）、永龍の死去に伴い永眉は寺跡を相続、一二代両学寺住持となった。永眉の宗教活動も父永龍の路線を引き継ぎ、近隣の在地修験との協調を重視するものであったが、なかでも永眉が重視したのが、護摩祈禱や堂社建立のための勧進など、在地修験同士が協同で行う宗教行事の計画・実行であった。

近世後期、秋田藩は度重なる災害や疫病の流行により、農村荒廃は一層厳しさを増していた。また天保四年には津軽沖に異国船が現れ、男鹿をはじめとする湾岸の警備が強化されており[14]、世情は不安定であった。そうした内憂外患の中で、領民の信仰的欲求と在地修験に対する期待は高まっていた。これを永眉は、在地修験の存在意義や存在価値を藩や地域社会に示す好機と捉え、様々な宗教的行事を構想したと推察される。

嘉永六年、修験大頭就任を契機に永眉は仙北三郡（仙北・雄勝・平鹿）の在地修験寺院と共に様々な宗教活動を展開していく。以降、両学寺が主導した宗教行事とその計画について見ていく。

(1)長日護摩堂修行計画

〔史料1〕[15]　口上

此度愚院共三拾七ヶ院別紙之通願有之、護摩堂建立仕、右修法勤行仕度御座候得共、備等も無之、其儀ニ及兼候

間、当時両学寺別当社太子堂へ廻、続縁ニいたし、当四月中より向七ヶ年、毎月二夜三日、三十七ヶ寺衆会仕、護摩修行仕度候間奉願候、御障も無御座候ハヽ、御憐愍之御沙汰ヲ以何卒願之通被仰付被下置候様奉願候、且又追々備等満足仕候上ハ、永久日護摩仕度奉存候、

右之趣宜様被仰上被下置度奉存候、以上

安政五年戊午三月

三十七ヶ院惣代　大谷村　両学寺

大森村　大森寺

明沢村　光明院

表1　護摩修行惣入料見込覚

品	入料(両)
白米180俵	30
大豆糀塩代	10
焼炭薪	20
野菜	3
水油	25
蝋燭料	10
紙類品々	15
沈香品々	15
護摩木	5
五穀	5
薬種諸品	30
榼幷諸品	3
塗香	10
准提香	5
松	0.25
神供菓子	55
金子都合241両1歩	
長日護摩寮 常人数30人	

典拠；「長日護摩堂修行記」

安政五年(一八五八)三月、両学寺は「奉為一天泰平四海静謐、奉為屋形様御武運長久御寿命御延栄、為御国家安全五穀豊穣、為願主施家門繁昌願望成就」のため、境内に長日護摩堂の建立と、雄勝・平鹿・仙北三郡の在地修験寺院三七ヶ寺院共同の柴燈大護摩修行と大般若経転読修行の執行計画を、寺社奉行所へ提出した。計画の惣代は当時大頭職を勤めていた両学寺と、大森村大森寺、明沢村光明院である。祈禱は当初、安政五年四月から七年間、柴燈大護摩修行と大般若経転読を毎月三回、二夜三日行う計画となっており、その際に掛かる費用の見積りも詳細に記載されている(表1)。

これによると、柴燈大護摩修行と大般若転読修行に携わる僧侶は三〇人、金子は都合二四一両一歩と見積もられて

いるが、「右者年中入用見詰ニ御座候、護摩堂建立并修復等ハ別ニ相懸り申候」とあり、堂社建立費用は別途掛かるとしている。この莫大な経費を調達する方法として、両学寺らは以下の方策を提示している。

〔史料2〕(16)

一①村々空地其村方ト篤与示談之上、漆木或ハ桐木・杉木類取立ニ相成、場所向五十ヶ年備用仕取上申度事、但し右木成木ニ相成砌、双方立会右木品売払料金四ツニ割仕、其一ツハ備村江地代として差出、又其一ツハ植仕付并見継致候ものへ辛労免ニ差出申度、同二ツ之分ハ日護摩備ニ仕度、直々其村方江蔵元相立右金銭預置、右利足八朱ニ相定毎年受取、其分を以護摩修行相続仕度候

一②壱ヶ村漆木千本、都合取立ニ相成候砌、右成木七ヶ年ニ壱度宛売払申事、但漆木壱本ニ付卞銭百文払之見込、都合百貫文之内弐割分ハ前条之通護摩備ニ仕度候

　但仙北三郡ニ而百ヶ村之見込

一③百ヶ村前条之通漆木取立候へハ、都合拾万本　但壱本百文宛売払候見込

　正銭壱万貫文

　内五千貫文　　護摩備

　内五千貫文　　地代辛労免分

　　但七度満足仕候へハ宜敷、凡備之分斗三万五千貫文

右之通、向五拾ヶ年之内七ヶ度売払之跡者、符人地ハ其主ニ相返し、郷地ハ其村方へ相返し申度、為其堅く証文為取替相極置申度候、以上

史料によれば、まず三七ヶ寺院の在寺村落にある空き地に漆や桐・杉を植え、むこう五〇年間備用として取り立て

る旨を交渉するとある。そして木々が成木になった際には、修験・村側双方立ち会いの元で売り払い、代金の半分は村への地代と木々の管理者への辛労免に宛てること、また残りの半分は村方に預け、蔵元を立てて（講などで）金銭を運用させ、その利息八朱を護摩修行の費用に充てること、とある（①）。また漆木を一〇〇〇本植えた場合には、七年に一度、一本につき銭一〇〇文程度で売り払い、代金の半分を護摩修行の費用として備える（②）、そして借用した五〇年のうち七回成木を売り払った後は、その土地を持主や村方に返すとしている（③）。

この両学寺らの提案に対し、寺社奉行所からの許可が出たのは万延二年（一八六一）であった。

〔史料3〕[17]

証文

大谷村　両学寺

右者、別当社聖徳太師堂境内江護摩堂造立致候ニ付、月々二夜三日修行、且又年々四月十三日より同十五日迄、八月六日より同八日迄、三拾六ヶ院衆会之上、為　御国家安全　御武運長久　御寿命延長、五穀豊熟、柴燈大護摩永久修行致度志願之所、諸事備向一々自力ニ而金備ニ及兼候ニ付、信心之方江供米袋相頼、右余勢を以備立置度御願、格別吟味之上雄勝平鹿両郡壱ヶ年壱巡宛、当酉年より来ル亥年迄三ヶ年中令免許候、押而勤候儀、可為停止者也

万延二酉年二月

小貫宇右衛門（印）
荒川弥五郎（印）

文面によれば、月々二夜三日の柴燈大護摩修行の許可は出たものの、必要経費については、雄勝・平鹿各郡に万延二年から文久三年（一八六三）までの三年間、一年一巡に限り、供米袋による寄進で賄うようにというものに変更され

ている。おそらく願い出がなかなか受理されず、出願の過程でより現実的な内容に変更されていったものと推察されある。当時、藩では宗教行事を目的とした領民の参集に敏感になっており、盆踊りですら規制の対象となったほどである(18)。藩が、多くの領民の参集が見込まれる大規模な柴燈大護摩修行や大般若経転読を警戒することは想像に難くない。また必要経費の勧進方法を、漆や桐の売却、運用でなく「供米袋」に限定したことも、藩政状況や領民の負担を考慮してのことであったと言える。

勧進方法や地域を指定されたことにより、護摩堂建立は事実上困難となった。ただ混乱する藩政下において、長日護摩堂建立のような大規模な宗教的計画は現実味に欠けており、藩が許可を下す可能性は低かったと言わざるを得ない。

(2) 一切経蔵建立計画

「一切経」とは、経蔵・律蔵・論蔵の三蔵からなる経典を指し、この計画は、一切経と経を納める転輪蔵を配した堂社の建立を目的に勧進を行うというものであった。

〔史料4〕(19)

一切経建立勧化序

夫一切経と者釈迦如来四十九之説法ニして、一切衆生救給ふの法宝なり、梵綱経に云、師祖父母江孝順なるを可謂戒云々、又父母恩重経ニ云、為父母能ク御経一巻作者ハ一仏得見の至、百千万巻作者ハ百千万仏を得見云々、師祖父母之御徳者高山深海不可及もの也、因茲高恩為謝徳建立難渋す、七千余之大部容易満備難成、附而ハ勧進之蒙御免許、夫々廻村いたし候故、御得志御信心之御方不限多少、放財も有之、不日満備シ永却経蔵ヲ護摩堂江建立シ、備有縁之衆中ノ見聞ニ、施主之銘々家内安全幷頓証仏果可祈もの也、仍而勧進之旨如件これは一切経蔵建立のための寄付を信者達に呼びかけるための勧進祭文で、建立すると師祖父母への恩徳になるとしている。しかし七〇〇〇巻余りの経典を自力のみで集めるのは難しいため、藩の許しを得て勧進のため廻村したいとある。この史料には年月日が記されていない。しかし、天保飢饉に際して藩が出した「申諭」の写しと共にこの文書が折り込まれ、また綴られていた形跡もあることから、計画自体は先代永龍の時代、天保期頃より存在していたことが窺える。ただ当時の両学寺の地類関係は横手町近辺に限定されており、また一〇代永鐐が修験大頭になったものの、寺格や由緒などは充分とは言えなかった。加えて天保飢饉で農村荒廃が著しい最中に廻村したとしても、村々に応える余裕が無いことは明らかである。

しかし時を経て両学寺は三代続いて修験大頭となり、同時に近隣在地修験の指導者的存在となった。永眉はこの機に再び一切経蔵の建立を計画し、藩に勧進の免許を正式に願い出ることにしたと考えられる。

〔史料5〕(20)

与願

一夫四海静謐　風雨順降　五穀豊熟

御領主大檀那様御武運長久　御子孫繁昌

御領内安全之為

此度一切経建立仕候得共自力ニ難及、御信心之御一方より御寄進受申候、猶御心信之御方資助之志請申度、偏ニ奉願上候間、御経一巻ニ付百五拾銅宛御寄進被下度奉存候、以上

とある。

これによると一切経蔵建立の目的は、長日護摩堂と同様に藩国の安寧と藩主の武運長久、子孫繁栄を祈願するためとある。なお既述の通り、勧進祭文では一切経蔵建立は師祖父母への恩徳のためとあったが、これを藩への忠誠を示

す内容に変更することで、勧進の許可を得やすくしようとしたと推察される。また建立の費用については、崇敬者より一巻につき一五〇銅ずつ寄付を募りたいとしている。

この願い出に対し、寺社奉行所より許可が下りたのは安政七年閏三月のことである。

〔史料6〕(21)

覚

平鹿郡大谷村両学寺

右者一切経建立致度志願之所、難及自力御願格別吟味之上、仙北三郡信心之輩より志次第於（施カ）入申請候儀、当申年より来ル戌年まて三ヶ年中壱ヶ年壱巡行令免許候、押而勧候儀可為停止もの也

安政七年閏三月

寺社奉行所

これによると、仙北三郡において当年より三年に渡り勧進を許可するが、勧進は一年に一巡のみとし、決して無理強いはしないこととある。長日護摩堂建立における勧進許可地域が雄勝・平鹿の二郡であったのに対し、一切経蔵の勧進では仙北三郡と範囲が拡大したことが分かる。ただし仙北三郡の勧進を両学寺が一寺院で行うことは難しいため、実際に勧進を行ったのは既述の三六人の在地修験であったと考えられる。それは上法寺喜楽院に文久元年付の「一切経建立勧化序」が残されていることからも明らかであり、安政七年から数えて三年目であるこの年に、雄勝郡村々での勧進廻村が行われたと推察される。また藩と領民と、相手によって勧進祭文を使い分けていたということも事例から見て取れる。

なおその後、両学寺やその近辺に一切経蔵が建立されたことを示す史料や形跡は見受けられない。明治維新の混乱

によって実現には至らなかったようである。

⑶逆賊除伏祈禱の執行

長日護摩堂建立、一切経蔵建立以外にも、両学寺と三〇余人の修験僧は様々な宗教行事を計画、執行していた。彼らの活動が特に活発になるのが慶応四年（一八六八）、藩に庄内討伐命令が下されて以降のことである。

〔史料7〕(22)

一安政六未年中、①私親永眉主立門人三拾六人申合、御祈禱御免進申上候者、御先代様御代之御短命被遊候を歎敷奉存候、②為

一天泰平　屋形様御武運御長久、御寿命御長永、五穀豊熟之右人数集会、春者四月十三日ヨリ十五日まて、秋者八月廿二日ヨリ廿三日まて二夜三日御祈禱勤行仕、悉皆私物入ニ而無懈怠仕来候、③殊一昨辰年、屋形様賊類御征伐被蒙仰候節、私主立同門三拾六人集会、四月中弐夜三日御祈禱抽丹精勤仕、御守札御政務所江献上仕候、五月中逆賊弥蜂起之趣承、同月廿二日ヨリ廿三日迄三拾六人集会、逆賊降伏之御祈禱修行仕、御守札献上仕候所、郡奉行川井小六殿ヨリ当村郷夫壱人被貸下、勤行中者勿論献上中召連候、右訳有之候ハ、□　□上中上候

史料の年月日は明治三年（一八七〇）となっており、藩による寺社の取締りと、神仏分離に際しての状況調査を受けて、両学寺永慶（永眉の息子）が、幕末期に両学寺が主導した祈禱祭について記した下書きと推察される。(23)

まず安政六年（一八五九）、両学寺を含めた三七人の在地修験は、短命であった先代藩主の追善として御祈禱執行御免を進上したとある（傍線部①）。ここで言う「御先代様」とは、安政四年に一九歳で亡くなった秋田藩一一代藩主佐竹義睦を指す。次に藩主の武運長久や領国の五穀豊穣の祈願のため、安政六年四月一三日から一五日までと八月二二

日から二三日までの二夜三日、「私物入」でする祈禱祭を執行したとある（傍線部②）。また慶応四年四月に執行した祈禱祭は、藩主佐竹義堯が奥羽鎮撫総督府より庄内討伐を命じられたことを受けて執行され、両学寺はじめ三七人の在地修験が二夜三日祈禱し守札を献上し、五月には「逆賊弥蜂起」として同月二二日から二三日にも再び柴燈大護摩修行を行い、守札を献上したとある（傍線部③）。

なお傍線部③の祈禱に関しては、元治元年（一八六四）に永眉が亡くなっているため、寺跡を相続した永慶が中心となって執行されたとみられる。なお、この安政六年から明治元年の大護摩修行については、祈禱を執行した背景や、藩に祈禱札を献上したということが明記されていることなどから、確実に執行されたものであると考えられる。

3　集団の構成と集団化の狙い

次に、両学寺を中心とした在地修験集団の構成と集団化の狙いについて検証してみる。表2は「長日護摩堂修行記」に記された三六人の在地修験を表にしたものである。この三七人を、頭襟頭の支配地域別に分類してみると、金剛院（№14）配下（a平鹿郡および横手地域）、明覚寺配下（b西馬音内周辺および平鹿郡一部）、大乗寺（№4）配下（c雄勝郡稲庭地域）、大蔵院（№32）配下（d田沢湖周辺地域）、妙学寺（№34）配下（e仙北郡角館地域）、青龍院（№37）配下（f仙北郡西地域）の六集団によって構成されていることが分かる。秋田藩の頭襟頭は地域毎に一人、全部で一四人いるため、およそ半数の頭襟頭がこの計画に関わっていたことを示している。また前項(1)から(3)の祈禱行為に共通しているのは、執行の目的が藩領国の安寧と藩主佐竹氏の武運長久・家門繁栄の祈願であること、そして藩から費用の助成を受けず「私物入」で行っているということである。

秋田藩の宗教政策について検討した田中秀和は、近世中後期に秋田藩が実施した寺社改は、様々な民衆宗教の隆盛によって乱れた領民の思想の再教化を目的とした、在地宗教者の「取り込み政策」であったと指摘している(24)。しかし藩の取締強化を、在地宗教者は社会的地位の向上や「自己意識を顕示する機会」と認識し、好意的に捉えていた。それは、藩が在地宗教者の活動範囲（霞・託宣）と宗教活動を保障していたためであり、取締強化は藩との関係の再構築であると受け止めたためである。つまり両学寺による一連の宗教活動は、他の宗教集団、とくに「役」務に共通性の

表2　長日護摩堂建立賛同寺院

a．金剛院配下地域／b．明覚寺配下地域／c．大乗寺配下地域／d．大蔵院配下地域／e．妙学寺配下地域／f．青龍院配下地域

	郡	村	寺院名	備考	区分
1	平鹿郡	大屋新町村	両学寺	惣代。修験大頭。	a
2	平鹿郡	大森村	大森寺	惣代。	b
3	平鹿郡	明沢村	光明院	惣代。	b
4	雄勝郡	稲庭村	大乗寺	半道寺村青龍寺の次男が養子に入る。	(c)
5	雄勝郡	大沢村	喜楽院	明覚寺・両学寺と縁戚関係。	(b)
6	雄勝郡	八ツ面村	喜宝院		c
7	雄勝郡	東福寺村	宝学院		c
8	雄勝郡	皆瀬村	法性院	大乗寺分家。	c
9	雄勝郡	三ツ又村	覚王寺		c
10	雄勝郡	湯沢町	蓮性院		b
11	雄勝郡	川面村	妙音寺		c
12	雄勝郡	増田村	元弘寺	大乗寺と婚戚関係。	c
13	雄勝郡	相川村	福寿院		a
14	雄勝郡	相川村	金剛院		(a)
15	雄勝郡	八ツ面村	大仙院		c
16	雄勝郡	寺沢村	正法寺		a
17	平鹿郡	亀田村	千手院		a
18	平鹿郡	浅舞村	三光院		b
19	平鹿郡	浅舞村	清光院		b
20	平鹿郡	深井村	喜宝院	喜楽院別家。	b
21	平鹿郡	深井村	自教院		b
22	平鹿郡	馬鞍村	行正院		a
23	平鹿郡	八丁村	境正寺		a
24	平鹿郡	田村	多聞院		b
25	平鹿郡	赤坂村	本明院		a
26	平鹿郡	前郷村	常明院		a
27	平鹿郡	横手町	華厳院		a
28	平鹿郡	横手町	日光院		a
29	仙北郡	地立村	愛染院		d
30	仙北郡	四ツ屋村	大乗寺		e
31	仙北郡	六郷村	修行院		f
32	仙北郡	小淵野村	大蔵院		(d)
33	仙北郡	小山田村	大宝院		d
34	仙北郡	角館町	妙学寺		(e)
35	仙北郡	高関村	南岳院		e
36	仙北郡	葛川村	常覚院		e
37	仙北郡	半道寺村	青龍寺		(f)

典拠；「長日護摩堂修行記」

多い神職との差別化を図り、藩への忠誠と、修験道の存在意義を顕示することにあったと考えられる。つまり長日護摩堂や一切経蔵の建立のように明らかに短期間では実現不可能な規模の祈禱計画であっても、その実現性は二の次であり、計画するという行為そのものに意味を見出していたと推察される。あるいは計画当初、両学寺は修験大頭の権威を背景に、領内の在地修験一丸となって宗教活動を展開しようと企図していた可能性も否定できない。

両学寺と三六人の在地修験が展開した宗教活動は、宗教集団としての能動的な活動であったと言える。

二　在地神職の集団化

本節では、同じく在地宗教者である神職について取り上げ、幕末期の動向および神職集団の様相と形成過程について検討していく。

1　秋田藩の神職組織

まずは検討の前提として、秋田藩の神職組織の様相について概観しておく。秋田藩の神職組織は、天和元年(一六八一)七月、今宮義教の失脚にともない藩主導で再構築された。在地神職を統率する社家大頭には、平鹿郡八沢木村(現、横手市大森町)の保呂羽山にある「式内社」、波宇志別神社の神職守屋家と大友家がそれぞれ任じられた。

秋田藩が守屋・大友両家を社家大頭に任じた背景には、中世期より当地に根付いていた保呂羽山信仰があった。保呂羽山は、古代より霊山として民衆の崇敬を集め、司る波宇志別神社を中心に「保呂羽山信仰圏」が形成されていた(25)。統治者にとって、領民の信仰を司る在地宗教者は、領国経営にとって重要な存在である。また由緒ある寺社を保護することは統治の正統性を示す上で必要であった。秋田藩は「保呂羽山信仰圏」という在来の信仰圏を利用し、守屋・大友両家を社家大頭に任じて領内の神職を統率させることで、領主支配を確実なものにしようとしたと言える。

秋田藩の神職組織は、社家大頭を頂点に藩内を男鹿・新城・城下・河辺・六郷・北浦・大森の七地域に分けて組を作り、それぞれ組頭一人を配するという構造であった。各組頭は、社家大頭の推薦によって藩の寺社奉行が任命するという形式であった。なお城下組の組頭は一人ないし二人とされ、土崎氏・川尻氏・千田氏の各家が持ち回りで勤めた。

その後、神道組織は、近世中後期に本所や幕藩領主の権威を背景に在地神職の再組織化が進められた。これは全国的に見られた神職の増加傾向が背景にあり、本所が百姓身分の社守のような兼業神職の掌握を含めた、新たな体制の構築を目指したためと言われている。なお、幕末期に遠江国引佐郡の在地神職集団が組織化していく過程について検討している小野将は、在地と本所を媒介する「社方取締役」の存在が実質上不可欠であったと指摘している(26)。小野によれば、「社方取締役」は在地の有力神職がその職に就き、本所の権威を背景に自己の主導権を主張、地域的へゲモニーを形成したとされる。これは、幕府領である遠江国引佐郡の神職組織の構築過程に理由がある。近世遠江国の神職組織について松本久史は、近世初期の遠江国には地域的な神職組織が無く、近世中期に朱印社を中心に郡単位で組織化が見られるようになった。しかしこの組織は郡を越えるものでは無く、「社方取締役」を設置することで、郡を越えて横断的に吉田家の意向を行き渡らせ、兼業神職の掌握を図ったとしている(27)。

一方、秋田藩でも兼業神職の専業化志向は同様であったと思われるが(28)、大友・守屋両家以外の神職が「社方取締役」を命じられ、地域的へゲモニーを形成したとする動きは管見の限り見られない。平田篤胤の没後、社家大頭をはじめ平田門人となっていた神職の多くが吉田家配下を脱し、白川家に入門したという事情もあるが(29)、既述の通り、秋田藩の神職組織の場合は、近世初期の段階で中世以来の既存組織（保呂羽山信仰圏）に依拠して構築されたため、両家を凌ぐ勢力を持つ神職が現れなかったと考えられる。

次に、神職集団化の基礎とされる国学について見てみる。国学は和歌や有職故実など古典解読を通じ、日本の思想や文化を学ぶ学問として近世中期頃に成立した。この国学を神職が受容する過程について松本は、近世社会において神職としての「役」が成立したことが大きいとする。すなわち神社を管理し、祭祀を滞りなく執行するために祭神の由緒を知り、神代以来の神祇史を学ぶ過程で国学が受容されたとしている。[30]

秋田藩神職の国学の受容は一般的に天保期以降、平田国学の隆盛を契機とすることが多い。しかし実際には、文化一〇年（一八一三）、社家大頭大友直枝が城下町久保田に開いた私塾が嚆矢であった。大友直枝は、若き日に伊勢国松坂に遊学、本居宣長の弟子本居大平の門人となり本居国学を学んだ。また社家大頭就任後には、藩校明徳館に和学方を創設することに尽力した人物でもある。[31]社家大頭が先頭に立って国学を広めたことにより、配下の神職も積極的に国学を学ぶことになった。平田国学の隆盛以前より、同藩の神職は国学に対する造詣が深かったと言える。

天保一二年（一八四一）に平田篤胤が帰藩すると、直後より当時の社家大頭守屋左源司や城下組頭土崎千里介ら五人が、同一四年には城下組頭川尻祝部ら二人が次々と平田の門人となった。[32]社家大頭や組頭が平田門人となったことで、配下の神職も次々と平田門人となっていった。

秋田藩の神職集団は、組織構造・思想ともに守屋・大友両家がヘゲモニーを掌握しやすい環境にあったと言える。

2　神職集団の宗教活動

次に、幕末期の当該地域における神職の動向について検証してみる。

⑴神職の祈禱行為

前でも述べた通り、慶応四年（一八六八）四月、藩主佐竹義堯は庄内討伐のため出兵することになった。この時、神職は敵兵降伏と藩主の武運長久の祈禱を行っている。

〔史料8〕(33)

一慶応四年辰四月十六日、庄内表江為御征討御人数御繰出、其節ノ軍大生《ママ》ハ渋江内膳殿・小野崎三郎殿両人、但シ御物頭六人、上下千八百人位一番手、御領内大沢村まて出陣に御座候ニ付、御城御三社ハ申ニ不及、御城下惣社家江四月廿二日より二夜三日被仰付、高札ハ廿五日ニ御評定処へ献上、右御守札御長持へ入、寺社方御役所へ御祈禱、組合無残詰、御役所より装束ニテ登城、御役所より御物書両人案内致候、但シ御役所御物書塩谷嘉解由・小野崎貞蔵両人参り御添役まて、其上御添役御家老江掛合ノ上、社家方のこりなく御家老御合有之、時ノ御当番小高かり《ママ》源太郎殿ニ御座候、無滞献上相済申候

辰四月廿五日

御城下組頭　千田正記
〃　土崎伊与介
外　近谷日向
〃　川尻祝部
〃　千田正記《ママ》

これによると、秋田藩は庄内征討として渋江内膳・小野崎三郎を出陣させるにあたり、「御城三社」（藩鎮守正八幡宮・大八幡宮・稲荷大明神）および城下町の惣社家に対し祈禱を申し付けた、これを受けた各社の神職は四月二二日から二夜三日で祈禱を行い、二五日に祈禱札を評定所に献上した、とある。また献上の際には神職の装束を身につけて

登城し、また家老とも面談を行うなど、藩より丁重に扱われていることが分かる。

なお、城下町神職に先んじて祈禱札を献上したのは、御城下組頭の千田正記と土崎伊代与介、新城組頭の近谷日向らであった。なおその後、この手記を記した土崎神明社神職伊藤正親、八橋山王八幡社神職大沼内記ら一〇人の城下町神職[34]、そして社家大頭大友健吉および守屋造酒進もこれに倣い、藩主の武運長久と敵兵降伏の御祈禱を「自分物入」で勤め、祈禱札を評定所に献上したいと願い出ている[35]。

⑵神職の軍事訓練

庄内征討の三ヶ月後の慶応四年七月、秋田藩の神職に銃術稽古が命じられている。

〔史料9〕[36]

一七月廿八日、御城下迄近在社家のこりなくケヒロ稽古の入門致候、尤御役所へ相詰、〆御ものの書村上宇吉殿先立ノ事御頼、ケヒロ役所へ一同参り御告開致候、同日少々稽古致候、月々会日二・六・九ト定。当又出精ノもの有之ハ毎日参り候ても宜ク御座候

七月二八日、秋田藩の社家全てに銃術稽古が命じられた。対象となった神職は約一四〇人程度で、史料にある「ケヒロ」とはゲーベル銃のことであると思われる。銃術稽古は、主に藩庁久保田の「ケヒロ役所(砲役所)」で行われた。銃術稽古はその後も断続的に行われ、二・六・九の付く日の月九回程度を命じられている。この時も神職は、藩の命によって軍事訓練に従事しているという姿勢であり、自らが進んで集団化したという様子は見られない。

以上、幕末期の秋田藩神職の動向についてみてきた。⑴⑵の事例で注目すべきは、神職の行動は全て藩の動向を契機としているという点である。

(1)の武運長久祈禱についてみてみると、四月一六日に藩より祈禱の命令が下った時、先んじて藩に祈禱札を献上したのは千田正紀・土崎伊与介ら城下組頭の神職であり、社家大頭大友家や守屋家では無かった。むろんこれは藩が城内の神社を管理する神職に祈禱を命じたためであるが、藩の一大事という事態を受けても、社家大頭がこれを機に神職組織を纏め上げ、宗教活動を展開しようとする動きは見られない。

なお、千田ら城下組頭神職が祈禱札を献上して以降、城下組下神職や大友・守屋両家が「自分物入」で祈禱を執行しているものの、それは藩命を前提としたものであり、自発的な宗教活動であると評価することは難しい。それは伊藤正親の手記からも見て取れ、日々戦が迫ってきていることを実感しつつも、あくまで個々の守護社の維持管理に従事し、神職の「役」である日々の祭事を滞りなく執行することに重きを置いている[37]。

次の(2)の事例でも、神職は藩の銃術稽古の命令を受けて久保田に結集しており、自発的な行動ではないことは言うまでも無い。またこの時も社家大頭大友氏は、身分的ヘゲモニーを発揮していない(守屋家については後述)。かつて佐藤久治は幕末期の在地宗教者の結集について、神職は「国学的自覚に燃え、団結し、行動的であった」が、修験は「各自各個で団結は無かった[38]」と評価した。事実、秋田藩領の神職は社家大頭大友家を中心に国学を媒介とした知的ネットワークを構築した。しかしその関係性は、大友家と各神職という「タテ」の繋がりに留まり、組の枠組みを越えた「ヨコ」の繋がり、集団形成には至らなかった。むしろ幕末期の神職は日々の「役」務を重視しており、国学思想のもとで団結し、積極的に活動していた様子はみられない。

当該期の秋田藩神職集団の宗教活動は、藩命を契機に展開するという受動的なものであったと言えよう。

三　在地宗教者集団のその後の動き

1　在地修験集団のその後

両学寺が計画した宗教活動には、領内の頭襟頭のうち雄勝・平鹿・仙北を拠点とする六人の頭襟頭が賛同し、彼らは宗教集団として能動的に活動した。しかし表2にあるように、集団の中心となっているのは両学寺が属する金剛院配下集団（一一人）、喜楽院の属する明覚寺配下集団（九人）、そして大乗寺配下集団（八人）の三集団であり、fの仙北郡西地域からの参加者は、頭襟頭である青龍寺と六郷村修行院の二人のみである。なぜ集団内に地域差が生じたのだろうか。その理由として考えられるのは、両学寺と在地修験との関係性にある。

修験大頭である両学寺と頭襟頭の在地修験は、年始廻勤や藩の年中行事を通じて交流する機会があるため、直接計画への参加を説得することが可能であろう。しかし配下修験への説得は各頭襟頭が行ったものと考えられ、両学寺永眉と頭襟頭、あるいは末派修験との関係の親疎が、参加状況に影響を与えていたと考えられる。また、「日本九峰修行日記」を記した醍醐寺三宝院の修験野田成亮が、鳥海山修験のことを「世事には賢く法には疎し」と評していることからも窺える通り、十数年、本山醍醐寺三宝院で修行してきた両学寺永眉と、秋田在住の末派修験とでは、修験道や祈禱行為への理解や宗教者としての自覚・意識に差異があった可能性も無いとは言えない。

これに加え、秋田藩の修験道組織にも、集団を形成し難い事情があった。同藩の修験道組織は、近世初期、中世以来の山伏集団を解体し、藩主権威のもと新たに構築されたものであった。また、組織のトップである修験大頭も、各地域の頭襟頭から二人選ばれ、原則二年から三年で交代する決まりになっていた。同族が触頭や組頭を継承する神職集団と異なり、同藩の修験集団は身分集団内でのヘゲモニー形成が難しい構造であった。そのため在地修験集団は自然と地域社会にもとづいた構成にならざるを得なかったと言える。

事実、賛同した六人の頭襟頭・独礼格、その末派修験と両学寺との関係性について、由緒や過去帳で確認していくと、両学寺(No.1)は、元は金剛院(No.14)の配下修験であった。寛政九年(一七九七)から文化八年(一八一一)は、両学寺が同地域の頭襟頭を勤めたが、文化八年二月に両学寺が修験大頭に任じられて以降は、金剛院が再び頭襟頭となったようである。また喜楽院(No.5)は頭襟頭明学寺および両学寺(No.1)と縁戚関係にあり、喜楽院(No.5)と喜宝院(No.20)は本家・別家の関係にあった。頭襟頭大乗寺(No.4)の一四代住持は、同じく頭襟頭の青龍寺(No.37)の出身であるし、大乗寺と法性院(No.8)、元弘寺(No.12)は姻戚関係にある。このことから三七寺院は修験大頭を頂点とした「タテ」の関係と、地縁・血縁を紐帯とした「ヨコ」の関係が重層する形で構成されていたと言える。日本の宗教集団の組織構造について大西克明は、「抽象的な成員性のカテゴライズの領域で確立している」とし、「共有価値の有無は、集団形成にとってほとんど影響を与えず、自己並びに他者の社会的カテゴリーが、集合的な自領域の設定にとって重要」[41]と指摘している。大西の論を補説すれば、日本の宗教集団は、共同の目的や価値で組織を形成するのではなく、社会的カテゴリーの同一性、すなわち親戚や師弟などといった限定的なカテゴリーでのみ結合するということになる。

藩の修験道組織、宗義に対する習熟度の差、そして日本的宗教集団の持つ性格が、修験集団の存在形態を近世的な身分集団に押し留めたと言えるだろう。

2　在地神職集団のその後―「承神隊」の形成―

次に在地神職のその後について見ていく。既述の通り、幕末期の神職集団は藩の支配集団という姿勢から、極めて受動的であった。しかし中には藩命に関わりなく結集し、次の出兵命令に備え銃器の購入や砲術訓練を自発的に行うことを藩に奏上した集団があった。守屋造酒進を中心とする神職集団である。

〔史料10〕[42]

今度寿量院御廃止被仰渡候趣奉承知候(ニ)付、是迄右本堂社ニ被成候一棟之段、私共江御払被仰付被成下度奉願候、右ハ社家国社始御領中於神社術銃稽古、其外御用有之候時、奉励精之面々(之)屯所ニ仕度、且ツ私始御城下惣社家順時御祈禱等被仰付候砌、右同所ニおゐて勤行仕度、且ツ社家中銃術稽古被仰付候(ニ)付、一同銃隊ニ仕度、過而周旋尽力罷在候間、出府之節右同断ニ被為致申度

これは明治元年(一八六八)一〇月、守屋造酒進が藩に対し社家による銃隊結成について認めたものの下書である。造酒進も八月の在地宗教者の出兵命令の時には仙北筋の神職と共に出兵、湊海岸の警固などにあたっている。史料によれば、寿量院の廃寺に伴い、同寺院の本堂の拝領を願い出ている。寿量院[43]とは、寛延年間に徳川将軍家の位牌を正式に祀る御霊屋として建立した寺院であったが、幕府の権威が失われるに従い寺院も荒廃し、ついに廃寺となったとされる。なお同史料には拝領した建物の使用目的として、城下の惣社家に順次祈禱が命じられた際の祈禱執行場所とすること、また領内社家の銃術稽古や藩より命があった際には屯所としても使用したいと記している。

なおこの後、造酒進は配下神職と共に「承神隊」を結成することになるが、こうした造酒進の積極的な行動と配下神職の結束化の背景には、指導者である造酒進自身が抱える事情があった。

〔史料11〕[44]

一右之通、切角之救込ニ御座候得共、私儀者重て
国社之守護職ニ御座候得者、年中数ヶ度之御祭事を始、於時　御代参幷御祈念御用、配下取扱共、私本勢之職掌

ニ御座候処、前書之通砲術調練配下取立仕候者、双方無差支様行届兼候儀も御座候間、此形勢ニ付当夏中より重科之面々たり共再御奉公ニ被召出、或者再勤復役等被仰付候儀ニ御座候間、私親左源司儀神主職再勤被仰付、右御神務無差支相勤申度、且ツ養子之私積年気之毒ニも奉存候間、御障も無御座候ハヽ、左源司再勤被仰付被成下度奉願候、尤私儀者一同練熟迄者社家支配一方ニ而御軍事入精仕度奉存候

これによると、守屋家は「国社之守護職」として代々年に数回の祭事や藩重役の御代参の折には、役務として配下の神職と共に祈禱御用を受けてきたが、砲術訓練による徴用によってそうした祭事との両立が困難であることが記されている。しかし造酒進は、形勢の悪化に伴い、罪を犯した者であっても奉兵に召し出している昨今の状況を例に上げ、自身は砲術訓練を積極的に行い軍事に参加するので、代わりに親左源司を神職に復職させ、神事を執行させて欲しいと記している。ここで言う「左源司」とは造酒進の養父、守屋左源司勝貞の事である。勝貞は守屋家の当主として社家大頭を勤めていたが、嘉永六年（一八五三）、自家で経営していた宿屋で火事を出し、宿泊していた参拝客が死亡するという事件を起こした。しかし勝貞はその事を藩に報告せず、その罪により、近世以来代々勤めてきた社家大頭の職を解かれている(45)。造酒進は、軍事徴用によって神職本来の役務を果たせないことに葛藤を抱きながらも、守屋家の復権のため「朝恩幷御国恩奉報」という姿勢を取っていた。その覚悟は相当のものであり、同史料の後半には、これまでの軍事活動および承神隊の活動は、同神職である大友建吉とは関係無く造酒進一人で勤めていること、また出兵命令以来、既に一家を捨てて活動しているとある(46)。

その後の「承神隊」がどのような働きをしたのかについては、別の機会に論じることにするが、藩の軍事政策に協力的な姿勢を見せている「承神隊」が、実際には家の存続や復権など様々な事情を抱えつつも、新たな政権に対する期待や思惑によって結集していたことが窺える。

以上、幕末期の在地修験および在地神職の結集について検証してきた。両学寺永眉と二六人の在地修験が行った一連の祈禱行為、そして守屋造酒進と配下神職集団による自発的・主体的な部隊編成と、起こした行動は異なっているが、両者は藩への忠誠と、存在意義の顕示という部分では共通している。そして行動の背景には、藩が寺社領、除地や霞を安堵することで生活が保証されているという在地宗教者の実態があった。当該期、秋田藩の在地宗教者は藩の存亡如何によっては、先祖代々守ってきた土地や職務を失うこともあり得るという危機感があったと考えられる。

こうした変革期の中で、在地宗教者は政治的判断力のある指導者を中心に結集し、結束することで危機を乗り切ろうとした。そして、幕末期という流動性のある時代だったからこそ、両学寺永眉や守屋造酒進のような身分内、あるいは地域内へゲモニーを形成する人物が現れたと言えるだろう。

おわりに

本章では、在地宗教者の集団化と集団の指導的立場にある有力宗教者の動向や行動理念について、修験大頭両学寺と、仙北三郡の在地修験および在地神職集団の事例も合わせて比較・検証を試みた。その内容は以下の通りである。

まず両学寺を中心に形成された在地修験集団は、雄勝・平鹿・仙北三郡の在地修験で構成され、特に一二代永眉の代に、長日護摩堂修行計画や一切経蔵建立計画など活発な宗教活動を展開した。一連の宗教行事に一貫していることは、実施の目的が藩領国の安寧と藩主の武運長久を祈るものであること、また費用は「自分物入」あるいは勧進によって賄い、藩には負担を掛けないということであった。なお永眉が規模の大きい宗教行事を計画した背景には、藩への忠誠や在地修験の存在意義、存在価値を地域社会に顕示するというだけでなく、他の宗教集団、特に修験と同じく祈禱を役務とする神職集団との差別化をはかりたいという意図もあったと考えられる。しかし集団は藩の修験道組織の特徴上、両学寺は身分集団内でのヘゲモニー掌握はできず、地域社会を越えるものにはならなかった。

一方、秋田藩の神職組織は、中世以来の保呂羽山信仰圏にもとづいた神職組織をそのまま引き継ぐ形で形成されたこともあり、近世初期の段階から社家大頭（大友家・守屋家）が身分内へゲモニーを掌握していた。加えてイデオロギー面においても、近世中期に社家大頭大友氏が先頭に立って国学を広めたことにより、同藩の神職も進んで国学を受容した。しかし神職集団は「タテ」の繋がりは強固であったが、組を越えた「ヨコ」の繋がりは強く無かった。また幕末期においても、神職は守護社の祭礼を滞りなく執行するということを重視しており、祈禱行為も軍事訓練も藩命を契機に展開するという受動的な姿勢であった。

そうした中で守屋造酒進と配下神職の集団は、藩命に関わりなく結集し、銃器の購入や砲術訓練を自発的に行っている。しかし守屋造酒進が「承神隊」を形成したのは、不祥事によって神職を追われた父守屋左源司の身分の復権と、社家大頭守屋家を再興したいという願望からのことであり、藩の軍事政策に心から賛同していたわけではなかった。

両学寺永眉の宗教活動と守屋造酒進の軍事行動は、起こした行動こそ異なっているものの、その背景にあるのは、先祖代々守ってきた土地や職務を失うかもしれないという危機感と、それらを何としてでも守り抜かなければならないという義務感であった。幕末期に各地で見られた在地宗教者の集団化は、幕末維新の混乱期を生き残るための方策であったと言える。

その後、両学寺永眉の思いは息子永慶、そして弟の喜楽院快需によって引き継がれた。喜楽院は後に麻疹除病祈禱祭（第二部第二章）や無尽講「両徳講」（第三部第二章）の実施を通じ、霞領域を越えた「信仰圏」の開拓を推し進めていく。明治初年の神仏分離により、仙北三郡の在地修験の大半が神職に復飾した。霞制度は崩壊したが、堂社はそのまま鎮守社や祠となり、かつて別当職を勤めた在地修験が神職に復飾して管理を継続すること、また春秋祈禱の執行が容認された。両学寺永眉の宗教活動の目的は、在地宗教者としての存在意義や存在価値を地域社会に顕示すること、そして明治維新期の混乱を生き残ることであった。修験道は廃止されたが、その目的はいずれも達せられたと言えるだろう。

註

（1）ジャン＝ポール・ヴィレーム（林伸一郎訳）『宗教社会学入門』（白水社、二〇〇七年）、ブライアン・ウィルソン（中野毅・栗原淑江訳）『宗教の社会学―東洋と西洋を比較して―』（法政大学出版局、二〇〇二年）ほか。
（2）大西克明「組織アイデンティティと宗教集団論―宗教集団の多元性へのパースペクティブを巡って―」（『東洋哲学研究所紀要』二四号、二〇〇八年）。
（3）アンソニー・ギデンズ（松尾精文・小幡正敏訳）『近代とはいかなる時代か―モダニティーの帰結―』（而立書房、一九九三年）。
（4）塚田孝『歴史の中の大坂―都市に生きた人たち―』（岩波書店、二〇〇二年、一六五〜一八七頁）。
（5）奥村弘「地域社会の成立と展開」（『日本史講座7』東京大学出版会、二〇〇五年、七五頁）。
（6）靭矢嘉史「神職の集団化と幕府支配―武蔵国独礼神主層を事例に―」（井上智勝・高埜利彦編『近世の宗教と社会2 国家と宗教』吉川弘文館、二〇〇八年）。
（7）小野将「幕末期の在地神職集団と「草莽隊」運動」（久留島浩他編『近世の社会集団』山川出版社、一九九五年）。

(8) 柄澤行雄「近代の八菅山と八菅神社」(『修験集落八菅山』慶応義塾大学宮家準研究室、一九七八年)。
(9) 栄神社文書「世代由緒書」。
(10) 上法家文書「当寺廿九世快定法印本葬役付帳」。
(11) この時期、修験道界は宗派名の改称(「修験道」から「修験宗」へ)や、宗門人別改時における待遇の改善などを求め、幕府に訴え出ている。詳細は第二部第一章を参照のこと。
(12) 文化二年四月、寺社奉行松平右京亮輝延が修験道両派に対し、宗教行事時以外における修験者の帯刀行為について尋ねた一件があった(「修験道帯刀之儀御尋ニ付、云付左之通御座候」『古事類苑　宗教一(宗教部一五)』吉川弘文館、一九二八年、一〇七九頁)。
(13) 栄神社文書「当山派修験神子一許」。文政一二年、武州で当山派修験の神子が神職に千早装束を剥ぎ取られるという事件が起り、修験惣代埼玉郡須加村利益寺ほか二寺院が吉田家関東役所に訴え出た。冊の裏表紙に「秋田仙北郡花舘村愛染院二代大教院覚浄敬書」とあり、愛染院から資料を取り寄せたことが窺える。
(14) 橋本宗彦編『秋田沿革史大成　上巻』(加賀屋書店、一九七三年、一六五頁)。
(15) 栄神社文書「長日護摩堂修行記」抜粋。なお同史料は上法家にも所蔵されている。
(16) 栄神社文書「長日護摩堂修行記」抜粋。
(17) 栄神社文書。
(18) 『秋田藩町触集』を確認してみると、盆踊りとそれに付随する鳴物に関する規制の初出は嘉永五年七月だが、安政年間以降は毎年出されている。
(19) 栄神社文書「申諭」より抜粋。内容は、天保飢饉による飢餓救済のため上層農に対し、米銭の借用を呼びかけるものとなっている。

(20)栄神社文書。なお史料は「過去帳」に挟み込まれている。

(21)栄神社文書「覚」。

(22)栄神社文書「逆賊除伏祈禱執行願」。

(23)神仏分離令発令の情報自体は慶応四年三月には平田鉄胤を通じ秋田藩にもたらされていた。しかし当時藩は戊辰戦争の最中で分離令を執行する余裕がなく、秋田藩で神仏分離が執行されたのは明治三年三月のことである（田中秀和『幕末維新期における宗教と地域社会』清文堂出版、一九九七年、二六九頁）。

(24)田中秀和『幕末維新期における宗教と地域社会』（清文堂出版、一九九七年、一〇四～一〇八頁）。なお田中は津軽藩領の事例から「特に神職がその基盤として期待され、藩政に取り込まれる契機があると考える」としている。

(25)塩谷順耳「羽後式内社と保呂羽山信仰」（月光善弘編『東北霊山と修験道』名著出版、一九七七年）ほか。

(26)小野将「幕末期の在地神職集団と「草莽隊」運動」（久留島浩他編『近世の社会集団』山川出版社、一九九五年、一五八頁）。

(27)松本久史『荷田春満の国学と神道史』（弘文堂、二〇〇五年、二六九～二九二頁）。

(28)田中秀和『幕末維新期における宗教と地域社会』（清文堂出版、一九九七年、三五頁）。

(29)佐藤久治『秋田の社家と神子』（秋田真宗研究会、一九七九年）。

(30)松本久史『荷田春満の国学と神道史』（弘文堂、二〇〇五年、二三〇頁）。

(31)佐藤久治『秋田の社家と神子』（秋田真宗研究会、一九七九年、七一頁）。

(32)佐藤久治『秋田の社家と神子』（秋田真宗研究会、一九七九年、七五頁）。

(33)「諸事手控記」(『土崎史談』九号、土崎史談会、一九六九年、一六頁)。
(34)「諸事手控記」(『土崎史談』九号、土崎史談会、一九六九年、一九頁)。
(35) 守屋家資料「覚」(秋田県立博物館蔵、文書番号三五七―五二二一)。
(36)「諸事手控記」(『土崎史談』九号、土崎史談会、一九六九年、二九頁)。
(37)「諸事手控記」(『土崎史談』九号、土崎史談会、一九六九年)。伊藤正親の手記は、八橋山王宮が津軽軍の本陣となるにあたり藩命により宮司宅が移転されたことや軍事御用についての記述も見られるが、大半は類焼した所有社の再建や神社祭礼についての記述である。
(38) 佐藤久治『秋田の社家と神子』(秋田真宗研究会、一九七九年、七七頁)。
(39) 通常、修験大頭は城下久保田に居住し、修験御役所にて頭襟頭らの年始廻勤を受ける立場にあった。また毎年三月八日には藩主に神変大菩薩(=役小角の諡)の祈禱札を献上する祖師講があるが、その際にも修験大頭と頭襟頭は顔を合わせている。つまり藩の年中行事が各地の有力在地修験との交流の機会となっていた。詳細は第一部第二章を参照のこと。
(40) 野田泉光院「日本九峰修行日記」(『日本庶民生活史料集成　第二巻』三一書房、一九六九年、一六六頁)。
(41) 大西克明「組織アイデンティティと宗教集団論―宗教集団の多元性へのパースペクティブを巡って―」(『東洋哲学研究所紀要』二四号、二〇〇八年)。
(42) 守屋家資料「口上」(秋田県立博物館蔵、文書番号三五七―三五五八)。
(43) 寿量院は寛延年間に創立された寺院。初代住職は東叡山宿坊元光院より南光坊を迎えた。もともと将軍御霊屋は天徳寺にあったが、天徳寺が曹洞宗であったことから天台宗寺院に移築することを考えていた。しかし享保年間の東照宮所在調査により再勧進したという。詳しくは中野光浩「諸国東照宮の勧進と造営の政治史―長州藩と秋田藩を事例に―」

（山本信吉編『社寺造営の政治史』思文閣出版、二〇〇〇年）を参照のこと。

(44) 守屋家資料「口上」抜粋（秋田県立博物館蔵、文書番号三五七—三三四三）。

(45) 近藤源八著「羽陰温故誌」に「嘉永六丑年正月四日、本宮別当止宿ノ参詣ノ老若夥敷焼死セリト聞。此別当ナル者、家族ニ死タル者アルヲ隠シ泊メシト云。神罪恐ルヘシ。当時ノ狂歌ニ日、八沢木と聞いて見たれハ大さわき　禰宜味噌付けた人の田楽」と守屋家を批判する狂歌があったと記されている（『第三期　新秋田叢書六』歴史図書社、一九七一年、一七五頁～一八一頁）。

(46) 守屋家資料「口上」抜粋（秋田県立博物館蔵、文書番号三五七—三三四三）。「前件之通、是迄も御軍事之儀は同役大友建吉関係茂無之、今以在邑私壱人ニ而相勤申候、抑七月以来既ニ一家を打捨、人数引連出張致候ニ付」とある。

第三部　秋田藩における在地修験の寺院経営

第一章　在地修験の堂社経営

はじめに

近世期、在地修験は原則として葬祭に関与することができず、檀家を所持することができなかった。在地修験の宗教活動による収入は、専ら現世利益祈禱や別当を勤める堂社で執行する春秋祭祀による初穂料であった。

近世秋田藩領は、社家が一三三に対し在地修験寺院数が三九一と、圧倒的に修験の数が多く、村落の鎮守社の多くは在地修験が別当職を勤めていた。農耕社会において地域の産土神や氏神を祀る鎮守社は、村の由緒を示す重要な場所である。秋田藩領においても鎮守社は、祖霊を祀り、地縁・血縁関係を再確認する場であった。同藩の鎮守社の多くは在地修験の所持堂社であると同時に地域社会共有の宗教施設であり、その維持管理を担うことも在地修験の大切な役割であった。

これまで修験寺院の所持堂社について、堂社構成や存立の実態に着目した検討は充分ではない。例えば、会津地方の在地修験の寺院経営について検討している藤田定興は、霞内の堂社の別当権を在地修験の経済状況をみる指標として取り上げてはいるものの(1)、在地修験が堂社をどのように管理し、経営していたのかという点については言及されていない。この他にも在地修験の所持堂社について触れている論考はいくつかあるが、あくまで寺院の経営実態をみる要素という位置づけであり、堂社の造営・修復についても建築史の分野において語られるのみである。

そこで本章では、在地修験の堂社経営の実態について、雄勝郡大沢村の在地修験、上法寺喜楽院の事例をもとに検討する。具体的には、所持堂社の造営・修復に、霞の村々がどのように関わっていたのか、霞の村落民がどのような神仏を信仰していたのかという点に注目して検証していく。

本章の検討対象である秋田藩の修験・社職の所有堂社については、田中秀和の論考がある。田中は「幕藩権力の宗教政策を村々に存在する堂社（在村小社）の支配を通じ明らかとする」[2]とし、寺社改帳の分析から同藩の霞制度と地域社会の宗教的環境について明らかにした。しかし田中の論考は藩の寺社統制に主眼を置いているため、堂社個々の存立実態については検討されていない。

既述の通り、堂社は在地修験の私産であると同時に地域社会の共有財産でもある。そのため、堂社の建立や修復は在地修験の一存によってでは無く、霞や地域の村落民からの要望によって行われる。言い換えれば、堂社の実相は地域民衆の信仰的欲求を反映しているのであり、神仏が勧請された経緯、あるいは堂社の建立時期、修復の頻度を分析することで、当該地域の宗教環境を明らかにすることができると言えよう。

なお、本章では在地修験の社祠について、一般的な寺社の建造物を意味する「堂舎」ではなく「堂社」の表記で示していく。これは再三述べている通り、同藩の修験寺院の所持堂社と一般的な「堂舎」では存立意義が異なり、地域の産土神や氏神を祀る「祠」「社《やしろ》」としての意味を有する後者の方がより実態に近いと思われるためである[3]。

一　雄勝郡上法寺喜楽院について

上法寺喜楽院は、雄勝郡大沢村（現、横手市雄物川町）にあった在地修験寺院であり、山号は「金峰山」を称する。寺院は七面山・大沢山・鷲座山など山々に囲まれた地域にあり、喜楽院自体は鷲座山の山腹にある。鷲座山は大和国金峯山を模して「金峰山《きんぼうざん》」と称し、創建当初の本尊は金峰山蔵王権現であった。ところが近世中期になると金峰山蔵王権現に加え、新たに「阿良波々岐《あらはばき》権現」も本尊として祀るようになった。阿良波々岐権現とは東北地方に多く見られる民俗信仰の神で、もともとは蝦夷が信仰していたという説もある。こうした熊野信仰の影響を受けた勧請神に加え、土着の産土神を祀るようになったことは、霞の信仰的欲求に対応した、喜楽院の寺院経営策の一環であると言える。

また喜楽院は、近世を通じ本社金峰山蔵王権現堂と一二の末社のほかに、各霞の村々にある堂社の別当も勤めていた。喜楽院は藩主佐竹氏の崇敬寺院であったが、藩による経費助成を受けられる寺社は「十一社」に限られていた（詳細は第一部第二章を参照）。そのためこれら所持堂社の造営・修復は、勧化や開帳などを通じて修験寺院自らが調達する必要があった。堂社の維持管理費用を自費で賄わなければならない喜楽院にとって、所有する山林は重要な「用材林」である。

喜楽院は、代々大沢村内の字岩ノ沢・場生目沢山・奥谷山・赤井沢山に山林を所持していた。宗教活動の傍ら林業にも従事していた。堂社に付随するこれら山林の木々は基本的には堂社の整備用材に充てられたが、喜楽院は弟子や俗男、上法寺村の者らと共に日常的に植林を行い山林の育成に努めるとともに、夜盗が入り込まないよう監視・管理にあたった。これは喜楽院のある大沢村が、秋田藩領と矢島藩領との領境に位置しているためであった。近世初期の雄勝郡の様子について家老梅津政景は、日記に院内銀山周辺の村落民が矢島領への越境が容易にできる雄勝郡山間部でたびたび杉や雑木を略奪していることを記している(4)。これは院内銀山開抗当初、銀山周辺の木々を鉱石の精錬のため大量に伐採したことにより、近隣村民が生活に必要とする薪材が不足したためであったが、寺領への入り込みや略奪行為は、凶作や飢饉等のたびに繰り返された。

〔史料1〕(5)

①去ル亥年不熟ニ付、子年又々強盗共数度入込申候而　御公儀様迄奉願、飯料等拝借被仰付、家頼共多人数召抱相防申候、然者当山之儀者御存被成置候通、本社幷愛宕堂、折居堂三ヶ所江御紋迄被居置、御建立同前ニ可奉崇敬被仰付、②御威光ヲ以本末社拾二ヶ所修復幷建替等仕、極窮之愚僧ニ御座候得共、是迄堅固ニ守護仕罷有、難有仕合奉存候、然者去不熟ニ付、当年一統物騒ニ御座候間、別而春中より人数等召抱不怠要心仕、昼夜山廻為致守護罷有申候処ニ、先月廿八日昼、為雨乞、正順と申す若年之弟子僧壱人召連登山仕候処ニ、油坂と申所へ本社より道法拾四五町有候之処ニ、御堂夥敷物音仕候故、無心元急キ本社江馳附見候得者、盗賊共六人御堂錠前打破、神具等盗取、剰社壇ヲ汚申躰故一々搦捕可申所ニ、召連御弟子僧ハ若輩者ニ御座候故、盗賊共多人数ニて手ニ余り、三人取逃シ三人捕申取候而、則致縄下ニ右三人之者共御仕送申候間、格別御詮議被成置、御威光ヲ以、当山長ク守護仕候様ニ被仰付被下置候ハヾ、難有仕合奉存候、以上

史料は明和五年(一七六八)七月、御会所に出された口上の一部である。これによれば、喜楽院は藩領境にあることからたびたび強盗に入られ、先祖代々守ってきた社木を伐採されてきたとある。なお、文中の「去ル亥年不熟ニ付」とは、宝暦五年(一七五五)に発生した宝暦飢饉のことである。飢饉発生後の翌宝暦六年に再び社木を狙って強盗が山

林に入り込んだため、藩に飯料の拝借を願い出て人を雇い、被害を防いだとある（傍線部①）。その後、明和四年も凶作に見舞われたため、用心のため春より人を雇い、昼夜山林を巡回するなどして警戒していたが、六月二八日昼、雨乞祈禱のため弟子と共に山林に入ったところ、盗賊が堂社の錠前を壊し神具を盗み取ったとある（傍線部②）。

喜楽院のある大沢村は本荘街道沿いの宿場町であり人や物の往来が多い場所であった。また雄勝郡、とくに藩領境の地域にはかつてこの一帯を治めていた小野寺氏の旧臣が帰農して居住していたこと、近隣の院内銀山には全国各地から様々な人々が金掘衆として集住していたことから、近世前期には藩の統治が行き届かず、政治的にも治安の面でも不安定あった（6）。こうした様々な問題を抱える地域で喜楽院は、逸早く藩主佐竹氏との関係を構築し、その守護の下、山林の育成・管理に努めていたのである。

二　社木拝領願にみる喜楽院の堂社経営

次に上法寺喜楽院の堂社管理の様相から寺院経営についてみていく。表1は、近世期に喜楽院が別当職を勤めていた堂社の一覧である。なお表内の○印は、史料などからその時期に喜楽院が別当を勤めていたことが確認できる堂社を示している。正徳期および文化期の一時期、二井山村・矢神村の一部堂社の別当を喜楽院以外の在地修験が勤めているものの、基本的に、本社金峰山蔵王権現堂と末社一二社、および大沢村、平鹿郡二井山村・矢神村・狼沢村の各堂社が喜楽院の所持堂社であるということが分かる。

次に表2は、上法寺喜楽院が秋田藩に提出した社木の拝領願から、喜楽院の堂社建立および修復の経緯を表したものである。秋田藩では修験・社家・僧侶・別当が堂舎の造営や再建、修理を目的に山林の寺木・社木を伐採する時は

表1　喜楽院堂社一覧

場所		堂社	面積	宝永7年(1710)	正徳元年(1711)	正徳4年(1714)	明和3年(1766)	文化12年(1815)	文政8年(1825)	明治期の名称
大沢村	上法寺	金峰大権現	3間4面	○	○	○	○	○	○	金峰神社
		熊野堂	1間4面	○	○	○	○	○	○	熊野神社
		地蔵堂	2間4面	○	○	○	○	○	○	愛宕神社
		弥勒堂	2間4面	○	○	○	○	○	○	赤井神社
		大黒堂	2間4面	○	○	○	○	○	○	中乃瀧神社
		不動堂	1間4面	○	○	○	○	○	○	払川神社
		白山堂	1間4面	○	○	○	○	○	○	白山神社
		明神堂	1間4面	○	○	○	○	○	○	稲荷神社
		天神堂	5尺4面		○	○	○	○	○	北野神社
		本宮堂	2間4面	○		○	○	○	○	大山社
		如意輪観音堂	2間4面	○		○	○	○	○	台乃坂神社
		蔵王堂	3間4面	○	○		○	○	○	金峰神社
		鐘堂	1間4面	○			○	○		
	長谷	十一面観音堂	2間4面		○	○			○	長谷山神社
		御嶽堂	4尺4面		○	○			○	内野山神社
		(末社白山)	2尺4面		○				○	
	湯ノ沢	山上堂	1間4面		○				○	湯ノ沢神社
		伊勢堂	8尺1丈		○			○	○	
	坂下	大日堂	3尺4面		○				○	坂下山神社
		熊野堂	2尺4面		○				○	熊野神社
	天王前	牛頭天王堂	1間4面		○			○	○	天川神社
	鳶ヶ沢	山神堂			○				○	山神社
	上ノ山	伊勢堂	3尺4面		○				○	野崎神社
	不明	両頭権現堂			○					
	不明	若宮八幡堂	2尺4面		○					
平鹿郡二井山村		神明社						○		神明神社
		十一面観音堂	3間4面		○			(応厳院)		
		日宮堂	9尺4面		(慈眼院)			(応厳院)		
		薬師堂	2間4面		(慈眼院)			(応厳院)		
平鹿郡矢神村		正八幡堂	2間4面		○					八幡神社
		薬師堂	2間4面		○					
		勢至堂	7尺4面		(蔵光院)					
平鹿郡狼沢村		観音堂	1間4面		○					
		稲荷堂	4尺5尺		○					

典拠；上法家文書「正徳元卯年社地御改メ帳」「世代由緒書」「社木書上帳」、淀川盛品「秋田風土記」、『雄物川郷土史資料』

「社木拝領願」を出し、事前に藩に申し出ることを義務付けていた。(7) これは秋田藩の林政政策に関係があり、「御直山」以外の山林あるいは屋敷添・田畑添の山林、社木であっても、良質の杉がある場合は藩が引き上げたためである。例えば、安永元年(一七七二)に江戸「目黒行人坂の大火」によって秋田藩上屋敷(下谷七軒町、現在の台東区下谷)および中屋敷(向柳原、現在の台東区浅草)が焼失した際、藩は領内の寺社に対し社木を建替用材として供出するよう命じて

表２　社木拝領願にみる喜楽院の堂社建立・修復履歴

年	住持	堂社	木種・本数	目的
元禄12年	快栄	上法寺権現堂 地蔵堂 弥勒堂 大黒堂 本宮堂 蔵王堂 鐘堂	杉10本	堂社再建
元禄16年～ 宝永２年		権現堂拝殿 鳥居	杉100本	堂社建立
宝永元年		権現堂拝殿	杉48本 松６本	堂社建立(再)
宝永２年		権現堂拝殿	杉10本 松65本	堂社建立(再々)
宝永７年	快養	地蔵堂 弥勒堂 大黒堂	杉７本 杉木枝葉	屋根葺替
享保10年		上法寺権現堂		屋根補修
享保20年	快養 快命	上法寺権現堂 (付僧房)		堂社建立
延享２年	快命	十一面観音堂	杉７本 松５本 雑木10本	堂社再建
弘化３年	快定 快需	不動堂 観音堂 中滝護摩堂	杉200本	堂社再建
弘化４年	快需	本宮堂	杉40本	屋根葺替
慶応２年		上法寺権現堂 弥勒堂 大黒堂	杉500本	堂社修復

典拠；上法家文書「寺建立覚之日記」『雄物川郷土史資料』第２集、第４集

いる(8)。喜楽院は、元和年中に家老梅津半右衛門より社木の勝手伐採を禁止する制禁札を受けていることを理由に社木の供出を断り、秋田藩もそれを了承しているが、秋田藩領では原則的に持山であっても、堂社建立や修復のために社木を自由に伐採することができなかったと言える。

さて、近世を通じ、秋田藩では「社木拝領願」を出さなければ社木を伐採できなかったわけだが、これは言い換えれば、その時期に堂社造営や修復の計画があったということを示しており、社木拝領願を分析すれば各堂社の来歴を明らかにできるといえる。そこで本節では喜楽院の社木拝領願に注目し、同院が拝領した社木の木種や本数から、堂社建立および修復の様相ついて見ていきたいと思う。

まず社木拝領願から各堂社の修復頻度について見ていく。表2によれば、喜楽院はおよそ一〇年から二〇年に一度は社木拝領願を出している。また近世初期から中期にかけては堂社造営を目的とした社木拝領が多いのに対し、近世後期には、屋根の葺替や堂社再建など維持管理を目的としたものに変化していることが分かる。既述の通り喜楽院は雄勝郡の山間部にあり、この地域は冬になると村々の行き来すら困難となるような、同地でも有数の豪雪地帯である。自然の厳しさから木造の堂社は傷みやすく、頻繁に修復する必要があったと考えられる。

在地修験にとって堂社は様々な祭祀を行う場であり、特に春秋祈禱は、在地修験にとって祈禱料を得ることができる重要な機会である。氏子の信仰心と喜楽院への崇敬を保つために堂社の維持管理は必須条件であった。しかし山林資源には限りがある。だからこそ代々の住持は、材料となる社木を植林、育成し、堂社の破損や倒壊に備え、常に準備しておく必要があったのである。喜楽院が代々農耕だけでなく林業にも従事していたのは、堂社の維持管理が深く関わっていると言えるのである。

次に個々の社木拝領の事例について詳細に見ていく。同院の最も古い社木拝領願は元禄一二年(一六九九)、二五代喜楽院快栄が作成したものである。[9]内容は上法寺権現堂と末社、地蔵堂・弥勒堂・大黒堂・本宮堂・蔵王堂・鐘堂の計七社の堂社再建のため、杉一〇本を拝領したいというものである。また元禄一六年から宝永二年(一七〇五)には、上法寺権現堂拝殿と鳥居の建立のため社木拝領願を出している。この願い出は三度にわたり提出され、検使役との間で遣り取りが行われている。

一度目の社木拝領願は元禄一六年、金峰山山頂にある上法寺蔵王権現堂の拝殿と鳥居を上法寺村に建立するという目的で、杉一〇〇本の拝領願を提出した。しかしこの拝領願には、社木の見積りと材木の注文に誤りがあったとして、宝永元年に再度社木の拝領願と社木の注文覚を差し出している。[10]なお二度目の社木拝領願では当初の計画を見直し、杉三二本、松二〇本の計五二本の社木拝領願を出している。しかしこの時も藩より許可は下りなかったらしく、翌宝永二年にも木割の見積りを差し出している。結局、拝殿のために拝領した社木は松元木が六五本、杉元木は一〇本で、松材を中心とした構成となった。[11]

木造建築における材木の地域適性について伊原恵司によれば、東北五県は杉と松を用いる場合が多く、なかでも杉が部材として使用される場合が多いとしている。[12]また伊原は、高野山金剛峯寺の建築用材を例に挙げ、松は主に構造材として用いられ、檜や樅、杉などは化粧材として可視部分に使われていると指摘している。事実、杉と松は古くから秋田にも植生している木種であるため環境にも馴染みやすく、また強度的・経済的に有効であると言える。

当初、喜楽院が出した木種は杉が中心であったが、実際に拝領した社木は、その大半を松材が占めている。この背景には、まず既述した藩の林政政策があると考えられる。加えて、当該期における藩政上の問題、例えば元禄一六年に秋田藩江戸中屋敷が焼失したこと、そして宝永元年に幕府より利根川・荒川の手伝普請を命じられたこと[13]なども関わっていると推察される。それは万一資材不足に陥った際には、前述の事例のように寺社から社木(杉)を供出させる必要があるためであり、江戸中屋敷の再建と利根川・荒川の手伝普請を抱え、安易に杉材の伐採許可は出せないという藩の経営的判断があった可能性は否定できない。

そして宝永七年には、元禄一二年に建て替えをした地蔵堂・弥勒堂・大黒堂の修復のため、三度目の社木拝領願を出している(14)。願い出には、地蔵堂・弥勒堂・大黒堂は以前（元禄一二年）に社木を拝領して建立した堂社であることが記され、屋根の葺替えと床板の張替えのための用材として杉七本を拝領したいとある。また用途が定かではないが、この時の拝領願には杉材だけでなく枝葉も含まれている。

次に二七代快命代の享保二〇年（一七三五）には、御堂と僧房を建立したとある(15)。

〔史料2〕(16)

一①元禄十三庚辰年二月中、快栄代ニ寺材木被致拝領候得共、社堂建立ニ付寺建立致兼、其已後病身ニ罷成、被致隠居候故及大破、右材木を以、快命廿九歳にて寺致建立候、子孫寺修覆等ニ付材木拝領願候節者、元禄十三年庚辰之歳、本宮堂附建立材木も拝領之節、寺材木も拝領仕候ハゞ、快栄建立仕候と可申上候、尤寺材木願申上書控有之候、②寺者五間七間ニ建立仕候得共、御代参之砌せまく有之、享保拾年巳之七月廿七日之大風にて風返り木拝領仕、社堂致繕候残木にて一間たし、快養代ニ台所迄致修覆候、依之只今五間八間ニ罷成候、於子孫寺修覆等ニ付材木拝領願候節、右之通心得可奉願上候

享保廿乙卯年二月廿二日

これによれば、僧房の建立に用いられた材木は元禄一三年二月、二五代快栄が出した社木拝領願によって拝受したもので、堂社は造営したが、寺（本堂、上法寺権現堂）までは造営することができず、その後快栄は病により隠居、堂社の傷みも酷くなったため、今回その時に拝領した社木を使用し、喜楽院快命が二九歳にて建立したとある（傍線部

①）。ここで言う「元禄十三庚辰年二月中、快栄代ニ寺材木被致拝領候得共」というのは、元禄一二年に出された上法寺権現堂以下六社の堂社再建用材のための社木拝領を指すと見られ、それまでの上法寺権現堂に僧房を新たに付した堂社を造営したと考えられる。また建立当初堂社は五間七間だったが、これでは藩より代参の役人が訪れた際などに祈禱執行するには面積が狭く、享保一〇年七月に大風によって「返り木」（根返り木、倒木の意か）が出たので、それを拝領して堂社の修繕と増築を行い、現在は五間八間になっているとある（傍線部②）。このことから喜楽院では、修復等を見越し、あらかじめ多めの本数設定で社木拝領願を出し、残りを備蓄していたことが見て取れる。

その後、宝暦・天明・天保の飢饉や、たび重なる凶作のためか、堂社に関する史料は管見の限り見受けられない。同院で再び社木拝領願が確認できるのは、快命による延享二年（一七四五）の堂社再建から約一〇〇年後の弘化四年（一八四七）のことである。

〔史料3〕(17)

大沢村　御嶽堂社木　四尺廻りより三尺廻り迄

一杉四拾本

右は拙寺別当守護宮社木拝領仕度奉願上候、拙寺儀者兼而御改知(ママ)被成置候通り年来困窮之所、①去ル巳年未曾有之大凶作以来、知行高又々荒地ニ罷成、只今三ヶ年壱通り漸々所務仕、寺坊相続漸々躰ニ御座候処、②去ル未年末、社内不動堂・観音堂・中の滝護摩堂右三ヶ処先年之通り再建仕候所莫大之諸入用、其上同年閑居、遷化仕、弥以物入打続キ当惑奉存候得共、本宮堂三間四面、屋根大破仕此度葺替仕度奉存候、③幷今年辛ひ道行も有之上京仕度候得共、前文之物入継キ(続カ)、外ニ手段も無之、時節柄恐入奉存候得共無拠奉願上候、何卒御憐愍を以願之通り被仰付、右木他(地カ)払仕、右余勢を以諸堂修覆仕、極窮之拙寺相続仕度乍恐偏ニ奉願上候、以上

酉二月　　　　　　　　　　　上法寺
　　　　　　　　　　　　　　　喜楽院

これは三〇代快需による社木拝領願である。これによると、本宮堂（三間四面）の屋根修復のため、御嶽堂の付随山林にある社木のうち杉四〇本を拝領したいとある。傍線部①の「去ル巳年未曾有之大凶作」とは、天明三年（一七八三）の浅間山噴火を一因として始まった天明飢饉の只中である天明五年を指す。また「去ル未年末」すなわち弘化四年（一八四七）の末、不動堂・観音堂・中の瀧護摩堂の計三ヶ所を再建したが莫大な費用がかかり、その上、同年には閑居が遷化したとある（傍線部②）。ここで言う「閑居」とは快需の養父、二九代快定のことを指す。快定は弘化四年に亡くなり、喜楽院で初となる修験道一派引導が行われた。この一派引導は、修験大頭両学寺永龍が中心となり、雄勝・平鹿の在地修験が宗教者としての存在意義を示すべく行った共同祭祀であり(18)、喜楽院はその費用の一部を快需の実兄である永龍や大沢村の者からの借用金で補塡して祭祀を執行している。また史料には快需自身も、院号の取得と寺格の維持のため大峰入峰する必要があるが上記の理由により経済的に余裕が無く、上京も難しいとある。そこで快需は、三社の再建のために拝領した社木を売り、その余勢によって堂社修復をしたいと願い出たのである（傍線部③）。

これは、それまで社木は「本社および末社十二社を守護するためのもの」という認識のもと山林を守ってきた喜楽院にとって、新たな試みであった。しかし社木の売買を始めた直後、喜楽院はトラブルに見舞われる。

〔史料4〕(19)

口上

一拙寺別当社、中の瀧愛宕堂三間四面、観音堂四尺四面、右二社、午未両年再建仕候所、閑居遷化ニ付打続不少物入に相及、無拠拙寺所持山栩木沢ニ而杉木五十本願上相済罷在候所、中々行届不申、依而進願申上候処、弐百本相済、当村坂下門蔵、上法寺村三之助と申ものへ二尺廻り余之杉木二百五十本、此代金四両ニて売払、別シ三百本有之候て五両之事ニ相定メ候得共、金子者于今受取不申候、木山方小川円之助殿御廻在之砌、当村吉左衛門訴人罷登、五百本余伐取候段ニ申上、買主吟味仕候所、三百本少之余伐取候得共、格別過木不仕候趣、然者木山方下役八十吉、郷人、拙寺より壱人右三人立会見分仕候所、未夕雪中之事故角々迄吟味仕候得共、都合三百余見分相済、然所伐跡再吟味被仰付、右三人見分仕候所四百八十七本、内百八十七本二尺廻り分乱妨ニ過伐木被致、誠以当惑仕候、右之趣両人共へ尋向仕候所、一言之申開無御座候、此上如何様之無調法被仰付候而茂、少も御恨ニ無御座候、然者過木誤書可差出旨申越候所、過木誤書付受取右之通り過木被致候而者、拙寺寺跡ニ相拘り、無拠右之段郷中へ申出候（後略）

これは嘉永元年（一八四八）に、喜楽院快需から木山方小川円之助・芳賀小八郎に出された願い出の一部である。史料の内容は以下の通りである。

まず冒頭には、喜楽院が社木の売却を決めるに至った経緯が記され、持山である栩木沢より杉木合わせて二五〇本を大沢村字坂下の門蔵と上法寺村の三之助に金四両で売り払ったとある。またこれとは別に二尺廻の杉三〇〇本に金五両と値を付け、両人に売却したが代金が支払われなかった。そこで当時大沢村の肝煎であった佐野吉左衛門を通じて木山方小川円之助に訴え出た。しかし小川は、格別過伐採とは言えないとして取り合おうとしない。そこで吉左衛門は木山方の下役人と大沢村の者、そして喜楽院の三人による見分を願い出た。そして実際に見分が行われると、伐採跡の様子から見て四八七本、実に一八七本も杉木が勝手に伐採されていたことが判明した。しかしこのことを門蔵・三之助に問い質しても何も答えない。また藩からは「過木誤書付」を出して過伐採を報告する旨を指示されたが、もともと過伐採を行ったのは喜楽院では無いため、それを認めることは寺跡に関わることなので承服できないという見解を述べている。

なおその後、この一件について本山方がどのような裁定を下したのかは、史料の制約上明らかにすることができないが、これ以降も喜楽院は社木の売却を行っており、社木の売買は寺院経営の助成として定着したようである。再三述べている通り、社木は本来堂社の維持管理のためのものであり、過伐採は堂社修復や再建にも影響を及ぼしかねない事態である。だからこそ快需も、代々住持と共に山林の育成・管理にあたってきた上法寺村の者を買主に選んだ筈であったが、事はうまく運ばなかった。その後の社木売買は喜楽院の一族で、同院の納所を担う阿倍滝之丞が取り仕切っている。[20]

そして同寺院より拝領願が出されたことが、確認できる最後が、慶応二年（一八六六）五月の社木拝領願の下書きである。[21]これによると、上法寺権現堂（三間四面）、弥勒堂（二間四面）、大黒堂（二間四面）修復のための杉二〇〇本を拝領したいとある。この拝領願に対し許可が下りたのは二ヶ月後の七月のことである。これによれば、金峰山の社木のうち二尺廻から五尺廻の杉木計五〇〇本の伐採を許可するとあり、依頼した分量より多い杉木の伐採が許可されたことが見て取れる。[22]

以上、喜楽院の社木拝領願から、同院の堂社造営・修復の様相について検証した。在地修験が別当を勤める近世堂社の造営について佐藤久治は、近世初期、堂社造営の主体が在地領主や地方豪族から村落民へと転換したことにより、堂社は村落民の信仰に依拠するようになったとする。そして近世後期になるにつれその傾向は顕著なものとなり、堂社の量も増大したこと、しかしその一方で祭神の由来は極めて迷信的、不合理的であったことを指摘している。[23]

実際、喜楽院の所持堂社の構成を見てみると、表2にあるように、利益神（不動・観音・弥勒）や福神（大黒）として位置づけられる祭神を祀る堂社は、修復や再建の頻度が高い傾向にある。これは呪術的迷信的な神仏や祈禱儀礼を望む秋田の宗教景観に依るものであり、堂社造営が領民の信仰心にもとづいて計画・実行されていた証と言えるだろう。

三　堂社修復と霞との関わり

前節では、喜楽院の所持堂社の構成および社木の伐採に必要となる社木拝領願の分析など、堂社の維持・管理という観点から喜楽院の寺院経営について明らかにした。既述の通り喜楽院では、本尊を祀る上法寺権現堂をはじめ、利益神や福神を祀る堂社の再建・修復頻度が高いことが分かった。それは言い換えれば、修復頻度の高い堂社の仏神ほど、氏子や近隣の村落民の信仰が篤いということを示している。そこで本節では、とくに村落民が建立に深く関わったと見られる堂社、延享二年（一七四五）に行われた大沢村字長谷の「十一面観音堂」再建と、明治前期に行われた稲荷明神社の再建の二つの事例を取り上げ、喜楽院の寺院経営と当該地域の民間信仰の様相、そして霞の氏子や近隣の村落民が堂社建立にどのように関わったのかについて見ていくことにする。

1　延享二年（一七四五）の長谷十一面観音堂再建

まずは氏子の側が主体的に堂社建立に関わった事例について見ていく。

〔史料5〕[24]

一私共氏神観音堂、享保八卯年七月十三日之夜焼失仕候、其已後仮小屋ニ御座候、然者右御堂建立雑用之分二拾ヶ
年以前より別之観音講仕立差置申候、右別ニも御座候銭本立ニ而建立仕度候間、杉松雑木共ニ弐間四面之分　御
公儀様江被仰立当年中ニ建立仕候様奉願候、為其印版差上申候、以上

延享二年丑ノ三月十日

大沢村氏子　新三郎(印)
清四郎(印)

史料は、延享二年に大沢村の氏子新三郎と清四郎より喜楽院に出された再建願である。この願書によると、彼らの氏神である十一面観音堂が享保八年(一七二三)七月に焼失し、以後氏子らは二〇年以上、仮小屋にて祭祀を執行してきたとある。そして今回、二〇年以前より積み立てていた観音講の資金によって「二間四面」の堂社を建立すべく、社木拝領願を公儀に出し、本年中に再建したというものであった。この十一面観音堂は表1にあるように、正徳元年(一七一一)に行われた社地御改の時点で、すでに二間四面の板葺堂社の存在が確認されており、二六代快養の正徳三年には建て替えも行われている。しかし表2にもあるように、願い出が出される一〇年前の享保二〇年、喜楽院では上法寺権現堂(僧坊を含む)を造営していた。また寛保三年(一七四三)には雄勝郡一帯が大凶作に見舞われていることもあり、喜楽院には社木拝領願を出したとしても受理されるのは厳しいだろうという認識があったと推察される。

しかし新三郎らは諦めなかった。むしろ大凶作の今こそ十一面観音堂を再建し、本尊を祀るべきだと感じたのかもしれない。前回の願い出から三ヶ月後の六月、新三郎と清四郎は十一面観音堂の再建の願いを再度喜楽院に依頼したのである。

〔史料6〕(25)

一長谷堂建立之儀御願被遊候ニ付、八月十五日前々社木願可申儀御検使より被仰渡候儀、右之趣ニ御座候而ハ作物等江障り申候間、右社堂伐木之儀ハ矢嶋御領より伐木調建立仕度奉存候、右長谷堂社木之儀ハ神木不足ニも御座候故、御延引可成候、右伐木之儀ハまい様成候故出来仕候而も大沢江入用請取罷有候故、貴院江御苦労掛間敷候、為其両人印形仕手形差出候、以上

延亨二年丑六月十五日　　人沢村氏子　新三郎（印）
　　　　　　　　　　　同　清四郎（印）

大仙坊様

これによると、長谷堂（十一面観音堂に同じ）の建立を願い出たところ、八月一五日に社木拝領願を差し出す様に検使役より仰せ渡されたこともあり、本来なら十一面観音堂社地内の社木を再建に用いる所だが、社地内の神木が不足していること、また時節柄作物に支障が出ることを理由に、矢島藩領からの用材調達を提案してきたのである。結局、矢島藩領から用材調達をするという話は実現しなかったが、隣領から材木を調達してでも観音堂を再建させたいという氏子の想いに押されるように、喜楽院は当初の予定通り、八月に十一面観音堂再建のための社木拝領願を提出している。

〔史料7〕[26]

一雄勝郡大沢村鎮守十一面観音堂、先年より拙僧別当致来申候、右堂七尺五寸四面大板葺、社地長サ二拾七間、掵東西拾二間、正徳三巳年親喜楽院代ニ、右観音堂立替申候処ニ、享保八卯年七月十三日之夜焼失仕候故、〔此節〕御披露申上候、其以後祭礼ニハ仮小屋ニ而相勤申候、「　　」之砌右仮小屋ニ而祭礼相勤申候茂何共迷惑ニ奉存候、依之此度二間四面板葺ニ造立仕度奉存候

右観音社木之内

杉本廻り三尺より四尺迄之内　七本

松本廻り三尺より四尺迄之内　五本

雑木　拾本

木数合二拾二本、此度拝領被下置度奉願候、右願上候通被仰付被成下候ハヽ、当年中ニ造立仕度奉存候、右之趣宜様ニ被仰上被下度奉存候、以上

延享二年丑八月七日

雄勝郡大沢村観音別当　上法寺大仙坊

修験御役所

これをみると、享保八年の焼失以来、十一面観音堂の仮小屋は「七尺五寸四面」というかなり手狭な堂社であったことが分かる。そこで再建する堂社は、正徳期当時の「二間四面」の板葺とすべく社木拝領願を提出した。そこには「当年中に十一面観音堂を再建したい」という氏子の願いに応えるため奔走した喜楽院の姿が見て取れる。

十一面観音堂の再建が前節の堂社建立と異なる点は、第一に氏子側から堂社再建の要求があがったこと、そして第二に建立費用を喜楽院持ちではなく、氏子が結成した「観音講」の資金によって賄ったことである。近世寺社の堂社修復費用の調達方法について三浦俊明は、公儀より助成を受ける外に、自力(勧化や開帳、檀家や氏子からの寄進料の運用、寺社領収入など)で賄う方法があったとしている。(27)前述の通り、喜楽院は秋田藩の助成対象寺社(「十二社」)には入っておらず、自力での資金調達が基本となる。この場合、堂社修復費用は基本的に「氏子割」(28)に見られるような、崇敬者や氏子からの寄進によって賄われることが多く、喜楽院の事例で、氏子自らが親元となって講を組んで資金を調達したのは、十一面観音堂再建のみである。

喜楽院が堂社建立を主導するのではなく、氏子自身が堂社再建を計画し、修復費用から材木の調達まで主体的に関わっているところを見ると、十一面観音堂は喜楽院の所持堂社である以上に、長谷地域に住む人々にとっての土地神的存在であり、氏子が積極的に維持管理すべきものであるという認識が彼らに存在したことを示している。

2　明治初年の稲荷明神社再建

次に喜楽院の方から領民に堂社の再建を促した事例について見てみる。

〔史料8〕(29)

一右先年建立の頃ハ行届兼、仮りの宮にて是まて安置奉候へ共、自然信心の士女深く仰き、或ハ貴賤群集する霊社なれば霊験新也、扠又かりの宮も零落に及び、永々其侭安置し改不申ハ神慮の禍恐れあり、且信心の願望大般若或ハ秘密護摩御祈禱所望度々有れとも手狭にして右法の勤行式も成兼、彼是を案じ、今般御社地江立し絵図面のごとく志願なれ共、莫大之［掛］ゆへ自力に叶へかたし、他力を偏ニと願ふ也、抑当社ハ開運の神霊と称し、参詣の道、僐(善カ)行絶ず、其利益を蒙るもの多し、又実の心正直に祈誓すれハ諸願成就して不思儀の目出を得ル事、聞しかた□□也、強信の人々深く仰て自ら是を知るべし、　諸願くハ十方の俗男俗女を合せ、志を一にして、家門繁栄又ハ養蚕等皆令円満の為に一紙半銭の世代(財カ)を投て、成レかたき無量福寿の程を極しむべし、極めしむべかしと云

史料は、稲荷明神社の建替にあたり、霞や近隣村落民への勧進のために作成された勧化文のト書きである。ここには作成された年月日の記載は無く、正確な年代を特定することはできないが、それまで「稲荷堂」または「明神堂」と表記されていた堂社が、「稲荷明神宮」と神社名に改称されて記載されていることに鑑み、これは神仏分離後の明治初期に作成されたものと推察される。

これによれば、以前建立した稲荷明神社は仮の宮であるが、貴賤関係なく群集する霊験あらたかな堂社であること、しかしその仮の宮が零落し、このまま稲荷明神を安置し直さなければ神慮を失い禍をもたらす恐れがあると述べられ

ている。加えて、信者よりたびたび大般若経転読や護摩祈禱などを所望されるが、堂社が狭いため困難であるとある。そして今回社殿の再建を志願するも、莫大な費用を「自力」で賄うのが困難であるため、「他力」すなわち霞や近隣の村々の人々の力を借りたいというのが史料の内容である。

ここで特に注目したい点は「家門繁栄又ハ養蚕等皆令円満の為」に、わずかであっても稲荷明神社の再建料を寄付することで無量の福寿を極めようと訴えている部分である。「稲荷神」は、正式には「宇迦之御魂大神」という穀物を司る神であり、商売繁盛や五穀豊穣をもたらす神として定着している。なお「稲荷神」は、この他にも養蚕の守り神として祀られ、茨城県の蚕影明神や東北地方のオシラ様に見られるような「蚕神」として特に人気があったとされる[30]。

近世の雄勝・平鹿両郡における養蚕の浸透状況について金森正也によれば、文政三年（一八二〇）に雄勝郡川連村肝煎であった関喜内の上申を契機とし、それまで米穀生産を基本とする農村復興に対し、養蚕を秋田藩における藩国益策の一策として取り組もうと試みた時期があった[31]。またこのことは喜楽院を含む雄勝郡山間村落において桑の植林・育成が盛んに行われていたことからも窺える[32]。既述の通り、秋田藩の在地修験の多くは、宗教行為だけでなく農業・林業の兼業で生計を立てていた。その状況は喜楽院も同様であり、近隣村落で養蚕を生業としている村々が多いことを把握していたからこそ、勧化文の中に「養蚕」の文言を入れたと考えられる。また勧化文の内容も、稲荷社の建替を願う霞や近隣村民の声を受けて、堂社造営を行うのだということを強調するような内容になっている。

以上、喜楽院の堂社建立のうち、氏子主導の堂社建立と在地修験主導の堂社建立の二事例について見てきた。再建のきっかけが霞側か在地修験側かの違いはあるが、共通していることは、霞が堂社を地域の共有財産、「土地神」として認識し、積極的にその運営や維持管理に参与しているということである。たとえ藩が寺社改を通じて在地修験の堂社を安堵していたとしても、実態的には金銭的な事情も含め、修験自身の恣意や意図のみで維持管理を行う事はできず、霞を含めた地域社会の了承が必要不可欠であったと言える。

おわりに

本章は上法家文書をもとに、堂社の運営・構成や維持管理の観点から在地修験の寺院経営について検討した。内容は以下の通りである。

まず喜楽院が堂社建立や修復の際に藩に提出した社木拝領願から、所持堂社の建立・修復、および修復頻度について分析した。秋田藩では「御直山」以外の山林、あるいは屋敷添・田畑添の山林、堂社に付随する「鎮守の森」であっても、木を自由に伐採することができず拝領願を出す必要があった。そのため喜楽院は、あらかじめ多めの本数を設定して社木拝領願を提出することで敢えて余材を出し、通常は備蓄して修復の際の用材とし、また近世後期には売却して寺院経営の補助として活用した。

次に喜楽院の所持堂社管理について見てきた。喜楽院では主に利益神や福神に位置づけられる仏神を祀る堂社について修復・再建(建替)の頻度が高い傾向にあることが、各堂社の造営・建替の来歴から明らかとなった。これは秋田が修験道優勢地域であり、なおかつ領民が呪術的迷信的な神や儀礼を望んだためであり、在地修験が氏子や崇敬者の信仰的欲求に応えることを旨とする寺院経営を展開していたことを示す事例であると言える。

また堂社建立に際しての在地修験および霞や近隣村落民の動向について、大沢村字長谷の十一面観音堂の再建および同村稲荷明神社建替の事例から検討した。堂社建立には、修験や神職などの在地宗教者が主導的な立場で行う場合と、崇敬者が主体となって行われる場合とがあり、喜楽院の事例で言えば稲荷明神社は前者、十一面観音堂は後者にあたる。

まず十一面観音堂の再建にあたっては、氏子側から堂社再建の要求があったこともあり、建立費用は氏子が結成した「観音講」の資金によって賄われた。氏子自身が修復費用から材木の調達まで主体的に堂社建立に関わるということは、堂社が氏子にとって産土神や氏神を祀る堂社であったためであり、氏子にも「堂社は氏子が主体的に維持管理すべきもの」という認識があったことを示している。つまり喜楽院の所持堂社は、喜楽院の所有財産であると同時に氏子連中の共有財産でもあり、堂社の維持管理には氏子の賛同が必要であったと言える。

一方、稲荷明神社の場合は、氏子に建替と建築費用の寄付を呼び掛ける、言わば喜楽院が主導した堂社造営であった。しかし勧化文では、稲荷明神社が地域社会から篤い信仰を集めている社であること、また信者から建替を所望されていることなどが示され、建替はあくまで氏子や信者の希求であることが強調されている。また勧化文も稲荷明神に家門繁栄だけでなく養蚕にも効験があるという由来を併記することで、霞村以外でも寄付を募ることができるよう工夫が成されていた。こうした勧化文の論理展開は、建替費用の徴収のための手法であり、敢えて当該地域で隆盛しつつあった養蚕に言及したことは社殿建替の気運を高めようとする、喜楽院の経営的意図を感じさせるものである。

こうした喜楽院の寺院経営の背景には、宗教者であると同時に百姓でもあるという在地修験の近世的特質がある。つまり在地修験自身も農耕に従事しているからこそ、村民が何に関心を寄せ、どのような神仏を求めているのか把握できるのであり、それが氏子や崇敬者の需要に応じた神仏勧請、ひいては堂社経営に繋がっていると言える。

その後、喜楽院の寺院経営は霞内に留まらず霞外においても展開されるようになっていく。霞外の参詣者をいかに喜楽院に集めるか、そうした喜楽院の「企画力」が結実したのが文久年間の麻疹除病祈禱祭や両徳講の結成であり、その原点である堂社経営には、時代ごとの喜楽院の経営状況が反映されていると言えるだろう。

註

（1）藤田定興『近世修験道の地域的展開』（日本宗教民俗学叢書三　岩田書院、一九九六年、三四九〜三五五頁）。
（2）田中秀和『幕末維新期における宗教と地域社会』（清文堂出版　一九九七年、七三頁）。
（3）なお、田中秀和も在地修験や神職の所持する存村小社が、現代のそれとは異なるイメージであることを指摘している（田中秀和『幕末維新期における宗教と地域社会』清文堂出版、一九九七年、四七頁）。
（4）東京大学史料編纂所編『大日本古記録　梅津政景日記　五』（岩波書店、一九五九年、一三三頁）元和七年二月二八日。
（5）上法家文書「口上」抜粋。なお全文が『雄物川町郷土史資料　第四集』（雄物川町文化財委員会、一九六七年、六〇頁）史料番号二三一、にあり。
（6）長谷川成一『北奥羽の大名と民衆』（清文堂出版、二〇〇八年、一二八頁）。
（7）今村義孝・高橋秀夫編『秋田藩町触集　上』（未来社、一九七一年、七〇頁）「明和九年辰三月廿五日仙北下筋御代官へ左之通被仰渡候」。
（8）上法家文書。
（9）『雄物川町郷土史資料　第四集』（雄物川町文化財委員会、一九六七年、一四頁）史料番号一九二「御訴訟申上候御事」。
（10）『雄物川町郷土史資料　第二集』（雄物川町文化財委員会、一九六二年、六頁）史料番号五「雄勝郡上法寺権現拝殿造立木割之覚」。
（11）上法家文書「雄勝郡上法寺山権現拝殿建立右宮林ニ而伐木元剪覚」。
（12）伊原惠司「中世—近代建築の使用木材とその構成」（『普請研究』二六号、一九八八年）。

(13) 伊藤成孝「宝永期の秋田藩政と利根川・荒川手伝普請―「岡本元朝日記」の分析を中心に―」(『秋田県公文書館研究紀要』一四号、二〇〇八年)。
(14) 上法家文書「御訴訟申上候御事」。
(15) 上法家文書「寺院建立覚之日記」。この史料は社木拝領願ではなく、台所を含む「僧房」の建立日記であり、建立に携わった霞内氏子の人足数や日数・経費などが詳細に記されている。
(16) 上法家文書「寺院建立覚之日記」。
(17) 『雄物川町郷土史資料　第四集』(雄物川町文化財委員会、一九六七年、六二頁)史料番号二五〇「口上」。
(18) 詳細は第二部第一章を参照のこと。
(19) 上法家文書「上」のうち「乍恐演舌書を以申上事」。
(20) 上法家文書「覚」。嘉永三年、富松という人物に杉一〇六本を金四両二分二朱で売り渡している。なお証文の宛は「喜楽院様御納所」すなわち喜楽院の一族の阿部瀧之丞となっている(詳細は第三部第二章を参照のこと)。
(21) 上法家文書「覚」より「口上」。史料に快需の名は記されていないが、快需が文久元年に京で作らせた通用印が押印されていることから断定した。
(22) 上法家文書「覚」。
(23) 佐藤久治『秋田の神社と神々』(秋田真宗研究会、一九八一年、一九頁)。
(24) 『雄物川町郷土史資料　第四集』(雄物川町文化財委員会、一九六七年、五八頁)史料番号二二四「乍恐御願申上候御事」。
(25) 上法家文書。

（26）上法家文書「口上之覚」。
（27）三浦俊明『近世寺社名目金の史的研究―近世庶民金融市場の展開と世直し騒動―』（吉川弘文館、一九八三年、一八頁）ほか。
（28）橋本政宜「近世における地方神社の造営」（山本信吉・東四柳史明編『社寺造営の政治史』思文閣出版、二〇〇〇年）。
（29）上法家文書「稲荷明神宮御再建勧進」。
（30）『［縮刷版］日本民俗事典』（弘文堂、一九九四年、一二七頁）。
（31）金森正也『藩政改革と地域社会―秋田藩の「寛政」と「天保」―』（清文堂出版、二〇一一年、二〇〇～二四二頁）。なお、文化九年正月の「被仰渡」に「雄勝平鹿両郡村々近年来蚕業繁昌ニ相成絹糸不少出産致候様ニ相聞得候処」とあり、この頃からすでに、雄勝郡や平鹿郡で養蚕が盛んであったことが窺える（『秋田県史　資料編　第三巻　近世編下』秋田県、一九六三年、七六二頁）、史料番号一一一三。
（32）上法家文書「植立覚帳」によれば、喜楽院でも天保一一年から万延元年（一八六〇）の二〇年間で、所持山林に計八〇〇本の桑の苗木を植林している。なお大沢村で養蚕が行われるようになるのは、明治以降のことである。

第二章　上法寺喜楽院の「両徳講」をめぐって

はじめに

近世初期、寺社の堂社修復費用は、檀家や氏子からの寄進と幕藩権力からの助成によって賄われていた。しかし中期以降、次第に幕府や藩からの助成は減少していく。そこで寺社は、日々の祈禱料や勧化・開帳によって得た金銭を檀家や氏子らに貸付け(寺社名目金)、また無尽講(頼母子講)を組織するなどして運用することで、寺院経営の補助に宛てるようになった(1)。無尽講は元来、信仰目的のために積み立てた金銭を、参拝や祭祀のためでなく講員の相互扶助のために用いるというものであり、貨幣が浸透し始めた中世期に成立したとされる。そして近世期には農民らの互助・融通機能として発達し、全国の農村で様々な形の無尽講が組織され庶民金融として位置づけられていく。

近世農村の無尽講(頼母子講)については、福山昭(2)や竹中眞幸(3)・松永靖夫(4)らによって、講の構造や地域性および村落状況が講員や仕法に与える影響について明らかにしている。なかでも福山は、村落経済史の視点から無尽講の推移について見たとき、近世初期の無尽講は一村内で組織されていることが多かったため、共済的金融として機能することができたと評価するも(5)、近世中期以降、貨幣経済が村落まで浸透するようになると多額の資金が必要となり、上層農民による補助が不可欠となり、結果、村落内階層が講員関係に持ち込まれるようになったとする(6)。また竹中は、近世後期の農村荒廃によって中小農民の経営が逼迫され、掛金を負担することができなくなると、本来村方の相互扶助を目的として組織された無尽講が融通機能を衰退させ、かえって村落の困窮を促進させる原因になったとしている(7)。

こうした近世無尽講の検討は主に農村金融史の視点からの研究であるが、果たして近世後期、農村荒廃のなかで無尽講の相互扶助機能は次第に失われていくと一概に言えるのだろうか。

既述の通り、無尽講はもともと寺社参拝や講員の相互扶助を目的とする。しかし宗教的結びつきを媒介とした無尽講に関する検討は少ないように思われる。堂社建立は、寺社にとって地域民衆の信仰を繋ぎ留めるために重要な事業である。勧化・開帳によって堂社建立費用の目標額に至らなかった場合、貸借のように高率な利子が発生せず、かつ地域社会から少額ずつの金銭を徴収し、運用することでまとまった額が手元に入る無尽講は、寺社経営にとって有利な方法であった(8)。堂社修復が目的の無尽講の場合、途中破綻は寺社にとって死活問題である。途中破綻を防ぐために寺社は、でき得る限り多くの地域農民に講への参加を呼び掛け、また中小農民が参加できるよう手を打ったと考えられる。

田中大輔は、近世期の山形城下の天台宗宝光院の寺院経営について分析し、同寺院が堂社の修復費用を調達する目的で、近隣の他宗派寺院らと共に頼母子講に参加していたことを指摘した(9)。田中は、宝光院がこの頼母子講を組織するにあたり、運営資金の補塡のため山形城下町商人にも講への参加を要請していた事例をあげ、講の分析が城下町商人の信仰生活と城下の金融構造を知るうえで重要であると述べている。通常、寺社は地域社会の信仰によって支えられている。村落における無尽講が地域社会状況に左右されるのと同じように、寺社を講元とする無尽講もまた地域社会の経済状況、そして信仰生活と切り離すことのできない関係にあることは明らかである。

そこで本章では、上法寺喜楽院が文久期から明治初年に行った無尽講「両徳講」について取り上げ、講の仕法から、講の運営実態と当該期の喜楽院の寺院経営について明らかにしていく。また講員について分析し、喜楽院への信仰という点でどのような地域的差異があったのか、またその背景にあると考えられる当該期の雄勝・平鹿両郡の経済状況について検討する。

一　「両徳講」の目的と仕組み

両徳講は文久三年（一八六三）に開始され、会は一三番会、明治二年（一八六九）まで存続した。なお講についての詳細は、史料群に仕法書の類が残されておらず不明な点が多い。しかし、両徳講の一番会が行われる四ヵ月ほど前の文久三年の六月と七月に本社金峰山蔵王権現堂の宝物である「疱瘡守護之面」および愛宕権現の開扉が行われていることと、また、元治元年（一八六四）「両徳講書入証文」に「御本社再建之両徳講」とあることから、両徳講が喜楽院の本社再建を目的に組まれたことが窺える。

当時、喜楽院は、修験大頭両学寺から養子に入った三〇代住持喜楽院快需と、その娘聟である大泉院快晁によって積極的な寺院経営が展開されていた。当時、喜楽院を含む仙北三郡の在地修験は、修験大頭両学寺永眉を中心に結集し、様々な宗教活動を展開していた。この修験集団は、寺格や職格、また師弟関係などによるタテの関係と、地縁・血縁によるヨコの関係が複層して形成されていた。この仙北三郡の在地修験との繋がりを背景に、喜楽院は麻疹除病祈禱祭(10)や、既述した金峰山蔵王権現の宝物である「疱瘡守護之面」や、末社愛宕堂の「愛宕大権現」の開帳を行い、宗教者としての役割や存在意義を地域社会に示そうとしていた。

具体的な検討に入る前に、まずは両徳講の仕組みについて明らかにしていく。

〔史料1〕(11)

回文を以申上候、然者両徳講懸金御取集被成下候分、明日十三日付正右［衛］門被仰付度奉願上候

喜楽院

大沢村世話方(印)

亥十一月十二日

道地村　近江忠助様(印)

柏木村　佐々木栄助様(印)

深井村　福岡利兵衛様

造山　佐藤長右衛門様

南形　いとう原助様

南形七郎兵衛殿より受取申候

今宿様

東里村　塩田忠兵衛様

壱両百十三文相渡

壱人前六貫五百八十文に六四金替

矢神　佐々木円兵衛様

二井山　高野新吉様

大塚助右衛門様

これは文久三年一一月一二日、各村の両徳講世話方への廻文である。内容は、両徳講の掛金を正右衛門という者が集金に行く旨を大沢村世話方より知らせるものとなっている。廻文の宛名にある道地村近江忠助、深井村福岡利兵衛、東里村塩田忠兵衛らは、いずれも各村の豪農層で、喜楽院は所持山林の売買など金銭的援助も受けていた。彼らは両徳講において「世話方」と呼ばれ、講員のいる村に一人ずつおり、掛金の徴収や配当金を取り扱っていた。

〔史料2〕(12)

乍恐口上書

右取込ニ而前文真平御用捨被成下度存候、然者役人為出来候ハヽ、人別書、掛金共御渡被下度段被仰付候得共、未タ一人ツヽ出来不申候間、此段ヶ様御承知被成下度奉存候、若シ私之世話ニ而加入致、委細御座候ハヽ、人別書ト掛金私方より御送り指上候間、ヶ様御思召被成度次第奉存候、右取込ニ而候

亥十一月廿五日

史料は、高尾田村世話方良吉よりの書簡である。ここには人別書と掛金の催促があったのだが、まだできていないことを知らせるものとなっている。また書簡には「若シ私之世話ニ而加入致、委細御座候ハヽ」との文言があり、両徳講の加入者を世話していることも分かる。このことから、世話方の役目は各村で掛金を徴収すること、そして誰が何人前分の掛金を納めたかを記した取立人別帳を作成することであったことが分かる。また村民の勧誘活動も世話人の役目であったと考えられる。

廻文に名前のあった者以外の両徳講の世話人について書簡類を確認したところ、大沢村が当時肝煎を勤めていた佐野吉左衛門、足田村は藤井良蔵という人物であったことが分かった。とくに佐野吉左衛門は、先に挙げた掛金収集の廻文にも喜楽院と連名で名が記されており、大沢村の肝煎として、講運営そのものに深く関わっていたことが窺える。

また両徳講には、先に挙げた正右衛門のほかにも、各村を廻り世話方が徴収した掛金と人別帳を喜楽院に届ける役目の者がいた。

〔史料3〕(13)

乍恐一筆奉啓上、首尾具申御座候得共、
御院内様御機嫌好被成遊シ、御座珍重恐悦至極奉存候、随而小生事、無事相替、廿日走仕候、乍恐御休養被成下度奉願候、然者先頃より何角御厚徳ヲ萬難《(ママ)》有仕合奉存候、其後向御見舞不申上候、恐入奉存候、小生分御廻候不要御引立被成、御承知奉願候、且ツ兼而被仰付候両徳講掛ケ金不足分、未タ不指上至極恐入奉存候、時日頃迄取立奉指上度奉存候所、御塩田方様御廻候処勝而未タ取立不申候処、又々今日無御人候事、同行様より書付恐入奉存候、明後日迄ニ者御取立奉指上候ハヽ、何卒其節迄御延引被成置度偏ニ奉願候、又々申上候茂恐入奉存候得共、何分とも御引延之事偏ニ奉願上候

これは水沢村利吉という者からの書簡の抜粋である。なお水沢村は西馬音内堀廻村の枝郷である。史料によれば、利吉は東里村塩田忠兵衛方へ再三懸金を徴収に行っているがなかなか本人に会えず、掛金の徴収ができていないとし、明後日には届けるので期日を延引して欲しいとある。

この水沢村利吉について両徳講の掛金帳簿を確認してみたが、管見の限り、この人物が両徳講員として講金を掛けている記録はない。このことから利吉は、各村の世話方を廻り掛金と人別帳の徴収を行う役目だったと考えられる。また「御取次」や「喜楽院御納所」(14)は、喜楽院の事務方を勤める阿部瀧之丞を指す。阿部瀧之丞家はもともと喜楽院の別家であり、過去帳によれば初代は二六代住持快養の弟とある。なお、阿部瀧之丞は両徳講の掛金を取り扱うだけでなく、霞の村々からの米穀の寄進や堂社建立や修復に関する書簡にもその名があることから、喜楽院の一族として

代々同院の金銭出納を管理していたことが窺える。

以上のことをふまえ、両徳講は図1のように掛金徴収を世話方が行い、村を廻り回収する者（非講員）が、徴収した講金を事務処理を取り仕切る「御納所」の阿部瀧之丞に渡すという仕組みであったことが分かる。

次に取立人別帳簿の記載から両徳講の仕組みについて、さらに分析する。

〔史料4〕(15)

一金拾八両二歩　大沢作左衛門
　　　　　　　　佐野吉左衛門
一同拾八両二歩　足田松五郎
一同拾八両二歩　二井山市左衛門
一同拾八両二歩　足田蔵之助
一同拾八両二歩　二井山助右衛門
〆九拾二両一歩
　外二拾両　親掛金五通分
〆百二両一歩
　内拾両　先取五人

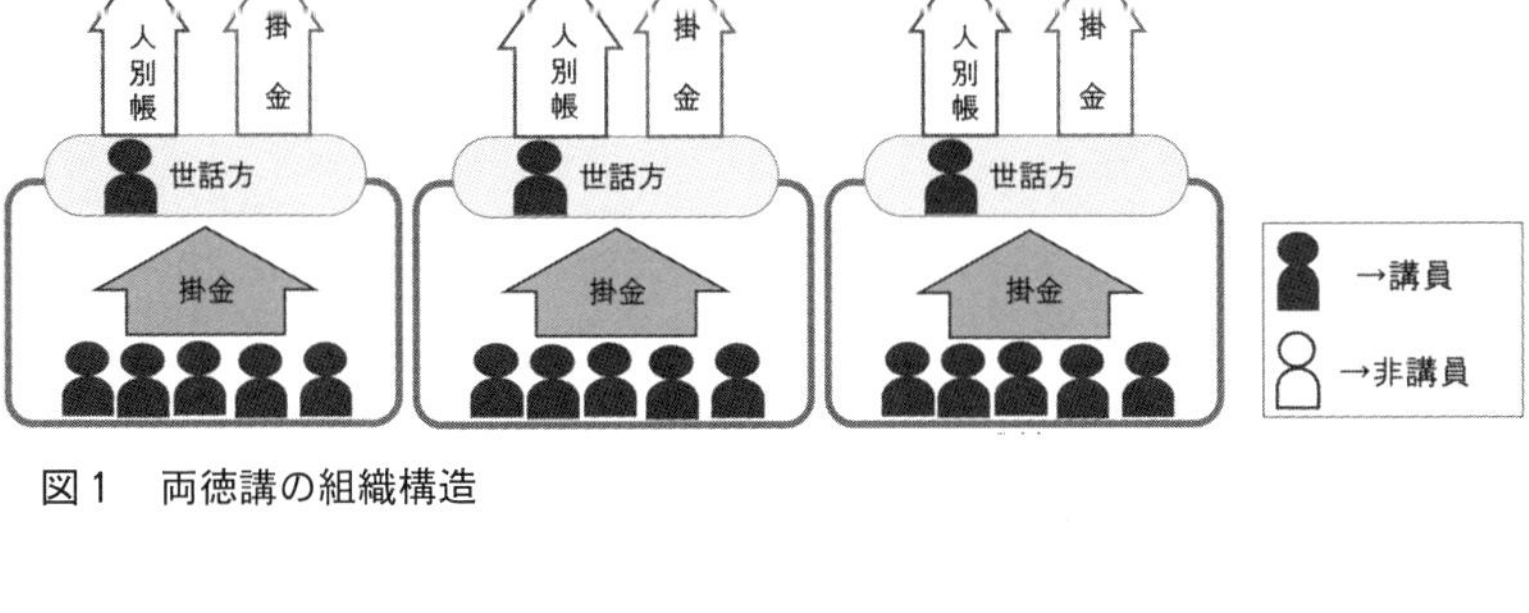

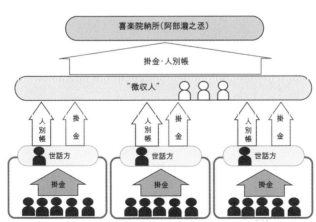

図1　両徳講の組織構造

前出金
残九拾二両一歩
代五百九拾貫四百文
但六貫四百文替
此割百人但壱人ニ付五貫九百四文
割合違ニ而此度相替
此割百五人割
一人前　五貫六百廿三文

一　五貫九百四文　一人前
佐藤長太郎◯
一　五貫九百四文　一人前
塩田忠平◯
一　拾一貫八百弐文　二人前
小西喜久治◯
内半人前　太二郎左衛門
一　五貫九百四文　一人前
佐野吉左衛門◯

佐々木円兵衛○
一　拾一貫八百二文　二人前
（中略）
吉三郎○
一　拾二貫八百文　一人前掛送り
市之丞○
一　五貫九百四文　一人前
林八○
一　五貫九百四文　一人前
（中略）
吉兵衛○
一　二貫九百五拾二文　半人前
喜兵衛○
一　二貫九百五拾二文　半人前
（後略）

史料は元治元年（一八六四）四月五日「両徳講第二番会取立人別帳」の抜粋である。帳薄の冒頭には、この回における「論取者」、すなわち講金の当選者の氏名と、出身村落、貸し出される金額が記される。なお一番会時の論取者は大沢村佐野吉左衛門、足田村松五郎、二井山村市左衛門、足田村蔵之助、二井山村助右衛門の五人である。そしてこれに親(喜楽院)への掛戻し金として二〇両が計上され、合計一〇二両一分が本会での配当金となる。本来ならこの金額分を掛金として徴収する必要があるが、これに前回論取者よりの掛戻し金(一人につき二両ずつ五人分)の一〇両が戻り、この分を徴収必要額の一〇二両一分より差し引いた九二両一分を一〇〇人の口数で割るという仕組みになっていたようだ。

次に帳簿には講の掛金の総額から算出された利率と一人前の金額、参加者数が記される。この講では一両を六貫四〇〇文替としており、先に挙げた九二両一分を銭に換算した五九〇貫四〇〇文を、口数一〇〇で割った五貫九〇四文が一人前の掛金となる(なお、この口数は、掛金徴収途中で一〇五に変更され、掛金も五貫六二三文になっている)。両徳講の掛金は全一三回を通じて一人前銭五貫から九貫、金一両から二両であった。参考までに喜楽院快需・快晃親子の実家両学寺で文政一二年(一八二九)に組まれた寺社講「太子堂無尽講」を見てみると一人前の掛銭は二〇〇文となっており[16]、両徳講の掛金が無尽講としてはかなり高額に設定されていたことが分かる。そのため講では「郷中」として村単位で一人前を掛ける村もあったほか、半人前や二ツ五人前でも参加できるようにしてあった。

また両徳講では、掛銭を配当するときに金子に両替するという方法を採っていた。その後、人別帳には誰が何人前を掛けたのかについて、詳細が記されていく。順番としては一人前の者から順番に記され、その後「半人前」「三一人前」といったように掛金の多い順から記されている。こうした帳簿の書き方は、掛金取立帳の記載に準拠したものとなっていた。また吉三郎の掛金の脇に記されている「掛送り(または掛返し)」は前回の当選者を意味し、当選者はその後の会においては、掛金に掛戻金を上乗せしていくという仕組みである。

両徳講の一番講会は文久三年一一月二六日に開催された。講は一人前の掛金が六貫五八三文、喜楽院の霞の村と回文に記された近隣村落の者のみが参加する限定的なものだった。当日は喜楽院に世話方らが集まり「振舞」が行われた。表1は、両徳講一番会の振舞における諸費用の一覧である。ここには講会の実施に際しての入用品とその代金の

表1　両徳講一番会の振舞における諸費用

（入用）

金銭（*両*／文）	項目（備考）
300	いか代
960	にしん2束（内480文引）
1200	鯨代
750	鰰代
1440	ぼう2本数の子（内1本入260文）
300	かんてん10本
0.2／200	鮭3本
325	干鰯5本
600	干油子
330	かつぶし2本
230	いものこ
210	昆布15丁
600	白うを代
360	海老代
110	ねぎ代
100	大泉院代
40	大森行・二井山行
820	炭2表（内1表引）
70	草履5束
45	箸代
240	ぶりこ2連
170	火鉢5つ
90	鍋代
200	さめ
1500	酒1斗
140	せり
45	［　　］さえ
12	へら1本
16	しやもじ2本
425	水油5合
75	塩1升
140	莨代
70	草履5束
160	酒1升

（受取）

金銭（*両*／文）	項目
0.02	大泉院より
750	受取
285	相渡
1	11月23日、大泉院より受取
1	11月29日、大泉院より受取
0.2	12月22日受取
0.2	12月25日受取

【借用】

日付	金銭（*両*／文）・品物	項目（備考）
11月	古酒2升	吉左衛門より
	［　　］1斗	吉左衛門より
	蠟燭5丁	吉左衛門より
	とうふ23丁	大野喜兵衛より
	よせとうふ1揚	亀十郎より
	0.2	大泉院、矢神より（雑用迄）
11月4日	300	いか代（大泉院払）
	350	大施1丈代（大泉院より）
	0.1	拙者より大泉院江（内1朱火鉢代払、2朱重行院）
11月15日	*0.2*	内ノ相川殿
11月16日	*0.01*	久五郎船代
11月18日	90	亀十郎とうふ代
	340	喜兵衛とうふ代
	米2表	酒米也
	米2表	飯米也
	たまり油3升 味噌4貫5匁	
11月24日	400	20包銭5丁
	200	生織り20丁
	200	［　　］56丁

斜体数字は金（両）。

典拠；「文久三年十一月吉日無尽雑用帳」

ほか、村人らから借用した金銭や品々が記録されている。なお帳簿の作成者は、借用分の箇所の「拙者より大泉院江」という記載から、喜楽院御納所の阿部瀧之丞であると考えられる。

帳簿をくわしく見ていくと、冒頭に講の「振舞」のために購入された食材や備品が書きあげられており、烏賊や鮒・鮭・鯨・鰊といった魚類や、里芋・昆布・葱などが購入されたことが記されている。また講が行われた旧暦一一月に合わせ小火鉢や炭なども購入されており、日常の祭事で振舞われるような精進料理ではない、「ハレの日」の料理や酒を囲み、盛大な会合が行われたことが窺える。

なおこの講会の運営費については、講元である大泉院快晃が運営費用を一部負担しているものの、食材や品物などの購入費用の一部は、大沢村の世話方である佐野吉左衛門など、大沢村村民からの借用によって賄われていたことが記されている。特に吉左衛門については、掛金の徴収から講会開催まで、他村の世話方と比べて重要な役割を担っていたことが見て取れる。

次に、表2は両徳講の一番会から一三番会までの論取者の一覧である。一番会の論取者は、大沢村吉三郎・宇右衛門・松兵衛、新町村郷中、高尾田村の後藤良吉、嶋田村郷中の六人であった。彼らには一八両三分から一九両が配当され、一番会は無事終了したかに思われた。しかしこの時、講内では重大な事態が発生していたことが、後日の書簡から明らかになる。

〔史料5〕(17)

御尊書慎而奉拝見候、先日前日御厚情方難有仕合奉存候、且つ卯右衛門殿論取無尽之義、大谷様ニ而御論取之返段被仰下奉畏候、今日早速金指上候儀ニ御座候得共、不叶儀ニ付遣込、明後日迄出金之積ニ御座候間、明後日迄御日延被下度御願仕候、金遣込候事不被申上義御座候得共、右ニ任せ如此不調法申上候、扨卯右衛門殿論取延引ニ相成候趣気の毒千萬ニ奉存候、是々品々訳柄も有之と申上度御座候得共罷上かね、末以不申上、明日同姓罷上候節被申上度何分に惣而思召被成被下奉存度、佐藤公《ママ》も少々思召御座候、右之私共甚以気の毒ニ御座候、何分明日奉申上度奉存候、乍礼欠見究奉申上度奉存候、恐々謹言

十二月六日　　　　　　　　　　　　　　　　　　　　吉左衛門

大先達様

書簡は文久三年一二月六日付で、大沢村世話方の佐野吉左衛門から喜楽院に宛てられている。内容を見ていくと、宇右衛門論取分の無尽金を遣い込んでしまったこと、明後日まではその分を支払うので延引して欲しいということであった。つまり、佐野吉左衛門は大沢村世話方でありながら、宇右衛門分の配当金九両二分を遣い込んでしまい、配当が延期されてしまったというのである。なお書簡には宇右衛門分の配当金については「大谷様ニ而御論取之返段被仰下奉畏候」とある。

ここに表れる「大谷様」とは、大谷新町村両学寺、すなわち大泉院快晁の父両学寺永眉のことであり、永眉が喜楽院に代わりその分の穴埋めをしたようである。吉左衛門がなぜ配当金を遣い込んでしまったのか、その理由は不明である。『雄物川町郷土史』によると、佐野吉左衛門は社交性に富み、幅広い人脈を持った人物であったようだ。また秋田藩に対してもたびたび米や銭を献じ、戊辰戦争の折、大沢村の家々が焼失した時には、私財を投げ打って村の再建に尽力したとされる。(18)吉左衛門は、大沢村の肝煎という枠にとどまらない地域の有力農という存在から、両徳講の運営においても他村の世話方以上の役割を果たしていた。しかしこのことが、一講員であるにも拘わらず両徳講の配当金を自由にできるという環境を生み出してしまったと言える。

その後の吉左衛門は、帳簿内に講員としての名は確認できるが、大沢村世話方としての活動は確認できない。この一

講会	金子(両.分) 銭(貫.文)	村名	人名	備考
9番会 日時；慶応3年10月5日 口数；記録なし 1人前；金1両か銭6貫800文	25	高尾田村	長太郎	
		西野村	清六	
	25	柏木村	久三郎・利兵衛	
	12.2	鵜巣	伊太郎	
	12.2	大沢村	重蔵	
		深井村	丑太郎	
	25	高寺村	長蔵・与左衛門	
	25	大沢村	佐野吉左衛門	
10番会 日時；慶応4年4月5日 帳簿不明	*153*	嶋田村	嶋田三左衛門	
	153	高尾田村	後藤良吉	
	75.5	嶋田村	長助	
	75.5	嶋田村	円兵衛	
	75.5	糖塚村	菊松	
	75.5	高尾田村	後藤良吉	
	75.5	上法寺村	松之助・藤五郎	
11番会 日時；慶応4年11月5日 口数；60 1人前；銭13貫35文	*159*	大沢村	林八	無証文
	159	矢神村	佐々木円兵衛・儀兵衛	無証文
	159	大沢村	佐藤長之助	無証文
	159	大沢村	佐野吉左衛門	無証文
	159	新町村	与左衛門	無証文
12番会 日時；明治2年4月5日 口数；55 1人前；8貫92文	*225*	坂下	平三郎	右ハ勘定手控無証文
	225	深井村	清兵衛	
	225	大沢村	新之丞ほか3名	
	225	二井山村	新吉ほか3名	
		岩崎村	宇左衛門・喜八	
	225	大沢村	七左衛門	無証文
		南形村	喜代松	
13番会 日時；明治2年10月5日 口数；50 1人前；9貫540文	*245*	高寺	大場重右衛門	右勘定不成与左衛門引受、無証文
	245	新町村	与左衛門	無証文
	245	嶋田村	久四郎	
		高尾田村	勘九郎	
	245	矢神	大沼彦兵衛	
	245	嶋田村	円兵衛	

※は大沢村分の掛金取立帳以外の帳簿が残されていない為、口数は不明。
典拠；「両徳講論取人別帳」ほか各講会の取立帳を参照。

表２　両徳講における論取者(配当金当選者)

講会	金子(両.分)	村名	人名	備考
１番会 日時；文久３年11月 口数；不明※ １人前；銭６貫583文	19	大沢村	吉三郎	
	9.2	大沢村	宇右衛門	
	9.2	大沢村	松兵衛	
	19	新町村	郷中	
	18.3	高尾田村	後藤良吉	
	18.3	嶋田村	郷中	
２番会 日時；元治元年４月５日 口数；100(のち105) １人前；銭５貫904文	18.2	大沢	佐野吉左衛門	
	18.2	足田村	松五郎	
	18.2	二井山村	畠山吉左衛門	
	18.2	足田村	蔵之助	
	18.1	二井山村	助左衛門	右郷中ニ而受取
３番会 日時；元治元年10月５日 口数；100 １人前；銭５貫680文	19.3	西馬音内	忠左衛門	
	19.3	高尾田村	清兵衛	
	19.3	南形村	平助・吉助・松五郎	
	19.3	足田村	弥助・彦四郎	
	19.3	大沢	佐々木作左衛門	
４番会 日時；元治２年４月18日 口数；100 １人前；金３歩１朱と銭106文	19.3	足田村	良蔵	
	19.3	高尾田村	惣七	
	19.3	深井	喜宝院	
	19.3	大沢	五郎八・伝十郎	
	19.3	大沢	吉郎兵衛	
	19.3	大谷村	両学寺	右者極楽寺孫左衛門分依願引受分
５番会 日時；慶応元年10月５日 口数；90 １人前；金１両と銭285文	24	大沢	佐々木七左衛門 阿部久吉	
	25	大森	万蔵	
	25	矢神	佐々木円兵衛	
	25	坂下	吉太郎	
	25	二井山	案四郎・新吉	
６番会 日時；慶応２年４月５日 口数；不明※ １人前；金２両か銭６貫636文	25.3	大沢	惣吉	
	25.3	大沢	庄之助	
	25.3	足田	良蔵	
	25.32	大沢	佐重郎	
	25	足田村	彦四郎	
７番会 日時；慶応２年10月５日 口数，20 １人前；金１両か銭５貫560文	23.2	大森	清衛門	
	24	大沢	佐藤七太郎	
	24	矢神	佐々木円兵衛	
	24	大沢	畠山市之丞	
	12	高尾田村	岩太郎	
	12	高尾田村	宇之松・寅吉	
８番会 日時；慶応３年４月５日 口数；75 １人前；金１両か銭７貫697文	29.3	高寺	横井長蔵 山内与左衛門	
	29.3	高尾田村	八惣吉	
		足田	蔵之助	
	30	柏木	七兵衛・八太郎	
	30	東里	忠兵衛	
	30	鵜巣	長衛門	

件により世話方の役目を解かれてしまったようである。なお一番会では、この他にも霞である新町村から、講会当日になっても掛け金が届かないといった事態も起きており、(19) 様々な場面で馴れ合いや仕組みの「甘さ」が浮き彫りとなった。

その後、下川原村をはじめとする雄物川下流の村々が両徳講に参加し、講の規模も大きくなったことを受け、喜楽院は仕組みの再整備を行っている。具体的には、まず今宿村の小西喜久治と沼館村の塩田団平を両徳講の蔵本とした。

〔史料6〕(20)

両徳講書入証文之事

一保金弐拾両也

代正百二拾八貫文

右之通借用申処実正也、右此当上ハ御本社再建之両徳講へ福岡利兵衛殿名寄ニて壱人前加入分書入致候上ハ、毛頭無間違ひ元利共急度御返済可申候、万々一済切ニ相成兼候ハヽ、書入之無尽金高ニ応し御勝手御論取可被成候、為後日御借用証文一筆如件

元治改年子九月二日

上法寺大泉院(印)

御蔵本

小西喜久治殿

これによると、まず両徳講が御本社再建の資金調達を目的とした講であることが改めて確認され、この時の借用金二〇両は深井村世話方福岡利兵衛の名寄で一人前分加入するという形で返済すると記されている。また返済が滞った場合、無尽金高に応じて勝手に論取をして構わないとも記されている。蔵本となった今宿村の小西家は同村の肝煎家

であり、宝暦四年(一七五四)の銀札仕法においては、三四人の札元の一人に任命された豪農であった。[21]また快需の娘が小西家の分家に嫁いでおり、縁戚関係もあった。もう一人の蔵本である沼館の塩田団平家も、質屋業・酒造業経営で財を成した在方商人の一人で、地域の富裕層である。[22]

喜楽院は彼らを蔵本とすることで講組織の引締めと、講運営の安定化を図ったと考えられる。また、講日も四月五日と一〇月五日の年二回に定めた。表3は、再整備後の元治元年四月五日両徳講二番会時の各村の講員数と口数につ

表3　両徳講2番会の講員数と口数

郡	村	講員数	口数(人前)	備　考
雄勝郡	大沢村(上法寺)	48	27	霞村(郷中含む)
	新町村(高寺・鵜巣)	14	10	霞村(郷中含む)
平鹿郡	矢神村	13	8.75	霞村
	二井山村	4	1.8	霞村
	大谷新町村	1	1	親類(両学寺)
	上溝村	1	1	
	大森村	1	3	
	阿気村	1	1	
	郷村	4	1.25	
	下川原村	(郷中)	1	
	沼館村	1	1	
	今宿村	7	5.5	
	南形村	5	2.496	(郷中含む)
	深井村	6	6	
	造山村	11	7	
	東里村	6	4	
	柏木村	6	3.75	(郷中含む)
	道地村	2	1.5	(郷中含む)
	林崎村	1	0.5	
	西野村	3	1	
雄勝郡	嶋田村	(郷中)	1	
	高尾田村	8	5	
	郡山村	1	1	
	足田村	2	1.5	
	岩崎村	2	0.5	
	糠塚村	1	0.5	
	西馬音内村	2	2	
	不明・無記載	2	0.582	
	合計	155	100.628	

典拠：「元治元年子四月五日　両徳講弐番会取立人別帳」

いて村別に表したものである。人別帳の記載から、少なくとも二七ヶ村以上、一五三人が講員となっており、階層を問わず多くの民衆がこの講に参加していたことが見て取れる。

二　喜楽院の「両徳講」と世話方

表2を見ていくと、両徳講はその後、七番会（慶応二年〔一八六六〕一〇月五日）で慶応の飢饉（寅年のケカツ）により口数が一時的に二〇口にまで減少するが、以降は一人前掛銭五貫から七貫文、金一両から二両、口数六〇から七〇で行われていく。また講の仕組みについては、元治二年（一八六五）四月一八日の四番会からは、一人前金三分一朱・銭一〇六文となり、金を本式とした講へと変更されている。しかし掛金を金で納めるのは豪農層や村役人層に限られ、結局、金銭混合の掛金を金に両替して配当するという形で行われた。

この金銭混合の仕組みを改め、銭による配当が行われるようになったのが慶応四年に行われた一〇番会のことである。銭による配当に踏み切ることについて蔵本小西喜久治は、当日の欠席を伝える書簡の中で、「然者今日御会合ニ付定めし大御心配可遊与奉察入候」として講員らの混乱を危惧する内容を述べている。(23) 一〇番会の取立人別帳が残っていないため掛金（掛銭）の状況は不明だが、論取一覧から配当は銭で行われたことが分かる。しかしこの変更を受け、足田村世話方の藤井良蔵から喜楽院に書簡が届いている。

〔史料7〕(24)

乍恐一筆奉啓上候、長閑ニ相成候処、　御院内様中益々御揃御機嫌旨（好脱カ）可被遊候段、恐悦至極ニ奉存候、随而私共無事罷有候、将此間久々御霑ひも不奉申上失礼恐入奉存候、①将又御無尽之由聞及候処、両替之ため労煩之趣、気

之毒千萬ニ奉存候、少し斗之事ニて不肖ニも可相成候得共、莫大之違ニ罷有、懸返之もの願出も可有之、金は金ニては本式ニは候得共、御取立方御難義ニ可有之段、又は両替も居り無之、且つ此間之不景気ニて人心も不相分、兎角く労煩勝りては御無尽之ためニも不相成、且々高金相懸候人も無御座候故、此度の靛与相居候ハヽ、後々労煩無之や与奉存候、去なから御尊体様御心配ヲ不被為《ママ》被下候、早速ニも相隠申間敷、何分双方宜敷様御相談被成下置度、偏ニ伏て奉願上候、旁方乍恐書中ニテ如斯御座候、書余拝眉之上萬弁之談可奉申上候、恐惶頓首拝眉

辰四月十一日

両徳講世話方

藤井良蔵

上法寺様

御披露

相拝

書簡は四月一一日付で出されていることから、一〇番会終了直後であるとみられる。一〇番会開催にあたり喜楽院は、講員に対し、村々に金が無いため銭で集めざるを得ず、これまでのように配当を金で払うことが困難であり、取るに足りないような小さなことではあるが、これは大きな違いであるとして、銭による配当への理解を示している（傍線部①）。そして内容は掛返しに及び、本来は金で掛返しを行うのが筋であるが、それでは取立てが難儀であり、また昨今の不景気の状況において、銭を金に両替して掛返しすることは無尽にならない（傍線部②）として、掛返しの方法を見直すべきであると述べている。

慶応年間、開港直後の輸出超過による物価高騰に加え、金の大量流出の対策として採られた万延貨幣改鋳が拍車を掛け、経済は危機的状況となっていた。秋田藩でも度重なる凶作に加え、藩財政の枯渇をうめるため城下や農村へ幾度も御用金や米穀の賦課が行われ、これに耐えかねた仙北郡の農民が大挙して藩庁久保田に押し寄せるといった騒動

があった。[25]良蔵はこうした藩政や地域情勢に鑑み、講システムの見直しを意見したと考えられる。なお一一番会以降の帳簿を確認してみると、両徳講はすべて銭による運営へと変更されていることから、喜楽院は藤井良蔵の意見を汲み取ったとみられる。つまり両徳講の仕組みは、地域社会の状況によってしばしば変更が加えられていることがみてとれ、両徳講運営において世話方の発言が影響力を持っていたことが分かる。

その後、雄勝・平鹿地域は戊辰戦争に巻き込まれていく。明治元年（一八六八）七月二八日、雄勝郡院内村において庄内藩兵と秋田藩兵との戦が始まった。大沢村も戦火に巻き込まれ、八月九日に大沢村の民家七五戸と村の菩提寺院である松雲寺、駅場役所、出入調役所、大沢船倉が焼失、[26]翌一〇日には喜楽院の霞である矢神村や、両徳講に参加している薄井村の一部が焼失、そして九月一八日には西馬音内地域にある真言宗寺院吉祥院や修験寺院妙音寺が戦火により焼失した。こうした被害を受け平鹿郡村々の肝煎は、それまでの軍事上の諸負担と凶作による村の疲弊を訴え、藩に年貢軽減を願い出ており、戦争による混乱が続いた。

このような混乱の最中、両徳講一一番会は執行された。一一番会は通常の講日の一ヶ月後の一一月五日に行われている。掛銭は一人前一三貫三五文、口数は六〇と規模は変わらないものの、配当はすべて「無証文」で行われている。通常、無尽講では当選者は講金給付時に、掛返し金の支払いと保証人について講元との間に借用証文を交わす。しかしこれ以降の講会では、数名が無証文によって講金の給付を受けたことが帳簿に記されている。竹中眞幸は、無尽講（頼母子講）の短所として、広域にわたる天災や凶作が起こった場合は、貨幣の重要性が高まり多くの講員が配当金の給付を望むこと、また講の結成基盤の狭隘性のため金融機関としての機能を果たすことが不可能になることを指摘している。[27]しかし両徳講では、慶応飢饉の時も、戊辰戦争で被害を受けた時も変わらず講会を実施している。厳しい状況の中、両徳講がこの地域の庶民金融としての機能を果たすことができたのは、小西喜久治や塩田団平といった在郷商人が講運営の経営基盤となっていたこと、そして講元が喜楽院という宗教者であったことなどが考えられる。

両徳講は明治二年一〇月五日の一三番会が最終である。この講の口数は五〇、掛銭は一人前九貫五四〇文であった。当選者は高寺村大場重右衛門（当初は新町村）をはじめとする六人、配当は二四五貫文であった。なおこの時、大場重右衛門と矢神村大沼彦兵衛は「勘定不相成」となっており、大沼彦兵衛分は矢神村の佐々木円兵衛引受となっている。

その後、大沢村やその周辺地域の講として、大泉院快晁筆の日記に「大沢神風講」や「神徳講」と呼ばれる無尽講について記述がある。(28)しかし講の運営実態や講元に関する記録は残されておらず詳細は不明である。

三　「両徳講」と地域社会

次に両徳講の講員を焦点に、両徳講の性質と喜楽院の寺院経営について見ていく。

検討の前に、まずは喜楽院と地域社会との関係について確認しておく。喜楽院の近隣地域のうち、特に同院との関係が深いのは、霞である雄物川右岸の大沢村・矢神村・二井山村・新町村である。この村々の鎮守社は喜楽院が別当をつとめており、土地神への信仰を介した地縁関係が構築されている地域であると言える。次に、深井村・今宿村などの雄物川対岸（左岸）の村々や右岸の上溝村は、喜楽院と地縁関係あるいは縁戚関係のある村々で、喜楽院で葬儀が行われる際には、「テツダイ」として関与している。

こうした親族および近隣集団において構成された葬儀の裏方を、民俗学においては「葬式組」と定義する。表4は、弘化四年（一八四七）の二九代喜楽院住持快定葬送における会葬者数、特に役付として記された「葬式組」を村別に表したものである。これを見ていくと、上溝村・沼館村・深井村・道地村はこれに該当する。なお文久二年（一八六二）

表4　快定引導時の役付者の出自村落と人数

出自村落	人数	備考
大沢村	42	上法寺村を含む
矢神村	17	霞村
二井山村	10	霞村
狼沢村	1	霞村
上溝村	1	
沼館村	1	
深井村	6	
道地村	1	
記載なし	6	

典拠；「当廿九世快定法印本葬役付帳」

の麻疹除病祈禱の祈願者も、この地域の人々が大半を占めている。このことから、この地域は喜楽院への現世利益信仰が篤い地域でもあると言える。

　これに対して雄物川下流域の地域（高尾田・嶋田・林崎・郡山・足田・糠塚・西馬音内村）は、近世後期になって付き合うようになった村々である。というのもこの村々は西馬音内村明覚寺の霞であり、喜楽院は原則としてこの地域で宗教活動（祈禱行為など）をすることはできない。また除病祈禱祭にもこの村々の人々が祈願に訪れた記録も無い。つまりこの村々は両徳講を通じて新たに関係構築がされた地域であると言える。

　以上をふまえ両徳講の講員について見ていく。地図1は表3をもとに、講員の所在と人数を分布図にしたものである。講員分布において、霞と雄物川対岸の村々という、信仰を媒介とした関係の深い地域の比率が高いことは明らかであるが、この分布で特徴的なのは、高尾田・嶋田・林崎・郡山・足田・糠塚・西馬音内村など、これまで関係が希薄であった雄物川下流の西馬音内川流域の村々までもが講員となっているということである。

　冒頭で述べた通り、両徳講は本社再建を目的とした講である。これまで喜楽院の堂社建立費用の調達は、霞の村に勧化を行い寄付を募るか、地縁・血縁者から金子を借用するという方法を採ってきた。川戸貴史によれば、一度に多額の金銭を得ることができる頼母子講は、貸借と異なり高率な利子が存在しない分、困窮していた寺院経営を一定度救済する手段として寺内組織（＝講員）からも歓迎されたとしている(29)。

　当時、喜楽院は前年に大泉院快晁が奈良大峰山へ入峰修行に赴いているほか、麻疹除病祈禱祭も開催している。また格院別納格を得るために醍醐寺三宝院への献金も行っており、金銭的に余裕がある状態では無かったと推察される。また霞に対しても快晁の入峰修行の折に資金援助を受けており、幾度も寄附を要求することは困難である。喜楽院が無尽講という形で堂社建立費用を調達しようと考えたのは、こうした経済的事情を考慮したものであったと考えられる。

次に両徳講をきっかけに新たに関係を結んだ西馬音内地域について見てみる。表5は、近隣村落の村当高と主な生業について表にしたものである。これを見ていくと、西馬音内川流域の村々の生業が養蚕や雄物川舟運関係であることが分かる。西馬音内地域は、近世後期、在方商人が著しく発展した地域だった。雄物川舟運は年貢米の輸送が中心だったが、在方商人の商品輸送にも利用されていた。

地図1にもあるように、西馬音内は矢島藩領から本荘街道を通り、佐竹南家の所領湯沢城廻町へと抜ける街道の分岐点に位置するだけでなく、雄物川舟運によって、土崎湊から海産物や木綿・蠟燭・半紙・茶などの諸物資、由利矢島領から米穀・鮮魚などが運ばれる物資の集積地であった。在方商人は酒造業のほか、土崎湊から仕入れた諸物資を村内で販売し、また地域で購入した米や大豆・炭を秋田で販売するという方法で財を得た。また在方商人のうち西馬音内前郷村肝煎太三郎や小野養蔵らは、戊辰戦争の折に窮民救済として郡方に九〇〇両、軍事方に三〇〇両献納し経済的側面で戦争に協力しており(30)、西馬音内が地域経済を牽引する町であったことが窺える。つまり、両徳講はこうした在方商人の参加を促すために蔵本を設置して安定運営を図り、講の信用を高めるよう仕法を整備したと考えられる。

一般的に寺社講に参加することは、収益を考慮しない功徳思想にもとづいた「布施」であるとされるが、両徳講の仕法と講員の形態からは、講が勧進要素より営利を重視したものであったことが見て取れる。ただし、講員分布を見てみると、喜楽院信仰圏内の村々が「郷中」として、一村単位で参加する「村落を単位とする講組織」である一方、

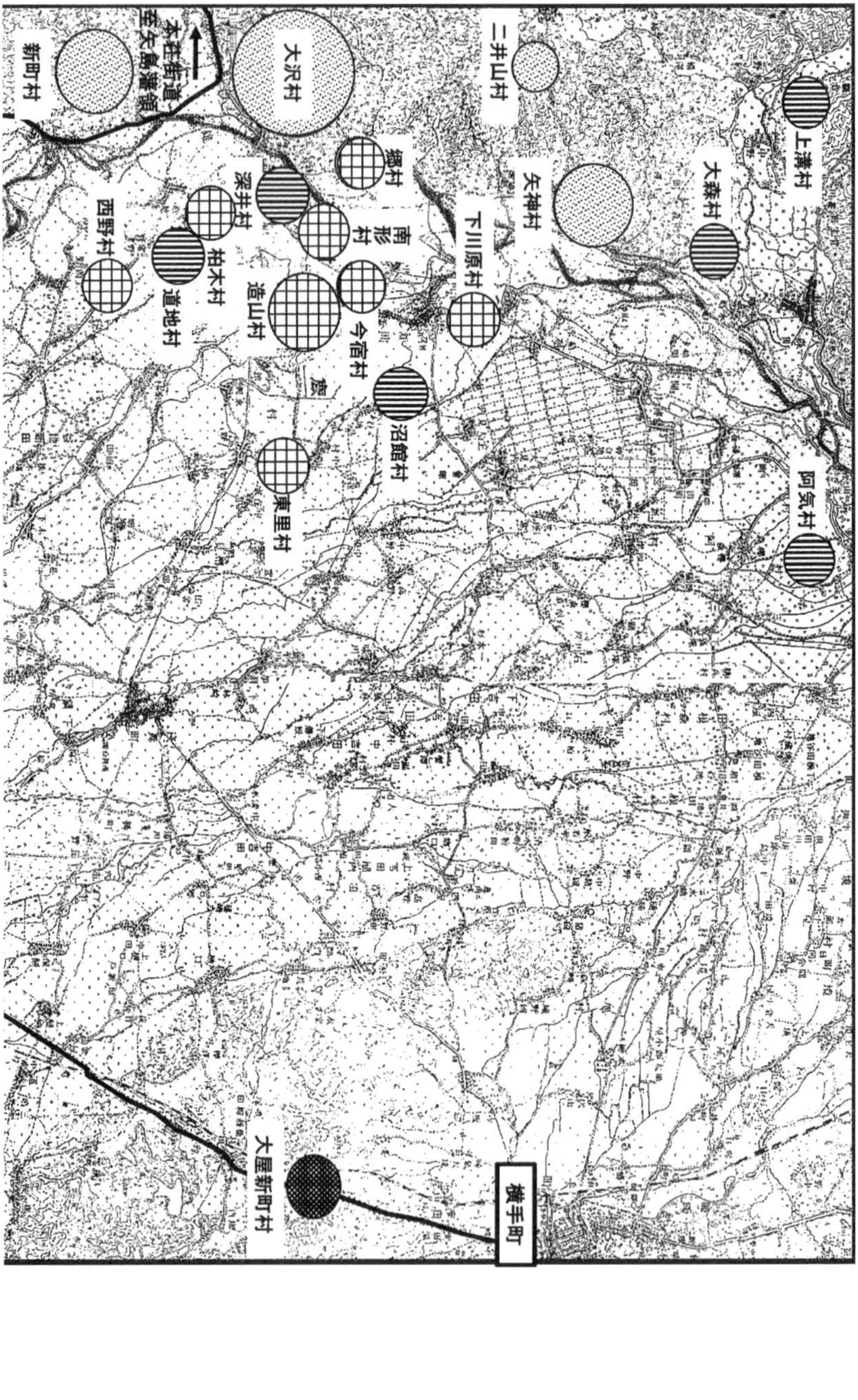
新町村
本荘街道
至矢島藩領
大沢村
二井山村
上溝村
大森村
矢神村
下川原村
南形村
深井村
西野村
柏木村
造山村
道地村
今宿村
沼館村
東里村
阿気村
大屋新町村
横手町

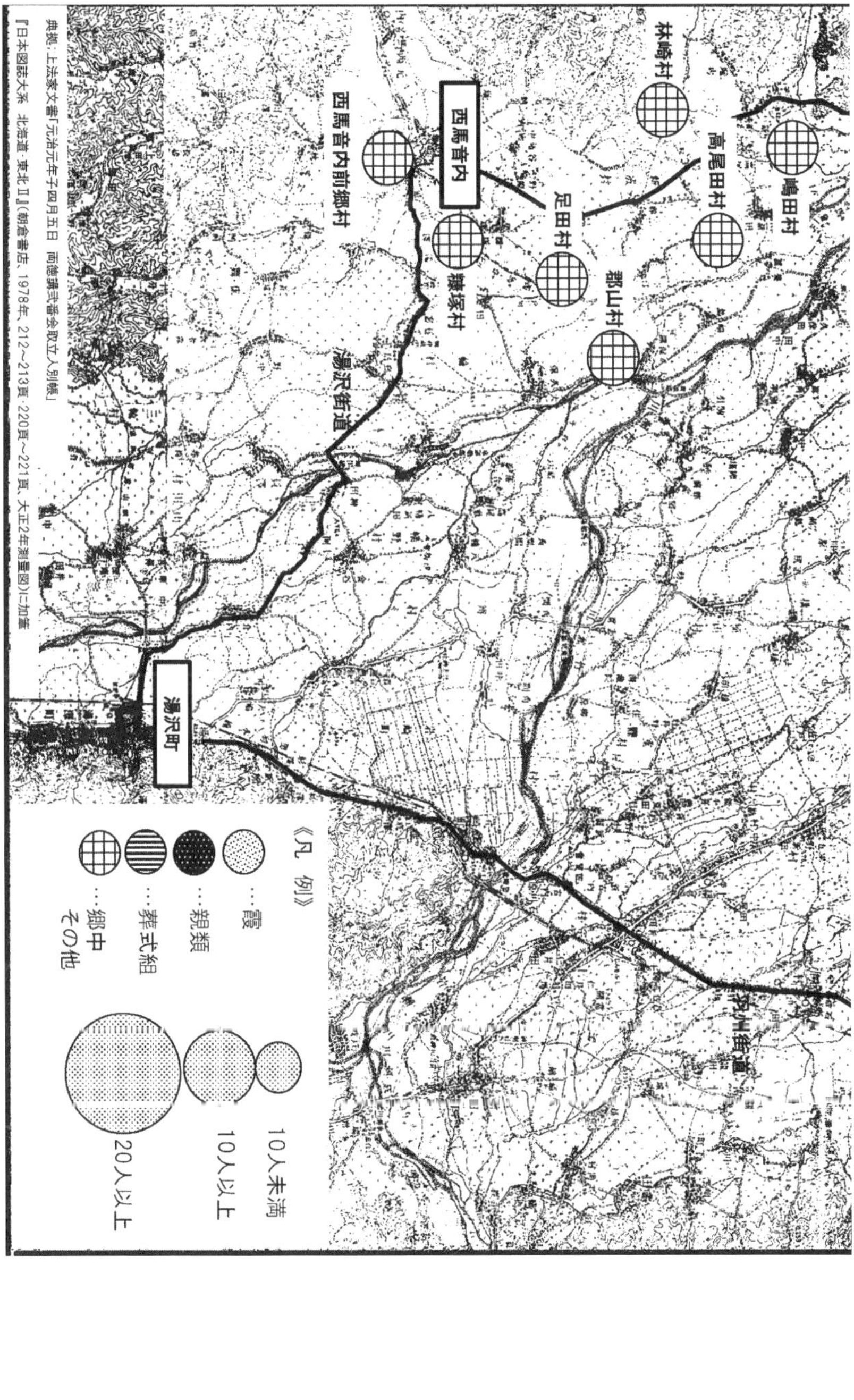

典拠：上法家文書「元治元年子四月五日　両徳講弐番会取立人別帳」
『日本図誌大系　北海道・東北Ⅱ』(朝倉書店、1978年、212〜213頁・220頁〜221頁、大正2年測量図)に加筆

地図1　両徳講構成員分布図

表5　喜楽院近隣村落の村(当)高と主な生業

郡	村名	村(当)高(石)	生業	両徳講	葬式組
雄勝郡	大沢村	830	畑・林業・宿場	○	○
	新町村	580	田・畑・養蚕	○	○
平鹿郡	矢神村	169	田・畑・林業	○	○
	二井山村	422	田・畑・林業	○	○
	阿気村	2,259	田・畑	○	○
	上溝村	1,101	田・畑	○	○
	大森村	1,335	舟運関係	○	○
	下河原村	192	田・畑	○	×
	沼館村	1,000	田・畑・伝馬役	×	○
	今宿村	629	田・畑・養蚕	○	×
	南形村	291	田・畑	○	○
	造山村	202	田・畑	○	○
	深井村	531	田・畑・舟運関係	○	○
	柏木村	382	田・畑	○	○
	道地村	379	田・畑	○	○
	東里村	799	田・畑	○	×
	西野村	516	田・畑	○	×
雄勝郡	嶋田村	204	蔵宿	○	×
	高尾田村	411	田・畑・養蚕	○	×
	林崎村	174	田・畑・養蚕	○	×
	郡山村	(上)　136 (下)　293	田・畑・養蚕	○	×
	足田村	861	田・畑	○	×
	糠塚村	123	田・畑・養蚕	○	×
	西馬音内前郷村	1,028	米穀商・酒造業	○	×

典拠；『羽後町郷土史』『角川地名大辞典5　秋田県』

西馬音内地域の講員は少数かつ個人的な参加にとどまっている。これは、この西馬音内地域の講員が、村全体に関わる「産土神」信仰を介した関係ではなく、現世利益の信仰を媒介とした関係、すなわち喜楽院―講員という個人の信仰心によって構築された関係であることを示している。このように両徳講の講員には、喜楽院への崇敬という点で地域差があり、その背景に喜楽院との関係構築の経緯の違いがあるということが分かる。

なおこの「現世利益にもとづく信仰」がどのようなものであるかは今後検討を要する部分であるが、一つの可能性として、この地域で発達した養蚕業が挙げられる。明治初年の神仏分離令後、金峰神社と改称した喜楽院は、境内に稲荷明神社を建立するに際し勧進を行っている。その際に作成された勧化文には、「諸願くハ、十方の俗男俗女を合せ、志を一にして家門繁栄又ハ養蚕等皆令円満の為に一紙半銭の世代(財カ)を投て、成レかたさ無量福寿の程を極しむべし」[31]とある。言うまでもなく稲荷は農耕や養蚕を司る神である。しかし表5にもあるように、養蚕業を生業としているのは主に西馬音内周辺地域の村々である。喜楽院の霞や平鹿郡の村々において養蚕が生業として確立するのは明治中期以降のことであり、(かつて養蚕座のあった今宿村や新町村などの一部を除き)明治初年の段階で養蚕を生業とする村は限られていた。つまり、この勧化文が養蚕業を生業とする西馬音内地域の村々を対象に作成されていることは明らかである。

以上のように両徳講の講員分布には、在方商人の発展と養蚕業の定着という、近世後期の雄勝・平鹿両郡の地域的特質が現れており、地域経済の状況を寺院経営に功みに取り込んでいった喜楽院の経営手腕が発揮されていると言えるだろう。

おわりに

本章は、喜楽院が幕末期から明治初年にかけて行った無尽講「両徳講」について取り上げ、講の仕法から講の運営実態と当該期の喜楽院の寺院経営について明らかにした。また講員の分析を通じ、喜楽院の霞内外で信仰の様相にどのような地域的差異があったのか、またその背景にあると考えられる当該期の地域経済状況について検討した。内容は以下の通りである。

まず両徳講の仕法から当該期の喜楽院の寺院経営について明らかにした。両徳講は堂社建立を目的とし、当初は霞と喜楽院の縁戚、日常的に金銭的援助をしている豪農とその村の住民のみが参加する限定的なものであった。これまで喜楽院は、堂社建立費用を、霞への勧化によって金銭を徴収するか、または縁戚となっている豪農からの寄付や借金によって賄っていたため、講による堂社建立費用の調達は初の試みであった。この背景には、後住大泉院快晁の大峰入峰の際、霞から上京資金の寄付を受けていたこと、また麻疹除病祈禱祭の執行にあたり諸費用を借金して賄ったことから、この上に更なる借金は避けたいという思いがあったのではないだろうか。そこで快需は、かねてより実家両学寺で行われた堂社建立「太子講」を参考に、講による資金調達を考えたと考えられる。しかし喜楽院の「両徳講」の掛金は一人前銭五貫から九貫、金一両から二両と、通常の無尽講よりも高額であった。そのため多くの村民が講に参加できるよう、一人前の掛け金を分割できるようにするなど、少額でも参加できるように設定されていた。

文久三年(一八六三)一一月に行われた第一回講会は、喜楽院の御納所を仕切る阿部瀧之丞を中心に、大沢村肝煎佐野吉左衛門など大沢村の人々の協力のもと開催された。特に佐野吉左衛門は、収集した掛金の管理や講会開催のための資金提供など主体的に関わっていたことが書簡や帳簿類から読み取れる。しかしこのことが掛金収集の遅延や世話方による掛金の遣い込みなどの問題を生じさせた。その後、下川原村をはじめとする西馬音内地域の村々が講に参加することを受け、喜楽院は仕法の再整備を行った。

まず遣い込み問題を起した佐野吉左衛門を両徳講の世話方から外し、以降徴収した掛金の管理を喜楽院に一元化した。また今宿村の小西喜久治と沼館村の塩田団平など地域の豪農を蔵本とし、講内の引締めと運営資金の安定化を図ることで講の信用性を高めた。

その後も両徳講はたびたび仕法の見直しを行っていたとみられ、なかでも慶応四年（一八六八）にはそれまでの金による配当・掛返しを銭へと改めている。なおこうした仕法の見直しは喜楽院側からのものではなく、世話方からの提案を受けてのものであった。また戊辰戦争直後の会では、無証文での講金給付も行われており、この地域の庶民金融として地域の情勢をうけ臨機応変に対応していたと言える。中小農民でも参加できるような仕組みと、地域の豪農による援助、そして地域社会の情勢に迅速に対応する組織作りによって、「両徳講」は無尽講本来の共済機能を喪失することなく運営できたと言えよう。

次に両徳講の講員から、講の性質と喜楽院の「信仰圏」の実態について検討した。喜楽院の「信仰圏」は、土地神の信仰を介して関係が構築された霞の村々と、稲荷など喜楽院が祀る福神への信仰（現世利益）を介して関係が結ばれた雄勝・平鹿の村々とで構成されていた。特に雄物川対岸にある平鹿郡の村々はもともと喜楽院の霞では無いが、婚姻によって代々関係性が引き継がれた血縁関係のある地域であり、このことから喜楽院の「葬式組」でもあった。両徳講はこの喜楽院の「信仰圏」を中心に構成されているが、雄物川下流域の西馬音内地域（高屋田・嶋田・林崎・郡山・足田・糠塚・西馬音内村）も少人数ながら参加している。

西馬音内地域の村々には養蚕や雄物川舟運で財を成した在方商人がおり、地域経済を牽引していた。しかし両徳講以前、西馬音内村地域の村落民と喜楽院との関わりを示す史料は無いことから、両徳講を通じて関係が構築されたと考えられる。また講員の分布には性質的にも差異があり、喜楽院の「信仰圏」内が「村落を単位とする講組織」である一方、西馬音内地域の講員は個人的な参加にとどまっている。これはこの地域の講員が土地神や福神を介した地縁・血縁にもとづく関係ではなく、あくまでも個人的な心願にもとづく、すなわち喜楽院—講員個人の信仰心によって構築された関係のためと考えられる。

なお一般的に寺社講に参加することは、収益を考慮しない功徳思想にもとづいた「布施」であるとされる。しかし両徳講には、在方商人の発展と養蚕業の定着という、近世後期の雄勝・平鹿両郡の地域的特質が現れている。地域の経済状況を鑑みた仕法や無尽講としては高額な掛金の設定などから、両徳講は勧化的要素より営利を重視した講であったと評価できよう。

両徳講は明治二年(一八六九)まで続けられたが、本社が再建されたのは明治一〇年のことであった。本社再建については喜楽院が福岡利兵衛を蔵本に入札を行った史料が残されているものの、両徳講で得た資金がどれほど用いられていたのかは定かではない。既述の通り、両徳講を結ぶ以前、喜楽院は堂社建立の費用を主に霞や近隣村落からの寄付や、堂社に付随する山林の社木を売却するなどして賄ってきた(第三部第一章)。ただ霞や近隣村落の寄付に頼るのではなく、地域経済状況も見据えて資金を運用し、また新たな「信仰圏」を開拓しようとする発想は、第二部第三章で取り上げた在地修験集団の形成がきっかけになっていることは言うまでもない。喜楽院の「両徳講」は、地域経済の状況が民衆信仰と密接に関わっていることを示す事例と言えるだろう。

註

（1）三浦俊明『近世寺社名目金の史的研究―近世庶民金融市場の展開と世直し騒動―』（吉川弘文館、一九八三年、一七頁）。
（2）福山昭『近世農村金融の構造』（雄山閣出版、一九七五年）ほか。
（3）竹中眞幸「近世関東における頼母子講（無尽）について」（『日本大学通信教育部研究紀要』一四号、二〇〇一年）ほか。
（4）松永靖夫『近世村落の土地と金融』（高志書院、二〇〇四年）。
（5）福山昭『近世農村金融の構造』（雄山閣出版、一九七五年、九六頁）。
（6）福山昭『近世農村金融の構造』（雄山閣出版、一九七五年、一〇四〜一〇六頁）。
（7）竹中眞幸「近世関東における頼母子講（無尽）について」（『日本大学通信教育部研究紀要』一四号、二〇〇一年、二五〜二六頁）。
（8）川戸貴史『戦国期の貨幣と経済』（吉川弘文館、二〇〇八年、一八〜五一頁）「第一章　戦国期東寺の頼母子講」ほか。
（9）田中大輔「近世山形城下における宝光院の寺院経営」（『山形大学歴史・地理・人類学論集』一二号、二〇一一年）。
（10）詳細は第二部第二章を参照のこと。
（11）上法家文書。
（12）上法家文書。
（13）上法家文書。
（14）上法家文書「上法寺過去帳」。
（15）上法家文書「両徳講第二番会取立人別帳」。

(16) 両学寺文書「上」。なお『横手市史　史料編　近世2』(横手市、二〇〇九年、四一四頁)に同史料所収。
(17) 上法家文書。
(18) 『雄物川町郷土史―人物編―』(雄物川町郷土史人物編纂委員会、一九九五年、四八～五一頁)。
(19) 上法家文書。
(20) 上法家文書。
(21) 『雄物川町郷土史資料　第五集―小西久兵衛家所蔵文書―』(雄物川町郷土史編纂会、一九七六年)。
(22) 『雄物川町郷土史』(雄物川町郷土史編纂会編、一九八〇年、三五九頁)。
(23) 上法家文書。
(24) 上法家文書。
(25) 『秋田県史　資料編　第三巻　近世編下』(秋田県、一九六五年、八〇四～八〇五頁)。
(26) 上法家文書「戊辰歳軍事記録」。
(27) 竹中眞幸「近世関東における頼母子講(無尽)について」(『日本大学通信教育部研究紀要』一四号、二〇〇一年)。
(28) 上法家文書「明治十二年日記要集録」。
(29) 川戸貴史『戦国期の貨幣と経済』(吉川弘文館、二〇〇八年、二八～五一頁)「第一章　戦国期東寺の頼母子講」四九頁。
(30) 『羽後町郷土史』(羽後町郷土史編纂委員会、一九六六年、五〇二頁)。また戊辰戦争時の在方商人の動向については、高階敦子「秋田藩戊辰戦争と民衆」(『秋大史学』五一号、二〇〇五年)を参照のこと。
(31) 上法家文書「稲荷明神宮御再建勧進」。詳細は第三部第一章を参照のこと。

第三章　在地修験の大峰入峰における手続きと諸儀礼

はじめに

入峰修行とは、日本古来より培われてきた山岳信仰にもとづく山籠・抖擻行であり、「異界」と位置づけられてきた山岳に籠り厳しい修行を積むことで、超人的な霊験を得ることを目的に行われてきた。やがてそれは修験道にとって宗派の独自性を表現する宗教活動となり、修行を通じて呪術や加持祈禱に秀でた能力を持った山伏は、里山に降りて病気平癒などの祈禱行為を行うことで民衆より崇められる存在となった(1)。

こうした古代からの修験道の在り方が変質したのは近世期、統一政権の確立後であった。山伏の定住化そして地域社会の世俗的活動への参画など、山伏の活動の変化に伴い、入峰修行の意義も、効験を得る実践的な修行から修験集団の結束を確認するための「儀礼」へと変化していった。近世以降の入峰修行は、隔離された場所で修行を積み、その試練に耐えた者を新たな修験集団の成員として迎え入れる新入式(initiation rite)(2)として位置づけられていくことになる。しかし一方で享保期頃よりの、末派修験の風紀の乱れや入峰修行怠慢など、当該期の修験道界が抱えていた様々な問題が表われてくるのも近世の入峰修行の特徴と言える。

これまで入峰修行に関する研究は、主に民俗学分野において当山派・本山派の集団形成過程とともに検討が進められてきた。特に山中での修行の様子や山伏装束、祈禱儀礼の持つ意味や意義など、儀礼論・思想論を焦点とする検討が占め、呪符や真言など呪術的な側面ばかりが取り上げられる傾向にあった。加えて、戦前の修験道研究確立期より唱えられてきた。修験道の「近世的変質」＝「世俗化」＝「宗教としての衰退」(3)と否定的に理解されたことによって、大峰入峰への消極性や風紀の乱れも、全て在地修験にのみ原因があるかのような捉え方が長く定着してきた。七〇年代以降、宮家準(4)や宮本袈裟雄(5)によって新たな修験道史研究の形が提示されたことで、近年ではそうした否定的理解は払拭されつつあるが、入峰修行に関する研究はいまだに儀礼的・思想的なものに集中している。

歴史学分野における修験道研究の嚆矢は、高埜利彦(6)による本山・当山両派の修験道支配、特に近世修験者の官位補任（＝身分保障）の重要性の指摘である。その後、鈴木昭英(7)は高埜が指摘した官位補任の重要性について、本山派・当山派の各組織構造に踏み込んで検討を行った。近年、こうした教団組織分析の過程で入峰修行を取り上げる論考が見受けられるが、一方で儀礼化した入峰修行の持つ近世的様相、たとえば手続きの様子や官位補任の実態、役銭徴収の仕組みについての検証は充分ではない。入峰修行および修験の官位補任がどのような手順で行われるのか、事務的な手続きの様相を見ることも、本山の組織構造を見る上で有効といえよう。特にこうした手続きは、世情を反映し、変遷するものである。近世の入峰修行を検討することは、当該期の修験が置かれていた状況をも明らかにできるという点で必要不可欠である。

さらに、近世の入峰修行を実態的に捉えるならば、参加する在地修験の意識や動向についても検討する必要があると言えよう。例えば藤田定興(8)は福島県会津地方の在地修験寺院の家政について検討し、大峰入峰に必要な諸経費をどのような手法で霞村の檀家から調達するのかを実例を挙げて考察している。藤田の検討は、大峰入峰の儀礼的要素ではなく入峰修行前の準備過程というこれまで取り上げられてこなかった、入峰修行の近世的様相に焦点を当て、在地修験とそれを支える霞や地域社会との関係性に言及しているという点で、高く評価できる。

以上を踏まえ、本章では以下の二点から入峰修行の近世的様相にせまっていきたい。第一に、近世中期以降広がったとされる在地修験の大峰入峰数の減少について、在地修験と本山（当山・本山両派）の両面からその原因について検証してみる。そして第二に、上法寺喜楽院に伝わる上法家文書の入峰修行記録の分析を通じ、代々の喜楽院住持が入峰修行前後に藩や本山に対し行った様々な手続きについて概観する。また併せて、在地修験が大峰入峰に赴くにあたり、霞や地域社会がそれをどのように認識していたのか、具体的な動向を含め明らかにしていきたい。

一　修験道の「世俗化」と大峰入峰

まずは古代から近世期までの入峰修行（大峰入峰）の変遷について、本山派・当山派両教団組織の形成過程と共に概観する。

古来より、日本には山岳について「死者の霊魂が住む場所」あるいは「水分神（田の神）の住む場所」とする「山中他界観」が存在し、「霊山」は民衆の畏怖の対象となった。平安初期に最澄・空海らによって籠山修行が奨励されると、多くの修行者が各地の霊山に入り、超人間的霊験を得ることを目的に修行に励んだ。修験者の別称である「山伏」は山中に起居する修行者のことを指す「山臥」からくるとされ、修験道は籠山修行の発展とともに形成されていったと言える。

平安後期、末法思想の影響によって皇族や権門貴族の間で金峯山詣や熊野詣が流行した。特に熊野詣は隆盛し、権門貴族の熊野詣を先達するため山伏が熊野や吉野に集まり、集団を形成するようになった。この集団が、のちに「本山派」となる聖護院門跡を中心とした熊野先達集団と、「当山派」の前身である興福寺東金堂を中心とする畿内の山伏集団である。各集団は吉野や大峰山を中心に入峰修行を行っていくが、特に文和三年(一三五四)、当時の熊野三山検校で後に聖護院門跡となる良瑜の定めた「大峰修行灌頂式」が、大峰入峰修行の定式化の最初とされている。[9]

また各集団は山伏を全国各地に派遣し廻国・遊行させた。彼らは地方霊山での入峰修行を通じて諸国の山伏を次々に配下とし、同時に諸国の在地領主とも積極的に関係構築を図っていった。こうした山伏の活動を危惧した徳川幕府は、慶長一八年(一六一三)修験道法度を発布した。これにより山伏は、幕藩領主の許可無しに廻国・遊行することを禁じられ、大峰入峰の際も本山派・当山派いずれかの筋目(配下)となり、決められた期日に入峰するよう定められた。これは山伏が廻国・遊行を通じ、在地領主の一戦力として諜報や戦闘行為に加わることがあったためであり、法令発布は山伏を通じて大名同士が結束し、謀反を起こすことを幕府が警戒したためと言われている。

この慶長年間の法度によって、各地の在地修験は、歴史上はじめて統一政権の支配下に組み込まれることになった。また本山派・当山派が、補任状の発行を本山運営の財源として位置づけ、大峰入峰を修験の官位補任の条件としたことから、入峰修行は「超人間的霊験を得る」という本来の目的を失い、官位補任を目的とする儀礼へと変容していった。

入峰修行の体系化は、修行期日と修行を先導する先達寺院の明確化から行われた。延宝八年(一六八〇)に記された「当山修験道由緒記」[10]によれば、大峰山の入峰修行のうち、毎年四月八日に行われる御戸開は桜本坊、四月下旬から五月中旬に行われる花供峰修行は全正大先達寺院、五月下旬から六月中旬の御影供峰は桜本坊、七月上旬から八月中旬の逆峰修行は全先達寺院となっている。[11]それまで先達修験と末派修験との間でのみ伝授されてきた儀礼・儀式は、延宝期の段階で文書として明示化されるようになったと言える。

さて、先に挙げた修行のなかで、諸国の当山派修験が参加するのは、一般的に逆峰修行と、先に挙げた花供峰修行、そして臨時的に行われる門跡入峰や開祖遠忌の入峰修行である(詳細は後述)。まず花供峰修行は大峰山中の諸尊諸仏に花を供え読経し、納経を行う。なお花供峰は逆峰修行の準備的修行と位置付けられ、修行期間や内容ともに逆峰修行よりも平易とされる。次に、逆峰修行は吉野から熊野への奥駈が伴う修行である。特にこの逆峰修行は「専門修験者」を養成する当山派において、最も重要な修行と位置付けられており、逆峰を経験することで官位補任が許される仕組みになっていた。(12)

こうした本山による大峰入峰の体系化が進むなかで、近世中期頃からは大峰入峰数の減少が問題となっていく。

〔史料1〕(13)

一当山方修験等祈願相勤、大祖理源大師御入峰以来、入峰怠慢なし、然るに近年入峰怠る者有之様に相聞候、弥入峰相励へし、併入峰に事寄、猥に施物を受、私用を専とし、入峰之作法疎成候時は、実儀を失ひ、出世に相背候間、是等之儀かたく可相慎事

史料は享保七年(一七二二)、当山派より出された条目の抜粋である。これによると、近年、入峰修行を怠る者や、入峰修行を理由に檀家に濫りに施物を要求する者がいることが指摘されている。在地修験にとって入峰修行は、多くの労力と経費を伴う大事業であった。まず大峰山と国元を往復する旅費、それに加え、官位補任には「官料」と呼ばれる官位ごとに定められた補任料が必要であった。(14)無論、大峰入峰に掛かる経費をすべて修験者個人で賄うことは不可能であるため、霞より徴収することが一般的であった。しかし触でも問題視されているように、檀家にとっても入峰経費の徴収は負担だったと言える。参考として、近世在地修験と檀家の関係について検討した田中洋平の説を挙げると、一般的な菩提寺院檀家との金銭的な負担差から、修験寺院が単独で経営できる氏子檀家数は三〇〇から六〇〇軒であるとしている。(15)しかし、このような檀家数を保持できる在地修験は稀であり、江戸および関東近辺には、寺領や霞を持たない零細経営の修験者が数多くいた。確かに当該期の在地修験にとって大峰入峰は、身分保障のために必

要なことであった。しかし生業のかたわら簡単な呪術儀礼を行う程度ならば、正規の修験者の資格が無くても現状のままで支障はないという認識が、零細経営の修験者に存在したことも事実であり、こうした不安定な経営基盤や、地域社会（霞）との関係を重視する傾向も入峰修行の減少に繋がったと言える。

しかし本山にとって、大峰入峰と官位補任は本山経営の重要な財源である。大峰入峰者数の減少に歯止めをかけるべく、本山・当山両派は、様々な方策を打ち出していく。

1　本山派による対策―年限制度―

まずは本山派が行った年限制度について見ていく。以下の史料は武蔵国比企郡の修験寺院大行院文書より掲出したものである。

〔史料2〕[16]

（前略）

一先達中、入峰三ヶ年を限り於令不参者、為過怠白銀弐拾枚、及再三候得は、前々御定法通職分被召放、年行事之内其任ニ当候輩、吟味之上相続可被仰付候事

一年行事者、五ヶ年ヲ限於令不参者、為過怠白銀拾枚、及再三候ハヽ、職掌御取上、是又古来より御定法之通、准年行事之内、其任ニ相当候徒、御吟味之上相続可被仰付事

一院御直（末脱ヵ）院、准年行事ハ、七ヶ年を限り於令不参、過怠白銀五枚、及再三候ハヽ、其同役又ハ一寺一社之別当、御朱印地、御除地、同行其任ニ相当候徒、御吟味之上、相続可被仰付候事

（後略）

森御殿（聖護院門跡）から出された触のうち、天明四年（一七八四）八月に出されたものの抜粋である。内容的には、先達が三年間入峰を怠った場合には懲罰金として白銀二〇枚、年行事は五年間入峰修行を怠ると白銀一〇枚、御直末院と准行事の場合は七年間入峰を怠ると白銀五枚、そしていずれも何度も入峰不参した場合にはその職を解くというものである。この先達・年行事・御直末院・准行事というのは本山派内における寺格を表し、「院家―座主―宿老―先達―公卿―年行事―御直末院―准年行事―同行」の各階級にしたがい、寺格や装束が決められていた。なお先達は国単位、年行事は郡単位で本山派の霞領域を支配する有力修験、御直末院や准行事も同様に聖護院門跡から直接支配を受ける寺格の修験である。この条目から、先達を勤めるような有力修験寺院の中にも大峰入峰に消極的な者がいたことを窺わせる。

こうした本山派の強硬的な姿勢について藤田定興は、かつて本山派の修験の中に当山派を経由して大峰入峰をした者がいたという当山派との筋目争いが背景にあり、同派の結束と勢力維持を企図しているとしている(17)。しかし武蔵国をはじめ関東以北の在地修験者にとって、恒常的に大峰入峰に赴くのは現実的に不可能であり、本山派の年限制度は実態に則した方策とは言い難い。事実、藤田によれば元治元年（一八六四）当時、会津の先達の場合は五年に一度の入峰を許可されており(18)、年行事以下も天明四年の規定よりは緩やかであったのではないかと指摘しており、近世後期には不参制限もだいぶ緩和されたようである。

2　当山派による対策―手引書の作成、官金の明示化―

一方当山派は、諸国修験が参加対象となる花供峰修行と逆峰修行について、修行行程や山中での儀式の作法、必要経費などを記した手引書「花供手鑑」「逆峰手鑑」を作成した。なかでも弘化二年（一八四五）に松尾寺別当福寿院住

表1　修験の官位補任料一覧

<table>
<tr><th colspan="2">官　位</th><th>官料(銀)</th><th>内訳</th></tr>
<tr><td rowspan="4">出世官四</td><td>法印</td><td>無記載</td><td></td></tr>
<tr><td>大越家</td><td>100匁</td><td></td></tr>
<tr><td>阿闍梨</td><td>75匁</td><td></td></tr>
<tr><td>螺緒</td><td>24匁</td><td></td></tr>
<tr><td rowspan="8">官職</td><td>権大僧都</td><td>43匁7分5厘</td><td></td></tr>
<tr><td>権少僧都</td><td rowspan="5">15匁</td><td></td></tr>
<tr><td>権律師</td><td></td></tr>
<tr><td>三僧祇</td><td></td></tr>
<tr><td>二僧祇</td><td></td></tr>
<tr><td>一僧祇</td><td></td></tr>
<tr><td>錦地</td><td>31匁2分5厘</td><td></td></tr>
<tr><td>院号</td><td>15匁</td><td></td></tr>
<tr><td rowspan="3"></td><td>諸役</td><td>4匁3分5厘</td><td>火消・案内・散杖料</td></tr>
<tr><td>度衆笈実</td><td>15匁</td><td>飯代</td></tr>
<tr><td>新客笈実</td><td>30匁</td><td>山役・飯料・坊号料</td></tr>
</table>

典拠；「峰中艸案記」より「修験官料定」

職英憲房法印覚明が作成した「峰中艸案記」[19]は、入峰修行までに必要となる諸書類の書式例や、修行中の修験装束、官位補任料や冥加金、本山に納付する奉納金など詳細な記載がみられる。

表1は「峰中艸案記」より「修験官料定」を表化したものである。これを見ていくと、当山派における修験官位は、延宝八年(一六八〇)段階で、袈裟号(坊号)・院号・大法師・権律師・律師・権少僧都・権大僧都・錦地・一僧祇・二僧祇・三僧祇・螺緒・阿闍梨・大越家・法印の一五種類であったが、元禄年間に大法師と律師が廃止され、以後、表1にある一二種類で構成されるようになる。なお諸国の末派修験が取得できるのは大越家までで、法印(出世法印)は当山派正大先達のみが取得できる官位である。

次に各官位の官料についてみてみると、権大僧都が銀四三匁七分五厘、錦地が銀三一匁二分五厘となっているが、そのほかは銀一五匁となっている。また「出世官四」と称される螺緒・阿闍梨・大越家・法印の上位官職の官料については、螺緒が銀二四匁、阿闍梨が銀七五匁、大越家が銀一〇〇匁となっている。なお鈴木によれば、各官料には、それぞれ判物料として一匁五分が加わる仕組みになっていたという[20]。

こうした入峰修行の儀礼次第や官料などといった情報開示の意図は、第一に諸国の在地修験が大峰入峰するにあたり障害となる費用負担や修行行程の部分を敢えて明示化することにより、末派修験が大峰入峰に臨みやすい環境を作るという狙いがあったと考えられる。なおこの狙いは、末派修験に対してだけでなく一般民衆にも向けられたものであった。そのことは「峰中艸案記」の「俗同行」についての記述にも見られる。「俗同行」とは、得度をしていない庶民の入峰修行者のことであり、俗同行も金一〇〇疋の官料を納めることで「権大僧都」と同等程度の官職を得ることが可能であることが明記されており[21]、新たな信仰者の開拓を積極的に行い、入峰修行の「大衆化」をはかろうとしていたことが窺える。

そして情報開示の第二の狙いとして、当該期に修験道界で行われていた風紀の立て直しと、教義の再整備の一環という見方ができる[22]。大峰入峰者数の減少について両派が対策を講じ始めた同時期、修験道界は「修験宗」への改称[23]や、宗門人別改における待遇改善[24]など、宗教教団としての正統性と身分向上を幕藩権力に主張するようになっていく。これは、次第に民間宗教者への警戒と統制を強めていく幕藩権力に対し、修験道の由緒と宗教宗派としての正統性を示し、修験道が国家の安寧を祈禱することを役務とする宗教集団であることを顕示するという意図もあったと考えられる。諸国の修験者に対し様々な対策を講じ、積極的な大峰入峰を働きかけたのも、宗教教団としての地位を確立させたいと志向する本山の意向が顕れていると言えよう。

3　当山派の組織構造にみる入峰者数の減少

前項では、主に在地修験が抱える様々な事情から大峰入峰者数の減少傾向と本山・当山両派の講じた対策について、検証してきた。本項では逆に本山が抱える事情、当山派の組織構造と門跡入峰の様相から、減少状況について考察していく。

先に述べた通り、近世期の入峰修行は、期日や修行内容が教義書などによって広く知らしめられ、儀礼化・大衆化が進んだ。諸国の修験が、山伏装束に身を包み、一斉に大峰山の登山口である吉野洞川村に集結する様子は、さながら「祭り」のような雰囲気であったと考えられる。近世の在地修験にとって入峰修行は、身分保障・寺格維持というだけでなく、修験者としての自己を認識し、派への帰属意識を確認する場であった。

なお大峰入峰には、通年行われる四季の入峰修行だけでなく、本山派の開祖役小角の遠忌修行、当山派の開祖理源大師の遠忌修行をはじめ、数十年に一度行われる「門跡峰入」があった。門跡峰入とは、門跡自らが先達寺院および諸国の末派修験を率い、大峰山から弥山・釈迦岳・玉置山、そして熊野三山を詣でる「奥駈修行」を行うもので、途中には行列を成して洛中を練り歩くという行事もあった。本山派の門跡入峰は、代々、聖護院門跡は一生に一度、一九歳の年に行うのが慣例となっていた。

一方、当山派の門跡入峰は、記録が残っているもので寛文八年（一六六八）、元禄一三年（一七〇〇）、享保三年（一七一八）、文化元年（一八〇四）の計四回実施されているが、奥駈修行まで行ったものは、文化元年の門跡高演の入峰修行のみであり、当山派の門跡入峰は、派内の結束と門跡権威の維持を目的としたデモンストレーション的な行事であったと言える。なお、文化元年の門跡高演の供峰者の総数は八一一人で、その内訳は九州六五、四国二九、中国五〇、近畿九二、中部一六七、関東三五七、東北五一[25]となっている。近畿・中部、また諸国惣触頭鳳閣寺のある江戸からの供峰者数にくらべ、九州・四国・中国、そして東北地区からの供峰者は少数である。特に中国・四国地域は、東北よりも大峰山との距離的に近いにも拘わらず、同数程度の供峰者数に留まっている。この数字は、入峰者数減少の原因が、在地修験の経済状況や大峰山までの距離といった物理的問題とは別の原因があることを窺わせる。

その原因の一つとして考えられるのが、当山派の組織構造である。平安後期に三井寺の僧増誉が熊野三山検校に任じられたのを契機に、熊野先達を管理下に置き組織を形成していった本山派に対し、醍醐寺三宝院が真言宗系の当山派正大先達衆（旧興福寺東西両金堂の山伏集団）を支配するようになったのは、醍醐寺八〇代座主義演の時代からである。義演は当時、天下人豊臣秀吉の帰依を受け醍醐寺復興を成し遂げるなど強い影響力を持っていた。本山派との勢力争いを優位に運ぶために、当山派は興福寺を離れ、当時真言宗内でも中心的地位を得、また豊臣秀吉とも関係の深い義演に接近したとされている。(26)

慶長一八年（一六一三）の修験道法度以降「当山派法頭」となった三宝院門跡は、それまで正大先達寺院が行ってきた官位補任とは別に、諸国霊山（国峰）で修行した者に独自に官位補任状を発給し始めた（＝「居官補任」）。(27)古来より当山派では、大峰山の小篠にて入峰修行した山伏に対し官位補任を認めてきた。しかし、醍醐寺三宝院が門跡の威光を背景に「居官補任」を行ったことで、三宝院門跡と直接袈裟筋を結び、官位補任を受ける修験が増加したとされる。

また、元禄一三年（一七〇〇）、三宝院門跡は江戸戒定院俊尊を、吉野にある当山派の開祖理源大師の廟所百螺山鳳閣寺の住職に据えると同時に、戒定院の寺号を「鳳閣寺」に改めて住職の座位を「正大先達並」とし、同寺住職を諸国総袈裟頭に任じた。これにより当山派には江戸鳳閣寺の下、諸国の修験を統制する新たな組織が構築された。(28)こうした門跡の専制的な方策により、当山派では正大先達衆と諸国修験の袈裟筋が断絶し、大峰入峰者数の減少が起き始めた。正大先達衆は、何度も「居官補任」の停止を要求したが、三宝院門跡は聞き入れなかったという。(29)近世期、当山派の末派修験は三宝院門跡を「本寺」、正大先達寺院を「中本寺」と称し二重支配の下にあった。当山派在地修験の大峰入峰者数減少の原因には、三宝院門跡による一方的な本山運営と、それを止めることができなかった正大先達寺院にもあったと言える。(30)しかし三宝院門跡が発給した補任状はあくまで「居官補任」であり、正式に身分を保障するものでは無かった。正規の修験者として、「地方の檀那に依頼された大峰大護摩祈禱の代参・祈禱札の配布」(31)を行うには、正大先達衆主導の大峰入峰に参加し官位補任を受ける必要があった。
当山派は内部矛盾を解消できぬまま幕末に至り、派では相変わらず在地修験の「入峰懈怠」を問題視していた。そうしたなか当山派は、理源大師遠忌入峰に合わせ、官料の半額化と法具に関する規定を期限付きで緩和することを計画した。

〔史料3〕(32)

来午年七月六日
当山派大祖
理源大師九百五拾回御忌御正当ニ付、於当山御影堂御法会修行被為在候、御末派一同難有奉存、各励心力可令参勤候
但為冥加御香儀新納可致候、無拠不参之輩ハ、於自坊相応可致学理候
一去寅年御入峰被仰出候節、山寺号幷ニ香衣、九條杖等御礼録、御定式之半金を以御許容可被成旨御触達ニ相成候処、無御拠御延引相成、兼而者不遂志願残念可奉存候、然所来午年開祖大師御遠忌ニ付、為御法儀興隆、御末派繁栄之、格別之思召ヲ以、右寅年被仰出候通、明午年限り夫々御許容可被成下候条奉得其意、出勢参勤可相願候事
但九條杖之儀、出世以上御許容之儀候得共、明午年限り大越家御許容可被成下候事
（後略）

史料は安政四年（一八五七）に、醍醐寺三宝院より諸国の在地修験に出されたものと考えられる。内容は、翌安政五年七月六日に当山派の開祖理源大師の九五〇年忌の法会修行を執行するので、供峰と冥加金の納入を呼びかけるとい

うものとなっている。なお、この法会に際し本山は、安政五年に限り、山号と装束・官位などの官料を半額にするとしている。また、末派修験が取得できない官位である「出世法印」のみが許容される九條錫杖の法具使用についても、安政五年に限り「大越家」に許可するとなっている。史料によれば、官料の半額化と法具の規定緩和は本来、安政元年の入峰修行の節に行われるはずであったが、諸事情により延引したと述べられている。こうした破格の対応からも、法会修行にかける本山の意気込みが感じられる。

しかしこうした臨時の大峰入峰への供峰要請と冥加金徴収は、諸国の在地修験にとって負担であった。それは門跡入峰が行われるに際しては、毎回大峰山中の道場や宿坊を修復・整備することが通例で、通年の正大先達寺院への役銀とは別に、道場整備などの費用を冥加銀という形で諸国の在地修験に賦課される仕組みになっていたためである。つまり、たとえ官料は半額になったとしても、供峰・不参に関わらず冥加金は徴収されるということになる。

なお門跡入峰や臨時の入峰修行への供峰要請と冥加金の徴収は、幕末になると一層増加した。内憂外患の状況に乗じ、修験道を一宗派として位置づけ幕藩権力に顕示したいと志向する当山派（三宝院）に対し、末派の在地修験にとって、たび重なる供峰要請は大きな負担であった。官料の半額化が大峰入峰者数の改善にどれほどの効果があったのかは不明だが、当山派（三宝院）と末派修験の意識の乖離、末派修験を繋ぎ留めるような宗教的論理を持たなかったという宗義の脆弱性は、明治五年（一八七二）の修験道廃止へと進む要因の一つとなったと言えよう。

しかし、近世の在地修験にとって大峰入峰は、自身の身分保障と宗教活動を展開する上で必要不可欠であった。特に大護摩祈禱札を配札するのに必要となる柴灯護摩祈禱を執行できるということは、在地修験が宗教活動を展開する上で重要なことであった。柴灯護摩は入峰修行の満行を確認する、修験道の祭礼では欠くことのできない重要な儀礼と位置付けられている。言い換えれば入峰修行を満了した修験者のみが執行を許されるという儀礼であった。なかでも屋外で行われる柴燈護摩と、修験が烈火の中を素足で歩く「火渡り（火生三昧）」の儀礼は、大きな炎と読経という華やかな演出が江戸の町人たちの関心を集め、多くの見物者が群衆し、死傷者が出るほどの騒ぎとなったという記録が残っている(33)。それほど当時の民衆の柴燈護摩に寄せる期待は大きいものであった。近世後期の内憂外患により民衆の除病除災、宗教的欲求が高まるなか、柴燈護摩祈禱を執行できる（＝大峰入峰を満行している）か否かは、寺院経営にも関わる問題であり、正規の修験者としての宗教活動を行うには、やはり正大先達寺院の袈裟筋となり、正式な官位補任状を得る必要があった。また国触頭（秋田藩の場合は修験大頭）のような藩領を代表する寺格を有する修験の場合は、権威と寺格維持のためより多くの官位を必要とする。そうした背景から、近世中期以降になると有力な末派修験の中には、正大先達と門跡三宝院の両方から官位補任状や寺・山号の免許を受ける者が現れ(34)、その数は次第に増加していく傾向にあった。

二　上法寺喜楽院の入峰修行

次に上法家文書の入峰修行関係史料から、近世期の大峰入峰の様相について見ていく。

既述の通り、近世期の大峰入峰に関する諸研究は、大峰山中での儀礼や思想に関しての検討が中心であり、その前後の様相についてはあまり注目されていない。しかし大峰入峰は、近世初期の教団の組織化と共に変質を遂げており、冥加金の徴収体制から官位補任料、入峰修行の内容に至るまで体系化されている。つまり、近世期の大峰入峰の実相を把握するには体系化された部分、特に大峰入峰前後の定式を見ることも必要であると言える。そこで本節では、入峰修行に際して本山・藩に対して必要な諸手続き・礼式について取り上げ、体系化された近世期の大峰入峰の定式について明らかにする。また諸手続きや礼式などから、近世中後期に実際どの程度の経費が掛かったのかについても、併せて検証してみたい。

1 喜楽院住持の官位取得状況

具体的な検討に入る前に、まずは対象となる喜楽院の寺格と代々住持の官位取得状況と、近世期の当山派における官位補任の様相について概観しておく。

表2は上法家所蔵の補任状および入峰修行記録などをもとに、代々住持の取得官位と補任年月日、醍醐寺三宝院門主との御目見年月日についてまとめたものである。これを見ていくと、近世期の喜楽院住持の中で当山派の官位補任を受けていることが確認できるのは、二五代喜楽院快栄から三一代喜楽院快晁の七人で、喜楽院宥伽・宥光・快光については官位補任や大峰入峰に関する記録が残されておらず、由緒書などにも当山派との関係を示す内容の記述は見られない。文書等の状況を鑑み、宥伽・宥光・快光は大峰入峰をしていなかった(当山派の官位補任を受けていなかった)と考えられる。

表2　喜楽院歴代住持の取得官位

歴代住持		院号補任日	門主御目見日	取得官位日
22	宥伽	記録なし	記録なし	記録なし
23	宥光			
24	快光			
25	快栄	元禄11年7月16日	元禄11年7月16日	袈裟、螺緒、権大僧都、大越家
26	快養	正徳2年	不明	不明
27	快命	宝暦10年7月16日	宝暦10年7月9日	袈裟・螺緒・錦地・三僧祇(7/16)、阿闍梨・大越家(7/23)
28	快英	宝暦13年5月8日	宝暦13年5月15日	袈裟・螺緒・錦地・三僧祇・権大僧都(5/8)、大越家(5/15)
29	快定	文政7年5月7日	文政7年5月22日	袈裟・螺緒・錦地・阿闍梨(5/22)
30	快需	嘉永2年5月7日	嘉永2年④月21日	錦地(5/7)、阿闍梨・黒衣直綴(閏4/21)
31	快晁	文久2年5月8日	文久2年5月17日	袈裟・螺緒・権大僧都(5/8)、阿闍梨(5/17)

○数字は閏月。(　)の日付は補任状に書かれた取得年月日
典拠；上法家文書「継承院号」、その他由緒書

宥伽・宥光・快光が大峰入峰を行わなかった背景については、まず近世初期の秋田藩の宗教的環境が挙げられる。近世以降、秋田藩領の在地修験はその多くが当山派の袈裟筋となっているが、この状況は、佐竹氏の入部直後より修験・神職の支配を担った今宮常蓮院が当山派修験であったためである。中世期の秋田山伏は、熊野山伏の影響を受けつつも独自の山伏集団、宗教環境を形成しており、男鹿三山や鳥海山など近隣の霊山で「国峰修行」を行っていた。おそらく宥伽・宥光の時代にはまだそうした風潮が残っており、当山派との結びつきが末端の在地修験まで浸透していなかったと推測される。また喜楽院の経済状況が好転したことも契機になったと考えられる。喜楽院は宥光代の寛永一六年(一六三九)と、快光代の寛文五年(一六六五)に新田開発を行い、合わせて八〇石余の土地が開墾されている。この八〇余石は、近世を通じて除地とは別の、喜楽院の所持地として寺院経営を支えていく。こうした経営基盤の確立によって、快栄以降の住持からは大峰入峰が可能になったのであろう。

次に代々住持が取得した官位(表2)について、表1を参照しながら詳しく見ていく。ここで注意しておかなければならないのは、修験の官職は大峰入峰を果たした修験個人に与えられるということである。修験は代替わりごとに大峰入峰および官位取得を行う必要があり、それによって本山との関係が代々再生産されていくという仕組みであった。特に喜楽院にとって寺格維持のために重要だったのは「院号」の官位であった。そのことが如実に顕れるのが、藩や本山に書付を出す際、「喜楽院」の名義で出せるか否かという点である。例えば後に挙げる二七代喜楽院快命の場合、住持就任の元文二年(一七三七)から大峰入峰を果たす宝暦一〇年(一七六〇)まで、藩に出された書付の署名は「大仙坊快命」となっており、家(寺院・霞など)の継承と「院号」が切り離されたものであることが分かる。なお二六代喜楽院快養については補任状が残されておらず官位取得状況が不明だが、当該期に喜楽院より出された書付などには「喜楽院快養」と署名があることから「院号」を取得していることは確実である。

またこのほか、表1を見ていくと代々住持は皆、「螺緒・大越家・阿闍梨・法印」の当山派官位の上位四位（「出世官四」）のうち、「阿闍梨」や「大越家」といった当山派の末派修験が取得できる最高位の官位まで取得しているのが分かる。ただし三〇代住持快需は、出世官四を取得せず「黒衣直綴」の着用許可を得ている。この黒衣直綴について、享和二年（一八〇二）に鳳閣寺俊温が記した「当山派修験宗門座階級装束之次第」(35)によると、黒衣直綴は、醍醐寺三宝院門主の許可が無ければ着用してはならないという衣であるとされている。また幕府の服制によれば、法印・法眼の礼服は「直綴」となっている(36)。すなわち快需は官位を得る代わりに、法印相当の格式のある装束の着用許可を得たということを意味する。

なお、秋田の在地修験であっても、鳥海山周辺に住む当山派修験集団については事情が異なる。鳥海山順峰先達龍頭寺と逆峰先達矢嶋領元弘寺に属する一山修験は、近世以降も配下修験に官位補任状を発給することを許されていた(37)。しかし権大僧都・大越家・法印・阿闍梨といった上位の官位については、貞享元年（一六八四）以降、逆峰修行に参加し三宝院門跡の補任を受けることになったとされる(38)。

次に官位補任状の発給月日に注目してみる。喜楽院快栄と喜楽院快命の補任状の発行月日は七月となっているが、喜楽院快英以降、喜楽院快晁までの発給月日は五月になっている。これは快栄・快命が参加したのは七月上旬に行われる逆峰修行、そして快英以降の住持が参加したのが四月下旬から五月に行われる花供峰修行であったためである。前でも触れたが、当初当山派修験は逆峰修行を経験しなければ補任状を受け取ることができなかった。しかし大峰入峰者数の減少によって財源確保が難しくなった当山派は、次第に花供峰修行においても補任状を発行するようになっていく。本山による補任状の発行条件の緩和を受け、喜楽院も花供峰修行での官位補任を選択するようになったことが分かる。ただし花供峰修行は修行期間が短く、修行内容自体も逆峰修行より平易である一方、取得できる官位数や位階が落ちるといった短所があった。実際、快命を境に、喜楽院住持の取得官位数は減少傾向にあり、代わりに「黒衣直綴」の着用といった居官補任で補うようになっている。

なお、秋田藩も花供峰修行による官職昇進については懐疑的に見ていたようである。そのことは文化二年（一八〇五）に秋田城下の在地修験が寺社奉行所に連名で出した書状に表れている。

〔史料4〕(39)

（前略）大峰修行之輩ハ御門主様より御添翰被下置候御例を以、于今寺社奉行所よりも御添翰拝領、帰国之上、御逢被成下之儀者、数百年之御旧格ニ御座候所、①大峰奥通《ママ》無之輩江者寺社奉行御逢不被成置候段、当春御書附を以被仰渡候、②然者大峰修行之儀者、春秋毎ニ小笹限ニ而修行相済、御補任頂戴、下山御暇被下候事ニ而、何ら奥通《ママ》修行不致者難相成筋にも無之、其人所存次第之儀ニ御座候故、奥通《ママ》修行致候輩ハ、大峰御先達江願申上、御聞届之上奥修行御座候、宗門之儀者、修行を専らと致候事故、是非奥通《ママ》修行可仕候儀ニ御座候

御門主様幷大峰御先達中より被仰出儀可有之御儀与奉存候、③且去子年

御門主様御入峰之節、御末派一統江供奉被仰付　御領内よりも数多罷有、小笹迄供奉仕候得とも、峰中修行之儀ハ小笹限ニ而相済、

御補任頂戴幷大峰修行相済与申候御書附被下置、下山御暇給候、別而供奉修行之事故奥通《ママ》同行可被仰出御儀与奉存候（後略）

秋田藩では、大峰入峰より帰国した在地修験は、藩寺社奉行に面会し官位補任と帰国の報告をすることが「旧格」となっていた。それは三宝院参殿に必要となる添状を寺社奉行が作成するためであり、帰国後の御目見は、官位昇進の披露も兼ねていた。それが同年春、その旧格が改められ、藩は「大峰奥通《ママ》」すなわち奥駈修行を伴う逆峰修行に参

加した在地修験のみ御目見を許すという触を領内修験に通達したようである（傍線部①）。この通達を領内の在地修験は「新規非礼」(40)であると抗議、花供峰修行・逆峰修行ともに（大峰山）小篠にて修行を済ませ、補任状を受けているので、奥駈修行への参加は修験者個人の任意であるとしている（傍線部②）。また、文化元年の門跡入峰の事例も挙げ、この時も補任自体は小篠で済んでいたものの、門跡が奥駈修行を行ったため、諸国修験も供峰するよう命じられたものので、特例であったことが説明されている（傍線部③）。そして、旧格が変更されると今後の門跡参殿に支障が生じるとして変更の見直しを願い出たのである。

本山の官位補任条件の緩和によって不公平を訴える者が領内にいたのか、あるいは寺社奉行への御目見を求める者が増加し、職務を圧迫するようなことがあったのだろうか。藩がなぜ官位補任条件の緩和に懐疑的な姿勢を見せたのかは不明である。ただ、秋田藩の修験宗門に花供峰修行を官位昇進に値する大峰入峰と見なさない風潮、更に言えば本山の官位補任条件の緩和を是としない風潮が少なからず存在したことが、この事例から窺える。

2　入峰修行の準備

次に喜楽院住持のうち、宝暦一〇年（一七六〇）に大峰入峰した二七代住持快命の入峰修行日記「入峰萬覚帳」（以下「萬覚帳」）を中心に、入峰修行前後の藩・本山への諸手続きについて見ていく。通常、大峰入峰は寺跡を相続する前の後住の時期に済ませるのが通例であるが、快命の場合は何等かの理由でそれが叶わなかったようである。しかも快命は五四歳という当時では高齢であったにも拘わらず、あえて奥駈を伴う逆峰修行を選択している。

また快命の記した「萬覚帳」には修行の行程や道中の記載は少ない。しかし入峰修行前後の秋田藩や本山三宝院に対して行った諸手続き、また懇意にしている藩役人への廻勤の様子などが詳細に記されているという点で、一般的な入峰修行記や道中記とは一線を画している。この快命の入峰修行記を中心に、これまであまり取り上げられてこなかった入峰修行前の準備や藩や本山（醍醐寺三宝院・当山派正大先達）への手続きの部分について概観していく。

最初に入峰修行の準備として、まず在地修験が大峰入峰前に事前に済ませておくべきことの一つである「得度」についで見ていく。

〔史料5〕(41)

得度状

授与大泉坊

夫修験得度之本意者、真俗不二、邪正一如之内証、三来同見、随類応現之所成也、爰信心之英髦入道縁熟得度儀成、自今如何肩験道可励信修事

嘉永三天庚戌四月廿一日

法印大先達両学寺永龍

時代は下るが、史料は嘉永三年（一八五〇）、大泉院快晃の得度状である。大峰入峰の前に、秋田藩領の在地修験は、親である住持や法脈の在地修験の弟子となって得度を受けた。それは単に修験僧になるというだけでなく、後に寺院を継ぐ者、「後住」であるという証であった。この得度を受けることで後住は「〇〇坊」という僧名に改称し、修験僧として大峰入峰に赴くことになる。

なお親住持以外の法脈在地修験との間で結ばれる子弟関係は、大概同じ当山派先達衆寺院の袈裟筋同士で構築される。近世中後期、入峰修行を先導する当山派の正大先達寺院は、和州鼻高山霊山寺・同吉野桜本坊・同松尾寺・同内山永久寺・同菩提山正暦寺・同正暦寺中宝蔵院・同三輪山平等寺・同宝宥山高天寺・江州飯道寺岩本院・同飯道寺梅

本院・紀州高野山金剛峰寺（行人方）・伊勢教王山世義寺の計一二寺院[42]で、秋田藩の在地修験はその大半が伊勢教王山世義寺（以下、世義寺）の袈裟筋となっていた。

また大峰入峰では、複数の在地修験や後住らが道中を共にした。

〔史料6[43]〕

一羽黒より同行十人

半道寺村　清龍寺後住

増田村　円満寺後住

稲庭村　大乗寺後住

西馬音内　明学寺

同村　正光院

院内村　南岳院

六郷村　修行院

花立村　愛染院後住

増田村　藤吉

同行右之通

史料は文政七年（一八二四）、一二九代快定が大峰入峰の道中を共にした修験である。なお増田村藤吉を除き、彼らはすべて世義寺の袈裟筋修験である。佐藤久治によると、文政年間の事例から、毎年秋田藩から大峰入峰に赴く在地修験は年平均で八人程度であると概算している[44]。なお、共に大峰入峰に赴く修験集団は「同行」と称され、同胞関係は終生続くことになる。

次に行われる準備は定宿への連絡である。これについては、既に大峰入峰を経験している親住持が代わりに行うこともある。大峰入峰に赴く後住は初めて藩国を出る者が殆どであり、長旅に慣れていない。そこで旅中の不測の事態に備え、代々懇意にしている宿屋や宿坊に挨拶状を送り、大峰入峰のために立ち寄ること、そして滞在中の世話を事前に依頼しておくのである。

〔史料7〕(45)

此度後住罷登候間、一筆致啓上候、先以段々暑気ニ茂罷成り候得とも、其表御堅勝ニ可被成御座、珍重ニ奉存候、愚僧儀も不相替罷有申候、殊ニ去年中ハ妻子召連罷登御叮嚀成御取扱、乍毎度忝奉存候、拙僧共随分道中無難ニ而下着仕、大慶致候、右之御礼御内室様へも妻子同筆ニ申上候、猶又此度後住大仙坊為相登候間、万事被引廻御頼ニ存候、殊ニ同行茂御座候間、木賃等御引下、御取扱御叮嚀ニ被成被下候ハヽ、右之同行之衆も被居候ハヽ、此末共ニ参宮之者も其元様江罷越候様ニ、拙僧両度共ニ御宿御頼仕おなじみニ御座候故、御取扱仕候間、賃物等仕候共御直ニ御世話被下度候、萬事後住御咄申上候、恐惶謹言

三月廿九日　　　　喜楽院

京都三条大橋ノ御東詰坂本屋重郎兵衛様

史料は二八代住持快英の上京にあたり、親である快命が京都三条大橋の宿屋坂本屋重郎兵衛に宛てて書いたものである。ここには、このたび後住大仙坊(快英)が同行の在地修験とともに上京するので、宜しく取り計らって欲しいとある。また快命は坂本屋を二度利用した「馴染み」であり、もし快英とその同行らを親身に世話してくれれば、今後

同行らも坂本屋を定宿とするだろうと述べている。なおここで言う「両度」とは、宝暦一〇年の入峰修行と、「月牌之御布施」を上納するため妻子を伴って高野山宿坊金光院へ行った際のことを指している。こうした挨拶状は、善光寺の宿坊玉照院や高野山宿坊金光院にも送っており、いずれも、快命をはじめ代々の喜楽院当住が大峰入峰の前後に利用する宿屋や宿坊である。このことから、喜楽院は代々上京経路や利用する宿屋や宿坊を踏襲し、定宿として決めていたことが分かる。

こうした定宿の設定と関係の維持の背景には、まずは先に挙げた長旅に対する不安の解消がある。遠国の在地修験にとって入峰修行は一生に一度の行事である。多くは長旅の経験の殆ど無い若者であり、「不測の事態」は旅費や経費の更なる負担に繋がる。特に先に挙げた坂本屋重郎兵衛宛の書簡の末尾に「賃物等仕候共御直ニ御世話被下度候」とあるように、金銭面で不測の事が起きた場合には、緊急措置として定宿より金銭を借用することもあった。

〔史料8〕(46)

右参宮之節、八月四日ニ伊勢江着致、同五日ニ致参宮候、大沢村長太郎所より、若路銀不足ニ候ハヽ、金子三両迄ニ取かへくれ候様ニと頼、書状出候故、中村弥吉郎、世木庄右衛門両人之名所ニ而長太郎所より書状差出候得共、中村弥吉郎事、名兵衛ニ名代リ罷成、名兵衛ニ対談致漸々金子一両致借用申候而、（後略）

宝暦一〇年、喜楽院快命は大峰入峰の帰途に伊勢神宮に参宮しているのだが、その際に路銀が不足するという事態に見舞われている。史料によると、霞の氏子で大沢村肝煎の佐藤長太郎が、事前に中村弥吉郎・世木庄右衛門両人に対し、金子三両までは都合してもらえるよう書状を送ることになっていたもののうまくいかず、中村名兵衛（弥吉郎）に相談の末、ようやく金一両を借用することができたとある。この中村名兵衛と世木庄右衛門についての詳細な記述は無い。しかし少なくとも佐藤長太郎は、大峰入峰前より両名のことを知っていたことは間違いない。つまり喜楽院の霞氏子も、代々住持の定宿を把握していたということになる。

在地修験が大峰入峰の際に同じ宿坊や宿屋を定宿として代々利用し、なおかつ霞氏子にもその情報を事前に知らせておいたのは、路銀の不足や病気など不測の事態に陥った際、その情報がすぐに国元に届くようルートを作っておくためであったと考えられる。

なお定宿の設定は、在地修験の職務である「先達」においても重要であった。

〔史料9〕[47]

七日　天気

一あらはま泊　六四金

〻　書状一通り頼置

八日（ママ）　天気ニ而

一秋ぎは新田茶屋江腰掛、弁慶之力糯（餅）喰仕休足いたし候所、①横手日光院幷大小差之僧、外ニ女一人ツれ後江出、話懸也ト思江心得、若しや不義成候者ニ而御座候得者、油断相成間敷候ニ付引人仕候

八日　天気風

一くる井泊　六四替

行朝同性（ママ）出立致五丁斗行候所、②明楽院様幷萬宝院様御両僧外ニ老女共三人同行に相成、大にぎわか相成申候

九日　風

一せぎ山泊　当百九六

一加賀中納言様御帰国ニ付、柏原御泊ニ而善光寺御昼之間、むれい駅ニ而拝見仕、誠ニ驚入大勢之御供御座候

十日　雨

一善光寺泊　六弐替

十一日朝参詣仕、表札御開帳拝厳、道廻いたし種《（ママ）》重拝見仕候

十一日　天気

一当倉郷泊　六弐替

十一日朝同性出立、昼頃大屋村よりわかれ老母達三人ハ江戸行、拙共ハ京道江趣《（赴）》

史料は三一代住持大泉院快晃の大峰入峰の記事である。快晃は、同年四月七日に荒浜（現、新潟県柏崎市）に到着、そこで横手の修験寺院日光院と大小の刀を差した僧が女性二人を連れているのを見かけている（傍線部①）。また翌日には、黒井（現、新潟県上越市）で修験寺院明楽院と萬宝院が老女を連れてにぎやかであったとある（傍線部②）。この一行は四月一〇日に善光寺を参詣し、翌日、戸倉宿で明乗院らは江戸へ、快晃は京都へと向かった。この事例は、在地修験が大峰入峰以外にも霞氏子の寺社参詣の先達として旅をする機会が多かったことを示している。

近世中後期は伊勢参りや富士登拝など庶民の参詣旅が流行した時期である。所々の名所旧跡に関する知識や旅での経験をもとに霞氏子を先導する、なかでも宿屋の手配は円滑に旅を進める上で重要であった。定宿との関係構築と維持は、旅をする機会の多かった在地修験にとって宗教活動上、必要不可欠であったと言える。

3　入峰修行の手続き(1)「出国御暇願」の提出

次に大峰入峰のための手続きについて、事例を挙げつつ見ていく。

まずは、藩領国を出国するにあたっての手続きであるが、「萬覚帳」によると、入峰修行に際し在地修験が行うべ

き手続きは、⑴出国御暇乞願の提出、⑵藩寺社奉行や懇意にしている藩役人への挨拶、そして帰国後に行われる⑶官位補任披露であった。本項ではまず⑴出国御暇乞願の提出について検討し、以下、手続きの様子について順を追って見ていく。

〔史料10〕(48)

口上

拙僧義、此度大峰修行仕度奉存候、依之当月下旬より九月下旬迄出国御暇拝領被仰付被下度奉願候、殊ニ醍醐御門主様江御目見仕度奉存候間、寺社奉行所御役所御添翰拝領被仰付被下度奉願候、然者拙僧義、先代より為寺格大峰修行以後、江戸表　屋形様御目見之上、大峰御守札、御扇子箱献上致来候、依之先年より之寺格之通、当入峰以後於江戸表御目見仕度奉存候間、何分宜右願之通被仰付被下度奉願候、右趣宜様被仰上被下度奉存候、以上

宝暦十年辰五月十日

上法寺大仙坊

修験御役所

覚

親喜楽院大峰修行之儀ハ、正徳二辰年入峰仕候、其砌　天祥院様御代ニ而於江戸表御目見相済、大峰大護摩修行御守札幷御扇子箱献上仕候、尤寺社御奉行様より江戸表之御老様迄、御添翰被下置候、仍而別紙申上候通、先代より為寺格と代々右之通御目見致来候儀ニ御座候、以上

辰五月十日　　上法寺大仙坊

修験御役所

史料は、藩寺社奉行への出国御暇願と、三宝院参殿および藩主への官位補任披露に必要となる添状の交付願である。秋田藩では寺僧が他領へ行く際には、本寺や師匠、また同宗の請合手形を役所に出す決まりになっていた(49)。在地修験もこの藩法に則り、出国する場合は藩寺社奉行所と修験大頭に出国暇願いを提出した。加えて、出国によって寺院に僧侶が不在となる場合には、修験大頭に対し留守居を勤める者を知らせる必要があった(50)。

快命が提出した口上書の内容を詳しく見ていくと、いずれも藩寺社奉行所下にある修験御役所に提出されたもので、この時の寺社奉行所の月番は疋田久太夫、修験大頭は理教院と覚厳院であった。まず出国期間についての記述があり、大峰入峰のため宝暦一〇年（一七六〇）五月下旬から九月上旬まで出国する旨が記されている。また併せて三宝院参殿にあたり添状を拝領したいと願い出ている。

そして口上書に添付された覚書には、父喜楽院快養が正徳二年（一七一二）に大峰入峰した際、四代藩主佐竹義格（天祥院）に御目見し、官位補任披露を意味する大峰大護摩修行の御守札と扇子箱の献上を行ったこと、また代々喜楽院が独礼格寺院であることが記され、快命の入峰修行後も旧例通り藩主に官位補任披露ができるよう取り計らって欲しいと記されている。

さて口上書と覚書を寺社奉行所に出した三日後、御用の筋で修験大頭覚厳院と共に寺社奉行疋田久太夫を訪ねると、喜楽院は藩主への官位補任披露について疋田より以下の指示を受けている。

〔史料11〕(51)

右口上書を以願申上候所ニ、①五月十三日ニ疋田久太夫様ニ而、御用有是候由ニ而、覚厳院同道ニ而罷上り候所ニ、御対談之上、此度自分願ニハ、如例格江戸江罷越、大峰山之砌　屋形様江御目見可被仰付処ニ、御幼年故御目見願不被仰上、御家門様方へも御対談不被成置候事故、御目見ハ被仰付間敷候趣候、先例差除儀ニ無是与、御年より中より別而、末々之例格候間、以書付を右之趣可申渡候故、此書付を申渡候よと御意被下候而、御直筆ニ御書付久太夫様ニ而被下候、尤覚厳院同道ニ而罷上り、御書付請取御礼則申上候而罷立、御家来佐々木権左衛門方、加藤清蔵方へも覚厳院同道ニて、右御礼申上候而、梅津藤太殿御屋敷へも罷上り右御礼申上候、勝手次第ニ可罷帰由御暇被下候故、旁々相廻り申候

五月十三日

これによると、この日官位補任披露の件について疋田と覚厳院・喜楽院の三人で対談が行われ、本来は大峰山入峰修行後に藩主御目見を行うのが「例格」であるが、藩主幼年のため今回は見合わせ、また御家門様方との御対談も行わないよう藩家老より疋田久太夫を通じて指示されたとある（傍線部①）。事実、宝暦一〇年当時、秋田藩主は八代佐竹義敦で一二歳という幼年であった。加えて義敦が藩主に就任したのは二年前の宝暦八年であったが、この時はまだ義敦自身が将軍への謁見を済ませていなかった。[52]藩主への官位補任披露が見合わされたのは、義敦が幼年であるというほかに、まだ藩主として独礼格寺院との主従関係を再構築できる立場に無かったからとも言える。[53]なお疋田は「先例差除儀ニ無是与」と、これは今回のみの特例措置であり、先例を変えるということではないということを快命に述べ、また末々のために今回の件について記した書付を直筆で認めてくれたとある（傍線部②）。

快命の時には藩主御目見が見送られたが、例格通りならばどのような儀礼が行われたのか、参考までに元禄一一年（一六九八）、一二五代住持喜楽院快栄の官位補任披露の様子から検証してみる。

〔史料12〕[54]

元禄十一年戊寅八月十一日江戸入、同拾二日御中屋敷へ罷出、梅津与八右衛門殿三寺社所より之御状指上申候事、御返事ニハ此方より以使、御目(見脱カ)得之日限可被仰付由ニ而宿ニ待居ト、同十四日七ツ時分、明日拾五日明六つ、御中屋敷へ詰申様ニと与八右衛門殿より以御吏者被仰付候、御とけい間へ相詰罷有候へハ、昼ノ四つ時分御目見為相勤、方々首尾能キ御事(後略)

史料によると、入峰修行及び官位補任後の八月一一日に江戸入した快栄は、翌一二日に秋田藩江戸中屋敷に赴き、寺社奉行梅津与八右衛門に三寺社所よりの書状を差し上げ、藩主御目見を願い出ている。この時の藩主は、四代藩主佐竹義格であった。またここで言う「三寺社所」とは、「居官補任」を与えた本寺の醍醐寺三宝院、喜楽院の先達寺院である世義寺、逆峰修行での饗応を勤める吉野金峰山の筆頭寺院吉水院のことと推察される。その後、中屋敷より御目見の期日について連絡が入り、一五日の明六つに「御とけい間」に詰めるよう指示があった。御目見はその日の昼四つ時頃より行われた。なお同史料によると、この時の藩主への献上品は、長さ二尺一寸の「大峰板札壱枚」すなわち大峰大護摩守札が一枚と、焼杉で作られた「御扇子二本入」、そして小守の「前鬼札」の二点であった[55]。

快命の代まで「例格」となっていた藩主への官位補任披露だが、病気のため父である快命が代理を勤めた快英の事例を除き、以降の喜楽院住持の大峰入峰史料群にその形跡を示す記述は無い。喜楽院が官位補任の修行を逆峰から花供峰へと移行したことにより「例格」を失ったのか、あるいは近世中後期の儀礼簡素化の風潮を受け官位補任披露も縮小化されたのか、詳細は不明である。

4　入峰修業の手続き⑵　出国暇乞受理の御礼と廻礼

出国暇乞が藩寺社奉行に受理されると、在地修験は寺社奉行や修験御役所の役僧、修験大頭寺院を訪ねる「廻礼」

表3　快命への入峰修行寄進料

日時	廻礼相手(宝暦10年当時の役)	寄進料	備考
5月13日	梅津小太郎忠英 (廻座格、御相手番か)	白銀10匁	御酒、御吸物、御酒肴2、3種類など振舞を受ける。
	梅津小太郎御隠居夫婦	白銀20匁1包	
	梅津小太郎奥様	白銀1包(20匁)	小太郎の武運長久の祈禱依頼を受ける。
	梅津小太郎家	五色絹糸	
5月14日	梅津藤十郎教忠(家老)	祝儀金子100疋	
	梅津藤十郎奥様	白銀1包(20匁) 大峯絹糸1把	
5月14日	梅津藤太忠恒(家老)	白銀5匁(目録) 金子100疋	「御時節柄故秋中御祝儀被下由」との確約を受ける。
	家来中田勘太夫	鳥目100文1包	入峰修行の祝儀として。
	家来関口権右衛門	半紙1束	

典拠；「入峯萬覚帳」

を行う。「廻礼」は、諸々の事務手続きに携わった人々への礼として付届を献上して廻るもので、この他にも、毎年一月七日に年頭御礼と合わせて行う年始廻勤、大峰入峰後や寺跡相続後に行う御披露目の廻礼などがあった(56)。ただし大峰入峰前の廻礼は通常のそれとは異なり、廻礼相手から大峰大護摩祈禱の祈禱依頼を受けることが目的であった。

表3は「萬覚帳」より、快命が祈禱依頼を受けた藩役人と寄進された祈禱料(初穂)について表にしたものである。快命は、寺社奉行疋田久太夫より三宝院参殿に必要となる添状と藩主への官位補任披露御免の書付を受け取ったのち、大峰入峰の報告を兼ね藩役人の邸宅を廻礼している。

詳しく見ていくと、快命の廻礼相手は、藩役人は梅津小太郎・梅津藤十郎・梅津藤太で、いずれも家老や御相手番など廻座格の藩上層役人であることが分かる。また彼らより受け取った初穂は、白銀・金子など合わせて七〇匁余りと白銀五匁の目録であった。またこのほかに梅津小太郎と梅津藤十郎の妻からはそれぞれ「五色絹糸」を、梅津藤太の家来中田勘太夫からは鳥目一〇〇文を、関口権右衛門からは「半紙一束」を受け取り、それぞれ武運長久などの祈禱を依頼されている。

なお、こうした藩役人との関係は大峰入峰の時だけの遣り取りのみで構築されるものでは無い。彼らとの日常的な交流を窺い知ることができる記述が「萬覚帳」にある。

〔史料13〕(57)

五月十三日、小太郎様御屋敷江茂罷上り申候処ニ、小太郎様ニ而御対談被下、此度上京太儀之由御意被下、御返①盃被下、御吸物、御酒肴二三種ニて御酒御振舞被下、御相伴者石川蔵人ニ被仰付御帝（丁）嚀之御振舞ニ而、為御祝儀白銀拾匁被下候、右御礼申上御暇申上候而、②其より御隠居様へ罷通候所ニ、御両様御揃、此度上京太儀之由ニ而、殊ニ先日者珍敷桑酒たまわり忝と御意被下候而、御両様より白銀二拾匁壱包被下候、外ニ奥様より御頼ハ、此度大峯江登山候ハヽ、随分小太郎武運長久繁栄之御祈禱願申と御意御座候而、御頼ニ御座候、早速御請合申上候所ニ、御初尾一包別而おく様より神納被成候、右御礼申上御茶屋江罷下り、拙僧申上候ハ迚も御事ニ御祈禱随分御頼之通相勤大峰守札申請、下向之砌ニ御守札差上可申候、大峰江糸御奉納可然奉存候と申上候所ニ、五色之絹糸御茶や江被遣候故、受取持参仕候而、大峯江差上申候

五月一三日、梅津小太郎家を訪ねた際の記述をみていくと、この時快命は一人で小太郎の屋敷を訪れ、しかも小太郎本人が快命の相手をしている。また小太郎家では酒や吸物・肴といった膳が振る舞われ、丁重な饗応を受けていることが分かる（傍線部①）。また快命は忠英の両親である「御隠居」から、以前献上した桑酒(58)の礼を受けている（傍線部②）。こうした小太郎の丁寧な応対と桑酒の礼を受けている部分より、快命が小太郎だけでなくその家族とも個人的な交流関係を築いていたことが分かる。

なお桑酒の進呈は梅津藤十郎家にも行っていたようであり、藤十郎の家来中田勘太夫からも礼を受けている(59)。梅津

小太郎や藤十郎のような藩上層役人と喜楽院がどのような経緯で親交を持ったのか詳細は分からない。ただ喜楽院は独礼格寺院であるため、折々の廻礼の時に藩上層役人と顔を合わせる機会も多かった。また時には個人的に祈禱の依頼を受けることもあったと推察され、廻礼での付届だけでなく、日常的に進物の遣り取りを行うことで藩の上層役人との関係を維持していたことが分かる。

なお、この時に初穂料や祈禱依頼を受けた人々には帰国後、出国暇乞の返上と官位昇進の御披露目の廻勤として、大峰守札の配札を行っている。

5 入峰修業の手続き(3)　官位補任披露と廻礼

時系列的には官位補任披露と廻礼は大峰入峰後だが、藩役人との遣り取りという点から、先に披露と廻礼の様相について確認しておく。

表4は快命の官位補任披露について、廻礼相手と献上品を表にまとめたものである。九月初旬に

表4　快命の廻礼記録

日付	廻礼相手	献上品	備考
10月3日	家老　梅津藤太	三宝院門主よりの返翰 大峯杉原之御守札、御扇子、本庄桑酒	病気のため直接の対談はできず。
	藤太の取次役人	守札、酒代1包	
	寺社奉行　疋田久太夫	三宝院門主よりの返翰、御守札、本庄桑酒、結扇子	仏参のため留守、直接対談できず。
	疋田家家来 佐々木権左衛門、加藤清蔵	守札、50文酒代1包	
10月4日	家老　梅津小太郎	大護摩御札、焼杉扇子2本、陀羅尼助	小太郎奥様に関する記述なし。御酒、御吸物などの振舞を受ける。
	梅津小太郎隠居夫婦	大峯杉原之守札、焼杉扇子2本、桑酒	
	小太郎家家来衆	御守札	
10月8日	家老　梅津藤十郎	大護摩御札、桐扇子2本、本庄桑酒	藤十郎奥様
	大峰守札		藤十郎家家来衆
	御守札		
	大頭　理教院・覚厳院	酒代100銅、陀羅尼助、守札	
	大頭取次役僧衆	酒代50文、御守札	

典拠；「入峯萬覚帳」

入峰修行より帰国した快命は、一〇月三日より修験大頭理教院と共に出国暇乞の返上を兼ねて、家老梅津藤太、寺社奉行疋田久太夫を訪ねている。両名とも諸事情により直接対談はできなかったが、三宝院門跡からの返翰とともに、依頼された柴燈護摩祈禱を満了したことを示す大峰大護摩札と扇子、そして付品として粂酒を進呈している。また取次した各家の家来衆にも礼として守札と酒代を渡している。なお、本来ならば家老や寺社奉行への披露の前に藩主への官位補任披露が行われるのだが、先に述べた通り、快命は「藩主幼年のため」として披露が見合わせとなっているため、藩主家への大護摩祈禱札の献上は行われていない。

翌一〇月四日、快命は一人で梅津小太郎家を訪問し、大峰大護摩札と扇子二本、そして献上品に添えて吉野で作られた胃腸薬「陀羅尼助」(60)を献上している。また小太郎の両親(隠居)にも対面し、初穂の御礼とともに大峰大護摩札と扇子二本に粂酒を添えて進呈している。なお快命がこの時配った祈禱札の名称を見てみると、梅津藤太と小太郎の隠居夫婦に渡した札は「大峰杉原之御守札」、梅津小太郎本人と梅津藤十郎に渡した札は「大護摩御札」となっている。両者にどのような違いがあるのか詳細は不明だが、守札にもそれぞれ格式があり、進呈する相手によって差をつけていることが窺える。

翌一〇月五日には梅津藤十郎家を訪問したが、藤十郎不在のため、家来中田勘太夫に取次を頼み、八日に改めて対談することとなった。梅津藤十郎には大護摩御札と扇子二本に粂酒を添えて進上したほか、祈禱依頼を受けた藤十郎の妻や家来衆にも大峰守札を渡している。また同日、修験大頭の理教院には酒代一〇〇銅と陀羅尼助・守札をそれぞれ進上した。なお理教院への献上品も、久保田滞在中の宿としている覚厳院に進上を依頼しているが、理教院のみに献上するということは考え難い。同役である覚厳院に対しても同じ品を献上したものと推察される。また修験御役所の取次役僧へも酒代五〇文と守札を進上している。

28. 喜楽院快英※		29. 喜楽院快定	
宝暦13年９月４日～６日		文政７年８月末	
相　手	献上品	相　手	献上品
⑧佐竹義敦	記録なし	⑩佐竹義厚	記録なし
家老 小野寺桂之助	菓子１袋 陀羅尼助		
梅津内蔵之丞 小野崎大蔵	菓子１袋 陀羅尼助	両寺社奉行	御札、陀羅尼助 菓子１袋、桐扇子２本
（小野崎家取次役）	酒代50文	寺社取次役	酒
（修験大頭） 法輪寺・覚厳院	酒代100文宛	（修験大頭） 円満寺・頂礼寺	御札、結扇子 陀羅尼助、銭300文
（役僧か） 龍青院・大善院	酒代50文	取次役僧３名	御札、陀羅尼助 結扇子、銭200文
		梅津家家来	御札、陀羅尼助、松茸５本
		梅津家御屋敷	御札、結扇子、松茸５本 陀羅尼助
		宿屋主人	陀羅尼助

※快英の廻礼は父快命が行った。
典拠；上法家文書「大峯入峯諸沙汰覚」「入峰萬覚帳」「京都江之書状之写」「入峰諸事覚日記」

既述の通り、一般的に近世中期以降、各地の藩で殿中儀礼の見直しが行われると言われている。実際、藩主への官位補任披露を「例格」としてきた喜楽院も、二九代住持快定以降行われた形跡が無い。では藩重役や寺社奉行への官位補任披露は、時代によってどのように変遷していくのだろうか、快命以外の喜楽院住持の官位補任披露の様子から検証してみる。

表5は、喜楽院各住持の官位補任披露と献上品について表にまとめたものである。喜楽院快栄の御披露目は、元禄一一年（一六九八）八月に秋田藩江戸屋敷で行われた。快栄の廻礼相手

表５　喜楽院住持の官位補任御披露目の廻礼比較

住持		25.喜楽院快栄		27.喜楽院快命	
年月日		元禄11年８月15日		宝暦10年10月３日～８日	
廻礼		相　手	献上品	相　手	献上品
	藩主	③佐竹義処	大峰札 焼杉扇子３本 前鬼札小守	⑧佐竹義敦	藩主幼年の為見合わせ
	家老			梅津藤太	大峰杉原之御守札、御扇子、本庄桑酒
				梅津小太郎	大護摩御札、焼杉扇子２本、陀羅尼助
				（小太郎家家来衆）	御守札
				梅津藤十郎	大護摩御札、桐扇子２本、本庄桑酒
				（藤十郎家家来衆）	御守札
	寺社奉行	梅津与八右衛門 疋田斎	杉原小守 御扇子２本桐箱入	疋田久太夫	御守札、本庄桑酒、結扇子
		（疋田家取次役３名）	前鬼守札、結扇子	（疋田家家来）	守札、50文酒代１包
	修験御役所	（修験大頭） 覚厳院・長雄院	膝突銀１貫40目 大峰御守札	（修験大頭） 理教院・覚厳院	酒代100銅、陀羅尼助、守札
		寺社方・御役人衆	小札	大頭取次役僧衆	酒代50文、御守札
	その他	与次右衛門	銀10匁、下り銀５匁		
		佐木喜右衛門	金子５両		

は、寺社奉行梅津与八右衛門と同じく疋田斎、家老梅津内蔵允、修験大頭覚厳院と長雄院となっている。そして献上品は主に大峰札（大護摩祈禱札）と前鬼札（小守）、扇子などであった。なお披露の際、快栄は寺社奉行梅津与次右衛門と佐木喜右衛門よりそれぞれ祝儀を受け取っている。その際、佐木喜右衛門については「佐木喜右衛門与申殿より」と記しており、面識の無い藩役人であったことが分かる。この時期、秋田藩では藩主主導による藩政執行体制の改革が行われ、「十二社」の制定や修史編纂、座格の明確化などの文治政策が採られていた[61]。快栄の補任披露

では、藩主・藩重役ともに在地修験の官位昇進に一定の関心を寄せている様子が見受けられ、例格を重視し、文治政策に積極的に取り組む当該期の藩政状況が反映されている。

二七代喜楽院快命の御披露目は、宝暦一〇年一〇月に行われた。既述の通り藩主御目見は見合わせとなったものの、家老三人に寺社奉行、修験大頭に廻礼を行っており、その数は代々住持の中で最も多いものとなっている。

二八代喜楽院快英の御披露目は、宝暦一三年九月四日に行われた。ただし快英の披露と廻礼は、帰国後に病床についた快英の代わりに父親である快命が行っている。まず廻礼相手については、家老小野寺桂之助や梅津内蔵之丞、寺社奉行小野崎大蔵であり、快命の廻礼相手との違いは見られない。一方、献上品については菓子一袋と陀羅尼助となっており、大護摩祈禱札の配札が見られない。また修験大頭法輪寺や覚厳院への献上品にも守札は無く、酒代一〇〇文ずつとなっている。これは本来廻勤すべき快英自身が廻礼していないということがあるとみられ、献上品も快栄・快命の昇進披露とくらべ非常に簡素である。

なおこの時の官位補任披露においては、「ひさつき銀」をめぐって喜楽院と修験大頭との間で問題が生じたことが史料に残されている。

〔史料14〕[62]

（前略）米沢町法輪寺江相越、右御奉行御三所共ニ首尾能相勤候段、乍為御知セ罷越候所ニ、①此度後住之ひさつき銀上納致可申与被申候故、先年よりひさつき銀と申者上納致候事伝ニ茂不承候、殊ニ愚僧罷登り候節者上納不仕と挨拶仕候処ニ、法輪寺ニ而其意上京之節ハ祝儀進候而申候、此度之儀ハ院内ニも御座候故、上納可被致由被申候、愚僧挨拶ニハ、拙僧上京之節之尊意ハ、当座之御きしんと存罷有候、殊ニ只今後住儀院内之儀与尊意被成候段、乍憚不得其意候、②当住後住之儀ハ弟子抔と相違ひ、愚僧後住ニ御座候得者、別ニ相替儀無御座候間、御役所御日記御改可被下段申上候而、龍光院江罷越、右之通法輪寺ニ而之尊意ニ候間、御役所御日記御改可被下候、愚僧祖父快栄儀者元禄十一寅年、親快養儀ハ正徳二辰年上京致候、此節上納之申伝ひ承知不仕候間、御改被下度候段頼置、③同六日ニ龍光院ニ而両御役所御日記御改被致候所ニ、上納段ハ不相見得候、依之上納いたし申ニ及不申由、同七日之朝、龍光院ニ而態々馬喰町者加納長左衛門所へ御越ニて御咄し被成候、愚僧挨拶ニハ、先年より寺格ニ無御座候儀ニ候得者、別ニ御礼ニ相廻リ候ニ及申間敷と申候処、龍光院ニ而御勝手と御挨拶ニ候故其通ニ仕候（後略）

これによると、快命が修験大頭法輪寺へ昇進披露と廻礼が済んだことを報告しに赴いたところ、法輪寺より「ひさつき銀」の上納を求められたとある。しかし快命は「ひさつき銀」の上納のことは知らないと答えた[63]（傍線部①）。また快英は弟子では無く後住（＝嫡子）であり、修験僧として大峰入峰したこと、親快養・祖父快栄の代より「ひさつき銀」を上納したということは伝え聞いておらず、その詳細は修験御役所の御日記にて確認するよう頼んだと役僧である龍光院に申し出たとある（傍線部②）。ここで言う「ひさつき銀」とは「膝突」のことであると考えられる。膝突とは、入門者に対し礼物として金銭を上納させることを意味する言葉であり、先に挙げた史料は、快英が修験宗に入門した証と、その手続きに携わった修験大頭に対し礼金を差し出すように求められたと解釈できる。しかし、快命の膝突銀についての認識は「萬覚帳」に以下のように記されている。

〔史料15〕[64]

一大頭理教院江百銅之酒代壱包、だらにすけ壱包、御守札ニ而相勤申候、御同役覚厳院ニ而在宿ニて理教院致御頼酒代壱包、御守札相添申候、十匁之ひさ付銀之儀者、古来之ことく請取不申由ニて差上申候（後略）

記述は、宝暦一〇年一〇月五日に修験大頭に対し御礼として守札や陀羅尼助を献上した際のものであるが、ここで快命は、修験大頭は古来よりの通例として「ひさ付銀」を受け取らないとのことなので差し出さなかったとしている。

しかしこの件について、快命の先々代住持快栄の入峰記録をみてみると、「大頭よりひさ付銀両人四十目《（ママ）》と申事」[65]とあり、快栄は膝突銀八〇匁（大頭一名につき四〇匁）を上納したと記している。なぜ膝突銀上納の慣行が快命に伝わらなかったのか、それは父快養が膝突銀を上納しなかったためと思われる。既述の通り、快栄は喜楽院で初めて当山派の官位補任を受けた住持であり、膝突銀を納入したのは、大峰入峰に際し修験大頭より得度を受けたためと推察される。しかし次代の快養、そして子の快命は、すでに当山派修験となっている親住持より直接得度を受けることができた。そのため、快養は修験大頭に膝突銀を納入する必要が無く、記録も残さなかった。結果、快命には膝突銀の慣行が正しく伝わらなかったと考えられる。

結局、龍光院の確認によって喜楽院の膝突銀上納は見送られた。しかし快命の事例は、修験統制に関わる上納金の慣行について、修験大頭やそれらを管理する役所自体が慣例や実態を正確に把握できていなかったことを示している。だからこそ住持は後住のために披露や廻礼、その際に必要となる品や金銭といった情報、および証拠となる文書などを詳細に記録しておく必要があったのである。

最後に二九代快定の官位補任披露であるが、快定は快栄・快命・快英のような詳細な記録を記していない。おそらく「梅津家御屋敷」というのが廻座格の藩上層役人にあたるのであろうが詳細は不明である。献上品については、廻礼相手全員に大峰護摩祈禱札と陀羅尼助・扇子を渡しているほかに、寺社奉行には菓子、梅津家御屋敷や家来には喜楽院の持山で採れた松茸を添えるなど、付品で献上品に格差をつけている。快定の大峰入峰や披露・廻礼についての記録は、それ以前の住持の記録と比較しても内容的・分量的に少ない。

しかしその一方で、寺跡相続に関わる廻礼や披露については詳細な記録を残している[66]。官位補任に対する関心が弱くなったとも考えられるが、その後の喜楽院住持も変わらず当山派の上位官位を取得していることから、その可能性は低い。やはり官位補任披露が縮小したと考えるのが妥当と言えよう。事実、九代藩主佐竹義和時代の日々の政務記録である「御亀鑑（秋府）」を見てみると、独礼格寺院の入院御礼（継目御礼）は、殿中儀礼として行われているが、官位補任披露を目的とした御目見が行われた形跡は無い。このことは、秋田藩が在地修験の個人的な官位補任より、領主との上下関係を再構築する機会である寺跡相続の方を重要視していたことを示している。

藩の政治的意図により、藩主への官位補任披露は寛政年間には消滅、藩重役への御目見という形に簡素化され、次第に慣行そのものも縮小化していったと考えられる。

6　大峰入峰における道中費用

前項より述べている通り、在地修験にとって大峰入峰は多大な経費と労力を要する大行事であった。そこで本項以降では、喜楽院の入峰修行記録から実際どのような場面で、どれほどの経費を必要としていたのか、史料をもとに検証していくことにする。

前項でも述べた通り、近世以降、入峰修行は儀式化・象徴化が進み「霊験を得る」という本来の目的は失われた。末派修験の入峰怠慢に対し、当山派は派内の結束強化のため様々な施策を講じた。なお、施策の内、手引書や教義書については、明治以降の修験道界の動向などから「（思想的に）効果が無かった」と結論づけられているが[67]、手引書の内容の整合性など具体的な検証はなされていない。そこで、喜楽院の大峰入峰の内容と手引書「峰中艸案記」の内容を照合させつつ、近世中後期の大峰入峰の様相についても併せてみていくことにする。

日付	摘要	額		備考	分類
		金(両)	銭(文)		
6月21日	杉原紙10丈	0.1	600		⑤
	昼飯		124		②
	小使		25		④
	宿代　渡屋		350		①
	提灯		80		③
6月22日	草鞋2足		30		③
	昼飯		72		②
	上ノ山宿　四兵衛		350		①
6月23日	字引	0.1			⑤
	きね茶10羽		300		⑤
	菓子代		100		⑤
	小使		65		④
	吸物		24		②

典拠；上法家文書「道中記」

内訳	金	銭
①宿泊費	3分2朱	2貫734文
②飲食費	1朱	1貫464文
③日用品等購入費	2分	668文
④従者への小遣い		410文
⑤土産物代	1両2分3朱	1貫　文
総計	2両3分	6貫276文

大峰入峰にかかる出費全体を見るならば、まずは道中費用について確認しておく必要がある。そこで、まずは官料や入峰修行中の山役銭などの官位補任にかかる必要経費を除き、具体的にどのような費用がかかったのか、文久二年（一八六二）の大泉院快晃「道中記」[68]から検証してみる。

表6は、道中の費用について記された部分を抽出したものである。なお考察する上で出費摘要から、①宿泊代、②飲食代、③日用品や身だしなみ等に掛かる費用、④同行者への小遣い（後述）、⑤土産品代に分類した。なお「道中記」で費用に関する記述が見られるようになるのは、大峰入峰を終えた五月二一日以降であり、帰路に入り旅費の残額を把握するために記録し始

表6　大泉院快晁の大峰入峰道中費用（復路）

日付	摘要	額		備考	分類
		金（両）	銭（文）		
5月21日	京秋田屋	0.13		「但し七夜」（七夜待のことか）	①
	大津宿　富田屋為助		300	※1朱320文替	①
	もみ3反	0.33			⑤
	筆2本	0.01			③
5月22日	六ノ川宿　藤屋幸左衛門		270		①
	さらし1反	0.13			③
	昼飯（3膳）		100		②
	小使		28		④
	酒代		54		②
6月13日	深川寺様菓子折	0.1			⑤
	御役所への上納金	1			—
	宿木銭	0.2	114		①
	枇杷葉湯	0.01			②
6月16日	小床代		48	髪結代か。	③
	昼食		86		②
	小使		68		④
	うどん2膳		32		②
	宇都宮宿　手塚屋五郎兵衛		350		①
6月17日	昼飯		432		②
	小使		50		④
6月18日	大田原宿		350		①
	昼飯		100		②
	小使		80		④
	白川宿		350		①
	昼飯		122		②
6月19日	小床		48	髪結代か。	③
	ちり紙		20		③
	かさ代		430		③
	小使		64		④
	福島宿		300		①
	焼酎		12	医薬品として用いたか。	③
	昼飯		100		②
6月20日	昼飯		122		②
	小使		30		④
	清水籠		350		⑤

めたと推察される。また記述の無い日や出費内容が不明瞭なものもあるため正確な数字とは言えないが、道中費用の傾向を捉えるものとして見ていくことにする。

まず①の宿泊代については、途中木銭宿などにも宿泊しているが、だいたい一泊三〇〇文前後が相場の宿を利用しているようである。宿泊費の合計額は金三分二朱、銭二貫七三四文であり、費用の約三割を占める。

②の飲食代については昼食代が主となっている。個々の飲食代は一食につき一〇〇文〜一五〇文前後となっているが、これは同行者である喜宝院快栄や従者の分の昼食代も纏めて支払っている可能性も考慮する必要がある。なお記載されている飲食代の合計は金一朱と銭一貫四六四文である。

③は草履・傘・提灯などの旅に必要な道具のほかに、「さらし」やちり紙、焼酎(医薬として用いたか)といった日用品の購入代で、合わせて金二分、銭六六八文となっている。

④は従者への小遣いである。次項でも触れるが、喜楽院住持は単独で大峰入峰に赴いたわけではなく、必ず従者を連れて上京している。従者は修験僧では無いため入峰修行には同行しないが、荷物持ちや世話など道中の修験者を補助する役目を負っていた。表を見ていくと、日によって額は様々であるがほぼ毎日小遣いを渡しており、その合計額は四一〇文となっている。

⑤の土産物代は、立ち寄る寺社へ持参する菓子折や土産物代である。土産物は先に上げた官位補任披露の廻礼に際して大護摩守札に添えるだけでなく、霞の氏子家へ宛てたものも含まれる。前項で述べた通り、近世中後期以降は官位補任披露の慣行は衰退傾向にあるが、それでも金一両二分三朱、銭一貫文ほどかかっている。

以上、快晁の大峰入峰における道中費用は江戸御役所(鳳閣寺)への上納金を合せて金三両三分、銭六貫二七六文となっている。やはり道中費用で負担となるのは①宿泊費と②飲食費用であるが、⑤土産物の購入費もけして少額ではない。

前述の通り、「道中記」に記された道中費用は復路のみである。前項で取り上げた快命の入峰修行の場合、逆峰入峰を行い、なおかつ多くの官位も取得し、御披露目も盛大であった。快命は快晁のような費用記録を残していないが、入峰修行関係の費用は快晁の時より多額であったことは間違いないだろう。

7　近世中後期の当山派と入峰修行

次に上京後、そして入峰修行中の動向について見ていくことにする。

〔史料16〕(69)

同九日ニ醍醐御門主様江罷上り、御添状之儀者疋田久太夫様、梅津藤太様より被遣候、尤大頭理教院・覚厳院より之添帖、右弐通外ニ金子百疋御目見為金差上申候、銀十匁致壱包差上申候而、右御目見願申上候所ニ、御取次石原典膳殿ニ而被成候所ニ、早速御目見江被仰付、御盃被下置候、外ニ拙僧願申上候、大峰修行前ニ御座候得共、拙僧儀者遠国故、又候参上仕願申上而ハ、逗留迷惑奉存候間、阿闍梨・大越家官職仕度候間、今日被仰付被下度と願申上候所ニ、願之通右官職被仰付被下候、官金之儀ハ二両二歩差上申候而、阿闍梨・大越家官職被仰付候、御帝嚀(丁)之御振舞御座候、御酒・御吸物・素麵之御振舞ニ御座候而、寺社奉行疋田久太夫様・梅津藤太様江為返翰と平郷兵部卿・飯田民部卿右御両様より被遣候、大頭理教院・覚厳院へハ石原典膳殿より被遣候、右御返翰弐通請取申候

七月八日に京都に到着した喜楽院快命は、翌七月九日に当山派の本山である醍醐寺三宝院を訪れている。これは三宝院門跡が発給する官位補任状(居官補任)を得ることが目的であり、寺社奉行疋田久太夫定宣と家老梅津藤太忠恒、

大頭二寺院（理教院・覚厳院）からの添状二通と、御目見金として金一〇〇疋、ほかに銀一〇匁を納めている。ここで快命は門主御目見と盃の下賜を受け、今日中の阿闍梨・大越家の官位補任を願い出ている。史料によると、中本寺（正大先達寺院）と本山（三宝院門跡）の両方から官位補任を受ける場合は、大峰入峰後に三宝院参殿するのが一般的となっていたようである。

しかし快命は、大峰入峰後に京都に逗留して三宝院参殿するのは迷惑であるとして、入峰前の官位補任を希望した。既述の通り、快命は大峰入峰当時、五四歳という高齢であり、大峰入峰後に京都に赴き長逗留することは、経済的にも体力的にも厳しいと判断したのではないだろうか。この快命の願い出に対し、三宝院が難色を示した様子は見られず、規定の官金二両二分を差し出して阿闍梨・大越家の官職補任を許されている。

なお、三宝院が発給する「居官補任」の補任状と正大先達が発給する補任状では、書式に違いがある。三宝院の発給する補任状には「当法頭醍醐璽」の朱印が付されているのに対し、正大先達の発給する補任状には、舒明天皇・役行者・理源大師の花押の印と、裏に世義寺法印の署名と印が付されている。これをふまえ喜楽院代々住持の官位補任状を確認してみると、院号や錦地など寺格や宗教活動（祈禱および配札行為）に最低限必要となる官位は正大先達寺院（世義寺）発給の補任状、阿闍梨・大越家などの上位官位については居官補任状を受けることを通例としていたようである。

次に快命が出した官金について注目してみる。先に挙げた表1を見てみると、阿闍梨・大越家の官料は合わせて一七五匁となっている。一方、快命が差し出した官料は金二両二分であり、換算するとおおよそ「峰中艸案記」の官位官料と一致することが分かる。また同じく「出世官四」の官位補任について「峰中艸案記」をみると、御立銀三〇〇目、上座六人に二〇〇文ずつ（計一二〇〇文）、大仙に二〇〇文、御法頭へ金一〇〇疋、家司中へ二匁ずつ差し出すことある。[70] これを快命が差し出した金子と照合してみると、三宝院に参殿料として差し出した金一〇〇疋は御法頭への官金にあたり、また銀一〇匁はその他の上納金に相当すると考えられる。「萬覚帳」の居官補任と正規の官位補任の内容が混同してはいるものの、手引書の内容におおよそ沿った形で官位補任が行われていたことが分かる。

その後、快命は三宝院で御酒や吸物などの膳の振舞いを受け、平郷兵部卿・飯田民部卿から寺社奉行疋田久太夫をはじめとする添状の差出人宛の「御返翰」を受け取り、三宝院の参殿を終えている。

三宝院参殿を済ませた快命は、七月一一日に大峰山に向け京を出立、一三日に吉野に到着して洞川に一泊、翌一四日に世義寺の役所に赴いた。

〔資料17〕[71]

同十一日に大峰江出立致、同十三日ニ吉野江着いたし候而、同十四日ニ世儀寺御役所へ罷越候所ニ、世儀寺法印ニ《ママ》而御病気ニ而、観音院不動院江大頭より之官金入候封状差出申候而、外ニ三僧儀、にしき地、かいのをリ《ママ》、封にん願申上候而、官金差出申候、願之通相済ふにん引替之証文申請候而、其より吉水院江罷出候而百拾六文差上申候、御振舞もり切りそうめん、御酒御振舞被下候、其より御座敷等致見物罷帰申候、世儀寺御役所江罷越候節之事、書落候故又候書印候、為山役弐百六拾文、為祝儀と官金同前ニ差出申候

これによると、この時先達である世義寺法印は病気のため代わりに観音院・不動院（世義寺の塔頭か）に修験大頭よりの官金を差し出した。快命はここで両院に対し三僧祇・錦地・螺緒の官位補任を願い出、補任状の引替証文を受けている。また「山役」[72]として二六〇文、官職補任の祝儀、そして吉水院[73]に対し入峰坊役として一六〇文をそれぞれ納入している。

次に快命が世義寺役所に納入した官料について「峰中艸案記」の修験官料定（表1）を参考に算出してみると、官料

はおよそ七五匁、金に換算して約一両二分となる。ただし詳細には記されてはいないが、快命はこのほかに院号と袈裟の官位補任も受けている。居官補任の阿闍梨・大越家の官料二両二分を合わせると、官位補任料だけで五両余り掛かっていることになる。こうした大峰入峰前後の金銭的負担と煩雑な手続きも入峰に対し消極的になる理由、ひいては本山に対する忌避観の一因と言えよう。

その後、快命は七月一六日から一九日まで大峰山入峰修行に参加している。「萬覚帳」には「大峰之委細之儀ハ先年より之書付別紙ニ御座候」として大峰山での修行の様子は一切記されていない。また「別紙」の書付も残されていないため、「逆峰手鑑」をもとに逆峰修行の様相について概観しておくと、修行者（衆中）は、七月一四日に吉野洞川を出立、大峰山小篠の宿坊において山籠し、十界修行や大護摩修行などを行う。そして一九日、衆中は補任状を得て小篠を出る。その後、奥駈修行を行う者は奥駈先達と共に出立し、希望しない者は洞川まで下山する。

高齢を理由に奥駈修行を辞退した快命は、途中高野山と伊勢神宮に立ち寄り、九月八日に秋田に帰着している。そしてこの後、秋田藩庁のある久保田に赴き、前項で取り上げた出国暇乞の返上と御披露目の廻礼を行うことになる。

8　入峰修行の目的

入峰修行の目的は官位補任だけではなく、諸国の袈裟筋修験や都市に住む文化人らと交流し、自身の見聞や人脈を広げる機会でもあった。そして時には住持の代理として寺院経営に関わる様々な交渉を行うこともあった。そこで本項ではその一例として、三一代住持大泉院快晃の入峰修行の際に喜楽院・両学寺そして本山との間で交わされた「格院別納格（御中立院格とも）」に関する遣り取りについて触れておく。

「格院別納格」は、本来、諸国の触頭を通して行われる冥加金上納を三宝院に直接上納することを許される、いわば三宝院門跡の直支配を受けるということを意味する寺格であると推察され、本山に対し何らかの功績があった際に授与されたと考えられる。なお秋田藩では、天保期に当時頭襟頭であった両学寺一一代住持永龍が、同藩の零細修験寺院のために救済銀として分銀七〇〇目を藩に納め、その賞として修験大頭より「格院別納格」に推挙されている(74)。

喜楽院の場合も、安政元年(一八五四)に発生した二度の震災(安政東海地震・安政江戸大地震)により焼失した、当山派御役所鳳閣寺と江戸深川不動堂の再建費用を献金し、その恩賞として文久元年(一八六一)に諸国総触頭鳳閣寺の別院戒定恵院より、快需宛に格院別納格の免状が送られている。しかしこの昇格は、堂社再建を急いだ江戸の当山派組織が独断で進めたことのようであり、本山(三宝院)はこれを認めなかった。そうしたなかで官位昇進のため三宝院に参殿する快晃に、本山への事情説明が託されることになったのである。

〔史料18〕(75)

今般法類喜楽院之後住大泉院上京参殿ニ付、内状奉呈上候、先以時候無御障も奉恐悦候、随而愚院も無事大悦罷在申候、将又大祖九百五拾遠忌之節、後住法性院幷ニ三男実性院御厚情之御取扱、重畳難有仕合ニ奉存候、右御礼一先奉謝候、同僧共より宜敷申上呉候様ニ御座候、此度参殿之僧大泉院も拙寺次男ニ而御座候間、御慈愛奉願上候、右ニ付奉申上候、安政元寅年中、御役所御代役発光院様御巡行之砌、且江戸両度震災、火災之時、御役所、不動堂焼失ニ相成、右ニ付、不動堂再建江御手伝可申上様被仰付候故、献金仕候処、昨年為御賞格院別納御推許被仰付候得共、御本山向如何ニ御座候哉、若也于今御届ケ不相済候ハヽ、愚院ニ被思召、此度限御聞届ニ相成候様御取扱偏ニ奉願上候、右願之通被仰付被下置候ハヽ、為御冥加当年より壱ヶ年⌈　　⌋歩宛、三ヶ年中弐両弐歩金献金為仕申度如斯御座候、委曲ハ大泉院口上ニ而奉申上間、乍恐不空御引立之程奉願候、御同役様中へも宜様被仰合被成下度、偏ニ奉希候、余ハ追々申上度、麁々御高覧内状如斯御座候、恐惶謹言

戌三月廿日

両学寺

甲村阿波介様　御取次様

〔史料19〕(76)

一翰呈上仕候、先以

本御院家様、益御機嫌能可被為遊御座、奉恐悦候、次ニ各貴様御安全珍重御儀奉賀寿候、随而拙僧も無異勤役罷在申候、然者当領雄勝郡大沢村喜楽院後住大泉院京都向始、其外共諸用有之、序ニ入峰参殿仕度申出も有之、乍去五月七日、八日之日限ニ近付、難黙止木曽路罷成申候、且ツ昨年中喜楽院儀格院別納御推挙被仰付、重畳難有仕合ニ奉存候、右之訳柄御内々申上候筈

醍醐御殿御役方之御取受可申上候間、何角両人儀不案内ものニ御座候間、右模様申上候ハヽ、悪敷取り御直し被下御院家様御前宜様御取成、偏ニ奉願上候、右旁申上度如斯御座候、麁々御高覧恐惶謹言

大頭　両学寺永眉(印)

戌三月廿七日

東光院様

宝生院様

龍専院様

御披露

史料18・19は共に、快晁の実父で修験大頭でもあった両学寺永眉が、快晁の大峰入峰に先駆け三宝院役人の甲村阿

波介と醍醐寺の院家に宛てた書簡である。

史料18から内容を見ていくと、前半は、安政六年に両学寺の後住法性院と息子実性院が門跡入峰に供峰した際の礼と共に、快晃の参殿に際しての世話を依頼する内容になっている。そして後半に、喜楽院が文久元年に「格院別納」に昇格した事由が述べられているが、この点について本山の意向はどのようになっているのか、もし昇格の件が聞き届けられていないならば、冥加金として三年間で二両二分を献金するので、昇格を認めてほしいと記されている。

次に史料19では、院家に対し快晃が入峰修行のあとに三宝院に参殿し、「格院別納」への昇格について礼を述べている。なお参殿の際、醍醐寺御殿の役人に対し、快晃に喜楽院の昇格とその経緯について説明させると悪い心象を与える可能性があるので、その時は取り成してほしいと述べている。

まず史料18の書簡の内容をみる限り、本山(醍醐寺三宝院)は喜楽院の寺格昇格を認めておらず、文久元年に喜楽院に送られた免状は、戒定恵院など江戸方の当山派組織が独断で出したことが窺える。既述の通り、格院別納格への昇格が認められると冥加金の上納方法が変わる。その時点で喜楽院は、三宝院との間で認識の違いが生じていることに気付いたと推察される。

五月一九日の三宝院参殿に際し、快晃は甲村阿波介に喜楽院の格院昇進の事情について説明をした。しかし甲村は、江戸表(鳳閣寺)より昇格の連絡は届いていない、もし昇格しているならば鳳閣寺よりの添書を持参するようにと述べ、快晃の申し出に取り合わなかった(77)。史料19の書簡は甲村との折衝が難航することを想定して記されたのだろう。また事態の渦中にある喜楽院快霈ではなく、両学寺永眉が書状を認めた背景には、永眉が修験大頭であるというだけではなく、かつて醍醐寺三宝院で学んだ際に築いた人脈を活かそうとしたためであったと考えられる。しかし快晃は甲村を説得する事ができず、格院別納格への昇格も暗礁に乗り上げたままとなった。

翌文久三年、喜楽院快霈は、この事態を打開すべく「御用巡国」として当地に赴いていた院家東光院に宛てて以下の願書を認めている。少し長いが以下に引用する。

〔史料20〕(78)

乍恐以書付奉願上候

一羽州雄勝郡大沢村喜楽院快霈奉申上候、拙僧儀前々より領主表者格別之御因縁之訳柄茂御座候ニ付、大頭並之御取扱被成置、御目見等仕候院跡ニ付可相成者、当御役所向茂別段昇進奉願上度、年来志願御座候得共、元来薄禄困窮之寺跡ニ付、年月過去候様、去ル嘉永七寅年中、御代役発光院様当国筋御巡行之節、段々奉願候処、格別之①御取扱ヲ以、御帰府之上、夫々御中立院格昇進相成様被成下置候、然上者御懇之御沙汰ニ付、難有奉承知、如仰趣金子調達、御礼式金上納可申上心掛ニ御座候処、折悪拙僧儀其頃より久々病気ニ付、延引罷過き、尚安政六未年三月中、江戸深川八右衛門新田深川寺を以、当山派御役所江金五両相添内納仕、尚引続残金上納可申上心得ニ②御座候処、前段困窮引続不能、其［　　］如両度奉上納、昨戌年中又々深川寺を以、上納罷在候次第、然処御本寺表献納無御座候而者、何れとも(カ)御取扱難相成段、夫々今般御内達ニ付、③聊金子五両御殿江奉上納度奉存候間、右ヲ以何分ニも御本寺表可然被仰立、志願成就仕候様被成下置度、恐顧奉願上候、尤御役所江残金四両上納之儀者、是又来子年より卯年迄壱ヶ年壱両つゝ四ヶ年賦、上納済相成候様、是亦御憐愍之御沙汰幾重ニも奉願上候、以上

文久三亥年七月五日

羽州雄勝郡大沢村

格院別納

喜楽院快需　印

御用巡国
御代役
東光院様

前文之通願出ニ御座候間、宜様御沙汰願上候、以上
七月
両学寺
大塚寺

この願書において快需は、まず喜楽院が秋田藩領で修験大頭格、御目見を許可されている寺院であるという由緒を述べ、以前より「格院別納格（御中立院格）」への昇格を望んでいたことを述べている。そして安政元年の献金行為について触れ、その賞として昇格が許されたことについて謝意を述べている。その後、昇格の御礼金を上納しようとしたところ、病気を患いすぐに上納することができなかったこと、また安政六年三月には、深川寺（深川不動）を通じ当山派御役所（鳳閣寺）に献金する五両のうち一両を上納し、残金の四両は一年に一両ずつ、四年間かけて引き続き上納することを記している（傍線部①③）。また深川寺より本寺表にも礼金を献納しなければ昇格は難しいとの内達を受け、今回金子五両を醍醐寺三宝院へも上納したので、昇格の志願が成就するよう東光院より三宝院に口添えを願いたいとしている（傍線部②）。二ヶ月後、東光院より格院別納の礼金五両と醍醐寺三宝院門跡への上納銀を預かった旨を知らせる状が届き、東光院の取り成しによって事態は収まったようである。(79)

以上、大峰入峰の機会を利用した在地修験の行動の一事例として、文久二年の格院別納格に関する遣り取りについ

て見てきた。この他にも喜楽院住持は、大峰入峰の機会を利用して有名寺社の参詣や、付き合いのある宿坊への訪問など、様々なことを行っている。在地修験は寺社参詣の先達を通じ比較的旅をする機会が多いことは前項でも述べた通りだが、それでも江戸や京などの都市へ赴く機会は限られている。在地修験は、大峰入峰の機会を単なる官位昇進や自身の見聞を広げるだけでなく、住持の代理として寺院経営に関わる様々な折衝の機会としても活用していたと言える。

三　大峰入峰と地域社会

大峰入峰には多額の費用を必要とした。そのため全てを自己負担することは難しく、費用は霞村からの寄付によって賄われた。そこで最後に本節では、大泉院快晁の入峰修行記録から、霞や地域社会から寄せられた餞別と、大峰入峰に対する地域社会の認識について見ていくことにする。

大泉院快晁が大峰入峰のため大沢村を出立したのは、文久二年（一八六二）三月二七日、同行者は親類である深井村喜宝院の後住であった。入峰修行出発前、快晁は上京の餞別として氏子および近隣の在地修験より餞別を受け取っている。

表7・表8は餞別を寄せた者について表にまとめたものである。まず表7Aについてみていくと、修験寺院一五寺院から合わせて金三分二朱、銭一貫五〇〇文の餞別が寄せられている。これら一五寺院はすべて正大先達世義寺に属する袈裟筋であると同時に、喜楽院（または実家両学寺）と縁戚関係あるいは師弟関係にある寺院で、幕末期には両学寺を中心に結集し、様々な祈禱活動を行っている在地修験でもある。

表8　快晃の上京餞別受納(二井山村分)

奉納者	銭
郷中(29軒分)	2貫230文
新吉	正1貫600文
助右衛門	正1貫600文
国太郎	1貫　文
畠山市左衛門	1貫　文
吉之丞	500文
吉郎兵衛	500文
吉十郎	500文
市兵衛	500文
与次郎	500文
弥兵衛	500文
六右衛門	500文
与五左衛門	300文
吉三郎	300文
清兵衛	270文
与三郎	300文
小平	300文
小吉	200文
彦壱郎	200文
総計	〆10貫570文

典拠;「上法寺様上京ニ付御餞別人別帳」

表7A　餞別を受けた修験寺院

修験寺院		餞別
湯沢町	蓮性院	金3朱
亀田村	千手院	金2朱
上溝村	修行院	金3朱
浅舞村	三光院	金2朱
高寺村	重行院	正500文
二井山	慈眼院	正300文
今宿村	和寿院	(金)1朱
造山村	日光院	当三枚
稲庭村	大乗院	金1朱 外200文 (菓子代)
深井村	自教院	100文
明沢村	光明院	200文
増田村	元弘寺	金1朱
東里村	忠応院代	手紙1筋
大谷村	両学寺	金1朱
	実正院	当200文

典拠;上法家文書「上京餞別受納帳」

表7B　快晃の上京餞別受納

村名	奉納者数	金子	銭	諸品
大沢村	75	1両2分	6貫700文	油揚げ、たすき
上法寺村	21	1分2朱	1貫600文	たすき、酒
矢神村	26	1分	2貫400文	「当二枚」×4、札2貫文
二井山村	4	1朱	200文	
新町村	4	2分	400文	
高寺村	7	2朱	1貫100文	
大屋新町村	8	3分	500文	
西馬音内村	1		200文	
今宿村	6	2分1朱	350文	
造山村	2	1朱	200文	
常野村	1		100文	
東里村	2	2朱		
深井村	15	2分	900文	白木綿7尺
増田村	1	1朱		
南形村	1		100文	
安田村	1		200文	

典拠;上法家文書「上京餞別受納帳」

次に表7Bは、一般領民からの餞別についてまとめたものである。村ごとの奉納者数を見てみると、やはり喜楽院の霞村である大沢村、上法寺村、矢神村が大半を占めている。なかでも、在寺村落である大沢村は奉納者数七五件、金子一両二分、銭六貫七〇〇文、枝郷である上法寺村も奉納者数二一件、金子一分二朱、銭一貫六〇〇文となっている。なお餞別は殆どが個人による奉納だが、なかには二井山村のように「郷中」として一括で奉納している場合もある（後述）。

また、喜楽院への上京餞別は、霞村以外の村からも寄せられている。喜宝院のある深井村や快晃の実家両学寺のある大屋新町村を除き、今宿村や造山村をはじめとする平鹿郡の村々は、霞外のため本来宗教活動を禁じられている地域である。この地域は、商売繁盛など利益神信仰によって結ばれた関係、あるいは宗教行為以外の活動を通じた個人的な付き合いによって構築され、喜楽院が代々再生産し維持してきた関係であると推察される。

このように喜楽院への餞別は霞からのものが大半を占めるが、喜楽院の霞である二井山村については、表7Bの段階では四件と非常に少ない。これは何らかの理由で所定の日に寄付ができなかったためと推察され、二井山村の分に関しては入峰修行に出立する当日（三月二七日）に餞別が渡されている。表8をみると、二井山村は郷中分の二貫二三〇文に、村人らが個人的に寄付した分を合わせて一〇貫五七〇文が寄せられている(80)。

こうした大峰入峰の経費工面の方法について藤田定興は、徴収方法には、霞内の各戸に割り当てる「霞割り（氏子割）」による方法、勧進・勧化による方法、藩より公費を借用する方法、そして在地修験同士で講を結成し融通し合う方法などがあるとしている(81)。この藤田の指摘を喜楽院の事例に当て嵌めて考えると、霞村からの寄附が大半を占めるとはいえ、霞以外からも餞別が寄せられていることから、勧化による寄附金徴収であったと推察される。しかし霞村については二井山村の事例のように、形式上は寄附の形をとっているものの、実際のところは多少強制的な面もあったのではないだろうか。

ただし霞村の人々は喜楽院の大峰入峰を否定的に捉えていたわけではないようである。そのことは「道中記」の冒頭からも読み取ることができる。

〔史料21〕(82)

戌三月廿七日　天気

上法寺出立、大沢、矢神、新井山并深井四ヶ村肝煎・長百姓、坂下御番所迄見送被成下、種重《マヽ》之御地走被成下重畳難有拝味仕候

これによると快晁らが大沢村を出立する日、秋田藩領境の坂下御番所には、喜楽院・喜宝院それぞれの霞村の肝煎と長百姓が二人を見送りに訪れている。また快晁はこの時、彼らより食事を振る舞われたようである。在地修験の官職昇進に対する村側の思考について戸川安章は、祭礼など地域の在地修験が一同に会した時に自身の村の修験が官位の低いことを示す法衣や袈裟を纏っていること、また席次が低いということは、村に修験を支えるだけの経済力が無いことを著し、村の面目に関わることだと認識していたとしている(83)。しかし一方で、何度も大峰入峰に赴き、その度に寄付を求められることはやはり迷惑であり、たとえ多額でも一度の大峰入峰で官位昇進を済ませてくれた方が良いというのが村の思考だったようである。

また当該期、領民が在地修験に期待したのは、厄災の除去、特に病気平癒に関する祈禱行為であった。近世期、一部の知識層を除き、民衆は疫病を神が与える厄災であるという疫病観を持っており、修験ら祈禱師が施す呪術的治療は有効な医療行為として認識されていた(84)。村の在地修験が大峰入峰し、官位昇進を果たすことは、村でより上等な呪術的祈禱を受けることができるようになることを意味する。また上層農にとっても、在地修験が旅を通じて得た各地

の様々な情報や知識を伝え聞くことができる。

そうした点からも地域社会にとって在地修験の大峰入峰は、金銭的な負担もあるが、利点もあったと言える。在地修験と地域社会、双方に利点があったからこそ、霞は在地修験の大峰入峰を積極的に支援したのではないだろうか。

おわりに

以上、本章では入峰修行の近世的様相、主に在地修験の側から大峰入峰前の準備や手続き、および修行後に行われる官位補任披露について明らかにした。また在地修験が大峰入峰するにあたり、霞が果たす役割や大峰入峰に対する認識についてもあわせて見てきた。本章の内容は以下の通りである。

第一に、近世における入峰修行の様相と、東北地方の在地修験の大峰入峰の状況について検証した。慶長一八年(一六一三)の修験道法度以降、幕藩権力は山伏が各在地領主の許可なく国外へ遊行することを禁止した。また本山が入峰修行を身分保障と官位補任の条件としたことで、入峰修行は本来の目的を失い、門跡権威の顕示や同派の勢力維持と結束を目的とする儀礼的なものへと変質した。しかし霞の少ない零細経営の修験の場合、多くの日数と経費のかかる大峰入峰は容易なことではなかった。特に東北地方の場合、大峰入峰の旅費と官料を合わせて二〇両程度かかるとされ、その負担は軽くはなかった。

一方、本山・当山両派では、近世中期より諸国の在地修験の入峰不参の傾向を問題視するようになり、様々な対策を講じた。本章では本山派の年限制度、当山派による教義書の作成や官料の半額化について取り上げた。しかし、たとえ森御殿(聖護院門跡)の指示であっても、東北地方の在地修験が恒常的に大峰入峰に赴くのは現実的に不可能であった。また当山派による官料の半額化も、門跡入峰や開祖遠忌のたびに冥加金が賦課されるという状況では、対策の効果は高くなかったと思われる。加えて、当山派組織が抱えていた内部矛盾、「居官補任」をめぐる法頭三宝院門跡と正大先達との争いも、大峰入峰者数に影響を及ぼしていた。

しかしそれでも、在地修験にとって入峰修行が身分保障の条件であることは変わらず、三宝院も正大先達衆の持つ官位補任権を完全に奪取することはできなかった。一方、在地修験側も大峰入峰は官位補任のためというだけでなく、諸国の袈裟筋修験と出会い自らの見聞を広める機会であり、時には住持の代理として寺院経営に関わる交渉の機会となる場合もあった。だからこそ一定の経済力を持つ在地修験は、正大先達と三宝院門跡の両方から官位補任状や寺・山号の免許を受けようとした。

その事例として、第二に上法寺喜楽院の、近世中後期における入峰修行の実態、特に道中費用や入峰修行前後に本山や藩との間で交わされる様々な手続きについて見てきた。

喜楽院住持は、代々「出世官四」と呼ばれる上位官職を居官補任で取得し、また寺格維持に必要となる「院号」などの官職を正大先達より取得していた。当初、官位補任は逆峰修行への参加が条件であった。しかし大峰入峰者数の減少によって財源確保が難しくなった当山派は、次第に花供峰修行でも補任状を発行するようになった。この官位補任条件の緩和によって、喜楽院住持も二八代快英以降は、逆峰修行ではなく花供峰修行に参加するようになった。しかし花供峰修行は取得できる官位が低いという短所があった。そうした部分を埋めるために、快定以降は「黒衣直綴」着用許可や格院別納格の取得など寺格の昇格を志向するようになっていく。

次に宝暦一〇年(一七六〇)の喜楽院快命の入峰修行記録を中心に、大峰入峰前に行われる準備や手続き、また入峰修行後の御披露目や廻礼について検討した。

まず入峰修行前の準備について取り上げた。修行前、修験は藩への出国手続きと並行して、得度受戒や、上京のための霞からの餞別徴収、定宿への連絡など、様々な準備を必要とした。特に定宿の設定と関係維持は、寺社参詣の先達など旅をする機会の多い修験にとって、経営上重要なことであった。

また秋田藩の在地修験が藩に対して行う必要のある手続きとして、出国御暇乞願の提出、藩寺社奉行や懇意にしている藩役人への挨拶、そして帰国後に行われる官位補任披露の三点を検証した。まず大峰入峰前に行われる出国暇乞受理の御礼と廻礼は、日常的に行われる廻礼とは異なり、大峰大護摩祈禱の依頼と初穂や祝儀を受けることが目的であった。本章で取り上げた喜楽院快命の事例でも、廻礼相手の梅津小太郎や梅津藤十郎・梅津藤太は、いずれも家老や御相手番といった秋田藩の重役、「廻座格」の役人であった。なおこうした藩重役との関係は、大峰入峰の時のみの遣り取りだけで構築されるものではなく、折々の贈物や祈禱行為など、日常的な交流によるものであった。

なお大峰入峰後の官位補任披露については、近世中期（元禄期～宝暦期）を境に縮小傾向にあることが、喜楽院住持の事例から明らかになった。その背景には、藩が在地修験の個人的な官位補任よりも、領主との上下関係を再構築する機会である寺跡相続の方を重視するようになったためと推察され、そうした藩の意向によって慣行も変化したと考えられる。

また快命が本山に対し行った官位補任手続きから、近世中後期の大峰入峰の実態について、当山派内部の状況をふまえつつ検討した。当山派では、本寺醍醐寺三宝院と正大先達寺院がそれぞれ官位補任を行っていた。無論、正大先達による官位補任が修験としての身分保障の原則だが、三宝院の「居官補任」と正規の官位補任、両者の官料体系は共通のものを使用しており、官位補任システムが併存していたことが快命の官位補任の事例から明らかとなった。しかしこれは当山派が抱える二重構造的な内部矛盾の表れとも言えるものであった。

一方、入峰修行については、年齢を理由とした修行期間の短縮など、修行に参加する末派修験の個々の事情に考慮した諸対応が決められていたことが、快命の入峰修行の事例から窺えた。こうした柔軟な対応が見られるようになったのは、末派修験の大峰入峰の減少や本山離れの傾向を食い止めるための方策の一つと言えよう。

そして、霞や地域社会より寄せられた餞別の状況から、大峰入峰に対する地域社会の認識について検討した。佐藤久治の概算によると、近世後期の大峰入峰にかかる往復旅費は、最低でも二〇両であったとされる。(85) 文久二年（一八六二）の快晁の「道中記」を見ていくと、道中費用は復路だけで金三両三分、銭六貫二七六文となっている。これに官位補任料や官職補任披露の土産物代なども加えると、やはり金二〇両程度は必要となる。こうした入峰修行にかかる費用を一寺院のみで賄うことは難しく、費用は霞からの寄付によって賄われた。こうした入峰修行の経費を徴収する方法には、「霞割り」、勧化、講を結成するなど様々な方法があったが、喜楽院の場合は「霞割り」や勧化による寄附金の徴収を主とし、このほか日常的に付き合いのある藩役人や同じ袈裟筋の在地修験からの祝儀なども その費用となった。

しかし霞の人々は在地修験の入峰修行を否定的には捉えていなかった。そのことは、快晁らが大峰入峰に赴く際、霞の村々の肝煎・長百姓が国境の番所まで見送りに来ていることからも明らかである。こうした霞の氏子の行動は、大峰入峰によって在地修験が得る寺格や知識・情報が村に還元されるということを理解していたためである。地域社会は大峰入峰を在地修験個人の課題ではなく、霞全体の課題として捉えていた。更に言えば、自身の村の修験が周囲の在地修験と比べ寺格・官職が低いことを示す衣や袈裟を纏っていることは、その村に在地修験を支える力が無いことを明示してしまうことであった。そのため霞は、大峰入峰に出かける修験を盛大に送迎し、また霞の村々を挙げて金銭的に援助したのである。

最後に、喜楽院の代々住持が書き残した大峰入峰関係史料群について述べておく。言うまでも無く、これらは代々の住持が子孫のために書き遺したものである。しかしそれらを詳細に見ていくと、前でも述べた通り、その内容はそれぞれの住持の関心によって差異がある。例えば二七代快命は藩や本山に対して行うべき手続きの全てを詳細に記録している。一方、二九代快定は、霞からの寄附や官位補任披露の廻礼相手と献上品、そして官位昇進後に必要となる袈裟や衣に掛かる費用など、主に金銭に関わる点について重点的に書き遺した。そして三一代快晁は、寺社参詣の様子や道中での出来事、道中費用について書き残している。

こうした大峰入峰に関する記述の差異は、時代が下るに従い、喜楽院の中でも大峰入峰や官位補任や昇進に対する意識に変化が生じたことを示している。これは、近世中後期以降、藩の関心が、修験僧個人の官位補任や昇進から修験寺院の統制に関わる寺跡相続へと移行し、官位補任披露の慣行が次第に縮小、省略化されていった構図と重なる。

上法寺喜楽院代々の大峰入峰に関する諸事例は、在地修験の大峰入峰に対する意識や意義が、本山による派内運営や地域領主の政治的意図を受けて変化していく過程を如実に顕わしていると言えよう。

註

（1）　宮家準『修験道　その歴史と修行』（講談社学術文庫、二〇〇一年）ほか。

（2）　宮家準『修験道儀礼の研究』（春秋社、一九九九年、七八頁）。

（3）『柳田国男全集　第一一巻』（筑摩書房、一九九〇年）、和歌森太郎「修験道史研究」（『和歌森太郎著作集　第二巻』弘文堂、一九八〇年、二三〇頁）ほか。

（4）　宮家準『山伏―その行動と組織―』（評論社、一九七三年）。

（5）宮本袈裟雄『里修験の研究』（岩田書院、二〇一〇年。初版一九八四年）。
（6）高埜利彦『近世日本の国家権力と宗教』（東京大学出版会、一九八九年）。
（7）鈴木昭英『修験道教団の形成と展開』（法蔵館、二〇〇三年、一〇六頁以降）。
（8）藤田定興『近世修験道の地域的展開』（日本宗教民俗学叢書三、岩田書院、一九九六年、三七二頁以降）。
（9）宮家準『山伏―その行動と組織―』（評論社、一九七三年、九六～九七頁）。
（10）五来重編『修験道史料集 ［2］西日本編（オンデマンド版）』（名著出版、二〇〇〇年、一五五～一五六頁。初版一九八四年）。
（11）宮家準『山伏―その行動と組織―』（評論社、一九七三年、一三六頁）。なお宮家は中世には既に四季の入峰の原型が成立していたとする。
（12）宮家準『山伏―その行動と組織―』（評論社、一九七三年、一三六～一三七頁）。
（13）『徳川禁令考　第五帙』（司法省、一八九四年、一〇〇～一〇一頁）。
（14）本来、官位補任は大峰入峰の回数によって昇進していくものであるが、近世になると一定の官料を納入することで補任状を得る「成功」が慣習化していた（戸川安章『出羽三山と東北修験の研究』名著出版、一九七五年、二九頁）。
（15）田中洋平「近世北関東農村における祈禱寺院経営」（『日本歴史』六八六号、二〇〇五年）。
（16）天明四年「御奉行所森御殿御触書」抜粋（長島喜平編『武蔵国比企郡鎌形村鎌形八幡宮幷本山修験大行院文書集』武州郷土史料第一集、武蔵野郷土史研究会、一九七三年、四六頁）。
（17）藤田定興『近世修験道の地域的展開』（日本宗教民俗学叢書三、岩田書院、一九九六年、三七五頁）。
（18）藤田定興『近世修験道の地域的展開』（日本宗教民俗学叢書三、岩田書院、一九九六年、三八〇頁）。藤田は会津南山

御蔵入領の修験の入峰度数を事例に「多額の費用を要した入峰を、そう何度も行ったとは思われないので、一度から三、四度というあたりが一般的ではなかったかと思う」と述べている。
(19) 五来重編『修験道史料集　[2]西日本編(オンデマンド版)』(名著出版、二〇〇〇年、一八七頁。初版一九八四年)。
(20) 元禄期頃より、先達が発給する補任状に捺印される舒明天皇・役行者・理源大師の三判に対し、本山が税金を掛けたとする(鈴木昭英『修験道教団の形成と展開』法蔵館、二〇〇三年、二一四頁を参照のこと)。
(21) 五来重編『修験道史料集　[2]西日本編(オンデマンド版)』(名著出版、二〇〇〇年、二〇二頁。初版一九八四年)。
(22) なかでも寛保二年(一七四二)、諸国惣触頭鳳閣寺住持俊賢が著した『当山門源起』は、当山派の祖とされる理源大師聖宝が金峰山において修験道の開祖役小角より秘伝を伝授され当山派を起こしたといった当山派の由緒や修験宗としての正統性について記されており、近世当山派修験の体制確立に重要な役割を果たしたとされる(宮家準『修験道辞典』東京堂出版、二〇〇六年、二七三頁)。
(23) 第二部第一章を参照のこと。
(24)「修験宗門改之節、町人百姓同様取扱候ニ付迷惑之段、触頭より申立候儀」(『徳川禁令考　第五帙』司法省、一八九四年、一二〇頁)。
(25) 宮家準『山伏―その行動と組織―』(評論社、一九七三年、二四五頁)。
(26) 宮家準『山伏―その行動と組織―』(評論社、一九七三年、一〇〇～一〇二頁)、および鈴木昭英『修験道教団の形成と展開』(法蔵館、二〇〇三年、二九頁)ほか。
(27) 鈴木昭英『修験道教団の形成と展開』(法蔵館、二〇〇三年、一二一～一二二頁)。
(28) 宮家準『修験道組織の研究』(春秋社、一九九九年、七三三～七三四頁)。

(29)鈴木昭英『修験道教団の形成と展開』(法藏館、二〇〇三年、一二二頁)。
(30)鈴木昭英『修験道教団の形成と展開』(法藏館、二〇〇三年、二一八頁)。
(31)鈴木昭英『修験道教団の形成と展開』(法藏館、二〇〇三年、二一二頁)。
(32)上法家文書。
(33)「街談文々集要」の文化四丁卯年第四「不動尊開扉」によると、この年の二月二一日より幸手宿不動尊が回向院にて開帳を行ったが、その際「右開帳に大護摩と号し、竹矢来の内に火を起こし、山伏大勢火焔の上を素足ニ而渡り、是前代未聞の事とて、見物群集押合…」と多くの見物人が回向院に殺到し、多くの死傷者が出る騒ぎとなったことが記されている(『近世庶民生活史料　街談文々集要』三一書房、一九九三年、八〇頁)。また上法寺喜楽院でも、文久二年、秋田藩領内で麻疹が大流行した際には除病祈禱と称し柴燈護摩を執行し、多くの領民が参集している(本書第二部第二章を参照のこと)。
(34)鈴木昭英『修験道教団の形成と展開』(法藏館、二〇〇三年、二一一頁)。
(35)「当山派修験宗門座階級装束之次第」(『古事類苑　宗教一(宗教部一五)』吉川弘文館、一九一八年、一〇七六頁)。
(36)小野清『史料徳川幕府の制度』(人物往来社、一九六八年、二七七頁)。
(37)「当山派修験宗門座階級装束之次第」(『古事類苑　宗教一(宗教部一五)』吉川弘文館、一九一八年、一〇七六頁)。
(38)月光善弘編『東北霊山と修験道』(名著出版、一九七七年、三五二頁)。
(39)栄神社文書。
(40)栄神社文書。逆峰修行を果たした者のみの官位補任披露の許可および寺跡相続を含む諸事願い出の際に、修験御役所に酒代や土産物料を差し出すという例格について「新規非例之被成方」と抗議した。詳細は第三部第四章を参照のこと。

(41) 上法家文書「得度状」。なお通例では師父である住持が戒師となって後住に得度を授けるが、この時は養父である喜楽院快需ではなく、快晃の実祖父である両学寺永龍が戒師となって得度が授けられている。
(42) 『日本大蔵経(宗典部　修験道章疏三)』(日本大蔵経編纂会、一九一九年、三〇七頁)。
(43) 上法家文書「入峰諸事覚帳」。
(44) 佐藤久治「大峰入峰道中記」解題(五来重編『修験道史料集［1］東日本編(オンデマンド版)』名著出版、二〇〇〇年、六三六頁。初版一九八四年)。
(45) 上法家文書「京都江之書状之写」。
(46) 上法家文書「入峰萬覚帳」。
(47) 上法家文書「道中記」。
(48) 上法家文書「入峰萬覚帳」。
(49) 享保八年一〇月二〇日「覚」に「御領内出家他領江出候節、本寺幷師匠又ハ同宗之請合手形ニ而御闕所出判出シ可申候」とある(『秋田県史　資料編　第三巻　近世編下』秋田県、一九六三年、九四四頁。史料番号一五三〇)。
(50) 喜楽院快需の大峰入峰時には留守居を勤める修験僧が不在のため、快需の義父である喜宝院が勤める旨を修験大頭(両学寺)に届け出る必要があった。史料はその際の文例として快需の兄である両学寺永鐐が記したものである。

口上

拙寺儀、此度大峰修行ニ罷登申度奉存候、依之当四月十三日より来ル八月廿日出国御暇拝領被仰付被下置度奉願上候、其節　醍醐御殿江御目見得仕度奉存候間、寺社御奉行所幷御録所御添翰拝領被仰付被下置度奉願上候、跡留守居之儀喜宝院相頼候間、御用御座候節、同院江被仰付被下置度、右之趣何分宜様ニ被仰上被下度奉存候、以上

嘉永二年閏四月　　両学寺　　上法寺喜楽院

(51) 上法家文書「入峰萬覚帳」。
(52) 佐竹義敦が将軍徳川家治に初謁見したのは宝暦一三年(一七六三)二月藩主就任より五年後のことである。
(53) 大友一雄「近世武家社会の年中行事と人生儀礼―はじめての御目見に注目して―」(『日本歴史』六三〇号、二〇〇〇年)より。大友によれば将軍への謁見は、大名が将軍への奉公が可能であることを示す場であり、将軍への謁見行為が完了しないと藩主として正式には認識されず、年中行事や対外交流も大きく制限されたという。
(54) 上法家文書「江戸御中屋敷ニ而御目見得之時御献上之覚」。
(55) 上法家文書「江戸御中屋敷ニ而御目見得之時御献上之覚」。
(56) 詳細は第三部第四章を参照のこと。
(57) 上法家文書「入峰萬覚帳」。
(58) 糯米と麹、桑の葉を焼酎に漬けて作るとされるが詳細は不明。
(59) 上法家文書「入峰萬覚帳」。「拙僧罷越候節ハ、中城ハ御出之由ニ而、御対談不被成候得共、委細之儀ハ御家来中田勘太夫方江御頼致罷帰候所ニ、先日ハ珍敷桑酒給候由ニ而、御直礼被下候」とある。
(60)「陀羅尼助」とは黄蘗の生皮やセンブリの根を煮詰めて作られた胃腸薬で、主に大峰山山麓の吉野洞川で作られていた。
(61) 伊藤成孝「岡本元朝と家譜編纂事業について」(『秋田県公文書館研究紀要』一三号、二〇〇七年)。なお秋田藩の座格確立過程については幸野義夫「秋田藩における座格と政争」(『秋田地方史の展開』みしま書房、一九九一年)を参照のこと。
(62) 上法家文書「京都江之書状之写」。
(63) 血縁上は快栄・快養は兄弟であり、快栄は快命の伯父にあたる。
(64) 上法家文書「入峰萬覚帳」。
(65) 上法家文書「大峯入峰諸沙汰覚」。
(66) 第三部第四章を参照のこと。
(67) 五来重編『修験道史料集［2］西日本編（オンデマンド版）』（名著出版、二〇〇〇年、一八七〜二〇五頁。初版一九八四年）。
(68) 上法家文書「道中日記」。
(69) 上法家文書「入峰萬覚帳」。
(70) 「峰中艸案記」には、「一螺緒・阿闍梨・大越家・法印。右出世官四、御仲ヨリ御判紙出ル故ニ、御立銀三百目。上座六人ヱ弐百文ツヽ、大仙ヱ二百文、御法頭ヱ金百疋、家司中ヱ二文目宛差出事」とある（五来重『修験道史料集［2］西日本編（オンデマンド版）』名著出版、二〇〇〇年、二〇一頁。初版一九八四年）。
(71) 上法家文書「入峰萬覚帳」。
(72) 入峰修行における装具一式の貸出料のことか。
(73) 吉水院（現在は吉水神社）は、金峰山寺の有力僧坊の一つで、吉野の僧坊組織の中心的存在。吉野一帯の僧堂の管理運営に携わったほか、逆峰修行の際には諸国より集まった修験者の饗応にあたったとされる（宮家準『山伏―その行動と組織―』評論社、一九七三年、一九九〜二〇四頁）。

(74)　栄神社文書「世代由緒纏」。
(75)　上法家文書「御用日記」。
(76)　上法家文書。
(77)　上法家文書「御用日記」。「同十九日醍醐御殿江参殿仕、甲村阿波介殿江御懸御目、格院昇進御取立ニ相成候趣申上候得共、江戸表より未タ御聞届ケ不相成候ニわげ柄有之、江戸御役所より添書差登せ可申様被仰付候ハヽ、右之趣ニ而無拠者御座候」とある。
(78)　上法家文書「御用日記」。
(79)　上法家文書「御用日記」抜粋。

覚

右者雄勝郡大沢村喜楽院より格院別納礼式金五両、醍醐御殿江上納銀饋ニ預り置、追而本寺表へ献納可致候事

御用巡国　御役所代役　東光院

文久三亥年七月五日

羽州秋田　大頭両学寺

同断大塚寺

(80)　これらの村々は、翌文久三年に喜楽院が講元となって結成される無尽講「両徳講」の構員となっている。詳細は第三第二章を参照のこと。
(81)　藤田定興『近世修験道の地域的展開』(日本宗教民俗学叢書二、岩田書院、一九九六年、三九九〜四〇七頁)。
(82)　上法家文書「道中記」。

（83）戸川安章編『出羽三山と東北修験の研究』（山岳宗教史研究叢書　第五巻、名著出版、一九七五年、二九頁）。
（84）第二部第二章を参照のこと。
（85）佐藤久治「大峰入峰道中記」解題（五来重編『修験道史料集　［1］東日本編（オンデマンド版）』二〇〇〇年。初版一九八四年）。

第四章　近世修験の寺跡相続儀礼

はじめに

本章は近世在地修験の寺跡相続に着目し、秋田藩を事例に手続きと儀礼、秋田藩在地修験が置かれていた状況について検討する。

近世期、寺院と地域社会は寺檀関係にもとづき、檀家は菩提寺院の寺院経営に積極的に関わり、寺院も檀家の意向を汲んだ寺院経営を行った。その両者の関係性が顕著にあらわれるのが寺跡相続、すなわち後住選定から住持交代前後のことである。なおこうした関係性は菩提寺院だけのことではない。本章で取り上げる在地修験寺院と霞との間にも同様の関係性を確認できる。しかし修験宗について、これらを詳細に調べ検討したものは少ない。この背景には修験宗が血脈相承を旨としていることにある。すなわち修験寺院の寺跡相続が近世農商家でいうところの家督相続と同様であるため自明のこととして扱われ、相続の前後に何らかの問題が起こらない限り、その経緯や実態が史料として残りにくいのである。

こうしたなか、修験宗の血脈相承についての先行研究として「修験の世襲」に着目した佐藤俊晃(1)と吉田正高(2)の検討がある。特に吉田は町修験の江戸の町鎮守管理者就任について取り上げ、鎮守管理者の就任時に院号が実子（あるいは養子）へと相続・相承されていく様相について分析している。しかし町鎮守管理者は管理業務のために「雇用された」修験者であること、また町修験自体が居住場所を替えることの多い「定着性の希薄」[3]な修験であることから、吉田の成果から家督相続的な寺跡相続をみることは難しい。

このように先行研究では、修験宗の血脈相承、世襲について議論はなされているものの、近世在地修験寺院の寺跡相続を検討しているものは無く、その実態は明らかとなっていない。そこで本章では修験寺院の寺跡相続の実態解明を目的とし、秋田藩領を事例に、在地修験寺院の寺跡相続の意味やその意義、家としての在地修験について見ていく。また秋田藩との関係として寺跡相続の諸手続きや継目儀礼についても具体事例を挙げて検討する。これにより、修験寺院が寺跡相続によって再生産されていく過程と、藩が儀礼を通じて永続性を承認することで、修験寺院を藩秩序の中に組み込んでいく様相を明らかにしたい。

一　寺跡相続の意義と意味

1　修験寺院の寺跡相続

一般的に、寺跡相続は、住持が死亡あるいは病気など、何らかの事情より寺務を果たすことができないと当人または檀家が判断した場合に行われる。寛文五年（一六六五）に出された「条々」（諸宗寺院下知状）によれば、檀家が建立した由緒のある寺院の住持交代は本寺と相談し、檀家が判断することとある[4]。一七世紀以降の末寺の寺跡相続において、後継の決定は住持当人の判断では無く、檀家の意向によって決定し、本寺がそれを任命した。住持決定のイニシアチブは、この寛文期の法を境に檀家へと移行したとされ、圭室文雄は「各宗本山とも末寺の住持任命権はまさに本山の専決であったもので、ここで崩れたことになる」[5]と指摘している。ただし、仏教寺院の中でも、檀家の意向に依らず、代々血脈による寺跡相続が行われていた宗派があった。それは浄土真宗と修験宗である。

慶長一八年（一六一三）の修験道法度により、諸国の修験者らは、本山派・当山派、または羽黒系などに属することを規定され、その統制を受けるようになった。以降、漂泊の宗教者であった修験は、村落民に乞われ病気平癒祈禱などを行うかたわら、村落の鎮守社や堂祠の別当として地域に定着、「里修験（在地修験）」[6]となった。そして地域社会との関係を通じて、自家の家産（寺領・田畑・家屋敷）を持ち、家業（祭祀儀礼）を営みながら、家（寺院）を代々継承していく過程で家意識を持つようになったと言える。

2　在地修験寺院の寺跡相続法

次に修験宗の寺跡相続における定式について確認しておく。修験宗の宗儀では嫡子を附弟とした血脈相承を専らとし、万が一嫡子が幼年のうちに住持が死去した場合は、法脈（袈裟筋）の修験の得度受戒によって寺跡を相続する。また修験寺院に嫡子たる男子が無い場合には俗家信者も附弟とすることが可能であり、この場合には武家・百姓・町人に関わらず、親元との間に示談請人（百姓の場合、庄屋や肝煎が請人となる）を立てて附弟契約を行った後、地域の触頭に相続の許可を願い出る。こうした俗家信者による修験寺院の寺跡相続の事例は全国的に見られるが、多くが息子に家を譲った隠居が、修験宗門に入り在村の修験寺院の寺跡を相続するというものである[7]。しかし秋田藩領、特に雄勝郡・平鹿郡の場合は在家信者による寺跡相続事例は少なく、法類寺院より養子や聟を迎え寺跡相続させることの方が一般的であったようである。

ただし、この養子縁組が時として持参金を目的とした附弟契約を生む場合もあり、当山派よりの条目においてもこのことに言及している記述がある。

〔史料1〕(8)

一後住之儀、子孫或ハ弟子等を以相続之儀有来通たるへし、若子孫弟子等無之節ハ、其所之触頭江相達下知を請へし、若金銀之私欲、又ハ旦家俗家之差図之由ニ而仕方不勝儀有之候ハヽ、過失之上後住従此方可申付、并弟子契約之節ハ其身元を正し、専修験道を学せ、不行跡之儀無之様専要たるへき事

史料は享保七年(一七二二)九月に出された「当山方修験御条目」を抜粋したものである。まず修験寺院に相続人たる子孫や弟子がいない場合は、その地域の触頭に申し出、下知を受けるようにとある。そして私欲または俗家の指図により後住選定に便宜を図るといったことがあった場合には、過失として触頭が後住を選定すること、契約の際には身元のしっかりした弟子を選び、修験道を学ばせ不行跡の無いようにすることとある。

私欲、特に持参金を目的とした婚姻や養子縁組は、一八世紀中頃より武家社会において盛んに行われ、幕府は安永三年(一七七四)養子持参金の禁令を発布した。しかしこの傾向は武家社会のみに留まらず、武陽隠士著『世事見聞録』には「さてまた当時の住職するも内証は売買にて、年齢にも道徳にも拘はらず、その寺の所務の多少によりて直段を定めて譲り引きをするものなり(9)」とあり、仏教界においても金銭を目的とした寺跡相続があったことを示している。

とくに修験寺院は妻帯や血脈相承という特徴的な継承論理を最大限に活かし、宗派集団という枠組みを越えた血縁的紐帯にもとづく社会集団関係を構築していた。このことが在地修験に、由緒的・経済的に上格の寺院との縁戚関係構築を志向させ、寺跡相続を金銭授受の一手段とする風潮を創り出してしまったと言える。

二　修験寺院の寺跡相続―秋田藩領を事例に―

本節では、上法寺喜楽院の上法家文書の寺跡相続関係史料をもとに、具体的な手続きや文書の定式から、在地修験寺院の寺跡相続の様相について検証していく。

具体的な検討に入る前に、まずは上法寺喜楽院の家内について確認しておく。図1は、由緒書などをもとに作成した、近世期の喜楽院の系図である。これを見ていくと、二四代喜楽院快光から二八代快英までは実子による嫡子相続が行われ、以降の快全・快需・快晁は近隣村落の修験寺院よりの養子が、寺跡相続している（ただし快全は寺跡相続前に死去）。彼らの出身寺院について詳しく見ていくと、快全の実家西馬音内前郷村明覚寺（現、羽後町西馬音内の御嶽神社）は、喜楽院と同様、中世以来の由緒を持つ修験寺院であり、代々雄勝郡地域の頭襟頭を勤めていた(10)。頭襟頭は、修験大頭に次ぐ在地修験の統率者で、主な役目は末派修験の継目や諸事願い出の取次や修験大頭との上申下達であり、藩より寺格を認められている地域の有力在地修験が勤める役である。また毎年三月八日には、藩国の安寧や藩主の武運長久を神変大菩薩に祈願する「祖師講」を修験大頭と共に勤めた(11)。

次に、快需・快晁の実家である大谷新町村両学寺も、喜楽院や明覚寺同様、中世以来の由緒を持つ寺院である。特に両学寺は一〇代永鋟の代に滅罪檀家所持の許可を得たほか、修験大頭に就任した。また一二代住持永眉の代には藩主祈禱所となっている(12)。

明覚寺・両学寺そして喜楽院は、いずれも藩より職格を付与された藩内有力の修験寺院であった。また三寺院は雄勝郡・平鹿郡という近隣地域にある。この三寺院が親類関係を結ぶことは、雄勝・平鹿両郡の在地修験にも大きな影

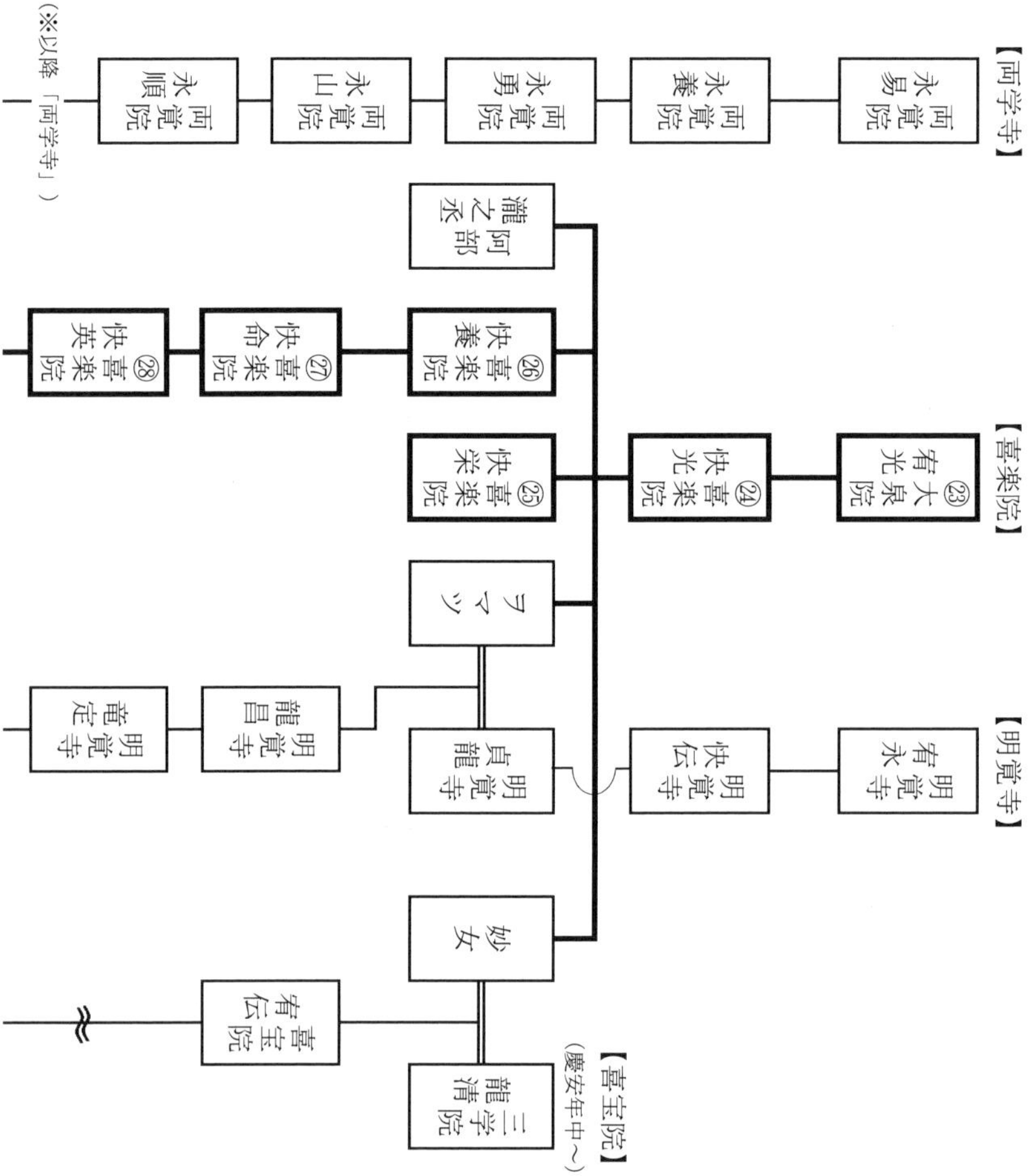
【両学寺】
両覚院 永易
両覚院 永養
両覚院 永勇
両覚院 永山
両覚院 永順
（※以降「両学寺」）
【喜楽院】
㉓大泉院 宥光
㉔喜楽院 快光
㉕喜楽院 快栄
㉖喜楽院 快養
㉗喜楽院 快命
㉘喜楽院 快英
阿部瀧之丞
ワマツ
【明覚寺】
明覚寺 宥永
明覚寺 快伝
明覚寺 貞龍
明覚寺 龍昌
明覚寺 竜定
妙女
【喜宝院】
（慶安年中～）
三学院 龍清
喜宝院 宥伝

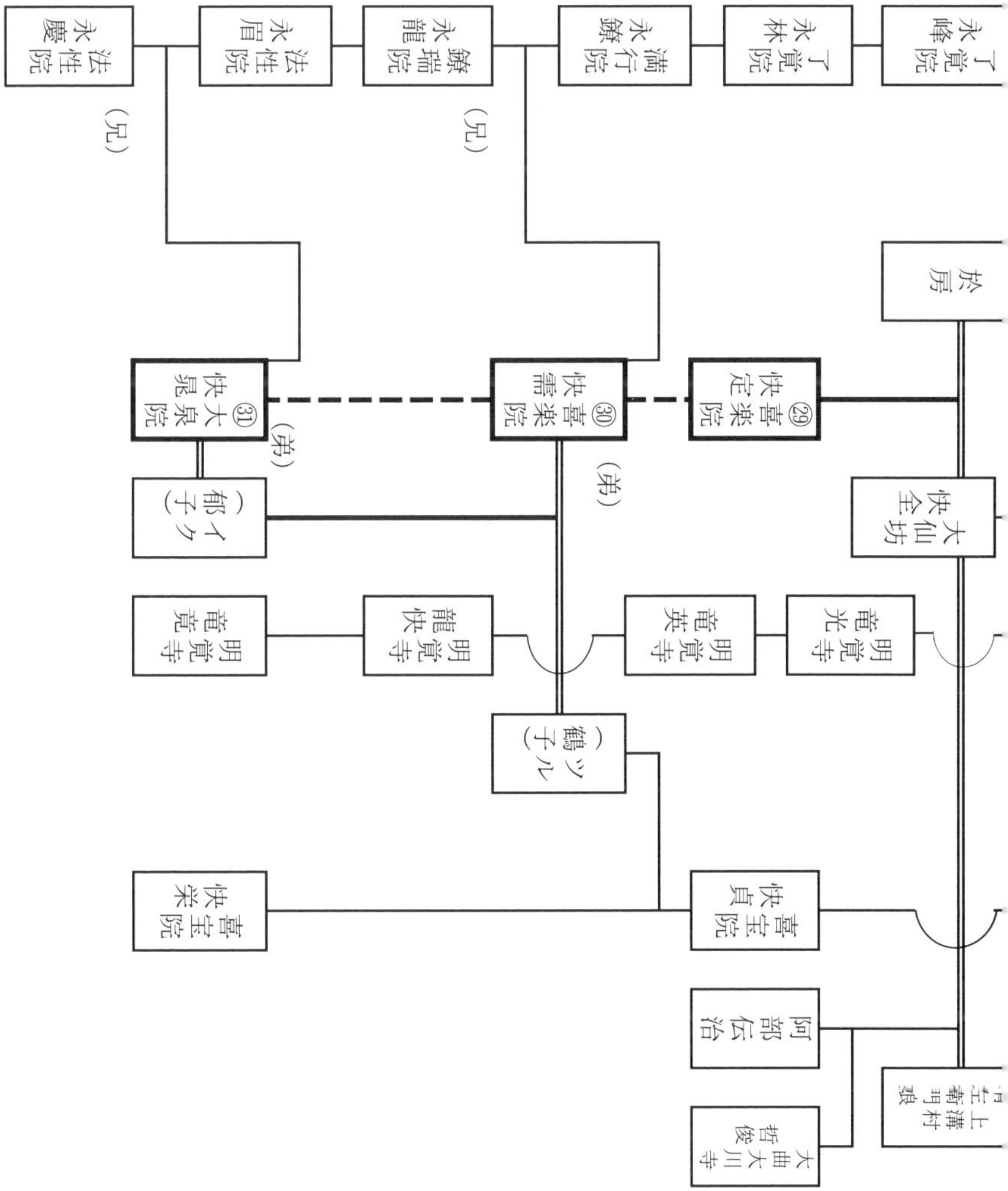

図1　上法寺喜楽院系図（近世）

典拠：出典；上法家文書「明和三年　世代由緒書」、「明治四年　戸籍関係書録」、「辛未九月平鹿郡深井村神社境内反別本数書上帳」、「当寺代々之記（明覚寺）」、宍神社文書「世代由緒書」

響を与えた。実際、弘化四年（一八四七）の喜楽院快定の修験道一派引導を契機に、雄勝・平鹿・仙北三郡の在地修験三六人は、修験大頭となった両学寺の下に結集し、祈禱祭祀や勧進など様々な宗教活動を展開している。この集団は、師弟関係や縁戚関係、婚姻関係など様々な関係が複層しており、血縁集団としての様相を呈していた。秋田藩の在地修験は、同業同士の養子縁組や婚姻を互いの寺院の永続性を図る手段としてだけでなく、関係性を構築または再確認する重要な機会と捉えていたと言える。

1　寺跡相続の手続き

次に寺跡相続の手続きについて見ていく。上法家文書の寺跡相続に関する史料は、文政六年（一八二三）、二八代住持喜楽院快英から二九代快定への継目史料「続目出仕記書抜」（以降、「文政続目出仕記」）と、天保一三年（一八四二）の快定から三〇代快需への継目史料「継目願書覚控江」（以降、「天保継目願書控」）・「続目出仕記」（以降、「天保続目出仕記」）が確認されている。本節では、天保一三年の快定から三〇代快需への継目御礼記録「天保継目願書控」を中心に、寺跡相続の手続きと儀礼、それを媒介とし藩と在地修験寺院との関係について見ていく。

まずは、天保期における上法寺喜楽院の内部構造、すなわち喜楽院の家族構成について確認しておく。

〔史料2〕(13)

覚

院内十三名

住持　喜楽院

女房

四十一歳　実弟
女房
世倅二人
年十五小姓
年三十一下男
同廿八　下男
外ニ
別宅家内
四十一三助
女房
世倅二人
合十二人（ママ）
当高拾三石四斗一合
所務仕申候
右之通ニ御座候、以上
大沢村喜楽院
天保十年亥九月
寺社御奉行処

史料は、天保一〇年「家口書上帳」の抜粋である。当時喜楽院には、住持である喜楽院快定夫妻、快定の異母弟(阿部伝治)家族、小姓と下男二人が寺院内に同居し、寺院の敷地に「別宅家内」として、三助とその家族が居住し、計一三人が喜楽院の一家ということになっている。なお三助という人物が如何なる者か詳細は不明だが、寺院の敷地内に別宅として居住していることを鑑みるに、鎮守社を守りながら喜楽院所有の田畑を耕作し生計を立てるいわゆる「堂守」だったと推察される。

ほかの由緒書[14]を確認してみると、快定は近隣の浅舞村佐藤宇左衛門家より娘を養女に迎えたが、彼女は文政四年に一二歳で病死している。「家口書上帳」にある通り、快定の異母弟(伝治)には二人の倅がいる[15]。快定には、このうちの一人を養子にするという選択肢もあった。しかし天保一一年、快定は同じ平鹿郡内の修験寺院両学寺永鋑の三男快需を養子に迎えて後住とし、二年後に寺跡相続させたのである。なお快需の妻は深井村喜宝院から迎えられた(図1)。喜宝院は、近世初期に快光の弟子にして娘婿である三蔵院龍清が、喜楽院より独立して創建した寺院である。そのため喜楽院は喜宝院を「別家」として認識していた。

近世期の「家」意識について大藤修は、近世農村社会では上層農から小前層まで長男による家相続観念が存在し、観念や形式を重んじる一方で、「家運」の隆盛を実現する上での資質や能力を重視し、あえて血縁者ではない者を相続人に選ぶという現実的志向も存在したと指摘している[16]。喜楽院快定が異母弟(伝治)の子を嫡男(あるいは嫡女)としなかったのは、今後の家の発展を優先したためと考えられる。だからこそ近隣の在地修験寺院の中でも特に修験大頭を勤め、近年藩領内での影響力を強めている両学寺から養子(快需)を迎えたのであり、その妻に親類関係にある喜宝院の娘(ツル)を嫁がせることで、「喜楽院」の血縁的な継続性を確保するという選択をしたと言える。

2　文書的手続き

次に寺跡相続における手続きの実態について順を追って見ていく。寺跡相続は、本山や檀家だけでなく幕府や藩といった世俗権力からも統制を受けていた。この背景には、修験寺院の寺領や霞や職が藩士やその家族への祈禱行為という役に対し付与され、藩によってそれが安堵されていると認識されていたためである。そのため在地修験は、寺院の代替わりや入峰修行による官位昇進などの際には、藩への報告と承認を受けることが必要であり、「披露」として藩重役らに挨拶を行う義務があった。

手続きの第一段階は願書の作成である。なお師父の死去に伴い寺跡を相続する場合は「継目願」、師父の隠居に伴い寺跡を相続する場合は「閑居願」となる。

まずは「継目願」から見ていく。

〔史料3〕[17]

口上

一当所祈願所両学寺事、療養不相叶当五月十四日遷化仕候、仍之寺跡之儀者、後住鋟端院を以無相違被仰付被下置度、惣旦家一同奉願上候

右之趣何分宜様ニ被仰上被下置度偏ニ奉願上候、以上

文政七年

申ノ十月

大屋寺内村肝煎　堀江重蔵(印)

同村長百姓　久左衛門(印)

大屋新町村肝煎　六右衛門(印)

同村長百姓　平右衛門(印)

新藤柳田村
同長百姓　市郎右衛門（印）
外目村肝煎　惣十郎（印）
同長百姓　作兵衛（印）
婦気大堤村肝煎　治助（印）
同長百姓　小右衛門（印）
安田村肝煎　兵助（印）
同長百姓　利兵衛（印）
客殿村肝煎　喜左衛門（印）
同長百姓　九郎右衛門（印）
　　　　　惣右衛門（印）

頭襟頭金剛院

これは文政七年（一八二四）、鋑瑞院永龍（後の両学寺永龍、喜楽院快需の兄）の「継目願」である。内容は、文政七年五月に両学寺一〇代住持永鋑が死去したことを受け、両学寺の霞が永龍の寺跡相続を頭襟頭金剛院に願い出るというものである。願書には両学寺の霞である大屋寺内村以下六ヶ村の肝煎・長百姓の連印がある。また願書の宛は「頭襟頭　金剛院」となっている。このことから文政七年の両学寺の寺跡相続では、頭襟頭が取次となり寺跡相続の手続きが行われたことが分かる。

つづいて「閑居願」について見ていく。

〔史料4〕(18)

乍恐口上

一私事七月八日昼より急病申請、数々相煩、方々いしゃヲ取替養生仕候得共快気不申迷惑仕候、就ハ御三人様以相
談宜　屋敷様へ被仰上、子共常楽ニ跡敷被仰付被下候ハヽ、難有可奉存候

上法寺別当　喜楽院（印）

七月

中川宮内殿内　佐藤徳左衛門殿
福原彦太夫殿内　伊藤弥市右衛門殿
梅津内蔵丞殿内　佐藤六太夫殿
清覚院
覚厳院
大野平右衛門殿
関口五助殿

時代は遡るが、史料は元禄八年（一六九五）、喜楽院一四代快光の「閑居願」である。内容は、七月より急病を発し医者の治療を受けたが回復する見込みが無いため、息子である常楽（喜楽院快栄）に寺跡を譲り、自身は隠居する旨を藩に願い出たものである。この願書の宛先である中川宮内重頼・福原彦太夫資直は、当時の寺社奉行であり、「御三人様」として挙げられている人物のうち、佐藤徳左衛門・伊藤弥市右衛門は、いずれも寺社奉行取次役であると考えられる。加えて宛名には当時の修験大頭である清覚院と覚厳院の名も記されている。なお、喜楽院より出された他の「閑居願」[19]の文言や宛名は近世を通じて同様であり、文章も定式化されている。すなわち代々喜楽院は寺跡相続の承認者である寺社奉行所と修験大頭に直接手続きを行っていたことが分かる。

両学寺の「継目願」と喜楽院の「閑居願」の宛名の違い、すなわち寺跡相続における手続きの違いについて考えられるのは、寺格である。前節でも少し触れたが、秋田藩は「十二社」と言われる中世以来の由緒を持つ寺社、および藩領内の神職を統率する社家大頭と組頭、同じく藩領内の修験を統率する修験大頭に対し、「独礼格」を付与していた。なお「独礼格」の寺社は寺社奉行の直支配とされ、藩主への御目見も許可されていた。由緒書を確認すると、喜楽院は天和年間の段階で雄勝郡の頭襟頭（西馬音内村明覚寺）の支配を抜け、寺社奉行直支配となっている。[20]一方、両学寺の場合は、文化一〇年（一八一三）に永鐐が修験大頭の職を辞し、文政六年の時点で頭襟頭（金剛院）配下に戻っている。[21]なお、両学寺が藩より「修験大頭格」の寺格を付与されるのは天保年間のことであり、永龍の継目願提出時は末派修験と同じ扱いだった。なお永龍の修験大頭就任以降の「閑居願」[22]、および永眉の息子永慶の「継目願」[23]は、すべて寺社奉行所宛となっている。

喜楽院と両学寺の事例から、秋田藩では独礼格である大頭格と頭襟頭格以下の寺院で寺跡相続の手続きが異なっていたことが分かる。

そして「継目願」（あるいは「閑居願」）の後に藩に提出するのが、寺院の家産を後住に譲渡する旨を記した「家産譲渡願」である。

〔史料5〕[24]

口　上

拙僧儀願之通り閑居御暇拝領被仰付被下置難有仕合ニ奉存候、依之寺跡、別当職、霞御印証、御開高御判紙、直々後住大泉房江被仰付被下置度奉願候、右願之通被仰付被下置候ハ難有仕合ニ奉存候、右之趣何分宜敷被仰上被下置度奉存候、以上

天保十三年三月十三日

上法寺方書
名

寺社御奉行所

史料は快定より快需への「家産譲渡願」である。なお場合によっては「閑居願」が「家産譲渡願」を兼ねることもあるが、快需の継目に際しては「閑居願」と「家産譲渡願」が別個に出されている。内容は、閑居にあたり寺跡・別当職・霞御印証・御開高御判紙を後住である快需(当時は大泉坊)に譲渡するというものである。史料は控としてまとめられたものであるため差出人については省略され「名」となっているが、「家産譲渡状」も霞の村の肝煎・長百姓連印の上、霞や寺領を安堵している寺社奉行所宛に出されたものと推察される。(25)

このことから、修験寺院における寺跡相続には、霞の村の肝煎・長百姓の承認が必要であること、また譲渡対象は、①寺跡、②別当職、③霞御印証(＝霞状)、④御判紙の四点であることが分かる。一般的な家督相続の相続対象は、家業・家産・家名の三点であるとされ、特に家名は「襲名慣行」として主に村役人など村落上層農を中心に広く行われた慣行であった。(26)当主より襲名を受けた者は家業や家産を相続するだけでなく家格も継承し、村落内外における信用形成の象徴的事象として捉えられている。しかし、修験寺院の場合は、家名(ここで言えば「喜楽院」)は相続対象として指摘されていない。それは「喜楽院」という呼称が修験者個人の官位(僧位)、「院号」にもとづくものだからであり、院号や寺号といった諸官位は、奈良大峰山での入峰修行によって得るものであった。つまり住持が「喜楽院」を名乗るためには醍醐寺三宝院より院号の官位を得なければならず、それを以って藩そして本山に対する寺跡相続の披露目と解釈できるのである。(27)

以上、秋田藩領における修験寺院の寺跡相続について文書の点から検討した。こうした寺跡相続や家産譲渡という発想は、それまで「漂泊する修行者」であった修験者が、村落に定住し寺院や堂社を家産として継承していくという意識が生まれたことを示しており、「宗教儀礼を生業（家業）とする宗教従事者」へとその存在意義が変容したことにより成立した、近世在地修験寺院の特徴的な事象であると言える。

3　継目御礼

次に、後住を正式に御披露目する「継目御礼」について見ていくこととする。寺社奉行所に閑居願と家産譲渡願を出した後、喜楽院では寺跡相続を藩主や家老に御披露目する「継目御礼（または入院御礼ともいう）」(28)を行う。修験大頭や佐竹転封以前の由緒を持つ霊山や修験寺院は、「一世一度御目見」として藩主への継目御礼が許容されており、独礼格寺院の継目御礼は、この藩主御目見と諸役所への御礼「廻礼」で構成されていた。まず、上法家文書「天保続目出仕記」(29)における快需の継目御礼について検討してみる。

〔史料6〕

一寺社役所より取次役平井清左衛門殿安内ニ而登城、①尤御在国ニ御座候得共十五日御立差詰り候て、御見舞相成兼、御附番御老中打宮帯刀殿御座之間おゐて御目見旧礼之通り相済申候、何角けんやく仕候

一②御目見献上之品なく相済、尤心得違仕往々継目之節焼杉三本入御扇子白臺ニて差上可申候、先代より献上物差上申候、先代より右之訳ニ御座候と可申上、往々おゐて心得可申候

（中略）

一両大頭江右之礼三貫文ツヽ、　三役僧江

二貫文ツヽ、　大頭　増田　円満寺先達
岩木　神王寺先達
一寺社方両奉行所江上酒三升切、取次役上酒弐升切物出ても右同段御座候、何角けんやく致候

天保一三年（一八四二）三月一五日、大泉坊快需は寺社奉行取次役の平井清左衛門の案内にて継目御礼のため登城した。例格ならば、喜楽院は独礼格寺院として藩主御目見が行われる。しかしに史料よれば江戸参府が間近に迫っていることを理由に、藩主佐竹義厚への御目見は叶わなかったとある[30]（傍線部①）。そこで快需は御座之間において藩主名代の家老宇都宮帯刀（孟綱）に「御目見旧礼之通」として継目御礼を果たした。なお、喜楽院の御目見献上品は以前より「焼杉三本入御扇子」となっていたが、この時は「御目見献上之品なく」とあり、扇子を献上しなかったことが分かる。もっとも快需は「心得違」で献上品を持参したようである。史料にある「心得違」が何を指すのかは不明だが、先代快定もそうであったように、継目の節には「焼杉三本入御扇子」を白木の献上台に載せて献上することが喜楽院の定式である旨を心得ておくように子孫に伝えることが、この記載の趣旨であると考えられる（傍線部②）。

次に修験大頭である増田円満寺と岩木神王寺にそれぞれ三貫目ずつ、大頭直属の役僧二人に二貫ずつ御礼として献上している。そして最後に寺社奉行に御目見し酒三升を献上、また閑居願・家産譲渡願の宛である寺社奉行所取次役の三人にも、継目における諸手続きや継目御礼の日程調整などの礼として酒二升を献上し、快需の継目御礼は一通り終了となっている。

さてこの時、実現しなかった藩主への継目御礼は実際如何なるものであるのかについて、「御亀鑑（秋府）」から補足してみる[31]。

〔史料7〕

一右畢而相済候段、寺社奉行和田掃部助最前之席へ罷出申上之、且於御座之間も寺院修験社人等　御下国御歓并入
　院御礼申上候段とも申上之、則　御起座、御座之間へ被為入直々上段御着座
　　但此節　御先立無之
一御家老以下如例相詰
一寺社奉行和田掃部助、東方御のし立際南方隅御柱際江相詰披露勤之、同渋江十兵衛ハ御客口江相詰出方令指図
　但永禅院披露之節斗、和田掃部助二目御敷居之外北方へ相詰
一拾帖一本　二目御敷居之内下より三畳目へ置之　入院御礼男鹿本山　永禅院
　右献上物御客口より大小姓上下持出右之席へ置之、于時同院二目御敷居之内下より二畳目江出席御礼披露和田
　掃部助、畢而同院三畳目南方御障子際江着座、献上もの大小姓引之、于時　御前江御吸物塗木具　御小姓上下
　献之同院江も御吸もの同断出御小姓勤之、御盃捌台御酒錫陶御小姓献之、右御盃御取上ケ御酒被　召上同院へ
　被下之、此節同院四畳目南方へ罷出頂戴之復座、御吸物膳等引之同院退去

史料は、上法寺喜楽院と同じ独礼格の男鹿本山日積寺永禅院の継目御礼について、「御亀鑑(秋府)」の文化六年(一八〇九)八月朔日の記事より抜粋したものである。秋田藩では継目御礼を、年頭御礼や「下国御歓」(七月から八月)などの年中規式の御目見の際に併せて行っていた。この日は、九代藩主佐竹義和の「下国御歓」の御目見が行われ、佐竹氏菩提寺院天徳寺をはじめ、佐竹氏所縁の諸寺院や神官が久保田城に出頭し、藩主に御目見を果たした。なお史料の内容はおおよそ以下の通りである。

御広間にて佐竹氏所縁の諸寺院の御目見に次いで、修験・神職が御下国のお慶びと入院御礼(＝継目御礼)を行う旨を、寺社奉行和田掃部助が御座之間にて藩主に告げ、藩主・御家老らは御広間より御座之間へ移動した。通常、下国

御歓の御目見をはじめ種々の御目見は、宗派ごとに分かれ「惣独礼」の形式で行われるが、永禅院の事例から、継目御礼の時は独礼が許されていたことが見て取れる。

御座之間では寺社奉行和田掃部助が御披露役を勤め、同寺社奉行の渋江十兵衛の指図の下、永禅院が献上品を持参の上、御座之間に入室、藩主に対し御目見の御礼を述べる。次に和田掃部助によって献上品が披露されると、大小姓がこれを受け取り、「御前」すなわち藩主と永禅院に吸物膳が饗される。次に永禅院は御前に進み、藩主より御酒の下賜を受ける。その後、永禅院は復座し、膳と盃を引き退室している。なおこの時に献上された「拾帖一本」とは、奉書紙一〇帖と末広(扇子)を水引で束ねたものを指し、御目見儀礼においてよく用いられる献上品の一つである。(32)

以上が継目御礼の儀礼手順である。一方、末派修験寺院には藩主御目見は行われず、寺社奉行所より承認を受けたのち、諸役所への廻礼をもって新住持の御披露目とされた。しかし継目御礼を含め諸儀礼における藩への献上品や礼物とその諸経費の負担は、末派修験寺院にとってけして軽いものではなかった。

4　御目見儀礼における礼物の問題

最後に廻礼時の礼物から継目御礼の諸経費について見ていく。表1は「文政続目出仕記」と「天保続目出仕記」より、快定と快需がそれぞれ継目御礼を行った際の廻礼相手と礼物について、表にしたものである。廻礼では、寺社奉行(二人)、継目における諸手続きを行った寺社取次役、そして修験大頭(二人)と役僧(三人)にそれぞれ金銭を差し出している。表からは、快定・快需の継目御礼に際し、廻礼相手に変化は見られない。

次に礼物について詳細に見ていくと、快定の継目御礼(文政六年〔一八二三〕)の際には金銭が用いられ、継目御礼における諸経費は金二両二分、銀一七匁六分となっている。また史料には老中や寺社方への御礼に対し「肴見合候」と

表１　継目御礼諸経費

	喜楽院快定	喜楽院快需
日　時	文政６年３月15日	天保13年３月13日
場　所	久保田城内　御座之間	久保田城内　御座之間
藩　主	10代藩主　佐竹義厚	10代藩主　佐竹義厚
御目見（献上品）	藩主名代；家老疋田斎定綱 （献上品；焼杉三本入御扇子）	藩主名代；家老宇都宮孟綱 （献上品；焼杉三本入御扇子）
	寺社両奉行（金３分ずつ） 寺社取次役；桜田六兵衛（金２分） 物書（金２分） 修験大頭；増田円満寺（銀４匁３分） 修験大頭；大舘頂礼寺（銀４匁３分） 三役僧（銀３匁×３名）	寺社両奉行（酒３升） 寺社取次役；平井清左衛門（酒２升） 祐筆（酒２升） 修験大頭；増田円満寺（銭２貫文） 修験大頭；岩木神王寺（銭２貫文） 三役僧（銭３貫文×３名）
備　考	「御留守年」につき藩主御目見なし 老中・寺社方への「肴見合申候」	「十五日御立、差障り」につき藩主 御目見なし

出典；上法家文書「文政六年未三月十三日　続目出仕記」、「天保十三年三月十三日書抜　続目出仕記」

あることから、それまでは規式の献上品の他に肴を付けていたことが窺える。一方、快需の継目御礼（天保一三年〔一八四二〕）においては、藩主への献上品は快定の時と同じものであるが、寺社方へは酒、修験大頭への祝儀は銭へと変化している。なお、快需継目御礼に際する諸経費の総計額は史料には記載されていないが、修験大頭・役僧への祝儀を合計すると少なくとも一三貫文程度になる。

快定・快需の継目御礼諸経費の総額に大きな差は見られない。しかし藩寺社方への御礼において、文政期には肴見合せとあることから、快定以前の礼物には肴も贈与品に含まれていたようである。しかし天保期の礼物は酒に代替されており、明らかに簡素化傾向にある。この傾向に関する具体的記述は見られないが、「文政続目出仕記」の文末に以下のような記述がある。

〔史料８〕(33)

少々振舞も致候而宜候得共、けんやくニ候へハ不苦敷候、此時何角けんやく致候而相済申候、其昔は莫大之事ニ相見得申候、何方前々より書付等も有之候得共、又々書印差置候、後日見合物ニ御座候事、以上つまり、快定継目以前の御礼においては先に挙げた以外の「振舞」も存在し、掛かる費用も莫大であったが、近年の藩政における倹約志向により多少の礼物の見合わせは「不苦敷」ということである。享保七年（一七二二）、幕府は礼物や献上品の縮小など、殿中儀礼の簡素化を指示した(34)。この背景には、幕府の財政状況、幕藩領主による政治的文化行為の見直しがあるとされ、秋田藩でも幕府法に準じ、儀礼の簡素化が進んだとみられる。ところが実態は少々異なっていた。

〔史料9〕(35)

（前略）

一御領内門中、寺跡継目願幷諸願之儀者、直々頭巾頭を以指出候節者、在寺院之分先年より御見舞御酒代ニ不相及、其人直々出府致候節者、御録所御役方江御見舞仕、土産料指上候儀御先例之所、当時者左様ニ無御座、兜巾頭を以、何ノ願指出候而も右願書江御見舞御酒代不指添候得者御取揚無御座、無縁無掠等之輩、寺跡願申上候ニ者、先規より願相済候節者三百五拾銅ニ而御礼一通ニ而相済候所、莫大之物入ニ相成、其外迚も前後物入至極迷惑千万ニ御座候、別而近年来莫大之出銀等も被仰渡、院内相続難相成時節ニ御座候所、新莫大物入被掛置候儀、誠ニ当惑至極ニ御座候、是等迚も新規非例之被成方と奉存候、右者箇条之趣承知仕度奉存候

南覚院

喜見院

（他一六寺院　略）

八月

御録所

御役僧中

史料は、南覚院以下一八人の在地修験が連名で修験御役所に出した願書の一部である。一八ヶ寺院はいずれも城下町久保田に寺院を持つ在地修験である。これによると、藩領内の在地修験の寺跡相続願およびその他の願い出については、頭襟頭を通じて出すこととなっているが、城下町久保田の在地修験については、先年より御見舞として酒代を出すようになったこと、また願い出をする修験本人が久保田に出府した際には、修験御役所にも挨拶に赴き、土産料を差し出すことが先例とされているが、以前はそのような先例は無かったことが述べられている。そして頭襟頭からは、どのような願い出であっても修験御役所に土産物料や酒代を差し出さなければ願い出は受理されないと言われたとされ、以前は無縁無掠の修験寺院が寺跡相続を願い出た場合、三五〇銅あれば御礼を済ませることができたところ、近年では酒代や土産物代といった礼物代が嵩み、至極迷惑していると訴えている。

南覚院らがこの願書を出した本来の目的は、以後大峰入峰のうち「逆峰修行」を果たした在地修験のみ官位補任披露を許可するという、寺社奉行所が出した申達の撤回を求めるものであった。南覚院らはこの申達とともに、全ての願い出の際に頭襟頭・修験御役所に酒代や土産物料を差し出すという例格も「新規非例之被成方」であるとし、改定を求めたのである。

では当該期、実際にどの程度の経費が必要であったのか、二九代快定、および三〇代快霈の継目における経費と霞からの初穂料について見てみる。

〔史料10〕(36)

覚

大沢村郷中

一　金子壱両　　　　肝煎　長太郎
　　　　二井山村郷中
一　鳥目三貫文　　　肝煎　重吉
　　　　矢神村郷中
一　鳥目二貫文　　　肝煎　円兵衛
文化十二年亥四月(37)
右之通旦中より出銭申請、首尾能相済相続被仰付候
一大沢村出銭早速調達相成かね、浅舞村宇左衛門方より借用致候間持参致候、尤秋中郷中より返済致候、二井山村も同断ニ御座候

〔史料11〕(38)

覚

　　　　　　　　　　大沢村郷仲
一　鳥目五貫目　　　肝煎　佐藤長太郎
　　　　　　　　　　二ゐ山村郷仲
一　鳥目三貫目　　　肝煎　市左衛門
　　　　　　　　　　矢神村郷中
一　鳥目二貫目　　　肝煎　円兵衛
右之通り郷中より出銭申請首尾能相済相続被仰付候

一大沢村、二ゐ山村、矢神村、早速調達相成かね、深井村喜宝院方より借用致候而持参致候、尤社中三ヶ村より返済致候、右之書附三ヶ村より請取書附差置申候、其昔者莫大之事ニ相見得申候、何より前々書附等も有之候得共又々書印差置候後々見舞御座候而

史料10は「文政続目出仕記」、史料11は「天保続目出仕記」より、霞よりの初穂に関する記述を抜粋したものである。具体的に継目の諸経費について見てみると、収入としては史料10の快定継目時は大沢村より金一両、二井山村より三貫文、矢神村より二貫文、史料11の快需継目時には、大沢村より五貫文、二井山村より三貫文、矢神村より二貫文の初穂料があり、霞よりの初穂料はだいたい二両程度と決まっていたようである。しかし、快定の時も快需の時も初穂料をすぐには調達できず、文政六年には縁戚関係にあった浅舞村宇左衛門より、天保一三年では喜楽院の別家である平鹿郡深井村喜宝院よりそれぞれ借用し、後日三ヶ村から返済するとある。

一方支出については、表1にもあるように、快定の継目では廻礼の費用のみで寺社方に金二両二分、修験御役所に銀一七匁六分、金子に換算するとおよそ金四両となる。一方、快需の継目では一三貫文、金子に換算すると三両程度となる。つまり継目御礼の費用を初穂料のみで賄うことはできず、残りは喜楽院自身が準備しなければならないということになる。無掠の修験寺院ともなれば、寺跡相続や諸願上にかかる費用負担はけして軽くは無い。

諸儀礼における礼物について岡崎寛徳は、享保七年（一七二二）以降、儀礼自体は簡素化傾向にあったが、付届などについては維持・継続されたとする[39]。この背景には財政難の現実より、付届を渡すことにより物事を円滑に運ぶという実務的事情やその付届を生活の糧としている役人らの意向が優先されたためと言える。秋田藩でも御目見儀礼そのものは簡素化しているが、廻礼時の礼物など付届け的な金銭の遣り取りは天保期以降も維持されていたことが確認できる。寺社方は年始廻勤を義務づけ、また継目御礼の廻礼、諸願上において、礼物が無ければそれらを受理しないと

いう姿勢によって付届の慣例として維持させた。一方、在地修験にとっては差し出さなければ御役所が出願を受理しないなど、後の寺院経営に影響を及ぼしかねず、寺院維持すら困難になるという状況があった。

修験寺院にとって寺跡相続は、寺格を顕示し確認する儀礼である一方で、寺院経営を圧迫させる危険性も孕んでいたのである。

おわりに

本章では、秋田藩領の在地修験寺院の寺跡相続の意味と意義、婚姻や養子縁組を通じた社会的集団の関係性について検討した。また寺跡相続にかかる文書的手続きや御披露目儀礼に着目し、具体的な儀礼とそれに掛かる諸経費について検討した。本章で述べてきたことは以下の通りである。

第一に、在地修験寺院における寺跡相続の意味について検討した。在地修験は寺跡相続を社会集団の結びつきを強める機会と捉えていた。これは近世在地修験寺院が「家」観念をもっており、農商家同様一つの経営体として家(寺院)の永続を志向したためである。しかしこうした観念が、時に持参金など私欲を目的とした婚姻や養子縁組を生じさせた。

第二に、秋田藩における寺跡相続儀礼について事例をあげ検討した。秋田藩領において寺跡相続に必要な文書は、閑居願(または継目願)、家産譲渡願であった。また寺跡相続の相続対象は、寺跡・別当職・霞御印証(＝霞状)・御判紙の四点であり、承認権は寺領と霞を安堵する寺社奉行所にあった。ただし手続きの方法は寺格によって異なり、頭襟頭格以上は寺社奉行に直接申請ができるが、末派修験は頭襟頭が取り次ぎ寺社奉行に申請された。また申請する際には霞や氏子の承認も必要であり、願書には霞の村々の肝煎・長百姓が連印した。

次に藩主御目見儀礼の一つである継目御礼についても明らかにした。修験寺院の継目御礼は、修験大頭や佐竹転封以前の由緒を持つ修験寺院に許された御目見儀礼である。この儀礼は、藩主に対し祈禱効験の期待に応える旨を示す儀礼であるとともに、代替の御披露目、藩内での寺格を確認する儀礼でもあった。通常、宗教者の御目見は宗派ごとに惣礼形式で行われたが、継目御礼は独礼で行われ酒や膳が振る舞われた。しかしこうした儀礼は簡素化傾向にあり、献上品や寺格に応じた殿中作法が藩政状況によって変容していく様子が見られた。

第三に、寺跡相続時の諸経費についてである。秋田藩の在地修験は、寺跡相続をはじめ様々な願い出の際に土産物料や酒代を寺社奉行所(修験御役所)に差し出した。こうした付届は「廻礼」と称され、役所は在地修験に対し、年始廻勤の際や願い出における手続きの際に、挨拶や御礼として献じることを求めた。なお付届は近世後期の儀礼簡素化の風潮の中でも恒常的に行われており、拒否すれば役所は修験の願い出を受理しないこともあった。特に寺跡相続では、役所への付届だけでなく、霞の氏子から祝儀を受けた場合には、相続後に霞の村の肝煎や長百姓、氏子らを寺院に招いて「振舞」を行っていたという事例もある(40)。一連の御披露目行為や付届、振舞といった慣習は、寺院経営を圧迫する一因となっていた。

註

(1)　佐藤俊晃「「世襲」の視点から見る修験寺院と曹洞宗寺院―近世～近代、秋田藩比内地方における事例報告―」(『教化研修』三七号、一九九四年)。

(2)　吉田正高「江戸・東京における町内鎮守管理者としての修験と地域住民―就任、相続、退身の実態を中心に―」(『関東近世史研究』五四号、二〇〇三年）。
（3）宮本袈裟雄『里修験の研究』（岩田書院、二〇一〇年、四五～四六頁。初版一九八四年）。
（4）寛文五年七月一一日「下知状」（『徳川禁令考　第五帙』司法省、一八九四年、三二一頁）。
（5）圭室文雄『日本仏教史　近世』（吉川弘文館、一九八七年、九〇頁）。
（6）宮本袈裟雄『里修験の研究』（岩田書院、二〇一〇年、初版一九八四年）。
（7）在家信者による寺跡相続の事例は各地に存在する。なお事例の多くは寺跡を相続した新住持と村、もしくは前住持の家族との間で寺跡や寺財を巡る出入の記録であり、こうした出入によって在家信者による寺跡相続の実態が分かる。
（8）『徳川禁令考　第五帙』司法省、一八九四年、三二一頁、一〇〇～一〇一頁。
（9）武陽隠士著、本庄栄治郎校訂・奈良本辰也補訂『世事見聞録』（岩波文庫、一九九四年、一三八頁）。
（10）石井忠行「伊頭園茶話」には「西馬音内の明覚寺は永々の兜巾頭なり。有髪にて平生帯刀にし往来せる者なり。故に旦那と唱へしものなり」とある（『新秋田叢書　第七巻』歴史図書社、一九七一年、六二頁）。
（11）本書第一部第二章を参照のこと。
（12）本書第二部第一章を参照のこと。
（13）上法家文書「天保十年亥九月　家口書上帳」。
（14）上法家文書「明治四年ヨリ戸籍関係書録」ほか。
（15）ただし「上法家過去帳」を見ると、伝治の二人の子は娘となっている。
（16）大藤修『近世農民と家・村・国家―生活史・社会史の視座から』（吉川弘文館、一九九六年、二七一頁）。
（17）栄神社文書「口上」。

(18) 上法家文書「乍恐口上」。
(19) 上法家文書「続目出仕記書抜」「継目願書覚控江」ほか。
(20) 上法家文書。

一筆申達候、御手前事、西馬音内明楽院頭襟下ニ而唯今迄被相勤候歟御知行をも拝領被申候事ニ候間、明楽院頭襟下を除、大光院・清覚院支配ニ申付候間、其段可有御心得候、恐々謹言

五月廿八日　梅津藤太（花押）

小野崎大蔵

通貞（花押）

喜楽院

大光院・清覚院の二寺院が修験大頭を勤めていることから、史料が天和年間と推定される（佐藤久治『秋田の山伏修験』秋田真宗研究会、一九七三年、九頁）。

(21) 栄神社文書「世代由緒纏」。
(22) 栄神社文書「口上」。閑居願が家産譲渡願を兼ねている。

拙寺儀老躰病身ニ相成檀務難相勤罷成候間、閑居御拝領被仰付被下度奉願候、猶寺跡相続之儀者、霞場別当職共ニ後住法性院（永眉）江被仰付被下置度依之霞所村々之肝煎幷ニ長百姓連印仕奉願上候、何卒右願之通被仰付被下置候ハヽ、難有仕合ニ奉存候、右之趣何分宜様被仰上被下度奉存候、以上

嘉永三庚戌年九月

平鹿郡大屋新町村
両学寺永龍［印］
同郡同村
肝煎仁左衛門（印）
長百姓儀右衛門（印）
同郡大屋寺内村
肝煎喜左衛門（印）
長百姓堀江平右衛門（印）
同郡新藤柳田村
肝煎六左衛門（印）
長百姓長左衛門（印）
同郡客殿村
肝煎九郎左衛門（印）
長百姓半之丞（印）
同郡安田村
肝煎利兵衛（印）
長百姓文　助（印）
同郡外目村
肝煎甚十郎（印）
長百姓長五郎（印）
同郡婦気大堤村
肝煎小右衛門（印）
同断兵四郎（印）
長百姓五郎右衛門（印）

寺社御奉行所

（23）栄神社文書「口上」。

愚院師父永眉法印儀、当九月中遷化仕候ニ付寺跡幷霞所別当掛共御障も無御座候ハヽ、愚院江被仰附被下置度奉願上候、依之霞所肝煎長百姓加判を以奉願候、何卒願之通被仰付被下置度奉願上候、右之趣宜様被仰上被下度奉存候、以上

元治元年甲子十一月

平鹿郡大屋村別納

両学寺　後住法性院

同郡同村　肝煎平右衛門(印)
長百姓彦右衛門(印)

同郡大屋寺内村　肝煎喜左衛門(印)
長百姓堀江幸蔵(印)

同郡新藤柳田村　肝煎新　吉(印)
長百姓善十郎(印)

同郡客殿村　肝煎九郎左衛門(印)
長百姓喜左衛門(印)

同郡安田村　肝煎利兵衛(印)
長百姓文　助(印)

同郡外目村　肝煎作兵衛(印)
長百姓庄右衛門(印)

同郡婦気大堤村　肝煎文　吉(印)

同　断兵四郎（印）
長百姓五郎右衛門（印）

寺社御奉行所

（24）上法家文書「天保十三年壬寅三月十三日　継目願書覚控江」抜粋。

（25）嘉永三年に出された両学寺永眉の「家産譲渡願」は「閑居願」を兼ねたものだが、霞の村々の肝煎・長百姓の連印がある（前掲註（22））。

（26）長谷部弘「近世日本における「家」の継承と相続―上田藩上塩尻村の蚕種家佐藤嘉平次家の事例から―」（國方敬司・永野由紀子・長谷部弘編『家の存続戦略と婚姻―日本・アジア・ヨーロッパ―』刀水書房、二〇〇九年）、大藤修『近世農民と家・村・国家―生活史・社会史の視座から』（吉川弘文館、一九九六年）ほか。

（27）本論第三部第三章を参照のこと。

（28）継目とは寺跡相続行為そのものを指す言葉であり、継目御礼とは寺跡相続行為許可に対する御目見（御礼）という意味である。しかし幕府見解では「入院規式に基づく寺跡相続儀礼」を指す「入院」が用いられている（『古事類苑　宗教二（宗教部三十）』吉川弘文館、一九二八年、八四九～八五一頁）。近世初期、秋田藩では継目御礼と入院御礼の区別が曖昧で、『国典類抄』に記載されている天和年間の記述では両方が用いられていたが、佐竹義和政権期の「御亀鑑（秋府）」作成にあたり「入院御礼」に統一されたようである。なお本書では寺院の寺跡相続行為とそれに連なる御目見儀礼として捉えることから「継目御礼」と表記している。

（29）上法家文書「天保十三年三月十三日書抜続目出仕記」。

（30）例年、秋田藩は、四月中旬頃に出立する決まりになっていた。

(31)「御亀鑑(秋府)」第七巻(秋田県立公文書館、一九九四年、五一七～五一八頁)。
(32) 西沢淳男「寺社の将軍代替御礼と殿中儀礼」(『日本歴史』五八八号、一九九七年)。
(33) 上法家文書「文政続目出仕記」。
(34) 岡崎寛徳『近世武家社会の儀礼と交際』(校倉書房、二〇〇六年、三七一頁)。
(35) 栄神社文書。なお史料の年代については、史料中に「且去子年御門主様御入峰之節」という一節がある。これは文化元年に行われた三宝院門主高演の門跡入峰を指すと考えられ、この史料が文化年間以降に記されたものであると推定される。
(36) 上法家文書「続目出仕記書抜」。
(37) 当初、喜楽院快英の寺跡を相続するのは聟養子の大泉坊快全となるはずであった。しかし快全は享和三年に四八歳で亡くなり、快英は八〇歳過ぎまで住持を勤め、文化一二年に孫である快定に継目を行おうとした。しかし何らかの理由により継目は行われず、快定が正式に寺跡相続したのは文政六年のことであった。村々からの初穂は当初継目が行われる予定であった文化一二年に納められたものだと考えられる。
(38) 上法家文書「続目出仕記」。
(39) 岡崎寛徳『近世武家社会の儀礼と交際』(校倉書房、二〇〇六年、三七一頁)。
(40) 吉祥院七三代住持快恭の継目御礼の記録に「(文政八年九月)二十七日、夏中継目御礼無滞相済候、為祝儀肝煎、長百姓、御神領高惣百姓、門前並出入方相招、振舞致置候事」とある(『羽後町郷土史(資料第二集)』　羽後町郷土史調査研究会、一九五二年、四一頁)。

終　章　本書の総括と課題

本書は近世秋田藩領を事例に、在地修験と地域社会（藩、村落社会）との関係や在地修験の寺院経営について、旧修験寺院の所蔵史料にもとづき検討した。各章の検討成果と今後の課題について述べていきたい。

一　各章のまとめ

第一部では、秋田藩の宗教統制について、霞運営や殿中儀礼の様相など在地修験の視点から検証した。

第一章では、在地修験の宗教活動範囲である「霞（掠）」に視点を置き、藩の宗教統制の変遷と霞支配の実態、そして霞の入質・売買の状況から在地修験の霞経営と霞の流動性について検討した。

近世初頭の秋田藩では、藩主佐竹氏の庶流である今宮氏が修験・神職の支配を担い、三代に渡り「触頭」として支配・統制にあたった。特に在地修験統制について今宮氏は、冥加金徴収や勧進統制の過程で、触頭を頂点とした新たな宗派組織を構築し一元的に支配した。

その後、今宮氏の失脚により修験と神職の支配機構は分割され、藩寺社奉行のもとそれぞれ修験大頭・社家大頭を頂点とする宗派組織が再編された。なお、本山・本所との交渉を伴う職務は従来「触頭」が担うものだが、秋田藩の場合は触頭職の一部を藩寺社奉行が担うことになった。

寺社奉行による統治体制の確立後、藩が最初に行ったのが霞の安堵であった。藩は宗派に応じ宗教領域を「掠」や「託宣」という名称で区別、またそれぞれの内部も上下で区分するという統治方法をとった。掠や託宣を上下で区別するという法式は、修験道優勢地域である秋田藩特有のものであり、これにより一つの霞を複数の在地修験が保有する「霞の重複」を可能にした。

元文三年(一七三八)、秋田藩はこれまで曖昧であった「上掠」「下掠」という霞職に、新たに「帰依勤方」を加え、領内修験が行う各宗教活動が、これら掠職のどの項目に該当するのかを明確化したが、このことが霞職の物権化を呼び起こし、霞の流動に拍車を掛けることになったと考えられる。特に「下掠」に規定された行為は、神楽や獅子舞番楽などの神事であり、もしその地域に神職がいた場合には競合する可能性が高く、日常的に初穂を得られるかは不確実である。また場合によっては「上掠」と「下掠」の地域が異なる村落になることもあり、在地修験と霞の村との関係性に親疎の差が生じることもあったと推察される。そして規模の小さな霞は経営維持のため売買・入質が繰り返されることになり、霞の流動性は高まることになった。

ただし霞の売買・入質に際しては、霞の氏子らの同意を得ることが不可欠であった。そのため霞の入質相手は、共に入峰修行を果たした「同行」の修験や近隣の在地修験となる場合が多かった。なお霞の売買・入質で機能する同地域の在地修験間の互助関係は、第二部で取り上げる在地修験寺院の集団化傾向、共同祈禱祭祀の開催との関連性が指摘できる。

第二章では、藩が領主権威を背景とした宗派組織を構築していく様相について検証した。

秋田藩の寺社は、除地・縁起・由緒に応じて寺格や社格が付与されたが、特に真言宗や曹洞宗の寺院については、佐竹氏と共に秋田に入部した常陸系の寺院を中心に独礼格が付与され、これら常陸系寺院とその塔頭寺院が、秋田在来の宗教勢力を包摂する形で新しい宗派組織が構築された。

特に本書では、秋田藩の在地修験の年頭御礼規式と宗教政策との関係について宝永・正徳期および安永・寛政期の二期に分けて検討を行った。

宝永・正徳期における藩宗教政策の特徴的な点は、「十二社」の設定である。これは正徳年間の寺社改を通じ、中世以来の由緒を持つ寺社や藩主家との関係が深い寺社を中心に、堂社建立や再建時に助成を行う寺社を定めたものであった。「十二社」に選定された寺社（以降「別格」）は、領国の安寧と藩主の武運長久の祈禱を行うことが期待され、同じ独礼格の中でも殿中儀礼の席次や規式（盃の下賜行為の有無）において優位に扱われた。

寛政年間、秋田藩では九代藩主佐竹義和のもと藩政改革が行われ、その一環として藩の御目見規式および宗教政策にも変化が見られた。宝永・正徳期と、安永・寛政期、各時期の年頭御礼の規式について確認してみると、正徳年間の年頭御礼では定式となっていた別格寺院（吉祥院・永禅院・光飯寺）への盃の下賜行為が、寛政年間には省略されている。また職格寺院（触頭・組頭等）と別格寺院との格差は、席次で優位性を示す程度になっている。さらに藩の宗教政策が明らかに転換したことが分かるのが、別格寺院住持の選定権の掌握である。

通常、仏教寺院の後継者は、檀林や法談所などの各宗派の僧侶養成機関内、あるいは衆徒、末寺寺院の住持から選定される。しかし安永三年（一七七四）、藩は、以後、別格寺院の住持は常陸系の真言宗寺院の檀林から後住を選定するという方針を打ち出した。これに反発した吉祥院快英（晩妙和尚）は、出国しこの一件を本寺御室仁和寺に訴え出た。しかし本寺はこれに応じず、藩も快英を「関所破り」の罪で磔刑に処している。

幕藩領主にとって、領民教化の機能を有する寺社の庇護・統制は重要課題であった。特に藩主佐竹氏は近世初期に当地に転封された領主であり、近世初期の段階は領民からの反発を避けるためにも、在来の宗教勢力やその中核となっている寺社を厚遇する必要があった。しかし時を経て領主権威が安定化すると、在来の宗教勢力を優遇する必要性が減じ、藩主導の宗教統制内に包摂していったと指摘できよう。

こうした藩の宗教政策に対し、在地修験は藩に付与された寺格を特権として捉え、藩主佐竹宗家との由縁を寺院の由緒・縁起として積極的に主張していったことからも窺える。そうした中で在地修験間の関係性は、本末関係や師弟関係といった従来からの上下関係だけでなく、藩より付与された寺格にもとづく序列関係が加わり、さらに複層化していった。

第二部では、本書の中心課題である在地修験と地域社会とくに藩領レベルでの関係性と、在地修験の間で形成された関係性が、寺院経営上の互恵関係から、やがて同じ目的の下に集う宗教者集団へと変化していく過程について考察した。一八世紀以降、関東や東北地域では一部の上層農や豪農商層を除き、民衆は飢饉や疫病などの災害に見舞われるたびに呪術的な宗教儀礼に救いを求め、そうした民衆の希求に呼応するように修験や陰陽師の数は増加していった。秋田藩でも、政情不安による領民の宗教的欲求の高まりを察知した一部の在地修験は、この時期、勧進や祈禱など様々な宗教活動を展開、その過程で宗教者としてのアイデンティティーを自覚し、やがて宗教者集団としての活動を目指すようになり、その存在を誇示していった。

第一章では、滅罪檀家の所持や修験道一派引導の執行を通じ、宗教者アイデンティティーを確立させていく、近世中後期の秋田藩在地修験の様相について取り上げた。

近世期、寺檀制度により修験とその家族は、菩提寺院の檀家となることが定められていた。近世中期になると寺檀制度にも緩和が見られ、修験者の離檀が限定的に認められるようになるものの、家族の離檀については菩提寺院からの強い反発もあって容易ではなく、檀家所持はさらに困難であった。

本書では、寛政一〇年（一七九八）、両学寺永鐐の滅罪檀家所持を求める出訴と、それに対応する藩、宗判寺院である曹洞宗寺院の動きについて検討した。両学寺（および修験大頭）は、曹洞宗寺院からの離檀を求める五郎兵衛一家が、もともと両学寺の檀家であること、また隣領である本荘藩では既に在地修験の滅罪檀家所持が認められていることや代々藩主の葬祭に修験宗として参列していることを挙げ、在地修験の滅罪檀家所持の妥当性を訴えた。一方、曹洞宗の寺院は「修験宗」という宗派そのものを否定、五郎兵衛一家の離檀を前例がないとして批判した。

この問題は解決まで六年の歳月を要し、結局、秋田藩はこれ以上の争論は意味を成さないと判断、五郎兵衛がもともと両学寺の門前百姓であり、この一家を檀家とすることは「新規」の檀家所持では無いということを認め、限定的ではあるがその所持が許された。なお秋田藩において在地修験の離檀、宗門人別帳の別帳化がいつであったのかについては更なる検討を要するが、喜楽院の香典帳類から一八世紀後半には別帳化され、家族も修験道一派引導で弔うことができるようになったと推測される。

次に上法寺喜楽院の事例から、修験道一派引導の執行についてその実態を明らかにした。二九代住持喜楽院快定の一派引導では、当時縁戚関係を結んで間もない両学寺が大導師を務め、近隣の在地修験も執行者として引導儀礼に参加していた。快定の一派引導における葬列は、先に挙げた在地修験と供衆を務める霞の氏子らを合わせると一〇〇人程度に上った。霞にとって引導儀礼の準備や葬列の供衆を務める「テツダイ」が、任意か否かについては現段階では定かではないが、喜楽院快定の一派引導は、在地修験の修験宗としての宗教的自立や、それを支える霞の村々の村勢を地域社会に示すという効果もあったと考えられる。またこの一件は、修験大頭両学寺が近隣在地修験のヘゲモニーを掌握した最初の事例であると位置づけられ、これ以降の在地修験集団の結束の契機と評価できる。

第二章では、文久二年(一八六二)の麻疹流行時の秋田藩領の実相を中心に、当該期の秋田藩の医療政策と領民の疫病観、領民の信仰的欲求とそれを受けた在地修験の動向について検討した。

近世後期の秋田藩領では傷寒・麻疹・暴瀉病などたびたび疫病が発生した。藩は「仁政」の観点から、領内における売薬の統制や医学館を中心とした医療体制の構築を実施、同館を疫病流行時の施薬や治療の拠点とした。ただし医学館が対象としていたのは主に城下町久保田に住む困窮者であり、各村落で実際に治療にあたったのは知識層や上層農であった。村役人を勤めるかたわら村落医療にも携わった菅原源八のような上層農らは、治療の過程で疫病に関する正確な情報を入手し、いち早く呪術的治療の非有効性を認識することとなったが、領民の大半は幕末期に至っても「疫病＝「神の付て廻るもの」」という疫病観を持っており、呪術的な宗教儀礼に救いを求めた。

文久二年七月、上法寺喜楽院は麻疹除病祈禱を執行した。祈禱は柴燈大護摩修行と「痘疹守護之面」を用いた奉面修法であり、三日間で祈願者・参拝者合わせて五万人が訪れたとある。祈願者の内訳について詳細に見ていくと、霞の村落を中心に、横手町や西馬音内周辺地域、そして隣領である矢島藩領と、その範囲は日常的な祭祀の時に比べ広域である。これは疫病という非日常的な事態、迫りくる「死の恐怖」が除病祈禱祭の情報を広範囲に拡散させたためである。特に西馬音内地域は羽州街道沿にある交通の要所であり、また雄物川舟運で財を成した在方商人が多く住む、人や物の往来が多い地域であった。

第一部第一章でも取り上げた通り、秋田藩の在地修験は藩が霞を規定しており、それ以外の地域での宗教行為は原則認められていなかった。喜楽院が西馬音内地域の人々と宗教活動を介した関係を取り結ぶようになったのはこの時が最初であり、除病祈禱祭を契機に霞の外域も視野にいれた寺院経営が展開されていくことになる。その事例が獅子舞番楽の計画と無尽講「両徳講」の結成であった（第三部第二章）。

獅子舞番楽の執行に際し、喜楽院は藩に執行の永免許を願い出た。出された願書によれば、喜楽院の獅子舞番楽は元和年中より代々氏子によって伝承されてきたとあった。しかし管見の限り、喜楽院に獅子舞番楽に関する史料や伝承は見受けられない。このことから本章では、獅子舞番楽は、三〇代住持喜楽院快需が実家である両学寺の獅子舞番楽に倣い、伝統を創出しようとしたものと結論づけた。

除病祈禱祭や両徳講の結成など、喜楽院が霞の外域を視野に入れた新たな寺院経営を展開するようになった背景に、修験大頭両学寺の存在があったことは言うまでも無い。除病祈禱や獅子舞番楽の一件には、救済機能としての役割を果たすことで、在地宗教者としての存在意義を地域社会にアピールしようとする志向と、寺院経営の観点から新たな由緒を創出してでも領民の信仰を確保し続けたいという志向の、二面の宗教的意図がみられるといえよう。

第三章では、近世近代移行期という流動的な政治情勢下で、有力在地宗教者（修験・神職）が身分集団あるいは地域においてヘゲモニーを掌握し、集団化していく様相について検証した。これまで在地宗教者の集団化は、主に幕末期の神職集団の動向に重点が置かれ、国学的思想の広がりと結びつけて検討されてきた。しかし在地宗教者の集団化は必ずしも同質的な動きではなく、各地域の宗教的環境によって違いがある。それを踏まえ本書では、秋田藩の在地修験と在地神職の双方の集団化について検討した。

修験大頭両学寺を中心とした在地修験集団は、近世中後期から様々な宗教活動を展開した。両学寺は滅罪檀家所持や修験道一派引導の執行を通じて、雄勝・平鹿郡地域において次第にその影響力を強め（第二部第一章）、一二代住持両学寺永眉の修験大頭就任以降、活発に活動するようになった。具体的には、藩領国の安寧と五穀豊穣、藩主佐竹氏の家門繁昌・諸願成就を祈願するための長日護摩堂の建立と、雄勝・平鹿・仙北三郡の在地修験寺院三七ヶ寺院共同の柴燈大護摩修行、および大般若経転読修行の執行計画、同じく藩主の武運長久、子孫繁栄を祈願するための一切経蔵建立と、それに向けての勧進計画、そして安政六年（一八五九）に、先代藩主（一一代義堯）の追善と現藩主（一二代義堯）の武運長久や領国の五穀豊穣の祈願する二夜三日の祈禱祭であった。

在地修験の集団化および宗教活動の活発化の発端は、近世中後期に見られる当山・本山両派の「修験宗」確立志向であったと推測される。両学寺が一連の宗教行事を実施した目的は、藩領国の安寧と藩主の武運長久など藩への忠誠を示すことであるが、同時に地域社会のなかで在地修験の宗派的アイデンティティーを確立し、他の宗派集団との差別化をはかる意図もあったと考えられる。だからこそ敢えて実現困難な計画を打ち出し、身分集団また宗教集団として能動的に活動したと言える。

一方、神職集団は、近世初頭の段階で社家大頭（守屋家・大友家）が組織的・イデオロギー的に神職集団を掌握していた。慶応四年（一八六八）四月、庄内討伐軍の派兵に伴い、神職も共同で敵兵降伏と藩主の武運長久を祈願する祭祀を執行している。しかし神職による協同祭祀は組単位でのものに留まり、国学的思想を背景に積極的に行動するという、従来言われてきた幕末期の神職の姿勢とは違い、祈禱行為も軍事訓練も藩命によって展開する受動的な活動であった。

なお両学寺永眉による一連の宗教活動に賛同した雄勝・平鹿・仙北三郡の在地修験集団は、金剛院・明覚寺・大乗寺・大蔵院・妙学寺・青龍院の六人の頭襟頭と各配下修験で構成され、特に集団の中心となったのが金剛院・明覚寺・大乗寺の三人の頭襟頭と配下修験であった。彼らの関係性は、職格による序列関係だけでなく、縁戚や師弟などの血縁、法脈関係が基盤となっている。在地修験集団の性質は、共同の目的や価値で組織を形成するのではなく、親戚関係や師弟関係などといった限定的なカテゴリーでのみ結合するという宗教者集団の特徴を表わしており、同時にこのことが在地修験集団の存在形態を近世的な身分集団に押し留めたとも言える。

第三部では、雄勝郡上法寺喜楽院の寺院経営の具体例から、在地修験と地域社会との関係性について検討した。なお第二部が、藩領レベルでの在地宗教者（修験・神職）と地域社会の関係性について考察したのに対し、第三部では村落社会に主眼を置き、霞の村落民を相手に家業（祈禱行為）に従事する、在地修験の「家」経営の実態解明を主題とした。

第一章では、在地修験の重要な役目の一つである所持堂社の維持・管理について検討した。これまで在地修験の所持堂社に関する検討では、主に修験寺院の経営状況を把握することを目的としていたため、個々の堂社の来歴に着目した検討は少ない。しかし秋田藩在地修験の所持堂社は、修験寺院の家産であると同時に、霞の氏子達にとっては村や一族の由緒を示す氏神や鎮守社であり、村落社会の共同性を確かめあう重要な施設でもあった。言わば在地修験の所持堂社は、当該地域の宗教環境を表わしていると言える。また秋田藩の場合、堂社に付随する所謂「鎮守の森」の樹木（社木）を伐採する際には、必ず「社木拝領願」を出し藩に許可をとる必要があった。本書ではこの「社木拝領願」を分析し、上法寺喜楽院が所持堂社をどのように管理・運営していたのかについて検討した。

上法寺喜楽院では、近世を通じ境内地の本社および末社一二社のほか、霞内の堂社も合わせておおよそ二〇～二五の堂社の別当を勤め、その管理・運営に従事した。特に境内地の堂社については、およそ一〇年から二〇年に一度は建立・修復を行っており、人々の崇敬の篤い堂社ほどその頻度は高かった。また当初は建立が中心であった堂社運営は、享保期頃を境に屋根葺替などの維持管理にその主眼が転換している。この背景には、宝暦・天明・天保の大飢饉や打ち続く凶作があると考えられる。

通常、喜楽院が堂社建立や修復を行う際には、霞の村々からの初穂によって賄われるか(氏子割)、時には氏子自らが講を組んで資金を調達することもあった。しかし、たび重なる凶作によって疲弊している霞から莫大な費用を徴収することは困難である。そこで喜楽院は、嘉永元年(一八四八)中の瀧愛宕堂・観音堂の二社の再建にあたり、これまで行ってこなかった社木の販売を試みた。当初は代金の未払いや過伐採といったトラブルに見舞われていたが、その後も社木の売却は継続しており、経営補助の手段として用いるようになった。

その後、喜楽院は文久二年(一八六二)の除病祈禱を契機に霞外にも寺院経営範囲を広げ、雄勝・平鹿の村々を対象とした無尽講「両徳講」を結成することになる。

第二章では、文久三年から明治二年(一八六九)にかけて行われた無尽講「両徳講」から、幕末期の雄勝・平鹿郡の地域経済状況と喜楽院の寺院経営の展開について論じた。

文久三年、獅子舞番楽の永免許を得られなかった喜楽院は、同年六月に「痘疹守護之面」、同年八月に愛宕権現の開帳を行っている(第二部第二章)。なお二つの開帳の目的は、前年に引き続き「除病除災のため」となっているが、実際には本社(金峰権現堂)の再建費用の調達も視野に入れての開帳であったと推測される。これまで喜楽院は、堂社の建立・再建費用は霞の村々への「氏子割」で賄ってきた(第三部第一章)。しかし除病祈禱の成功を受け、喜楽院の寺院経営は、霞外の地域社会へと対象が広がった。開帳も「両徳講」も、この寺院経営展開の一環として位置づけられる。

喜楽院の「両徳講」は本社再建費用の調達を目的に掲げ結成された。しかしこの講は一般的な寺社講とは違い、営利性の強い講であった。そのことは、一人前の掛金が銭五貫から九貫、金一両から二両という高額であったことからも窺える。しかし掛金の複数人による分割納入ができる仕組みを構築し、多くの領民が参加できるように設定してあった。

当初、両徳講は喜楽院と地縁関係にある平鹿郡の村々が講員となり、在寺村落である大沢村肝煎佐野吉左衛門が「世話方」の枠を越えた働きを見せたが、そのことが講の仕法の「甘さ」を露呈させることとなった。こうした状況を改善すべく、喜楽院は新たに地域の富裕層であった塩田団平・小西喜久治の両人を両徳講の蔵本とし、講の安定運営を図った。この講の安定化は、より多くの領民の講参加に繋がり、両徳講員は雄勝・平鹿両郡に広がった。

第二回講会以降、両徳講には雄勝・平鹿の二七ヶ村以上、一五三人が講員となった。講員の中心は喜楽院の霞と喜楽院と地縁関係にある村々であり、彼らは「世話方」のもと村単位で講に参加していた。また講員の中でも特に注目すべきが、雄物川下流域、西馬音内地域の村々の参加者である。当該期、西馬音内は雄物川舟運を背景に地域経済を牽引していた場所であった。

両徳講の事例は、地域経済の状況を寺院経営方針に取り込むことで、講運営の円滑化ひいては本来の目的である堂社再建費用の捻出につなげようとする、喜楽院の寺院経営の新展開が見られると評価できよう。

第三章では、近世在地修験の身分保障の条件である大峰入峰について、主に旅の準備や手続きや官位補任披露など、大峰入峰前後の在地修験の動向を焦点に論じた。

近世初期より修験道界では、諸国の末派修験の入峰怠慢が問題となっていた。特に当山派の場合、入峰怠慢による冥加金不足を補おうと、三宝院門跡が大峰入峰を伴わない「居官補任」を発行したことにより門跡と正大先達が衝突、入峰怠慢傾向に拍車を掛けていた。しかし有力な在地修験の中には、正規の官位補任と「居官補任」の両方を取得する者も現れるようになった。秋田藩の在地修験上法寺喜楽院もそうした在地修験寺院の一つであった。喜楽院は、寺格維持に必要となる院号を通常の正大先達より、「出世官四」と称される上位官位を「居官補任」でそれぞれ取得するという方法を採り、近世を通じて三宝院門跡と正大先達それぞれと良好な関係を維持した。

次に大峰入峰の実態について、入峰前後の在地修験の動向と大峰入峰に掛かる諸経費から検証した。秋田藩領より大峰入峰に赴く場合、その諸費用はおおよそ往復二〇両前後とされており、これに官位補任料（官金）、役僧らへの酒代、土産物料などが加わるとその額は莫大であった。しかし近世修験にとって大峰入峰は、正規の宗教者としての身分保障を受けるための必要条件であり、加えて寺格や寺領（除地）を持つ者にとっては、それらを維持するためにも不可欠な行事であった。そのため在地修験は、霞の村々や崇敬者より金銭的な助成を受けながら一生に一度の大行事として大峰入峰に臨んだ。

しかし在地修験にとって大峰入峰は欠点ばかりではなかった。例えば、大峰入峰は普段出会うことの無い全国各地の袈裟筋修験と交流できる絶好の機会であり、ここで人脈を形成することで、各地から寺院経営上必要な情報を収集するためのネットワークの構築に役立つという利点があった。また当山派の「本山」である醍醐寺三宝院に参殿するという機会を利用し、時には住持の代理として寺院経営に関わる様々な交渉を担うこともあった。寺院経営を担う前の準備期間である後住の時期に大峰入峰をすることは、寺院経営の観点からも重要であったと言えよう。

一方、霞にとっても、在地修験が大峰入峰に赴く際には、初穂や餞別を納めなければならず、経済的な負担は軽くは無かった。しかし霞の村々は、在地修験の大峰入峰を必ずしも否定的に捉えておらず、在地修験個人の課題ではなく、霞全体の課題であると認識していた。加えて、霞は大峰入峰によって在地修験が得ることになる寺格や効験、人脈、情報や知識が、必ず地域に還元されるということを理解していた。そのため霞は在地修験の大峰入峰に協力的であり、金銭面でも積極的に支援した。

そのことは、宝暦一〇年（一七六〇）の二七代住持快命が大峰入峰に赴くに際し、大沢村肝煎の佐藤長太郎から定宿に対して事前に金銭の都合を依頼しておいたことや、文久二年の大泉院快晃の大峰入峰の際に、霞村の肝煎と長百姓が食事を振る舞い、揃って番所まで見送りに赴いていることからも明らかであろう。

続いて喜楽院二七代快命の入峰修行記を中心に、秋田藩における大峰入峰前後の準備や手続き、官位御披露目の廻礼について検討した。出国前に行われる暇乞受理の廻礼は、年頭御礼や寺跡相続の際に行われる廻礼とは異なり、大峰大護摩祈禱の祈禱依頼と初穂や祝儀を受けることが目的であった（第二部第四章）。喜楽院の廻礼相手は代々家老や御相手番など廻座格の藩の重役らであったが、こうした藩重役との関係は、廻礼の時だけの関係ではなく、折々の贈物や祈禱行為など日常的な交流によるものであった。

一方、大峰入峰後の官位補任披露と廻礼は、藩主および、出国暇乞受理の廻礼で大峰大護摩祈禱の祈禱依頼と初穂や祝儀を受けた藩重役に対して行われた。しかしこの儀礼は、宝暦期を境に縮小傾向にあり、文政期以降は儀礼そのものが省略化されていったと推測される。

第四章では、修験寺院の寺跡相続の意味と意義、婚姻や養子縁組を通じた社会集団形成について考察した。

既述の通り近世期の在地修験寺院は、霞や地域社会において家業（祈禱行為）に従事する、いわば在地修験「家」であった。そのため修験寺院の寺跡相続も一般的な農商家と同様、家産を継承する「家督相続」と同義であった。ただし農商家の「家督相続」と異なるのは、家産を継承しても大峰入峰を果たしていない限り、修験としての名称（「○○院」「○○寺」）を正式に使用することができないということ、また後住の選定は、霞や檀家（もしくは在寺村落）の同意を得る必要があるということであった。つまり秋田藩の在地修験寺院は、「家」としての独立した経営体を有しながらも、家長である住職は、霞や什物の売買、堂社管理、寺跡相続など、寺院経営を左右する事項を独断できないという、菩提寺院と類似する要素を有していたことが明らかとなった。

また秋田藩領の修験寺院の場合、住持の任免は寺社奉行が行っていた。藩寺社奉行より(末派修験の場合は頭襟頭を通じて)住持交替の許可が下りると、在地修験は秋田藩庁のある久保田に赴き、修験御役所で「廻礼」を行うことを慣例としていた。大峰入峰の部分でも触れた通り、「廻礼」とは年始廻勤、寺跡相続、官位補任披露等など、藩に対し様々な願い出を行う際、事務的な手続きを行う役所の役僧達への礼として、土産物料や酒代を納める慣習のことである。こうした付届的な慣習は近世中後期以降、寺院経営を破綻させかねないとして藩内の在地修験が出訴したが、修験御役所が付届の無い場合には願い出を受理しないという姿勢を取ることもあり、結局恒常的に続けられた。

一方、独礼格寺院の寺跡相続の場合では、藩主御目見(継目御礼)が行われた。これは武家同様、幕藩領主との主従関係を再構築する意味合いを持つ儀礼であった。この儀礼も他の殿中儀礼と同様、藩政状況によって在り方や定式が変容し、近世中期以降は席次や献上物の内容などに簡素化が見られた。しかし大峰入峰後の官位補任披露が次第に簡素化・省略化されていったのに対し、継目御礼については定式に多少の変更は見られるものの、近世を通じ独礼が行われている。

既存の宗教勢力を抑えて幕藩権威にもとづく宗派組織を完成させた藩にとっては(第一部第二章)、在地修験の個人的な官位補任よりも、寺院の永続性と幕藩領主との主従関係を確認する寺跡相続の方が、儀礼として重要であったのだろう。藩の政策的意図によって寺跡相続儀礼は近世を通じ維持された。また在地修験の側も、次第に官位補任より寺跡相続を重視するようになっていった。それは在地修験寺院が「家」観念を持つ経営体としての性格を強めていくプロセスと重なるものと評価できよう。

二　課題と展望

以上、近世在地修験と地域社会との関係について、在地宗教者が藩や地域社会で果たしてきた役割、そして近世後期、様々な宗教活動を通じて在地宗教者が宗教者アイデンティティーを認識していく過程について「修験道優勢地域」である秋田藩領を事例に論じた。

具体的には、同藩の在地修験寺院、上法寺喜楽院、および吉祥山両学寺の所蔵史料分析を通じ、これまで自明の前提として充分に検討されてこなかった秋田藩の宗教政策、また修験大頭を頂点とした藩修験道組織の実態について実証的に検討した。また地域社会（藩領レベルおよび村落社会レベル）での在地修験の位置付けを意識しつつ、在地修験の宗教生活や寺院経営について解明した。

最後に各章の検討成果をふまえ、序章で提起した課題と今後の展望について述べていきたい。

第一に、民間宗教者のイデオロギーをいかに明らかにするかという点である。

本書では在地修験に主眼を置き、一八世紀以降、治安維持の観点から宗教者統制が強化されていくなかで、在地修験が宗派としての差別化・集団化を図ることによって宗教者アイデンティティーを確立するとともに、様々な儀礼（一派引導や除病祈禱、藩領国安寧のための祈禱など）を通じて、地域社会での自身の存在意義を見出そうとする様相を明らかにした。

近年、近世宗教史研究において所蔵書籍の特徴や意義などから民間宗教者のイデオロギーに迫るという研究手法(1)が注目されていることは序章でも述べた通りである。しかし、廃仏毀釈の影響や、その後の修験道に対する宗教的認識の低さといった、様々な史料的制約があり、宗教的理念やイデオロギーについて明文化されたものを見出すことができない場合もある。その場合には宗教者の行動に着目し、近隣民衆への教説や展開した宗教活動から類推せざるを得ない。本書の事例から言えば、秋田藩の両学寺永鐐が展開した滅罪檀家所持運動の事例がそれであり、運動の背景にあったのは、同地域における修験道の宗派的自立と藩領における宗派の社会的地位の向上であろう。

こうした祈禱系宗教者が宗派的自立を志向する様相について、よく例に挙げられるのが同時期に展開された神葬祭運動がある。一般的に、近世中期以降、各地で神葬祭運動が展開されたのは、幕府の寺檀制度に対する憤り、「排仏論」的な要素が含まれていたとされている。しかし寛政年間に遠江国引佐郡神宮寺村八幡宮の神職山本家(山本筑前)が展開した神葬祭運動について澤博勝は、山本筑前の行動(=神葬祭運動)はあくまで「家」の再興と地域社会における自己の社会的立場確立のためであり、神葬祭を執行するための第一条件が宗判寺院からの離檀であったと指摘している。[2] こうしてみると山本筑前の思考・行動は、両学寺永鐐のそれと共通しており、両者の行動はイデオロギー的というよりは、あくまで「家」の経営を優先する現実的なものであった。なおこうした傾向は、幕末期における両学寺永眉と神職守屋造酒進の行動理念にも言えることである。

これまで幕末期における在地神職の諸活動においては、国学的思想の隆盛・展開が大きな役割を果たしたとされてきた。しかし秋田藩の事例でみれば、神職守屋造酒進の率先的な軍事行動の理由は、養父守屋左源司の復職と家名の復興が目的であったし、両学寺永眉と三六人の在地修験に至っては、修験宗の宗派的自立を志向したものなのか、あくまで藩の身分集団としての役務(=祈禱行為)を遂行したに過ぎないのか、あるいは藩の軍事政策(僧侶・神職部隊の編制)への抵抗なのか、いくつかの外的要因は考えられるが、その行動理念は不明確である。なお永眉の行動は、秋田藩内における修験大頭の位置づけという点にも関わってくる。

近世後期に至ると条件が緩和される傾向にあるものの、基本的に修験大頭は、①各地域の代表である一四人の頭襟頭職から二人選出される、②二、三年の年限制、③連続して同じ寺院からは選出しない、というのが原則であったと考えられる。両学寺のように三代にわたり修験大頭を勤めた修験寺院ならば、ある程度イニシアチブを発揮することも可能といえるが、二年〜三年という短い任期の間で、果たして修験大頭は藩領内の在地修験に対し統制力を発揮し得たのか、修験大頭の役務を含め改めて考察する必要があろう。しかし、これまで宗義の脆弱性により十分な分析がなされてこなかった在地修験の宗教的活動やその理念について、宗派的自立や社会的地位の向上といった思考があったということを事例から解明できたことは、近世在地修験研究における一定の成果として位置づけられると考えている。

第二に、他宗派寺院および在地神職との関係性という点についてである。

本書では第一部第一章において、在地神職と在地修験が、執行する宗教儀礼をめぐり競合関係にあったこと、そして第二部第二章において、両学寺の滅罪檀家所持を巡り、宗判を担う曹洞宗寺院と対立することがあったことを取り上げた。実際、近年各地域で進められている在地修験の実態研究においても、在地修験と在地神職、そして菩提寺院は、たびたび霞や葬祭執行の在り方をめぐり競合する関係にあったとされている。しかしこうした評価は、様々な宗教施設・宗教者が共存している近世の宗教的景観においては、あまりに一面的な見方であると言わざるを得ない。

例えば秋田藩の場合、藩領には曹洞宗寺院が二五一、修験寺院が三九一[3]あり、各地域で競合状態にあった。本書で取り上げた喜楽院の在寺村落、雄勝郡大沢村にも宗判を担っていた曹洞宗寺院松雲寺があり、両学寺のある大屋新町村にも曹洞宗正伝寺や一向宗光徳寺など他宗派寺院が存立していた。もし従来言われている通り、在地修験寺院と菩提寺院が競合関係にあるならば、離檀や葬祭などをめぐり多くの争論が起きるはずである。

しかし本書で分析した両学寺の滅罪檀家所持運動以外、両学寺・喜楽院ともに近隣の曹洞宗寺院や在地神職との間で争論が行われたことを窺わせるような史料は管見の限り見当たらない。また滅罪檀家を所持した両学寺が、曹洞宗寺院より妨害行為を受けたといった様子も見受けられない。さらに、本書ではあまり触れなかったが、喜楽院二九代住持快定の異母弟は曹洞宗に得度しており、大曲村(現在の大仙市)の曹洞宗寺院長延山大川寺の二七世住持大川哲俊となっている。このことは、在地修験寺院と菩提寺院の関係性について考える上で注目すべきことだろう。無論、宗派組織的には、宗教身分集団として時に互いに譲れない部分もあったことは事実だろう。しかし少なくとも地域社会において在地修験寺院と菩提寺院は、必ずしも対立し合う存在ではなく、むしろ互いの宗教活動の範囲を認識し、共存・共栄を図っていたと理解できよう。

そして第三に、近世在地修験史料分析の方法論についてである。

再三述べている通り、近世在地修験は、藩や地域社会、法類関係、本山など様々な要素が絡み合って構成された関係性の中で存在しており、その様相は地域によって多種多様である。また入峰修行をはじめとする宗教活動や学問・和歌といった文化活動を通じ、藩領域を越える知的ネットワークを形成している場合もある。そのため史料群の構成も住持個人に関する史料(書簡類、購入した刊本等)などから、日記や各種願書など寺院経営に関わるもの、藩政史料や地方文書など身分や地域社会に関わるもの、祈禱祭文、教養書の類も含まれ、その内容は多岐にわたる。このことが近世在地修験研究を重出立証法的な分析に留まらせる一因となっていることは序章でも述べた通りである。

そこで本書では、寺院経営史に加え、地域社会史的観点から在地修験を捉えることで、地域社会全体の宗教構造を明らかにすることを目標とした。地域史を正しく捉えるためには、その地域の信仰状況を含む宗教史と地域史、両方の視点から分析する必要がある。

そうした研究視点にもとづき、在地修験を検証した本書は、史料群の分析手法の提示という点も含め一定の道筋をつけることができたと考えている。しかし民間信仰や伝統芸能など民俗学による成果を取り入れるという点については、十分な分析ができなかった。この点については秋田藩領の宗教的景観を捉える上でも重要であり、今後の課題としたい。

註

（1）長谷部八朗・佐藤俊晃編著『般若院英泉の思想と行動―秋田「内館文庫」資料にみる近世修験の世界―』（岩田書院、二〇一四年）、または久野俊彦「龍蔵院聖典籍の概要」（同編『修験龍蔵院聖典籍文書目録』国立歴史民俗博物館、二〇一〇年、五～一一頁）ほか。

（2）澤博勝「近世後期～幕末期の地域社会と宗教」（『日本の仏教④　近世・近代と仏教』法蔵館、一九九五年、一九九頁）。

（3）「領内神社寺院修験等調」（橋本宗彦『秋田沿革史大成　下巻』加賀屋書店、一九七三年、八〇九～八三七頁）。

初出一覧

序　章　新稿

第一部

第一章「霞からみる秋田藩の宗教者統制」新稿

第二章「殿中儀礼にみる宗教者統制」新稿

第二部

第一章「近世在地修験の滅罪檀家所持と一派引導」（『白山史学』第四七号、二〇一一年刊行）本書収録にあたり加筆修正。

第二章「在地修験寺院と「除病祈禱」」（『地方史研究』三七九号（第六六巻第一号）、二〇一六年二月刊行）

本書収録にあたり改題。

第三章「幕末期の在地宗教者の活動と集団化」新稿

第三部

第一章「在地修験の堂社経営」（『白山史学』第四五号、二〇〇九年刊行）本書収録にあたり改題および加筆修正。

第二章「上法寺喜楽院の「両徳講」をめぐって」新稿

第三章「在地修験の大峰入峰における手続きと諸儀礼」新稿

第四章「近世修験の寺跡相続儀礼」（『白山史学』第四九号、二〇一三年刊行）本書収録にあたり加筆修正。

終　章　新稿

本書は、平成二九年度 井上円了記念研究助成（刊行の助成）を受けて刊行したものである。

あとがき

本書は、東洋大学に提出した学位論文「近世在地修験と地域社会―秋田藩を事例に―」に修正、補筆を行ったものである。御多忙のなか、博士論文を審査して下さった白川部達夫先生・神田千里先生・岩下哲典先生・上野大輔先生をはじめ、論文作成に際しご助言をくださった諸先生・諸先輩方には、心より御礼を申し上げたい。

私が在地修験研究に取り組むことになったのは、武蔵大学の卒業論文執筆に依る。私の父方の家系は、秋田藩において「法全院」と名乗る在地修験であった。私が「在地修験」という存在を強く意識するようになったのもこのためであり、「自分のルーツは何か」「秋田の地でどのような暮らしをしていたのか」という、先祖への興味からであった。また自然崇拝を旨とする日本人の宗教観、農事暦にもとづく村落の祭礼などに興味・関心があったということも、在地修験研究を志すきっかけになった。

大学三年生の夏、私は父や伯父を通じ、従兄弟叔父にあたる上法快晴氏に、所蔵史料（上法家文書）を調査させて欲しいとお願いした。しかし、それまで近世文書を読んだ経験がほとんど無く、また修験道独特の用語などが多々含まれる文書もあって、研究はすぐに行き詰ってしまった。そのような折、武蔵大学に非常勤講師として勤務されていた山田邦明先生に事情を話しご指導をお願いしたところ、幸運にも快くお引き受け下さり、古文書解読から卒論作成まで一対一でご指導を賜り、どうにか卒業論文を完成させることができた。勤務時間外にも拘わらず細部まで丁寧にご指導下さった山田邦明先生には、心より感謝を申し上げたい。

その後、私は卒業論文を執筆する過程で生じた新たな疑問、そしてより地域史的な視点から在地修験寺院を検討し、研究を深化させたいという思いから東洋大学大学院へ進学した。大学院では博士前期・後期にわたって白川部達夫先生に師事し、史料調査の進め方から歴史学研究の方法まで一からご教示いただいた。また様々な研究活動を通じ、史料や文献への向き合い方、研究者としての姿勢など、数多くの事を学ばせていただいた。この時に得た知識や経験は、今日研究活動をする上での私の基本姿勢となっている。時に厳しく、時に寛大に私の研究の進捗を見守り、辛抱強く背中を押して下さった白川部先生には、改めて深く感謝の意を表したい。

またこれまでに研究報告の機会を与えて下さった地方史研究協議会・関東近世史研究会・白山史学会の関係者各位にも御礼を申し上げる。

特に卒業論文執筆から今日に至るまで本研究を続けるにあたり、所蔵史料の閲覧・公開を快諾して下さった金峰神社（秋田県横手市）宮司の上法快晴氏、総鎮守栄神社（秋田県横手市）宮司の神原義征氏の両氏に心より御礼を申し上げたい。上法氏・神原氏両氏のご理解とご協力が無ければ、私の研究は到底なしえなかったと言っても過言ではない。

なお本書刊行にあたっては、校正作業の大遅延により多大なご迷惑をおかけしたが、そうした中でも丁寧に通読いただき、細かくご指示下さった、岩田書院の岩田博氏に深く感謝申し上げる。また本書の刊行および研究活動にあたっては多くの方々の力添えをたまわった。紙幅の都合上、御名前を列記することはできないが、この場を借りて御礼申し上げる。

二〇一一年三月一一日の東日本大震災以降、宗教（宗教者・宗教施設）が地域社会で果たすべき役割について再考し、宗派を越えて模索する動きがある。これは近年の、寺院の檀家数減少に対する取り組みの一つと言えよう。近世在地修験研究は道半ばであり、未だ明らかにできていない点、検討すべき課題が残されている。また諸先生方より頂いたご指摘に対し、充分に応えられていない点もあるかと思う。しかし今回、書籍刊行の機会を頂さ、十数年の研究成果

として まずは上梓することが第一と自らを奮い立たせ、本書が成った次第である。そして願わくば本書が、地域社会と宗教の関係という現代にも繋がる問題について考える手掛かりになればという思っている。

最後に、高校生の時にこの道を志し、「初志貫徹」しなければ気が済まないという厄介な娘の性分を理解し、心身ともに支えてくれている両親に深い感謝の意を込めて、本書を贈りたいと思う。

二〇一八年二月

松野　聡子

著者紹介

松野 聡子（まつの・さとこ）

1982年　埼玉県生まれ
2005年　武蔵大学人文学部日本文化学科卒業
2015年　東洋大学大学院文学研究科史学専攻博士後期課程 単位取得満期退学
2017年　博士（文学・東洋大学）
現在　東洋大学非常勤講師

主な論文
「在地修験寺院と「除病祈祷」—文久期の秋田藩を事例に—」
（『地方史研究』379号（第66巻第１号）、2016年）
「近世修験の寺跡相続儀礼—秋田藩領を事例に—」
（『白山史学』第49号、2013年）

近世在《ざい》地《ち》修験《しゅげん》と地域社会 —秋田藩を事例に—　近世史研究叢書49

2018年（平成30年）２月　第１刷　400部発行　定価［本体7900円＋税］
著　者　松野 聡子

発行所　有限会社岩田書院　代表：岩田　博　http://www.iwata-shoin.co.jp
〒157-0062 東京都世田谷区南烏山4-25-6-103　電話03-3326-3757　FAX03-3326-6788
組版・印刷・製本：熊谷印刷

ISBN978-4-86602-029-7 C3321　￥7900E

近世史研究叢書

04	西沢　淳男	幕領陣屋と代官支配	7900円	1998.11
07	福江　　充	近世立山信仰の展開	11800円	2002.05
08	高橋　　実	助郷一揆の研究	7400円	2003.02
10	舟橋　明宏	近世の地主制と地域社会	8900円	2004.07
11	川村　　優	旗本領郷村の研究	11800円	2004.08
12	井上　定幸	近世の北関東と商品流通	5900円	2004.10
14	下重　　清	幕閣譜代藩の政治構造	7900円	2006.02
15	落合　　功	地域形成と近世社会	5900円	2006.08
17	村井　早苗	キリシタン禁制の地域的展開	6900円	2007.02
18	黒石　陽子	近松以後の人形浄瑠璃	6900円	2007.02
19	長谷川匡俊	近世の地方寺院と庶民信仰	8200円	2007.05
20	渡辺　尚志	惣百姓と近世村落	6900円	2007.05
21	井上　　攻	近世社会の成熟と宿場世界	7900円	2008.05
22	滝口　正哉	江戸の社会と御免富	9500円	2009.05
23	高牧　　實	文人・勤番藩士の生活と心情	7900円	2009.08
24	大谷　貞夫	江戸幕府の直営牧	7900円	2009.11
25	太田　尚宏	幕府代官伊奈氏と江戸周辺地域	6900円	2010.10
26	尹　　裕淑	近世日朝通交と倭館	7900円	2011.02
27	高橋　伸拓	近世飛騨林業の展開	8400円	2011.09
28	出口　宏幸	江戸内海猟師町と役負担	6400円	2011.10
29	千葉真由美	近世百姓の印と村社会	7900円	2012.05
30	池田　仁子	金沢と加賀藩町場の生活文化	8900円	2012.08
32	宇佐美ミサ子	宿駅制度と女性差別	5900円	2012.12
34	B.ｸﾞﾗﾑﾘﾋ＝オカ	只野真葛論	7900円	2013.06
35	栗原　　亮	近世村落の成立と検地・入会地	11800円	2013.09
36	伊坂　道子	芝増上寺境内地の歴史的景観	8800円	2013.10
37	別府　信吾	岡山藩の寺社と史料	6900円	2013.12
38	中野　達哉	江戸の武家社会と百姓・町人	7900円	2014.02
40	丹治　健蔵	近世関東の水運と商品取引 続	7400円	2015.05
41	西島　太郎	松江藩の基礎的研究	8400円	2015.07
42	池田　仁子	近世金沢の医療と医家	6400円	2015.09
43	斉藤　　司	田中休愚「民間省要」の基礎的研究	11800円	2015.10
44	上原　兼善	近世琉球貿易史の研究	12800円	2016.06
45	吉岡　　孝	八王子千人同心における身分越境	7200円	2017.03
46	斉藤　　司	煙管亭喜荘と「神奈川砂子」	6400円	2017.10
47	川村由紀子	江戸・日光の建築職人集団	9900円	2017.11
48	谷戸　佑紀	近世前期神宮御師の基礎的研究	7400円	2018.02